UTB 2107

Eine Arbeitsgemeinschaft der Verlage

Wilhelm Fink Verlag München
A. Francke Verlag Tübingen und Basel
Paul Haupt Verlag Bern · Stuttgart · Wien
Hüthig Fachverlage Heidelberg
Verlag Leske + Budrich GmbH Opladen
Lucius & Lucius Verlagsgesellschaft Stuttgart
Mohr Siebeck Tübingen
Quelle & Meyer Verlag Wiebelsheim
Ernst Reinhardt Verlag München und Basel
Schäffer-Poeschel Verlag Stuttgart
Ferdinand Schöningh Verlag Paderborn · München · Wien · Zürich
Eugen Ulmer Verlag Stuttgart
Vandenhoeck & Ruprecht Göttingen und Zürich
WUV Wien

Ulrich H.J. Körtner

Evangelische Sozialethik

Grundlagen und Themenfelder

Vandenhoeck & Ruprecht in Göttingen

Dr. theol. Ulrich H. J. Körtner ist Professor für Systematische Theologie an der Evangelisch-theologischen Fakultät der Universität Wien. Im Verlag Vandenhoeck & Ruprecht ist von ihm erschienen: Papias von Hierapolis. Ein Beitrag zur Geschichte des frühen Christentums (1983), Weltangst und Weltende. Eine theologische Interpretation der Apokalyptik (1988), Der inspirierte Leser. Zentrale Aspekte biblischer Hermeneutik (1994).

Die Deutsche Bibliothek – CIP-Einheitsaufnahme

Körtner, Ulrich H. J.:
Evangelische Sozialethik: Grundlagen und Themenfelder /
Ulrich H. J. Körtner. – Göttingen: Vandenhoeck und Ruprecht, 1999
(UTB für Wissenschaft: Uni-Taschenbücher; 2107)
ISBN 3-8252-2107-5 (UTB)
ISBN 3-525-03287-0 (Vandenhoeck und Ruprecht)

© 1999 Vandenhoeck & Ruprecht in Göttingen
ISBN 3-525-03287-0
Printed in Germany
Einbandgestaltung: A. Krugmann, Stuttgart
Satz: Text & Form, Pohle
Druck und Bindung: Hubert & Co., Göttingen

ISBN 3-8252-2107-5 (**UTB-Bestellnummer**)

Inhalt

II. Themenfelder der Sozialethik

Vorwort

Dieses Lehrbuch möchte in Grundlagen und ausgewählte Themenfelder heutiger evangelischer Sozialethik einführen. Der Schwerpunkt liegt dabei auf der Grundlegung einer sozialethischen Theorie. Als Leitbegriff der Sozialethik fungiert aus noch darzulegenden Gründen der *Verantwortungs*begriff, ohne daß für den vorgeschlagenen verantwortungsethischen Ansatz der Anspruch auf eine Letztbegründung theologischer Ethik erhoben wird. Eine Sozialethik ist nämlich primär als *Güterlehre* zu konzipieren, geht es doch um den Schutz von Lebensgütern, aber auch um ihre Schaffung und ihre gerechte Verteilung. Aber das grundlegende Gut, mit dem umzugehen ethisch verantwortet sein will, ist das individuell gegebene und sozial gestaltete Leben selbst.

Der im vorliegenden Buch vertretene Ansatz einer Verantwortungsethik versucht nun die Themen einer Güterlehre, einer Pflichtenlehre und einer Tugendlehre im Begriff der Verantwortung zu integrieren. Dies soll in theologischer Perspektive geschehen. Dabei wird sich zeigen, daß die Einsichten, welche Theologie zur ethischen Theoriebildung und zu Fragen der angewandten Ethik wesentliche Einsichten beitragen kann, vor allem aus der paulinisch-reformatorischen Rechtfertigungslehre zu gewinnen sind. Die Frage nach dem ethischen Sinn der Rechtfertigungslehre bildet daher den roten Faden sowohl im Grundlagenteil als auch im praktischen Teil dieses Buches.

Die Auswahl der Themen angewandter Sozialethik erhebt keinen Anspruch auf Vollständigkeit. Exemplarisch führt das Buch aber in alle Themenfelder. Beide Hauptteile des vorliegenden Buches sind durch den Zusammenhang von Rechtfertigung, Recht und Gerechtigkeit inhaltlich verbunden. Die Verbindung wird dabei durch den Begriff der *Menschenrechte* hergestellt. Wiewohl der Gedanke der Menschenrechte kein genuin theologischer ist, erweist er sich doch in einer Weise als theologisch rezipierbar, die den ethischen Sinn der Rechtfertigungslehre in allen Bereichen der angewandten Sozialethik einsichtig macht.

Weiterführende Literaturhinweise finden sich jeweils am Kapitelende. Die Abkürzungen folgen S. Schwertner, Internationales Abkürzungsverzeichnis für Theologie und Grenzgebiete (IATG), Berlin/New York ²1992.

Frau Irmtraud Aigner, Frau Univ. Ass. Mag. theol. Marianne Grohmann, Frau Mag. theol. Petra Gösele-Gebhartl und Herr stud. theol. Andreas Klein haben mich bei der Fertigstellung des Manuskripts und der Register unterstützt und die Druckfahnen korrekturgelesen. Ihnen möchte ich herzlich danken.

Wien, im Februar 1999   Ulrich H. J. Körtner

Sozialethik in evangelischer Perspektive

1. Zielsetzung und Ansatz

Die drängenden Fragen heutiger Ethik sind sozialer Natur. Darum ist es längst nicht mehr zureichend, wenn sich die Ethik bzw. die praktische Philosophie mit Fragen der individuellen Lebensführung befaßt. In der modernen Gesellschaft, dem demokratischen Staat und der hochgradig arbeitsteiligen Marktwirtschaft ist alles Handeln „vergesellschaftet".[1] Die gesellschaftlichen Teilsysteme von Wirtschaft, Wissenschaft, Technik, Politik und Kultur haben ihre eigengesetzliche Entwicklungsdynamik, mit welcher die ethische Urteilsbildung kaum noch Schritt hält. „Nicht die Lebensführung des einzelnen ist hier das Problem, sondern vielmehr die Frage, welchen normativen Regelungen die betreffenden Handlungsfelder unterworfen werden müssen, damit sie mit den ethischen Grundorientierungen in Übereinstimmung bleiben"[2]. Umgekehrt stellt sich die drängende Frage, welchen ethischen Grundorientierungen den Herausforderungen der modernen Gesellschaft standhalten und ihren unhintergehbaren Pluralismus im innersten zusammenhalten können.

Sowohl die Praktische Philosophie als auch die theologische Ethik oder Moraltheologie haben heute ihren Schwerpunkt auf dem Gebiet der *Sozialethik*. Dieses Lehrbuch informiert über Grundlagen und Themenfelder *evangelischer* Sozialethik, freilich in *ökumenischer* Perspektive. Angesichts des gesellschaftlichen Pluralismus wie auch der Globalisierung sozialethischer Probleme kann theologische Sozialethik heute nur noch ökumenisch betrieben werden. Der ökumenische Dialog läßt freilich den Pluralismus der Konfessionen nicht hinter sich, sondern hat ihn gerade zur Voraussetzung. So kann auch eine ökume-

---

[1] Vgl. *J. Fischer*, Leben aus dem Geist. Zur Grundlegung christlicher Ethik, Zürich 1994, S. 16ff.65ff.110ff.

[2] *J. Fischer*, Theologische Ethik und Christologie, ZThK 92, 1995, S. 481–516, hier S. 503.

nische Sozialethik nicht jenseits der konfessionellen Unterschiede, sondern nur multiperspektivisch betrieben werden. In diesem Sinne, nicht etwa aus einer Haltung konfessioneller Abgrenzung, informiert das vorliegende Lehrbuch über die evangelische Sichtweise sozialethischer Probleme.

Gleichzeitig möchte es dazu anleiten, die Aufgabe theologischer Sozialethik im Kontext der heutigen pluralistischen Gesellschaft zu erfassen. Deren ethische Diskurse sind dadurch gekennzeichnet, daß unterschiedliche ethische Ansätze und Argumentationsweisen nebeneinander stehen. Auch darüber informiert dieses Lehrbuch. Angesichts divergierender Ethiken gewinnt die Idee der *Menschenrechte* zunehmend an Bedeutung. Diese ist gleichermaßen begründungsoffen wie – multiperspektivisch – begründungsbedürftig. Der vorliegende Grundriß evangelischer Sozialethik bietet den Entwurf einer *Ethik der Menschenrechte* in theologischer Perspektive.

Wollen sich Theologie und Kirche am gegenwärtigen ethischen Diskurs beteiligen, können sie freilich weder für die von ihnen vertretenen ethischen Grundhaltungen noch für materialethische Handlungsempfehlungen einen Monopolanspruch erheben. Auch wenn die Beteiligung von Theologie und Kirche an gesellschaftlichen Prozessen der Meinungsbildung erwünscht ist, wird ihnen doch längst nicht mehr die Rolle einer letzten Entscheidungsinstanz zugewiesen. So kann ein theologischer Standpunkt im politischen Bereich auch nur als einer neben anderen vertreten werden.

Die *Aufgabenstellung theologischer Ethik* differenziert sich folglich in eine *binnenkirchliche* und eine *gesamtgesellschaftliche*. Ethische Urteilsbildung und die Herausbildung ethischer Grundhaltungen findet innerhalb wie außerhalb der Kirche(n) statt. Theologische Ethik hat auf beiden Gebieten eine unterschiedliche Funktion. Einerseits besteht die dezidiert kirchliche Aufgabe theologischer Ethik in der wissenschaftlichen Begleitung und Anregung innerkirchlicher Urteilsbildung. Andererseits hat die Theologie die Aufgabe, christliche Positionen im pluralen Diskurs so zu formulieren, daß sie als Beitrag zur gesamtgesellschaftlichen Urteilsbildung wahrgenommen werden können, ohne mit ethischen Alleinvertretungsansprüchen verwechselt und folgerichtig zurückgewiesen zu werden. Die Teilnahme am gesellschaftlichen Diskurs geschieht nach der biblischen Maxime aus Jer 29,7: „Suchet der Stadt Bestes." Sind Kirche und Gesellschaft soziologisch und auch aus theologischen Gründen deutlich zu unterscheiden, so überschneiden sie sich doch auf vielfältige Weise. Denn die Kirchenmitglieder treten in den gesellschaftlichen Teilsystemen als funktionale Rollenträger auf, deren individuelle Werthaltungen durch die religiöse Sozialisation zumindest mit geprägt sind. Umgekehrt ist die Kirche in einer volkskirchlichen Situation in sich ebenso plural wie ihr gesellschaftliches Umfeld. Weder innerhalb noch außerhalb der Kirche ist in der pluralen Gesellschaft mit einer Einheitsethik zu rechnen.

Der *Ansatz* dieses Lehrbuches läßt sich als *integrative Ethik* charakterisieren. Er sei hier kurz skizziert. Gemäß der Maxime aus Jer 29,7 hat eine theologische Sozialethik ihren Ort nach einer einprägsamen Formel K.-W. Dahms „zwischen Götzenkritik und Gestaltungsauftrag".[3] So gewiß ihr also eine kritische, an der den christlichen Glauben begründenden Botschaft der Bibel orientierte Funktion zukommt, hat sie sich doch davor zu hüten, sich in der Gesellschaftskritik zu erschöpfen und das der Kirche zweifellos gegebene Wächteramt mit der Preisgabe rationaler Reflexion zu verwechseln. Andernfalls erschöpft sich die theologische Urteilsbildung in der Formulierung moralischer Appelle, die von außen als autoritäre Geltungsansprüche wahrgenommen werden. Das „schlichte Bekenntnis zu einer bestimmten theologischen Richtung" kann in ethischen Fragen weder innerhalb noch außerhalb der Kirche „bereits als ausreichende Begründung gelten"[4]. Andererseits können bestehende gesellschaftliche Verhältnisse nicht umstandslos zu Schöpfungsordnungen erklärt und damit theologisch legitimiert werden. D. Lange ist darin zuzustimmen, daß sich theologische Ethik vor der falschen Alternative von Bekenntnisethik und Ordnungsethik zu hüten hat.

Das entbindet Theologie und Kirche freilich nicht von der Aufgabe, die Verbindlichkeit des Glaubens für das individuelle Leben und die Gestaltung der Gesellschaft ernstzunehmen. Gerade weil der moderne Pluralismus unhintergehbar ist, ist die „Wiedergewinnung des Positionellen"[5] eine zentrale theologische und kirchliche Herausforderung. Das innerkirchliche Bemühen um eine größere Verbindlichkeit des Glaubens auf dem Gebiet der Lebensführung darf allerdings nicht gegen die Autonomie des Gewissens der Kirchenmitglieder ausgespielt

---

[3] *K.-W. Dahm*, Zwischen Götzenkritik und Gestaltungsauftrag, in: *F. Furger/M. Heimbach-Steins* (Hg.), Perspektiven christlicher Sozialethik, Münster 1991, S. 145–166. Vgl. auch *M. Honecker*, Grundriß der Sozialethik, Berlin/New York 1995, S. IX.

[4] *D. Lange*, Ethik in evangelischer Perspektive. Grundfragen christlicher Lebenspraxis, Göttingen 1992, S. 18.

[5] *P.-G. Klumbies*, Diakonie und moderne Lebenswelt. Neutestamentliche Perspektiven, Karlsruhe 1998, S. 37ff.

werden. Die Unterscheidbarkeit der Kirche von anderen Institutionen und Gruppen in der pluralen Gesellschaft, die heute unter dem Stichwort der Profilierung diskutiert wird[6], ist kein Selbstzweck, sollte aber in einer nachkirchlichen Gesellschaft auch nicht gescheut werden. Die Kirche kann ihrem historischen Ursprung und ihrem Wesen nach durchaus als „Kontrastgesellschaft" verstanden werden.[7] Sie muß sich deshalb aber nicht im Konkreten zu jeder denkbaren Gesellschaftsform permanentem Dauerkonflikt befinden. Unter volkskirchlichen Bedingungen ist die Kirche, bzw. sind die Einzelkirchen immer auch ein Segment bzw. ein Teilsystem der Gesellschaft, wobei die verschiedenen Gesellschaftssysteme wechselseitig von den anderen als ihre jeweilige Umwelt wahrgenommen werden. Die Menschen, die in einer funktional ausdifferenzierten und pluralistischen Gesellschaft leben, nehmen aber an den Interaktionen und der Kommunikation nicht nur eines, sondern einer ganzen Reihe von Systemen teil. So kommt es auch zwischen der Kirche und anderen sozialen Systemen zu vielfältigen Überschneidungen.

Innerkirchliche Verständigungsprozesse müssen einerseits den Grund des Glaubens, andererseits aber den diesem Grund selbst – im Sinne des Heiligen Geistes und der Vielfalt seiner Charismen – entsprechenden Pluralismus und gleichzeitig die Außenperspektive des gesellschaftlichen Diskurses, auf den hin die innerkirchlichen Diskussionsprozesse angelegt sind, im Blick haben. Das aber bedeutet, daß eine theologische Ethik, verstanden zunächst als binnenkirchliche Verständigung über den Grund, die Normen und Ziele christlichen Handelns, sich zu einer Art von „integrativer Ethik" entwickeln muß, wie sie für den philosophischen Bereich *Hans Krämer* vorschlägt.[8] Allerdings geht es auf keinen Fall darum, Krämers Konzeption Praktischer Philosophie lediglich auf Theologie und Kirche zu übertragen. Die Fragestellung einer integrativen Ethik stellt sich vielmehr im theologischen Kontext

---

[6] Vgl. z.B. *M. Josuttis*, Für einen evangelischen Fundamentalismus, PTh 85, 1996, S. 74–85; *U. Körtner*, Was ist Gemeinde? Beobachtungen und Erwägungen zum Strukturwandel der Volkskirche, Amt und Gemeinde 48, 1997, S. 17–25.

[7] Der Ausdruck stammt von G. Lohfink. Siehe *G. Lohfink*, Wie hat Jesus Gemeinde gewollt? Zur gesellschaftlichen Dimension des christlichen Glaubens, Freiburg/Basel/Wien [7]1987; *ders.*, Wem gilt die Bergpredigt? Beiträge zu einer christlichen Ethik, Freiburg/Basel/Wien 1988.

[8] *H. Krämer*, Integrative Ethik (stw 1204), Frankfurt a.M. 1995. Siehe dazu auch *M. Endreß* (Hg.), Zur Grundlegung einer integrativen Ethik (stw 1205), Frankfurt a.M. 1995.

auf eine ganz spezifische Weise, welche die Ausbildung einer eigenständigen Konzeption erfordert.

Krämers „integrative Ethik" geht von der These aus, daß unter den in der Tradition entwickelten ethischen Ansätzen kein einziger hinreichend ist, um das ethische Begründungsproblem zu lösen. Nach Krämer gibt es *zwei Grundtypen* philosophischer Ethik, nämlich die vor allem mit dem Namen Kants verbundene *Sollensethik* und den Typus einer *Strebensethik*, der uns aus den diversen Konzepten einer Güter-, Glücks-, Klugheits- oder Selbstethik bekannt ist.[9] Abgesehen davon, daß Krämer für eine postteleogische Rehabilitierung der Strebensethik eintritt[10], ist er der Ansicht, daß jedes „einheitsethische" Konzept zum Scheitern verurteilt ist[11], weil das Verhältnis von Glück und Moral (des Sollens) „grundsätzlich – kantisch gesprochen – ein synthetisches und kein analytisches" ist[12]. „Die Mehrdimensionalität der Ethik erweist sich demnach als unverzichtbar. Die beiden Perspektiven der Moral und des guten Lebens verhalten sich komplementär zueinander und können einander darum auch nicht gegenseitig aufheben und ersetzen"[13]. In der Praxis angewandter Ethik aber plädiert Krämer für ein Beratungsmodell. Der Ethik wie auch dem einzelnen Ethiker wird grundlegend eine Beratungsfunktion zugewiesen, d.h. die Aufgabe der Entscheidungshilfe für jene, die sich unmittelbar in der Lage befinden, eine ethisch begründete Wahl treffen zu müssen.[14]

Auch wenn philosophische und theologische Ethikkonzeptionen sich in ihren Begründungen unterscheiden, weisen sie doch einige Parallelen auf, welche auf die wechselseitige Beeinflussung von Philosophie und Theologie in der Geschichte des Christentums zurückzuführen sind. So lassen sich auch innerhalb der theologischen Ethik ein *deontologischer* und ein *strebensethischer* Ansatz unterscheiden. Während die protestantische Ethik seit der Aufklärung vornehmlich an der deontologischen Ethik *Immanuel Kants* (1724–1804) ausgerichtet ist[15], herrscht in der neuzeitlichen katholischen Theologie der Ansatz einer naturrechtlich begründeten Tugend- bzw. Güterlehre vor, der sich auf Platon, Aristoteles und die Scholastik stützt. Freilich kennt auch der

---

[9] Vgl. H. Krämer, a.a.O. (Anm. 8), S. 75ff.

[10] A.a.O. (Anm. 8), S. 127ff.

[11] Vgl. a.a.O. (Anm. 8), S. 106ff.

[12] A.a.O. (Anm. 8), S. 120.

[13] A.a.O. (Anm. 8). S. 119.

[14] Vgl. a.a.O. (Anm. 8), S. 323ff., 393ff.

[15] Über die epochale Stellung Kants innerhalb der protestantischen Theologiegeschichte urteilt *T. Rendtorff*: „Die Diskussionslage nach Kant ist, mutatis mutandis, derjenigen nach der Reformation vergleichbar" (Art. Ethik VII. Ethik der Neuzeit, TRE 10, Berlin/New York 1982, S. 481–517, hier S. 503.

Protestantismus eine strebensethische Tradition, die auf *Philipp Melan-chthon* (1497–1560) zurückgeht. Im 19. Jahrhundert hat vor allem *Friedrich D. E. Schleiermacher* (1768–1834) an der Kantischen Eng-führung der Ethik auf den im Sinne der Autonomie interpretierten Pflicht- bzw. Sollensbegriff Kritik geübt[16] und seinerseits eine deskrip-tiv verfahrende Ethik entworfen, welche eine christliche Güter- und Tugendlehre bietet.[17] Auf diesem Gebiet liegt auch seine eigentliche ethische Leistung.[18] Allerdings ist Schleiermachers theologische Ethik[19] theologiegeschichtlich längst nicht so wirksam wie seine Glaubenslehre geworden.

Schleiermachers Idee einer deskriptiven Ethik wird bei ihm dezidiert theo-logisch begründet. Ausgehend von der reformatorischen Unterscheidung zwi-schen Gesetz und Evangelium und der paulinischen These vom Ende des Ge-setzes[20], rückt er das urbildliche Leben Christi sowie das von ihm verheißene Reich Gottes ins Zentrum der Ethik. Theologische Ethik ist also bei Schleier-macher primär eine Lehre vom höchsten Gut, nämlich der absoluten Gemein-schaft mit Gott, die einerseits als das gemeinschaftliche Ziel sozialen Handelns, andererseits aber als proleptisch bereits im Leben Jesu vorgegeben beschrieben wird. Der Typus einer Gebotsethik, der sich auf den Dekalog und die christli-che Katechismustradition zurückführen läßt und durch das Modell einer Pflichtenlehre repräsentiert wird[21], erscheint demgegenüber als unorganisch mit der Dogmatik verbunden. Freilich will auch Schleiermacher das Thema der Pflichtenlehre in die Ethik integrieren, indem er darauf hinweist, daß jede Beschreibung immer auch normativen Charakter hat. „Die christliche Sitten-lehre ist Beschreibung der christlichen Handlungsweise, sofern sie auf den Er-löser zurükkgeht, und eben als solche Beschreibung ist sie Gebot für alle, die in der christlichen Kirche sind, für welche eben nichts anderes Gebot ist, als was sich aus der absoluten Gemeinschaft, wie sie in Christo, dem Erlöser ist, ent-

---

[16] Vgl. *F. Schleiermacher*, Grundlinien einer Kritik der bisherigen Sittenlehre (1803), in: *ders.*, Werke. Auswahl in 4 Bden., hg. v. O. Braun u. J. Bauer, Neudruck Aalen 1967/1981, Bd. 1, S. 1–346 (= SW III/1, Berlin 1846).

[17] *F. Schleiermacher*, Die christliche Sitte nach den Grundsätzen der evangelischen Kirche im Zusammenhange dargestellt, hg. v. L. Jonas, Berlin ²1884.

[18] Vgl. *H.-J. Birkner*, Schleiermachers christliche Sittenlehre im Zusammenhang seines philosophisch-theologischen Systems, Berlin 1964, S. 39.

[19] Zur *philosophischen* Ethik Schleiermachers vgl. *F. Schleiermacher*, Monologen. Eine Neujahrsgabe (1800), in: ders., Werke (s. Anm. 16), Bd. 4, S. 401–472 (= SW III/1); *ders.*, Brouillon zur Ethik (1805/06), Hamburg 1981; *ders.*, Ethik (1812/13), in: ders., Werke (s. Anm. 16), Bd. 2, S. 241–420.

[20] Vgl. F. Schleiermacher, a.a.O. (Anm. 17), S. 57.92.

[21] Vgl. a.a.O. (Anm. 17), S. 14f.

wickeln läßt."[22] So vertritt Schleiermacher einen integrativen Ethikansatz, der die innere Einheit von Sein und Sollen behauptet. Im Gegensatz zu H. Krämer, der heute für eine postteleologische Strebensethik plädiert, hat Schleiermacher jedoch den Typus einer teleologischen Strebensethik vertreten, der sich aus der eschatologischen Vorstellung des Reiches Gottes ergibt.

Im 20. Jahrhundert ist der Schleiermachersche Ansatz von *Karl Barth* (1886–1968) aufgegriffen worden. Auch seine Ethik, die er in die Dogmatik integriert, ist als deskriptive Ethik zu bezeichnen. Die Einheit von Sein und Sollen, von Güterlehre und Pflichtenethik, sucht Barth durch eine neue Verhältnisbestimmung von Gesetz und Evangelium zu erweisen.[23] Nach Barth gibt es nur ein einziges, mit seiner Selbstoffenbarung in Christus identisches Wort Gottes, das sowohl Gesetz als auch Evangelium ist.[24] Evangelium ist es seinem Inhalt nach, Gesetz seiner Form nach. Das Gesetz ist nicht ein zweites Wort neben dem Evangelium, sondern dessen Form.[25] Zwar stellt Barth seine Ethik unter den Begriff des göttlichen Gebotes, erklärt aber, daß ihr primärer Gegenstand nicht das Handeln des Menschen, sondern dasjenige Gottes ist, welches dem Menschen zugute kommt, dann aber auch zur Norm wird.[26]

Barths Verhältnisbestimmung von Evangelium und Gesetz hat vielfach Kritik erfahren.[27] Seine Formulierungen sind in der Tat nicht konsistent.[28] Ohne die Einwände, die sich gegen sein Modell der Königsherrschaft Christi, seine Zuordnung von Christengemeinde und Bürgergemeinde[29], sowie die argumentative Tauglichkeit der analogia fidei auf dem Gebiet der Ethik ergeben, hier im einzelnen diskutieren zu wollen, zeigen diese doch, daß es Barth offensichtlich

---

[22] A.a.O. (Anm. 17), S. 34.

[23] Vgl. *K. Barth*, Evangelium und Gesetz (TEH 32), München 1935 (= TEH NF 50, München 1956).

[24] Vgl. K. Barth, KD IV/3, S. 1 (These zu § 69 = 1. These der Barmer Theologischen Erklärung von 1934).

[25] Vgl. K. Barth, KD II/2, S. 567.619.624ff.

[26] Vgl. K. Barth, KD II/2, S. 564–875 (8. Kapitel).

[27] Vgl. *M. Honecker*, Einführung in die Theologische Ethik, Berlin/NewYork 1990, S. 31ff.70ff; *T. Rendtorff*, Ethik, Bd. 1 (ThW 13,1), Stuttgart ²1990, S. 46ff.

[28] Vgl. *G. Ebeling*, Erwägungen zur Lehre vom Gesetz, in: *ders.*, Wort und Glaube, Tübingen 1960, S. 255–293, hier S. 277f, Anm. 50; *E. Jüngel*, Zum Verhältnis von Kirche und Staat nach Karl Barth, in: *ders.* (Hg.), Zur Theologie Karl Barths. Beiträge aus Anlaß seines 100. Geburtstags (ZThK.B 6), Tübingen 1986, S. 76–135, hier S. 100ff.

[29] Vgl. *K. Barth*, Christengemeinde und Bürgergemeinde (ThSt[B] 20), Zürich 1946 (= ThSt[B] 104, Zürich 1984).

nicht gelungen ist, den Typus einer Sollensethik und denjenigen einer Strebensethik in einem Einheitskonzept zu integrieren. Dies hat auch Schleiermacher nicht wirklich erreicht, weil die normative Dimension in seiner Ethik
unterbelichtet bleibt.[30] Das Sollen und das Wollen lassen sich ebenso wenig
wie Sein und Sollen wechselseitig aufeinander zurückführen. Entsprechende
Versuche erliegen über kurz oder lang einem naturalistischen Fehlschluß.[31]

Die kurze Übersicht zeigt, daß sich offenbar auch in der theologischen Ethik verschiedene Begründungsmodelle *komplementär* zueinander verhalten. Darüber belehrt schon ein Blick in das *Neue Testament*
und die Vielfalt seiner Ansätze zu einer christlichen Ethik.[32] Insbesondere bei *Paulus*, dessen Rechtfertigungslehre grundlegend für die
evangelische Theologie insgesamt und auch ihre Ethik ist, lassen sich
mehrere Modelle der Begründung christlicher Ethik oder Paränese unterscheiden.[33] Auch in der Paulusexegese hat sich gezeigt, daß Indikativ
und Imperativ komplementär nebeneinanderstehen, der Imperativ
aber nicht als reines Implikat des Indikatives bestimmt werden kann.[34]
Die *reformatorische Theologie* hat die paulinische Unterscheidung und
Zuordnung von Imperativ und Indikativ auf die Formel „Gesetz und
Evangelium" gebracht. Bei genauerer Betrachtung zeigt sich, *daß diese
Formel nicht allein das Verhältnis von Dogmatik und Ethik, sondern auch
das komplementäre Verhältnis zweier Begründungstypen christlicher Ethik
beschreibt.* Soll die theologische Ethik nicht in dogmatisch fixierte Eng-
führungen geraten, muß sie offenbar auf ihre Weise integrativ verfahren und aus falschen Alternativen, die etwa auf die Kurzformel „Königsherrschaft Christi versus Zwei-Reiche-Lehre" gebracht werden,
herauszutreten.

Die Integration komplementärer Ansätze theologischer Sozialethik
wird in diesem Lehrbuch über den Begriff der *Verantwortung* geleistet.

---

[30] Vgl. *M. Honecker*, Nachwort zu: *F. Schleiermacher*, Christliche Sittenlehre. Einleitung (Wintersemester 1826/27), hg. u. eingel. v. H. Peiter, Stuttgart 1983, S. 125–149,
hier S. 139ff.

[31] Zum Begriff des naturalistischen Fehlschlusses, der auf D. Hume zurückgeht,
siehe *G.E. Moore*, Ethics, London 1912 (dt. Ausgabe: Grundprobleme der Ethik, übers.
v. A. Pieper, ²1984).

[32] Vgl. *W. Schrage*, Ethik des Neuen Testaments (NTD.E 4), Göttingen ⁵1989; *H.-
D. Wendland*, Ethik des Neuen Testaments (NTD.E 4), Göttingen ³1978.

[33] Zur Ethik des Paulus vgl. neben der in Anm. 42 genannten Literatur auch *H.
Conzelmann*, Grundriß der Theologie des Neuen Testaments, bearbeitet von A. Linde-
mann (UTB 1446), Tübingen ⁴1984, S. 312ff.

[34] Vgl. *U. Körtner*, Rechtfertigung und Ethik bei Paulus. Bemerkungen zum Ansatz
paulinischer Ethik, WuD 16, 1981, S. 93–109.

Dieser scheint geeignet zu sein, die Aspekte einer *Pflichtenethik* mit denjenigen einer *Güterlehre* zu verbinden. Über den Verantwortungsbegriff kann aber auch das Thema einer *Tugendlehre* erschlossen werden, das sowohl für einen pflichtenethischen wie einen strebensethischen Ansatz der Ethik von Belang ist.[35]

Das Thema einer *Verantwortungsethik* steht heute im Zentrum der ethischen Diskussion.[36] Allerdings zeigt die jüngere Debatte, daß der Verantwortungsbegriff allein für die Begründung einer ethischen Theorie nicht hinreichend ist.[37] Wiewohl gerade der Verantwortungsbegriff die soziale Dimension moralischen Handelns anspricht, ist er doch als Begründung einer umfassenden Sozialethik unzureichend. Eine Sozialethik ist nämlich primär als *Güterlehre* zu konzipieren, geht es doch in Familie und Politik, Ökonomie, Wissenschaft und Kultur, Medizin und Umweltschutz um den Schutz von Lebensgütern, aber auch um ihre Schaffung und ihre gerechte Verteilung, d.h. um *Gerechtigkeit*. Das individuell gegebene und sozial gestaltete Leben selbst aber ist das grundlegende Gut, mit dem umzugehen ethisch verantwortet sein will.

Der im vorliegenden Buch vertretene Ansatz einer *theologischen* Verantwortungsethik gewinnt seine evangelische Perspektive aus der paulinisch-reformatorischen *Rechtfertigungslehre*. Die Frage nach dem ethischen Sinn der Rechtfertigungslehre bildet den roten Faden sowohl im Grundlagenteil als auch im praktischen Teil meines Buches. Die kritische Funktion der Rechtfertigungslehre besteht darin, daß sie nicht nur zur *Begründung*, sondern auch zur *Begrenzung* von Moral einen unverwechselbaren Beitrag leistet.

2. Aufbau und Benutzerhinweise

Das vorliegende Lehrbuch vermittelt einen Überblick über Grundprobleme, Grundlagen und Argumentationsweisen heutiger Sozialethik. Es kann sowohl zur Nacharbeit einer entsprechenden Vorlesung als

---

[35] Vgl. auch M. Honecker, a.a.O. (Anm. 3), S. VII.

[36] Vgl. auch *H. Kreß/W.E. Müller*, Verantwortungsethik heute. Grundlagen und Konkretionen einer Ethik der Person, Stuttgart 1997; *O. Bayer*, Evangelische Sozialethik als Verantwortungsethik, in: *ders.*, Freiheit als Antwort, S. 183–196.

[37] Vgl. *K. Bayertz* (Hg.), Verantwortung: Prinzip oder Problem?, Darmstadt 1995; *J. Fischer*, Christliche Ethik als Verantwortungsethik?, EvTh 52, 1992, S. 114–128.

auch zur Erarbeitung von Examensstoff verwendet werden. Zur schnel-
leren Übersicht dient ein *Glossar* der wichtigsten behandelten Begriffe
und Namen. Detaillierte Verweise finden sich im *Register*. Weiterführende *Literaturhinweise* finden sich thematisch aufbereitet am Ende jedes Kapitels. Diese ermöglichen es, eigenständig und gezielt zu einem
Einzelthema zu arbeiten. Auf diese Weise kann das ethische Grundwis-
sen vertieft oder auch z.b. ein Spezialgebiet für das Examen vorbereitet
werden. Zusätzliche Spezialliteratur kann über die Anmerkungen erschlossen werden. Die *Abkürzungen* folgen S. Schwertner, Internationales Abkürzungsverzeichnis für Theologie und Grenzgebiete (IATG),
Berlin/New York ²1992.

Der *I. Teil* dieses Buches behandelt die *theologischen Grundlagen*
heutiger Sozialethik. Das *1. Kapitel* informiert über Begriff und Aufgabenstellung der Sozialethik. Anhand des Handlungsbegriffs lassen sich
vier Dimensionen der Ethik unterscheiden, in deren Koordinatensystem die Fragestellungen der Sozialethik zu verorten sind. Das *2. Kapitel* erläutert den ethischen Begriff der Verantwortung und führt in die
verantwortungsethische Diskussion der Gegenwart ein. Das *3. Kapitel*
behandelt den Begriff des ethischen Konfliktes. Moralische Konflikte
sind Anlaß für ethische Urteilsbildung. Doch gibt es divergierende Ansätze einer Ethik, deren Konflikt die Sinnhaftigkeit ethischer Reflexion
in Frage zu stellen droht. Auch wenn man die These von der Obsoletheit der Moral in der modernen Gesellschaft, die der Soziologe N. Luhmann pointiert vertreten hat[38], nicht zu teilen vermag[39], muß man
doch eingestehen, daß die sogenannte Anwendung und praktische Relevanz von Ethik äußerst klärungsbedürftig ist[40]. Entscheidungsprozesse in der Alltagspraxis vollziehen sich offenbar anders als nach dem
Modell von Theorie und praktischer Anwendung. Eben deshalb ist der
Sinn ethischer Reflexion heute fragwürdig im doppelten Sinne des
Wortes. Im *4. Kapitel* wird der Ansatz einer rechtfertigungstheologisch
begründeten Verantwortungsethik vorgestellt, welche die Aspekte einer
Pflichtenlehre, einer Güterlehre und einer Tugendlehre miteinander
verbindet. Im Zentrum steht dabei die Frage nach dem Subjekt morali-

---

[38] Siehe nur *N. Luhmann*, Paradigm lost: Über die ethische Reflexion der Moral.
Rede anläßlich der Verleihung des Hegel-Preises 1989 (stw 797), Frankfurt a.M. 1990.

[39] Zur Auseinandersetzung mit Luhmanns Moralkritik siehe ausführlich *U. Körtner*,
Zwischen den Zeiten. Studien zur Zukunft der Theologie, Bielefeld 1997, S. 81–110.

[40] Vgl. auch *M. Honecker*, Themen und Tendenzen der Ethik, ThR 63, 1998, S. 74–
133, hier S. 132f.

schen Handelns, seinem Entschwinden in der modernen Gesellschaft
und den Bedingungen seiner möglichen Wiederkehr. Von der Rechtfertigungslehre aus wird auch der ethische Sinn des Kompromisses erschlossen. Die rechtfertigunstheologischen Überlegungen werden im
5. *Kapitel* fortgesetzt, welches den Begriff der Versöhnung in dogmatischer und ethischer Hinsicht behandelt. Als Grundbegriff christlichen
Glaubens und Handelns verweist der Versöhnungsbegriff auch auf die
ökumenische Dimension heutiger Sozialethik.

Die im *II. Teil* getroffene Auswahl von *Themen angewandter Sozial-*
ethik erhebt keinen Anspruch auf Vollständigkeit, führt aber nach dem
Prinzip des exemplarischen Lernens in die Hauptgebiete der Sozialethik, nämlich die Bereiche des Rechts und des Staates, des Lebens-
schutzes und der Gesundheit, der Sexualität und der Familie, der natürlichen Umwelt und schließlich der Ökonomie. Der *Zusammenhang von*
Rechtfertigung, Recht und Gerechtigkeit wird über den Begriff der *Men-*
schenrechte erschlossen. Wiewohl der Gedanke der Menschenrechte
kein genuin theologischer ist, erweist er sich doch in einer Weise theologisch rezipierbar, daß der ethische Sinn der Rechtfertigungslehre in
allen Bereichen der Sozialethik einsichtig gemacht und die notwendige
Vermittlung zwischen theologischer und allgemeiner Ethik geleistet
werden kann. Das soll in den Kapiteln zur angewandten Sozialethik
gezeigt werden.

Am Beginn des zweiten Hauptteils steht darum im *6. Kapitel* das
Thema der Menschenrechte. An ihre Erörterung schließt sich im *7.*
Kapitel ein Beitrag zur gegenwärtigen friedensethischen Diskussion an.
Der Zusammenhang von Frieden und Menschenrechten wird in ver-
antwortungsethischer Perspektive diskutiert, wobei die im ersten
Hauptteil angesprochenen Grenzen globaler Verantwortung nach ihrer
friedenspolitischen Seite hin praktisch erörtert werden. Das *8. Kapitel*
befaßt sich mit Menschenrechtsfragen auf dem Gebiet der Medizin. Als
Leitfaden für die Diskussion medizinethischer Probleme dient die
Menschenrechtskonvention des Europarates zur Biomedizin. Das *9.*
Kapitel behandelt den Themenbereich von Sexualität und Familie.
Neue Formen des Zusammenlebens und insbesondere die gegenwärtig
diskutierte Frage homosexueller Lebensgemeinschaften und ihrer
kirchlichen Akzeptanz fordern dazu heraus, die Grundlagen christlicher Sexualethik und die herkömmliche kirchliche Auffassung von Ehe
und Familie kritisch zu überdenken. Das *10. Kapitel* befaßt sich anhand der Gentechnik exemplarisch mit den Problemen der Umweltethik. Die Gestaltung und der Verbrauch der Natur sind ein Thema der

Sozialethik, das den Bereich des menschlichen Lebens überschreitet. Andererseits kann nach meinem Dafürhalten auch die ethische Reflexion über den Umgang mit nichtmenschlichem Leben nur anthropozentrisch geschehen, insofern der Mensch das allein denkbare Subjekt moralischer Urteilsbildung ist. Das soll anhand der Gentechnik im Bereich der Pflanzen- und Tierzucht sowie der Lebensmittelerzeugung gezeigt werden. Dieses Beispiel zeigt nämlich, wie sich heute bioethische und wirtschaftsethische Fragestellungen überschneiden. Fragen der Wirtschaftsethik und einer Ethik der Kultur werden im *11. Kapitel* berührt. Unsere Leitfrage wird wieder diejenige nach den Menschenrechten sein. Probleme der Wirtschaftsethik müssen im Kontext der sogenannten wirtschaftlichen, sozialen und kulturellen Menschenrechte diskutiert werden. Die Dominanz der Ökonomie gegenüber anderen sozialen Systemen erweist sich zunehmend als ein globales Problem. Es stellt sich heute nicht nur die Frage nach dem Sinn des Wirtschaftens, sondern auch nach seiner Begrenzung. Die Notwendigkeit einer Begrenzung der Ökonomie diskutiert das *12. Kapitel*, welches sich mit dem Schutz der Sonntagsruhe im Kontext veränderter Formen der Arbeitszeitregelungen wie des Freizeitverhaltens befaßt. In diesem Zusammenhang ist auch die Frage nach einem christlichen Verständnis von Arbeit und ihrem anthropologischen Sinn zu stellen. Die in der Rechtfertigungslehre thematisierten Voraussetzungen menschlichen Handelns und sozialen Lebens, die ihrerseits nicht durch das Individuum oder die Gesellschaft hervorgebracht, sondern nur anerkannt werden können, werden auf wirtschaftsethischem Gebiet unter anderem in der Institution des Sonntags ausdrücklich gemacht und praktisch erfahrbar. Unsere Erörterungen zur Ethik des Sonntags sollen am praktischen Beispiel nicht nur die Bedeutung der Religionsfreiheit als einem grundlegenden Menschenrecht, sondern auch die Verschränkung von individuellen und sozialen Menschenrechten zeigen. So werden die Themen des vorliegenden Buches im letzten Kapitel noch einmal gebündelt.

3. Literatur

3.1 Philosophische Ethik der Gegenwart

Adorno, Th.W.: Minima Moralia. Reflexionen aus dem beschädigten Leben, Frankfurt a.M. [10]1991

Albert, H.: Kritische Vernunft und menschliche Praxis, Stuttgart 1978

Apel, K.-O./Böhler, D./u.a. (Hg.): Funkkolleg Praktische Philosophie/Ethik, Studientexte, Bd. 2, Weinheim/Basel 1984

Bollnow, O.F.: Einfache Sittlichkeit. Kleine philosophische Aufsätze, Göttingen [4]1968

Cohen, H.: Ethik des reinen Willens, Berlin [2]1907

–: Religion und Sittlichkeit. Eine Betrachtung zur Grundlegung der Sittlichkeit, Berlin 1907

Endreß, M. (Hg.): Zur Grundlegung einer integrativen Ethik – für Hans Krämer (stw 1205), Frankfurt a.M. 1995

Gehlen, A.: Moral und Hypermoral. Eine pluralistische Ethik, Frankfurt a.M. 1969

Habermas, J.: Erläuterungen zur Diskursethik (stw 975), Frankfurt a.M. [2]1992

Hare, R.M.: The Language of Morals, Oxford 1952

Hartmann, N.: Ethik, Berlin [4]1962

Höffe, O. (Hg.): Einführung in die utilitaristische Ethik. Klassische und zeitgenössische Texte, München 1975

Hoerster, N.: Utilitaristische Ethik und Verallgemeinerung, Freiburg/München [2]1977

Horkheimer, M.: Kritische Theorie. Eine Dokumentation, hg. v. A.Schmidt, Bd. I: Materialismus und Moral, Frankfurt a.M. 1968

Kaulbach, F.: Ethik und Metaethik. Darstellung und Kritik metaethischer Argumente, Darmstadt 1974

Krämer, H.: Integrative Ethik (stw 1204), Frankfurt a.M. 1995

Lenk, H.: Einführung in die angewandte Ethik, Stuttgart 1997

Lenk, H. (Hg.): Wissenschaft und Ethik, Stuttgart 1991

Lenk, H./Ropohl, G. (Hg.): Technik und Ethik, Stuttgart 1987

Luhmann, N.: Ethik als Reflexionstheorie der Moral, in: ders., Gesellschaftsstruktur und Semantik. Studien zur Wissenssoziologie der modernen Gesellschaft, Bd. 3 (stw 1093), Frankfurt a.M. 1993, S. 358–447

–: Paradigm lost: Über die ethische Reflexion der Moral (stw 797), Frankfurt a.M. 1990

–: Soziologie der Moral, in: ders./S.H.Pfürtner (Hg.), Theorietechnik und Moral (stw 208), Frankfurt a.M. 1978, S. 8–116

MacIntire, A.: Der Verlust der Tugend. Zur moralischen Krise der Gegenwart,

Frankfurt/New York 1987 (After Virtue. A Study in Moral Theory, Notre Dame/Ind. [2]1984)

Meyer, Th./Miller, S. (Hg.): Zukunftsethik und Industriegesellschaft (Reihe Zukunftsethik, Bd.1), München 1986

Moore, G.E.: Principia Ethica, Cambridge 1903, [8]1959, dt. Stuttgart [2]1984

Natorp, P.: Vorlesungen über praktische Philosophie, Erlangen 1925

Oelmüller, W./Dölle-Oelmüller, R./Piepmeier, R.: Diskurs: Sittliche Lebensformen (Phil. Arbeitsbücher 2), Paderborn [3]1983

Patzig, G.: Ethik ohne Metaphysik? (Kl. Vandenhoeck-Reihe 1326), Göttingen [2]1983

Pieper, A.: Sprachanalytische Ethik und praktische Freiheit. Das Problem der Ethik als autonomer Wissenschaft, Stuttgart 1973

Pieper, A. (Hg.): Geschichte der neueren Ethik, 2 Bde. (UTB 1701/1702), Tübingen 1992

Plessner, H.: Die Stufen des Organischen und der Mensch, Berlin/Leipzig [2]1965

Rawls, J.: Eine Theorie der Gerechtigkeit, Frankfurt a.M. 1975, [8]1994 (A Theory of Justice, London/New York 1972)

Reese-Schäfer, W.: Grenzgötter der Moral. Der neuere europäisch-amerikanische Diskurs zur politischen Ethik (stw 1282), Frankfurt a.M. 1997

Ricken, F.: Allgemeine Ethik (Grundkurs Philosophie 4), Stuttgart 1983

Scheler, M.: Der Formalismus der Ethik und die materielle Wertethik. Neuer Versuch der Grundlegung eines ethischen Personalismus, Bern [4]1954

–: Die Stellung des Menschen im Kosmos, Bern/München [6]1962

Singer, P.: Praktische Ethik, dt. Stuttgart 1990, [2]1994

Spaemann, R.: Glück und Wohlwollen. Versuch über Ethik, Stuttgart 1989

Weischedel, W.: Skeptische Ethik, Frankfurt a.M. 1976

3.2 Evangelische Ethik

3.2.1 Allgemein

Althaus, P.: Grundriß der Ethik, Erlangen 1931, [3]1953

Barth, K.: Die Kirchliche Dogmatik, bes. KD I/2 (§ 18, § 22,3); II/2; III/4, Zollikon-Zürich 1932ff

–: GA II/1: Ethik I (Vorlesung Münster 1928), hg. v. D.Braun, Zürich 1973

–: Evangelium und Gesetz (TEH.NF 50), München 1956

–: Rechtfertigung und Recht (ThSt.B 1), Zollikon 1938

–: Christengemeinde und Bürgergemeinde (ThSt.B 20), Zollikon 1946

–: Rechtfertigung und Recht/Christengemeinde und Bürgergemeinde (ThSt.B 104), Zürich [3]1984

Bayer, O.: Freiheit als Antwort. Zur theologischen Ethik, Tübingen 1995

Bockmühl, K.: Gesetz und Geist. Eine kritische Würdigung des Erbes protestantischer Ethik, Bd. I: Die Ethik der reformatorischen Bekenntnisschriften, Gießen 1988

Bonhoeffer, D.: Ethik, hg. v. E. Bethge, München ⁹1981

–: Ethik, hg. v. I. Tödt, H.-E. Tödt, E. Feil u. Cl. Green (DBW 6), Gütersloh ²1998

Brunner, E.: Das Gebot und die Ordnungen. Entwurf einer protestantisch-theologischen Ethik, Zürich ⁴1978

Die Denkschriften der EKD, Gütersloh ²1981ff

Dilschneider, O.: Die evangelische Tat. Grundlagen und Grundzüge der evangelischen Ethik, Gütersloh 1940

Ebeling, G.: Studium der Theologie. Eine enzyklopädische Orientierung (UTB 446), Tübingen 1977, darin: 11. Kapitel: Ethik (S. 146–161)

–: Die Evidenz des Ethischen und die Theologie, in: ders., Wort und Glaube II, Tübingen 1969, S. 1–41

–: Die Krise des Ethischen und die Theologie, in: ders., Wort und Glaube II, Tübingen 1969, S. 42–55

Elert, W.: Das christliche Ethos. Grundlinien der lutherischen Ethik (1949), Hamburg ²1961

Fischer, J.: Leben aus dem Geist. Zur Grundlegung christlicher Ethik, Zürich 1994

Fritzsche, H.-G.: Evangelische Ethik. Die Gebote Gottes als Grundprinzipien christlichen Handelns, Berlin (DDR) ³1966

Fuchs, Emil: Christliche und marxistische Ethik I, Hamburg 1957

Grewel, H.: Recht auf Leben. Drängende Fragen christlicher Ethik, Göttingen 1990

–: Brennende Fragen christlicher Ethik, Göttingen 1988

Harleß, G.Chr.A. v.: Christliche Ethik, Gütersloh ⁷1875

Herrmann, W.: Ethik, Tübingen 1901, ⁶1921

Hauerwas, S.: Selig sind die Friedfertigen. Ein Entwurf christlicher Ethik, hg. u. eingel. v. R. Hütter, Neukirchen-Vluyn 1995

Huber, W.: Folgen christlicher Freiheit. Ethik und Theorie im Horizont der Barmer Theologischen Erklärung, Neukirchen-Vluyn ²1985

Hütter, R.: Evangelische Ethik als kirchliches Zeugnis. Interpretationen zu Schlüsselfragen theologischer Ethik in der Gegenwart (Evangelium und Ethik 1), Neukirchen-Vluyn 1993

–: Theologie als kirchliche Praktik. Zur Verhältnisbestimmung von Kirche, Lehre und Theologie (BEvTh 117), Gütersloh 1997

Jacobs, P.: Grundlinien christlicher Ethik, 1959

Jüngel, E.: Erwägungen zur Grundlegung evangelischer Ethik im Anschluß an die Theologie des Paulus, in: ders., Unterwegs zur Sache, München 1972, S. 234–245

Kreck, W.: Grundfragen christlicher Ethik, München ⁴1990

Lehmann, P.L.: Ethik als Antwort. Methodik und Koinonia-Ethik, München 1966

Lochmann, J.M.: Wegweisung der Freiheit. Abriß der Ethik in der Perspektive des Dekalogs, Gütersloh 1979

Løgstrup, K.E.: Die ethische Forderung, Tübingen [2]1968

–: Norm und Spontaneität, Tübingen 1989

Luthardt, D.D.Chr.: Kompendium der theologischen Ethik, Leipzig [3]1921

Niebuhr, Reinhold: An Interpretation of Christian Ethics, New York 1935

–: Moral Man and Immoral Society, New York 1932

–: Love und Justice, Philadelphia 1957

Oyen, H. van: Evangelische Ethik, 3 Bde., Gütersloh 1952ff

Pannenberg, W.: Ethik und Ekklesiologie, Göttingen 1977

Quervain, A. de: Ethik, 4 Bde., Zürich 1945f

Ramsay, P.: Basic Christian Ethics, New York 1952

Ringeling, H.: Leben im Anspruch der Schöpfung. Beiträge zur Fundamental- und Lebensethik (Stud. z. theol. Ethik 24), Freiburg/Basel/Wien 1988

–: Ethik vor der Sinnfrage. Religiöse Aspekte der Verantwortung, Gütersloh 1980

Rothe, R.: Theologische Ethik, 5 Bde., Wittenberg [2]1867ff, Nachdruck Waltrop 1991

Schlatter, A.: Die christliche Ethik, Stuttgart [3]1929

Schleiermacher, F.: Die christliche Sitte nach den Grundsätzen der ev. Kirche, hg. v. L. Jonas (SW I/12), Berlin 1843, [2]1884

–: Christliche Sittenlehre. Einleitung (1826/27), hg. v. H. Peiter, Stuttgart 1983

Schweitzer, A.: Kultur und Ethik (Sonderausgabe), München 1960, Nachdr. 1981

Schweitzer, W.: Freiheit zum Leben. Grundfragen der Ethik, Gelnhausen/Stuttgart 1959

Seeberg, R.: System der Ethik, 1911, 3. Aufl. unter dem Titel: Christliche Ethik, Leipzig/Erlangen 1936

Søe, N.H.: Christliche Ethik, München [3]1965

Sölle, D.: Phantasie und Gehorsam. Überlegungen zu einer zukünftigen christlichen Ethik, Stuttgart [12]1988

Stock, K.: Grundlegung der protestantischen Tugendlehre, Gütersloh 1995

Thielicke, H.: Theologische Ethik, 2 Bde. in 4 Teilbden., Tübingen [5]1981ff

Tillich, P.: Das religiöse Fundament des Moralischen Handelns. Schriften zur Ethik und zum Menschenbild (GW III), Stuttgart 1965

–: Liebe, Macht, Gerechtigkeit, in: ders., Sein und Sinn (GW XI), Stuttgart 1969, S. 143–225

Tödt, H.-E.: Perspektiven theologischer Ethik, München 1988

–: Versuch zu einer Theorie ethischer Urteilsfindung, ZEE 21, 1977, S. 81–93

Trillhaas, W.: Ethik, Berlin [3]1970

Wannenwetsch, B.: Gottesdienst als Lebensform. Ethik für Christenbürger, Stuttgart 1997
Wünsch, G.: Theologische Ethik, Berlin/Leipzig 1925

3.2.2 Neuere Lehr- und Studienbücher

Frey, Chr.: Theologische Ethik, Neukirchen-Vluyn 1990
–: Repetitorium der Ethik für Studierende der Theologie (zus. m. P. Dabrock u. S. Knauf), Waltrop ³1997
Honecker, M.: Einführung in die Theologische Ethik. Grundlagen und Grundbegriffe, Berlin/New York 1990
Kreß, H.: Theologische Ethik, in: ders./K.F. Daiber, Theologische Ethik – Pastoralsoziologie (Grundkrus Theologie 7), Stuttgart 1996
Lange, D.: Ethik in evangelischer Perspektive. Grundlagen christlicher Lebensgestaltung, Göttingen 1992
Rendtorff, T.: Ethik, 2 Bde. (ThW 13), Stuttgart 1980f, ²1990
Ulrich, H.G. (Hg.): Evangelische Ethik. Diskussionsbeiträge zu ihrer Grundlegung und ihren Aufgaben (TB 83), München 1990

3.3 Römisch-katholische Ethik (Moraltheologie)

Auer, A.: Autonome Moral und christlicher Glaube, Düsseldorf ³1984
Böckle, F.: Fundamentalmoral, München ²1978
Dwyer, J.C.: Foundation of Christian Ethics, New York 1987
Ernst, W. (Hg.): Grundlagen und Probleme der heutigen Moraltheologie, Würzburg 1989
Furger, F.: Einführung in die Moraltheologie, Darmstadt 1988
Häring, B.: Frei in Christus. Moraltheologie für die Praxis des christlichen Lebens, 3 Bde., Freiburg/Basel/Wien 1979–1981
Holderegger, A.: Grundlagen der Moral und der Anspruch des Lebens. Themen der Lebensethik (Studien zur theologischen Ethik 55), Freiburg/Basel/Wien 1995
Korff, W.: Theologische Ethik, Freiburg/Basel/Wien 1975
Lesch, W./Bondolfi, A. (Hg.): Theologische Ethik im Diskurs. Eine Einführung (UTB 1806), Tübingen 1995
Schockenhoff, E.: Ethik des Lebens. Ein theologischer Grundriß, Mainz 1993
Schüller, B.: Die Begründung sittlicher Urteile. Typen ethischer Argumentation in der katholischen Moraltheologie, 1973
Wils, J.-P./Mieth, D.: Grundbegriffe der christlichen Ethik (UTB 1648), Paderborn 1992

I. Grundlagen evangelischer Sozialethik

1. Kapitel

Was ist Sozialethik?

1. Moral und Ethik

Ethik ist die Theorie der Moral, d.h. die Reflexion, welche menschliches Handeln anhand der Beurteilungsalternative von Gut und Böse bzw. Gut und Schlecht auf seine Sittlichkeit hin überprüft. Die Aufgabe der Ethik besteht aber auch darin, die Begriffe „Gut" und „Böse" zu bestimmen und die Normen und Werte, nach denen in einer Gesellschaft üblicherweise über Gut und Böse entschieden wird, einer beständigen Überprüfung zu unterziehen.

Begriff und Disziplin der Ethik gehen auf Aristoteles zurück, der erstmals von einer ethischen Theorie (ἠθικής θεωρία) gesprochen hat.[1] Das Attribut „ethisch" leitet sich von der griechischen Vokabel ἦθος her, die den gewohnten Ort des Wohnens, im übertragenen Sinne Gewohnheit, Sitte, Brauch bezeichnet. Dem entspricht das lateinische Wort „mos, mores". Dem Begriff der Ethik entspricht der von Cicero geprägte Begriff der „philosophia moralis".[2] Zur Ausbildung einer eigenständigen Ethik, d.h. einer Reflexion über die vorgängige Moral, kommt es erst in dem Augenblick, wo die überlieferten Sitten ihre Selbstverständlichkeit verlieren und sich neu legitimieren müssen. Das geschieht zur Zeit des Aristoteles in der griechischen Polis aufgrund sozialer Umbrüche.

Neben der Vokabel ἦθος gibt es im Griechischen noch das Wort ἔθος, das mit „Gewohnheit" oder „Gewöhnung" zu übersetzen ist. Beide Wortstämme gehen in das deutsche Fremdwort *Ethos* ein, das für eine moralische Grundhaltung, eine Lebenshaltung oder einen bestimmten Typus von Sittlichkeit steht. Diese kann auch an die Zugehörigkeit zu einer bestimmten Gruppe von Menschen gebunden sein. So sprechen wir vom Berufsethos, z.B. vom ärztlichen Standesethos. *Moral* bezeichnet dagegen im heutigen Sprachgebrauch die Verhaltensnor-

---

[1] *Aristoteles*, Anal. post 89 b 9.
[2] *Cicero*, De fato 1.

men der gesamten Gesellschaft oder einer Gruppe, die aufgrund von Tradition akzeptiert und stabilisiert werden.

Für die Disziplin der Ethik gibt es unterschiedliche Bezeichnungen, zumal Ethik sowohl innerhalb der Philosophie wie innerhalb der Theologie betrieben wird. In der Philosophie ist neben „Ethik" und „Moralphilosophie" der Begriff der „Praktischen Philosophie" gebräuchlich. Die theologische Disziplin der Ethik wird innerhalb der katholischen Theologie als „Moraltheologie", innerhalb der evangelischen Theologie heutzutage als „theologische Ethik" bezeichnet, wobei der katholische Fächerkanon nochmals zwischen Moraltheologie und Sozialethik unterscheidet. Wird die Ethik ihrerseits zum Gegenstand der Reflexion erhoben, d.h. werden die erkenntnistheoretischen und anthropologischen Voraussetzungen ethischer Theorie- und Urteilsbildung untersucht, so sprechen wir von Fundamentalethik.

Zur *fundamentalethischen* Theoriebildung gehört die Überprüfung ethischer Begrifflichkeit, sowie die Unterscheidung der Ethik von anderen Betrachtungsweisen menschlichen Handelns und Verhaltens. Moral und Ethik operieren mit dem *Basiscode* „gut/böse" *bzw.* „gut/schlecht". Nun ist der Begriff des Guten mehrdeutig. Wir sprechen nicht nur von guten Taten, sondern auch davon, daß es uns gut oder schlecht geht, von einer guten oder schlechten Mahlzeit, einer guten oder schlechten Theaterinszenierung, einem guten oder schlechten Buch, einem guten oder schlechten Werkzeug. Offenbar handelt es sich bei den genannten Beispielen nicht um moralische bzw. ethische, sondern um ästhetische oder technische Urteile. Dem Code „gut/schlecht" liegt in diesen Fällen eine teleologische Betrachtungsweise zugrunde, welche Handlungen und Gegenstände nach ihrer Zweckmäßigkeit bzw. danach befragt, ob sie ihren Zweck erfüllen oder nicht. So sprechen wir beispielsweise von einer gut sitzenden Hose oder einer gut gehenden Uhr. Auch die Beurteilung einer Theateraufführung als gut ist kein moralisches Urteil, ist doch in der Kunst das Gegenteil von „gut" bekanntlich „gut gemeint" (Alfred Polgar). Eine andere und immer wieder heftig umstrittene Frage ist, inwieweit sich Kunst grundsätzlich in einem moralfreien Raum bewegt oder sich doch gewissen moralischen Normen unterwerfen muß. Man denke etwa an den immer wieder gegen Künstler erhobenen Vorwurf der Blasphemie oder des Verstoßes gegen die guten Sitten.

Auch im Bereich von Wirtschaft und Technik ist zwischen der sachorientierten und der moralischen Verwendung des Codes „gut/schlecht" zu unterscheiden. Ein Maschinengewehr kann gut funktionieren. Sein Einsatz mag in taktischer Hinsicht gut sein. Doch ob es moralisch gut oder schlecht ist, das Gewehr auf Menschen zu richten, ist nochmals eine ganz andere Frage. Jemand kann ein gutes Geschäft gemacht haben. Doch ist damit noch nicht gesagt, daß seine Geschäftsmethoden auch in moralischer Hinsicht gut sind.

Was jeweils unter dem moralisch Guten oder Schlechten zu verstehen ist, läßt sich nicht allgemeingültig sagen. Man kann aber eine formale Antwort geben, wonach unter dem moralisch Guten das nicht nur in einer bestimmten Hinsicht oder in mehrfacher Hinsicht, sondern das *in jeder Hinsicht* Gute zu verstehen ist. Umstritten ist aber, ob es *an sich* gute oder schlechte Handlungen gibt.

Befassen wir uns mit Sitten und gesellschaftlich akzeptierten Verhaltensregeln, so stellt sich die Frage, wie sich die Ethik von anderen Wissenschaften wie z.b. der Psychologie, der Soziologie und Sozialgeschichte oder auch der Verhaltensbiologie abgrenzt. Denn vom griechischen ἦθος leitet sich auch der Begriff der Ethologie, d.h. der biologischen Verhaltensforschung ab, zu der unter anderem die Teildisziplin der Humanethologie gehört. Offenkundig muß auch die Ethik zunächst beschreibend-analytisch und historisch-genetisch verfahren. Dabei wird sie die Zugänge und Ergebnisse anderer Wissenschaften einbeziehen. Doch eine bloße Beschreibung gesellschaftlicher Normen, ihrer Herkunftsgeschichte und Wirkungsweise ist noch keine Ethik. Ethik beruht auf der *Unterscheidung von Faktizität und Geltung*.[3] Sie stellt im Blick auf Verhaltensnormen die Geltungsfrage und erhebt demnach immer einen normativen Anspruch. „Die Eigentümlichkeit der Moralität etwa in Abgrenzung zum Ästhetischen, Religiösen oder Politischen ist nicht anders zu bestimmen als durch den Anspruch des Guten und die Abweisung des Bösen/Schlechten."[4] Ethik fragt also nicht nur, was ist, sondern was sein soll, weil es in jeder Hinsicht gut wäre. Sie setzt sich aber auch mit der Frage auseinander, *warum* es gut ist, sich ethische Fragen zu stellen, und schlecht, diesen Fragen auszuweichen.

Das Ethikverständnis, welches dem vorliegenden Lehrbuch zugrunde liegt, orientiert sich am *Handlungs*begriff. Weiterreichende Defini-

---

[3] Zu dieser Unterscheidung vgl. *J. Habermas*, Faktizität und Geltung. Beiträge zur Diskurstheorie des Rechts und des demokratischen Rechtsstaats, Frankfurt a.M. 1992.

[4] *S.H. Pfürtner*, Zur wissenschaftstheoretischen Begründung der Moral, in: *N. Luhmann/S.H. Pfürtner* (Hg.), Theorietechnik und Moral (stw 206), Frankfurt a.M. 1978, S. 176–267, hier S. 219.

tionen bezeichnen als Ethik eine „Theorie menschlicher Lebensführung".[5] Nun ist zweifellos richtig, daß das menschliche Leben mehr ist als die Summe isolierbarer Handlungen. Die einzelne Handlung ist eingebettet in die individuelle Biographie und gewinnt ihren Sinn im Rahmen dieses Kontextes. Wird allerdings die Aufgabe theologischer Ethik mit derjenigen einer Theorie der Lebensführung gleichgesetzt, so führt dies dazu, daß die Ethik mit der Fundamentaltheologie zusammenfällt, wobei dann aber die Gefahr besteht, daß alle Themen der Theologie, die sich gegen eine ethische Funktionalisierung sperren, ausgeklammert werden.[6]

Problematisch erscheint daher das Konzept einer „ethischen Theologie", wie es im Anschluß an Richard Rothe und Ernst Troeltsch von *T. Rendtorff* vertreten wird. Schon I. Kant hat für eine „Ethiko-Theologie" plädiert.[7] Das Konzept einer ethischen Theologie basiert auf der Annahme, das Christentum sei in der Moderne in sein ethisches Zeitalter eingetreten.[8] Nur scheinbar verblaßt nach dieser Theorie in der säkularen Moderne der religiöse Gehalt des Christentums. In Wahrheit seien christliche Deutungsmuster „in der Struktur des Ethischen auch dort noch präsent, wo von einer religiösen Deutung bewußt abgesehen wird"[9]. In der Krise befindet sich darum allenfalls eine sich der Modernisierung verweigernde, als dogmatisch apostrophierte Theologie, so daß folgende Alternative aufgestellt wird: „In der systematischen Theologie wird ‚Ethik' zum Titel für die Orientierung der Theologie an den Bedingungen der Moderne, Dogmatik zum Titel für das Festhalten am bzw. für die Rückwendung zum ‚klassischen' vorneuzeitlichen Theologiemodell."[10]

Bei näherem Hinsehen darf allerdings bezweifelt werden, daß das Konzept einer ethischen Theologie tatsächlich die angemessene Gestalt einer „der christlichen Gegenwart zugewandte(n) Theologie"[11] ist. Die Behauptung, daß die moderne Lebenswirklichkeit eine ethisch bestimmte ist, sieht sich nämlich mit einem irritierenden Dilemma konfrontiert. Der gegenwärtige Ethikboom wächst offenbar umgekehrt proportional zur tatsächlichen Leistungsfähigkeit der Ethik. Die risikoträchtige Weltgesellschaft erlebt sich als multikulturell und multireligiös, mit der Folge, daß sich der ethische Konsens in der bloßen

---

[5] So z.B. *T. Rendtorff*, Ethik, Bd. I (ThW 13,1), Stuttgart [2]1990, S. 9ff.

[6] Zur Kritik an Rendtorff vgl. auch *M. Honecker*, Einführung in die Theologische Ethik, Berlin/New York 1990, S. 30f.

[7] Vgl. *I. Kant*, Kritik der Urteilskraft, § 86, in: *ders.*, Werke V, hg. v. W. Weischedel, Darmstadt 1983, S. 567ff. Im Anschluß an Kant siehe *F. Buri*, Theologische Ethik und ethische Theologie, ZEE 22, 1978, S. 262–274.

[8] Vgl. *T. Rendtorff*, Ethik, Bd. I, 1. Aufl., Stuttgart/Berlin/Köln 1980, S. 15.

[9] T. Rendtorff, a.a.O. (Anm. 5), S. 12.

[10] T. Rendtorff, a.a.O. (Anm. 5), S. 43f.

[11] T. Rendtorff, a.a.O. (Anm. 5), S. 44.

Forderung nach Ethik oder einer neuen Moral auch schon erschöpft. Wenn Ethik die Grundlagen und die Einheit von Wissenschaft und Gesellschaft garantieren soll, wer oder was, so ist zu fragen, gewährt dann die Einheit der Ethik oder eröffnet zumindest die Hoffnung auf künftigen Konsens?

Vordergründig scheint es so zu sein, als sei einzig die Religion die Garantin für die der Gesellschaft transzendenten Normen und Werte der Moral. Traditionelle Hochkulturen sind in der Tat moralisch integrierte Gesellschaften, in denen Religion und Moral miteinander verquickt sind. Unter Berufung auf religionswissenschaftliche Forschungen geht der Soziologe *N. Luhmann* jedoch davon aus, daß die „Fusionierung von Religion und Moral […] ein relativ spätes Resultat der gesellschaftlichen Evolution" gewesen ist.[12] Sie ist im weiteren Verlauf der Religionsgeschichte, jedenfalls im Bereich des Christentums, nicht nur für die Moral, sondern auch für die Religion selbst zum Problem geworden. Für die Ethik ergab sich mit dem Entstehen der modernen Gesellschaft das Problem, das Prinzip der Autonomie gegenüber einer heteronomen, nämlich religiös bestimmten Moral durchzusetzen. Für die Religion aber hatte dies zur Folge, seit der europäischen Aufklärung selbst dem moralischen Urteil unterworfen zu werden. Es wird daher schließlich in der Sicht Luhmanns für die Religion zur Überlebensfrage, daß sie von der Moral abgekoppelt wird, wie er an der neuzeitlichen Entwicklung der Soteriologie sowie des Theodizeeproblems aufzeigt. Allerdings ergibt sich eine gewisse Spannung in der Theorie Luhmanns aufgrund seiner im Anschluß an R. Bellah aufgestellten Behauptung, die Gesellschaft bedürfe neben der kirchlich organisierten Religion einer Zivilreligion, in der die aus den Systemen der Politik und des Rechts nicht auszutreibenden Reste von Moral in Gestalt von Grundwerten ihren Platz hätten. Doch muß dieser Punkt aus unserer Darstellung ausgeklammert werden.

Bei aller notwendigen Sachkritik an Luhmanns Theorie der Moral und seiner funktionalen Theorie der Religion scheint mir die Problematik des Verhältnisses von Theologie und Ethik bei Luhmann klarer gesehen zu sein als in Rendtorffs Entwurf einer ethischen Theologie. Es entspricht durchaus den Impulsen reformatorischer Theologie und ihrer an Paulus anschließenden Rechtfertigungslehre, den Sinn von Religion bzw. die Lebensdienlichkeit, Struktur und Inhalt des christlichen Glaubens gerade nicht über die Moral als solche, sondern über die Unterscheidung zwischen Moral und Religion, dogmatisch gesprochen zwischen Gott und Mensch, Handeln Gottes und Handeln des Menschen, oder nochmals anders formuliert: zwischen Evangelium und Gesetz einsichtig zu machen. Im Verhältnis zur Ethik hat eine Theologie, welche sich der reformatorischen Tradition verpflichtet weiß, keineswegs nur die Aufgabe, ein „unausdrückliches Wissen" um die religiöse Dimension aller

---

[12] *N. Luhmann*, Die Ausdifferenzierung der Religion, in: *ders.*, Gesellschaftsstruktur und Semantik. Studien zur Wissenssoziologie der modernen Gesellschaft, Bd. 3 (stw 1093), S. 259–357, hier S. 276. Zur Religionstheorie Luhmanns siehe auch *ders.*, Funktion der Religion (stw 407), Frankfurt a. M. 1982.

Lebensführung und Ethik ausdrücklich zu machen[13], demzufolge jede Ethik „so etwas wie Glauben, Vertrauen in Anspruch nehmen muß, wo es um ihre prinzipielle Begründbarkeit zu tun ist"[14], bzw. darum, „an der Grenze" wissenschaftlicher, technologischer und ökonomischer Fragen die Sinnfrage ethischer Lebensführung zu bearbeiten.[15] Vielmehr ist das Anliegen reformatorischer Theologie heute so zu rekonstruieren, daß die Theologie entmoralisiert wird.

In dieser Hinsicht spielt m.E. der von manchen für obsolet gehaltene[16] theologische Code „Gesetz/Evangelium" auch unter den Bedingungen heutiger Gesellschaftsstrukturen und Erkenntnisbedingungen eine zentrale Rolle, insofern er aus theologischer Sicht eine Begrenzung der Moral intendiert. Zwischen Luhmanns Bestimmung der Aufgabe heutiger Ethik, vor allem vor Moral zu warnen, und einer Reformulierung der reformatorischen Unterscheidung von Gesetz und Evangelium bestehen also durchaus gewisse Konvergenzen. Im Unterschied zu Rendtorff sehe ich deshalb den Beitrag der Theologie zum gegenwärtigen ethischen Diskurs weniger in einer schöpfungstheologischen Rekonstruktion der Formel vom Gegebensein des Lebens als vielmehr in der ethischen Applikation der Rechtfertigungslehre und ihrer Konsequenz der Entmoralisierung der christlichen Religion wie der Begrenzung der Moral in der funktional ausdifferenzierten Gesellschaft.

Gegen ein Verständnis von Ethik als Theorie menschlicher Lebensführung läßt sich außerdem einwenden, daß der Begriff der Lebensführung zu stark personalethisch ausgerichtet ist. Die in der Einleitung dargelegten Begründungsprobleme heutiger Ethik rühren gerade daher, „daß das überkommene Konzept der Person, wonach diese das organisierende Zentrum des Handelns und somit auch der Ort ethischer Verantwortung ist, mit der Realität vergesellschafteten Handelns nicht mehr zusammenstimmt"[17]. Der Gedanke einer durchgängigen Identität menschlicher Lebensführung scheitert heute daran, daß der einzelne seines Lebens keineswegs zu jedem Zeitpunkt mächtig ist. Kontingenzerfahrungen, die nicht nur von Naturereignissen, sondern auch von der Unübersichtlichkeit und Komplexität der modernen Lebensverhältnisse herrühren, führen zu der Einsicht, daß der faktische Lebens*verlauf* nur zum Teil das Resultat bewußter Lebens*führung* ist. Wohl gibt es nicht nur einzelne Handlungen, sondern auch Hand-

---

[13]   T. Rendtorff, a.a.O. (Anm. 5), S. 11.

[14]   T. Rendtorff, a.a.O. (Anm. 5), S. 28.

[15]   T. Rendtorff, a.a.O. (Anm. 5), S. 17.

[16]   Siehe z. B. *F.-W. Graf*, Art. Gesetz IV. Neuzeit, TRE 13, Berlin/New York 1984, S. 90–126, hier S. 124f.

[17]   *J. Fischer*, Theologische Ethik und Christologie, ZThK 92, 1995, S. 481–516, hier S. 504.

lungs*weisen*.[18] Auch lassen sich *Lebensweisen* bzw. *Lebensstile* unterscheiden.[19] Aber der faktische Lebensverlauf ist mehr als die Summe unserer Handlungen und nur zum Teil das Resultat unseres Planens und Wollens.

Das gilt auch für die *Gesellschaft*, in deren Kontext das Einzelleben eingebettet ist. Wohl sind Gestalt und Entwicklung der Gesellschaft und ihrer Teilsysteme die Folge menschlicher Handlungen, aber nicht das Ergebnis bewußter Entscheidungen eines Kollektivsubjektes „Gesellschaft". Insofern ist die gesellschaftliche Entwicklung einerseits vom Handeln ihrer Mitglieder abhängig und andererseits ihrem Handeln entzogen bzw. vorgegeben. Aus diesem Grund wollen wir unter *Ethik* nicht eine allgemeine Theorie des Lebens und der menschlichen Wirklichkeit, sondern die *Theorie menschlichen Handelns, seiner Bedingungen, Voraussetzungen und Folgen* verstehen.[20] Das aber bedeutet, daß die Ethik auch die Grenzen menschlicher Handlungsmöglichkeiten und bewußter Lebensführung, und d.h. auch die Grenzen des Ethischen, stets mitzubedenken hat.

2. Die vier Dimensionen menschlichen Handelns und ethischer Urteilsbildung

Unter einer *Handlung* verstehen wir im Unterschied zu einem Ereignis, einem Vorgang oder einem unreflektierten Verhalten einen Wahlakt, der eine objektive Wahlmöglichkeit und subjektive Wahlfähigkeit zur Voraussetzung hat.[21] Als Wahlakte haben Handlungen einen intentionalen (sinnhaften) Charakter und sind einem Subjekt zurechenbar. Als zurechenbarer Vorgang aber ist eine Handlung im Rahmen der Biographie des Handelnden ein irreversibles Geschehen. Der Begriff der Handlung impliziert die Begriffe „Subjekt" und „Person". Um ein Er-

---

[18] Vgl. *E. Herms*, Gesellschaft gestalten. Beiträge zur evangelischen Sozialethik, Tübingen 1991, S. XVII.

[19] Vgl. *D. Korsch*, Religion mit Stil. Protestantimsus in der Kulturwende, Tübingen 1997, S. 1ff.

[20] Vgl. auch M. Honecker, a.a.O. (Anm. 6), S. 31; *J. Fischer*, Handeln als Grundbegriff christlicher Ethik. Zur Differenz von Ethik und Moral (ThSt [B] 127), Zürich 1983.

[21] Zum folgenden vgl. auch *J. Derbolav*, Art. Handeln, Handlung, Tat, Tätigkeit, HWP 3, Darmstadt 1974, Sp. 992–994; *F. Kaulbach*, Einführung in die Philosophie des Handelns, Darmstadt 1982.

eignis als Handlung zu bestimmen, setzen wir aber auch die Freiheit des Handelnden voraus. Determinierte Verhaltensweisen sind nicht das Resultat einer Wahl und darum keine wirkliche Handlung.

Im Handeln setzt sich der Mensch in Beziehung zu anderen Menschen und zur Welt. Der Sozialphilosoph J. Habermas unterscheidet vier Weltbezüge des Menschen und dementsprechend vier Formen des Handelns, nämlich das teleologische, das normenregulierte, das dramturgische und das kommunikative Handeln.[22] Das *teleologische* Handeln verfolgt einen bestimmten Zweck und ist durch die Entscheidung zwischen Handlungsalternativen gekennzeichnet. Das *normenregulierte* Handeln orientiert sich an Handlungsregeln, die ein in einer Gruppe bestehendes Einverständnis und eine gegenüber dem Handeln einzelner entsprechende Erwartungshaltung ausdrücken. Beim *dramaturgischen* Handeln bilden die Angehörigen einer Gruppe füreinander ein Publikum, vor dessen Auge sie sich darstellen. Es hat die Selbstrepräsentation des einzelnen gegenüber den anderen zum Ziel. Beim *kommunikativen Handeln* suchen mindestens zwei sprach- und handlungsfähige Subjekte eine Verständigung über die Handlungssituation, „um ihre Handlungspläne und damit ihre Handlungen einvernehmlich zu koordinieren"[23].

A. Rich unterscheidet zwischen vier Weltbezügen und ethischen Dimensionen menschlichen Handelns, nämlich zwischen der individualethischen, der personalethischen, der sozialethischen und der umweltethischen Dimension menschlichen Handelns.[24] Die *individualethische* Fragestellung betrifft das sittliche Verhältnis des handelnden Subjektes zu sich selbst. Auf dieser Ebene geht es also um Fragen der individuellen Lebensführung.

Die *personalethische* Dimension betrifft das Ich-Du-Verhältnis. Es liegt auf der Hand, daß sich die individualethische und die personalethische Dimension überschneiden, weil doch das individuelle Personsein gar nicht losgelöst von einem Du-haften Gegenüber existiert. Der dialogische Personalismus, vor allem sein Vertreter M. Buber, hat einsichtig gemacht, daß Ich und Du gleichursprünglich sind.[25] Diese Ein-

---

[22] *J. Habermas*, Theorie des kommunikativen Handelns, 2 Bde., Frankfurt a.M. 1988. Zum folgenden vgl. Bd. 1, S. 126ff.

[23] J. Habermas, a.a.O. (Anm. 22), S. 128.

[24] Siehe *A. Rich*, Wirtschaftsethik. Grundlagen in theologischer Perspektive, Gütersloh 1984, S. 56ff.

[25] Vgl. *M. Buber*, Ich und Du, Heidelberg ⁹1977.

sicht wird in der Philosophie des Anderen fortgeführt, die E. Lévinas ausgearbeitet hat. Er zeigt, daß das Du das unhintergehbar Andere ist, nämlich der Fremde, der sich durch das Ich nicht vereinnahmen, nicht definieren und auf ein bestimmtes Bild oder eine Rolle festlegen läßt.[26]

Alles Handeln hat aber stets auch eine *sozialethische* Dimension. Sie besteht zunächst darin, daß der einzelne innerhalb einer Gesellschaft und einem politischen Gemeinwesen lebt und für seine individuelle Lebensführung die bestehenden überindividuellen Versorgungs- und Schutzsysteme in Anspruch nimmt. Es ist nun aber von der individuellen Lebensführung und von der personalen Lebensgemeinschaft mehrerer Individuen ein kollektives Handeln zu unterscheiden, dessen unmittelbares Subjekt nicht der einzelne, sondern eine Gruppe von Menschen oder eine *Institution* ist.[27]

Der evangelische Sozialethiker E. Wolf hat die Institutionen als „soziale Daseinsstrukturen der geschaffenen Welt" definiert und theologisch „als Einladung Gottes zu ordnender und gestaltender Tat in der Freiheit des Glaubensgehorsams gegen sein Gebot" gedeutet.[28] Als Institutionen bezeichnet er z.B. Ehe, Eigentum und Staat. Ohne die Institutionen vorschnell einer theologischen Deutung zu unterziehen, können wir sagen, daß sie die *Verstetigung gemeinschaftlichen Handelns* sind. Man denke an ein Wirtschaftsunternehmen. In ihm kommen Menschen nicht zufällig zusammen, um ein gemeinsames Projekt durchzuführen oder ein einzelnes Produkt herzustellen. Sondern das Unternehmen ist eine dauerhafte Organisation mit systemischer Struktur, deren Ziel die stetige Produktion oder Bereitstellung von Dienstleistungen ist, und die fortbesteht, wenn die einzelnen Mitarbeiter das Unternehmen verlassen. Wohl hat auch das Individuum als Handlungssubjekt der unternehmerischen Tätigkeiten zu gelten. Schließlich bestehen innerhalb eines Unternehmens Verantwortungsstrukturen, innerhalb derer den einzelnen Aufgaben und Verantwortung zugewiesen werden, für deren Erfüllung sie rechenschaftspflichtig und haftbar gemacht

---

[26] Vgl. vor allem *E. Lévinas*, Die Spur des Anderen. Untersuchungen zur Phänomenologie und Sozialphilosophie, Freiburg/München 1983.

[27] Im Unterschied zu der hier vorgeschlagenen Typisierung versteht E. Herms unter Handlungen ausschließlich „undelegierbare eigene Entscheidungen einer Einzelperson [!], von denen jede den Charakter einer Wahl von leibhaftigem Verhalten hat, die selbstbewußt-frei, regelmäßig, folgeträchtig und zielstrebig ist" (a.a.O. [Anm. 18], S. IXf., im Original kursiv).

[28] *E. Wolf*, Sozialethik. Theologische Grundfragen (UTB 1516), Göttingen ³1988, S. 173.

werden. Doch die Tätigkeit des Unternehmens ist insgesamt eine überindividuelle, das Unternehmen selbst ein überindividuelles Handlungssubjekt. Entstehen durch die Institutionalisierung oder Verstetigung vergesellschafteten Handelns einerseits derartige überindividuelle
Handlungssubjekte, so besteht andererseits die Gefahr, daß das individuelle Subjekt zum Verschwinden gebracht wird. Davon wird noch im
folgenden Kapitel zu reden sein.

Die Infragestellung des individuellen Subjektes wird uns heute vor
allem durch die Gefährdung der natürlichen Umwelt bewußt, die zweifellos das Resultat menschlicher Handlungen und Unternehmungen
ist, die Verantwortungsfähigkeit einzelner Handlungssubjekte aber offensichtlich übersteigt. Damit kommt die *umweltethische* Dimension
menschlichen Handelns in den Blick. Bei ihr geht es um den naturhaf-
ten Weltbezug nicht nur des einzelnen, sondern der Gesellschaft insgesamt. Allerdings sind es Menschen und von Menschen geschaffene Institutionen, die sich mit umweltethischen Fragen befassen müssen. Sie
sind daher auch das einzig denkbare Subjekt ethischer Reflexion und
Theoriebildung. Mit der umweltethischen Dimension wird also in erkenntnistheoretischer und methodologischer Hinsicht die Anthropo-
zentrik aller Ethik nicht verlassen.[29] Heutige Ansätze einer biozentri-
schen oder physiozentrischen Ethik[30] machen zwar zu Recht geltend,
daß nichtmenschliche Lebewesen nicht als bloße Sachen angesehen
werden dürfen, die dem Menschen unbeschränkt zu seiner Verfügung
stehen. Die Reichweite menschlicher Verantwortung übersteigt offensichtlich die Grenzen der menschlichen Gesellschaft. Doch die Natur
selbst kann im strengen Sinne nicht als Subjekt von Ethik gedacht werden, weil es keine symmetrische, wechselseitige Kommunikation zwischen Menschen und anderen Lebewesen gibt und diese auch nicht im
Sinne unserer gegebenen Definition als Handlungssubjekte in Frage
kommen.

---

[29] Vgl. auch *B. Irrgang*, Christliche Umweltethik (UTB 1671), Basel 1992, S. 63ff.
[30] Vgl. die Typologie umweltethischer Ansätze bei B. Irrgang, a.a.O. (Anm. 29), S. 52ff.

3. Geschichte und Themenfelder der Sozialethik

Der Sache nach ist Sozialethik von jeher ein konstitutiver Bestandteil der Ethik.[31] Im heutigen Wortsinn aber handelt es sich um eine neuere Disziplin, deren Entstehen mit der Entwicklung der modernen Gesellschaft verbunden ist. Der *Begriff „Sozialethik"* ist erst in der Literatur des 20. Jahrhunderts gebräuchlich.[32] Eine ältere Bezeichnung lautet „Sozialphilosophie" oder auch „Soziallehre". Die römisch-katholische Theologie unterscheidet üblicherweise zwischen christlicher Sozialphilosophie und der kirchlichen bzw. päpstlichen Soziallehre. Während die Sozialphilosophie die Grundprinzipien des Naturrechts zu entfalten hat, verbinden sich in der Soziallehre der Kirche, aber auch in der Sozialethik der Theologen, überzeitliche Grundsätze mit zeitbedingten Reflexionen.[33]

Eine *Soziallehre* haben die verschiedenen christlichen Kirchen und Gruppen seit den Anfängen des Christentums entwickelt und vertreten. Eine klassische Darstellung ihrer Geschichte bietet Ernst Troeltsch (1865–1923).[34] Von Anfang an ist die Stellung der Christen zu Arbeit, Eigentum, Ehe und Staat ein Thema christlicher Ethik. Es geht aber nicht nur um die Stellung des einzelnen zu den genannten Institutionen, sondern auch um das Verhältnis von Kirche und Welt und die Stellung des Einzelnen in beiden Lebensbereichen.

Die Reformatoren beantworten diese Frage mittels der sogenannten *Zwei-Reiche-* oder *Zwei-Regimentenlehre* (CA XVI). Demnach sind Kirche und Welt bzw. staatliche Obrigkeit strikt voneinander zu unterscheiden, aber auch aufeinander bezogen, weil nicht nur die Kirche, sondern auch die weltlichen Ordnungen göttliche Anordnungen (ordinatio divina bzw. mandata Dei) sind. In beiden Reichen regiert letztlich Gott, auf der einen Seite durch das Wort, auf der anderen Seite durch

---

[31] Aufgrund meiner bisherigen Ausführungen zur Unterscheidung von Dimensionen des Ethischen kann ich aber nicht der Behauptung von E. Herms zustimmen, daß „Ethik in concreto immer [!] Sozialethik ist" (E. Herms, a.a.O. [Anm. 18], S. XII).

[32] Vgl. *W. Schweitzer*, Art. Sozialethik, RGG[3] VI, Tübingen, Sp. 159–167; *H. Bedford-Strohm*, Art. Sozialethik, Soziallehre 1. Allgemein, EKL[3] IV, Göttingen 1996, Sp. 325–334. Zur spezifischen Entwicklung der Sozialethik in Nord- und Südamerika, Afrika und Asien siehe *Ch.E. Curran/J.-C. Scannone/C. Okechukwu/G. Evers*, Art. Sozialethik, Soziallehre 2.–5., EKL[3] IV, Göttingen 1996, Sp.334–345.

[33] Zur Einführung in die katholische Sozialethik siehe *F. Furger*, Christliche Sozialethik. Grundlagen und Zielsetzungen (Studienbücher Theologie 20), Stuttgart 1991.

[34] *E. Troeltsch*, Die Soziallehren der christlichen Kirchen und Gruppen. Neudruck der Ausg. 1912 in 2 Teilbden. (UTB 1811/1812), Tübingen 1994.

das Schwert, d.h. durch die Obrigkeit, welche legitimerweise Gewaltmittel zum Schutz der öffentlichen Ordnung und des Friedens einset-
zen darf.

Das Spätmittelalter und die Reformation haben ein hierarchisches
Bild von der Gesellschaft. Unabhängig von der Zweireichelehre vertreten auch die Reformatoren eine *Dreiständelehre*. Die Gesellschaft glie-
dert sich in den *status oeconomicus*, den *status politicus* und den *status
ecclesiasticus*. Zum ökonomischen Stand gehören die Ehe und das Haus
als Wirtschafts- und Produktionseinheit einschließlich des Gesindes
und der Gesellen. Das Haus ist patriarchalisch organisiert. Der status
politicus bezeichnet die Obrigkeit. Luther spricht noch nicht vom
Staat, sondern versteht die Obrigkeit als personale Größe. Die Kirche
ist der Stand, in welchem das Evangelium und die Unterscheidung von
Gesetz und Evangelium verkündigt werden, bzw. das evangelisch ge-
deutete „Priesteramt".[35] Verworfen wird der monastische Stand sowie
der mittelalterliche Herrschaftsanspruch der Kirche über den weltlichen
Bereich. Über den drei Ständen aber steht der allgemeine Orden der
christlichen Liebe, in welchen alle Christen durch die Taufe berufen
sind. Mit gewissen Modifikationen lebt diese Dreiständelehre auch in
der altprotestantischen Orthodoxie des 17. Jahrhunderts fort.

Erschüttert wurde die herkömmliche christliche Soziallehre durch
die politischen, ökonomischen und gesellschaftlichen Veränderungen
in Europa seit der Aufklärung und insbesondere seit dem Beginn der
Industrialisierung. Zum einen trat an die Stelle der Obrigkeit der moderne *Staat*, zum anderen wurde die Trennung von *privater* und *öffentlicher* Sphäre vollzogen, die auch die Kirche bzw. die Religion erfaßte.
Man spricht im Hinblick auf die sich ändernde gesellschaftliche Stellung der Kirche von Säkularisierung. Von Haus aus bezeichnet dieses
Wort die Überführung kirchlichen Eigentums in weltlichen Besitz, im
übertragenen Sinne das Zurückdrängen der Kirche aus anderen Bereichen der Gesellschaft, z.B. aus dem öffentlichen Schulwesen oder dem
Ehe- und Familienrecht. Erwähnt seien nur das Ende der geistlichen
Schulaufsicht oder die Einführung der Ziviltrauung. Mit dem Entstehen des modernen Rechtsstaates verbindet sich eine weitere Ausdifferenzierung, nämlich die Unterscheidung von *Staat* und *Gesellschaft*. So
urteilt E. Troeltsch: „Staat und Gesellschaft sind erst unterschieden von
unserem modernen Sprachgebrauch, und das Charakteristische der
‚Gesellschaft' entsteht erst durch den Gegensatz gegen den modernen,

---

[35] Vgl. *M. Luther*, Vom Abendmahl Christi (1528), WA 26, 504.

formal-rechtlichen Staatsbegriff, aus welchem Gegensatz heraus überhaupt erst der ganze Begriff sein Licht und seinen ganz konkreten Sinn erhält."[36]

Die Industrialisierung führt zu weiteren tiefgreifenden Veränderungen des modernen Gesellschaftslebens. Es entstehen nicht nur neue Arbeits- und Wirtschaftsformen, welche z.B. die Trennung von Haus bzw. Familie und Arbeitsplatz, sondern auch das Entstehen eines neuen gesellschaftlichen Standes, des Industrieproletariats, zur Folge haben, der sich im herkömmlichen Schema einer Dreiständelehre nicht mehr einordnen läßt und dieses Ordnungsmodell von innen her sprengt. Wie das Elend des Industrieproletariats wirksam bekämpft werden kann, ist die sogenannte „Soziale Frage" des 19. Jahrhunderts. Fortan bezeichnet der Begriff des „Sozialen" „einen ganz bestimmten und eng begrenzten Ausschnitt aus den allgemein soziologischen Phänomenen, nämlich die von der staatlichen Regulierung und dem politischen Interesse freigelassenen oder nur sekundär berührten soziologischen Beziehungen, die sich aus dem wirtschaftlichen Leben der Bevölkerungsspannung, der Arbeitsteilung, der Ständegliederung und einigen anderen nicht direkt als politisch zu charakterisierenden Interessen ergeben, die aber tatsächlich das staatliche Gesamtleben aufs stärkste beeinflussen und seit der Ausbildung des modernen Rechtsstaates sich von ihm deutlich geschieden haben, so daß das ‚soziale Problem' recht eigentlich in dem Verhältnis der politischen Gemeinschaft zu diesen in der Wurzel unpolitischen, aber politisch überaus wichtigen soziologischen Erscheinungen besteht."[37] Mit der Entwicklung einer Sozialgesetzgebung rücken Staat und ökonomisch-soziale Probleme wieder zusammen, so daß seither eine kirchliche Soziallehre das Verhältnis der Kirche sowohl zum Staat als auch zur Gesellschaft in ihrer Unterschiedenheit wie Bezogenheit bestimmen muß.[38]

Die *römisch-katholische* Soziallehre, wie sie seit dem 19. Jahrhundert entwickelt worden ist, beruht auf bestimmten sozialphilosophischen, naturrechtlich begründeten Grundannahmen. Sie ist letztlich Sozialphilosophie, nicht etwa Sozialtheologie, weil sie auf der thomistischen Unterscheidung von Natur und Gnade und einer aristotelischen Metaphysik aufbaut. Metaphysisch werden Wesensaussagen über die Natur des Menschen und seine Gemeinschaftsbeziehungen gemacht, denen

---

[36] E. Troeltsch, a.a.O. (Anm. 34), S. 10f.
[37] E. Troeltsch, a.a.O. (Anm. 34), S. 7f.
[38] Vgl. E. Troeltsch, a.a.O. (Anm. 34), S. 11.

zeitlose Strukturen zugrunde liegen sollen. Bei ihnen handelt es sich um ontologische Annahmen, d.h. um Prinzipien des Seins, die zugleich als solche des Sollens gedacht werden. Die thomistische Naturrechts- und Tugendlehre ist nach Lehre der Päpste das Prinzip auch der modernen Soziallehre. Demnach ist der Mensch ein „ens individuale et sociale". Und ferner gilt der Grundsatz: „agere sequitur esse". D.h. aus der Erkenntnis der Wesensnatur folgt eine bestimmte Ethik, die sich am Grundwert der Personwürde sowie an den Kardinaltugenden der Gerechtigkeit, der Tapferkeit, des Maßhaltens und der Klugheit orientiert. Das Naturrecht gilt universal, weshalb die katholische Soziallehre den Anspruch erhebt, nicht etwa nur eine binnenkirchliche Moral, sondern eine universale Ethik zu vertreten.

Die moderne katholische Soziallehre fußt näherhin auf drei Prinzipien, nämlich dem Personprinzip, dem Solidaritätsprinzip und dem Subsidiaritätsprinzip. Nach dem *Personprinzip* ist der Mensch wohl ein soziales Wesen, doch die Ordnung der Gesellschaft hat den Menschen als „Träger, Schöpfer und das Ziel aller gesellschaftlichen Einrichtungen" anzuerkennen.[39] Das *Solidaritätsprinzip* fußt auf der Einsicht, daß der Mensch wesenhaft ein „ens sociale" ist und daher der Ehe, der Familie, des Staates und freier Organisationen bedarf. Das Solidaritätsprinzip schließt das Prinzip des Gemeinwohls sowie das Ganzheitsprinzip ein, demzufolge die Gesellschaft als ein gegliederter Organismus betrachtet wird. Das *Subsidiaritätsprinzip* besagt, daß das Solidaritätsprinzip nicht zur Bevormundung oder Entmündigung führen darf. Der Einzelne oder eine Gemeinschaft sollen in ihrer Eigenverantwortlichkeit gestärkt und unterstützt, nicht aber aus ihr entlassen werden. Strittig ist die genaue Übersetzung des Wortes „Subsidiarität" und damit auch der Sinn des genannten Prinzips. Am besten übersetzt man es wohl als „Hilfe zur Selbsthilfe". Seine konkrete Anwendung aber ist nicht endgültig geklärt. Das Subsidiaritätsprinzip spielt heutzutage aber nicht nur in der Sozialpolitik, sondern auch in anderen politischen Bereichen eine grundlegende Rolle. Unter anderem finden wir es in der Politik der Europäischen Union als Forderung nach Dezentralisierung oder auch Deregulierung. So umstritten wie der genaue Inhalt des Subsidiaritätsprinzips ist freilich auch derjenige des Gemeinwohlprinzips. Worin das Gemeinwohl und die zu schützenden Werte der Gesellschaft konkret bestehen sollen, vermag die katholische Soziallehre nur schwer zu definieren. Wir können aber sagen, daß es sich beim Gemeinwohlprinzip

---

[39] Mater et magistra, Nr. 219.

um eine *regulative Idee* handelt. Insgesamt fordert die katholische Soziallehre nicht nur die Verwirklichung einer gerechten und humanen
Gesellschaft. Sie vertritt auch eine Harmonievorstellung, derzufolge
eine widerspruchsfreie Gesellschaft natürlicherweise verwirklicht werden kann, wenn die Grundlagen der metaphysischen sittlichen Weltordnung beachtet werden.

Die *lehramtliche Grundlage* katholischer Sozialethik sind diverse
päpstliche Enzykliken.[40] Es handelt sich vor allem um die Enzyklika
„Rerum Novarum" Leos XIII. aus dem Jahre 1891[41], um die zu ihrem
40jährigen Jubiläum 1931 von Pius XI. Veröffentlichte Enzyklika
„Quadragesimo anno"[42], die Enzykliken Johannes' XXIII. „Mater et
magistra" (1961)[43] und „Pacem in terris" (1963)[44], die sich mit den
Menschenrechten befaßt, um die Enzyklika „Populorum Progressio"
Pauls VI. von 1967 zu Fragen des Friedens und der Entwicklung[45], sowie dessen apostolisches Schreiben an Kardinal Maurice Roy „Octoge-
sima adveniens" anläßlich des 80jährigen Jubiläums von „Rerum Novarum"[46]. Aus dem Pontifikat Johannes Paul II. sind für die Soziallehre
von Bedeutung die Enzykliken „Redemptor hominis" (1979)[47], „Labo-
rem Exercens" (1981) zum 90. Jahrestag von „Rerum novarum"[48], sowie die Enzyklika „Sollicitudo rei socialis" (1987)[49], die sich mit Fragen
der Entwicklungshilfe befaßt.

Eine Herausforderung an die klassische katholische Soziallehre stellen neue, eigenständige theologische Ansätze einer sogenannten *Theologie der Befreiung* dar. Sie wurden zunächst in Lateinamerika entwik-
kelt, doch gibt es inzwischen entsprechende Konzepte auch in den
jungen Kirchen Asiens und Afrikas.[50] Gemeinsam ist ihnen der Ansatz,

---

[40] Auszugsweise finden sich die im folgenden genannten Texte in: *H. Denzinger*,
Kompendium der Glaubensbekenntnisse und kirchlichen Lehrentscheidungen. Latei-
nisch-Deutsch, hg. v. P. Hünermann, Freiburg/Basel/Wien [37]1991 (Abk.: DH). Siehe
auch *Texte zur katholischen Soziallehre*, Bornheim/Kevelar [7]1989.

[41] DH 3265–3271.

[42] DH 3725–3744.

[43] DH 3935–3953.

[44] DH 3955–3997.

[45] DH 4440–4469.

[46] DH 4500–4512.

[47] DH 4640–4645.

[48] DH 4690–4699.

[49] DH 4810–4819.

[50] Einen Überblick gibt *R. Frieling*, Befreiungstheologien. Studien zur Theologie in
Lateinamerika (Bensheimer Hefte 63), Göttingen 1985. Das grundlegende Werk
stammt von *G. Gutièrrez*, Theologie der Befreiung (1973), München [9]1986.

alle theologische Reflexion von der konkreten Gemeindeerfahrung aus aufzubauen und sich von der philosophisch-theologischen Tradition des Abendlandes zu emanzipieren. Das Kirchenverständnis ist nicht hierarchisch, sondern basisdemokratisch. Nach Ansicht der Befreiungstheologen ist Kirche im Werden, das in den sogenannten Basisgemeinden beginnt. Die Kirche ist Kirche des Volkes, ihre Theologie ist kontextuell. Es handelt sich bei der Theologie der Befreiung einerseits um eine Theologie der Inkulturation, andererseits um eine Form der politischen Theologie. Der Begriff des Volkes meint die Armen, die rechtlosen Massen. Die Option für die Armen ist folglich ein entscheidendes theologisches Kriterium jeder Befreiungstheologie.[51] Zwischen Vertretern einer Befreiungstheologie und der römisch-katholischen Amtskirche bestehen eine Reihe theologischer Divergenzen[52], die sich zum Teil in spektakulären Lehrzuchtverfahren niedergeschlagen haben.[53] In sozialethischer Hinsicht dreht sich der Streit um die Haltung der Befreiungstheologie zum Marxismus und marxistisch geprägten Befreiungsbewegungen. Die Übernahme der marxistischen Gesellschaftsanalyse und -theorie stößt sowohl im Vatikan als auch bei Vertretern der deutschsprachigen Tradition katholischer Soziallehre auf zum Teil erhebliche Kritik. In neuester Zeit deuten päpstliche Lehraussagen eine neue Gesprächsbereitschaft an, betonen freilich die Notwendigkeit, befreiungstheologische Ansätze in das Gesamtgefüge der lehramtlichen Soziallehre einzufügen.[54]

Auch innerhalb der *evangelischen* Theologie der letzten Jahrzehnte sind Impulse der Befreiungstheologie wirksam geworden. Das gilt vor allem für den linken Flügel der Wort-Gottes-Theologie bzw. für Theologinnen und Theologen, die aus ihr hervorgegangen sind. Starken Einfluß hat zeitweilig die Philosophie des marxistischen Philosophen Ernst Bloch ausgeübt. Die durch sein „Prinzip Hoffnung" angeregte „Theologie der Hoffnung" J. Moltmanns[55] verstand sich als eine evan-

---

[51] Siehe z.B. *C. Boff/J. Pixley*, Die Option für die Armen, Düsseldorf 1987.

[52] Vgl. *N. Greinacher* (Hg.), Konflikt um die Theologie der Befreiung. Diskussion und Dokumentation, Köln 1985; *H.-J. Prien*, Lateinamerika: Gesellschaft – Kirche – Theologie, 2 Bde., Göttingen 1981.

[53] Erwähnt sei nur das Verfahren gegen den brasilianischen Theologen L. Boff. Siehe *Der Fall Boff*. Eine Dokumentation, Düsseldorf 1986.

[54] Vgl. die Enzyklika „Sollicitudo re socialis" (1987), Nr.46.

[55] Vgl. *J. Moltmann*, Theologie der Hoffnung. Untersuchungen zur Begründung und zu den Konsequenzen einer christlichen Eschatologie, München [12]1985.

gelische Gestalt politischer Theologie[56], wie sie auf katholischer Seite vor allem von J.B. Metz[57] vertreten wird. Moltmann hat seinen Ansatz politischer Theologie inzwischen weiterentwickelt. Demnach besteht die Aufgabe christlicher Weltgestaltung in der Nachfolge Christi auf dem Weg zum Reiche Gottes, d.h. in der Teilhabe an seinem messianisch gedeuteten Leben. Nach Moltmanns Ansicht ist mit dem Reich Gottes in Jesu Botschaft „ein reales Sozialprogramm und auch – wie freilich nicht weit entfaltet – ein ökologisches Reformprogramm verbunden"[58]. Der Ansatz einer politischen Theologie kann, wie z.B. bei U. Duchrow, mit einer fundamentalen Kritik des kapitalistischen Wirtschaftssystems verbunden sein.[59] Ältere Vorläufer einer protestantischen Befreiungstheologie sind der Religiöse Sozialismus im deutschsprachigen Raum[60], die in der zweiten Hälfte des 19. Jahrhunderts in den USA entstandene Bewegung des „Social Gospel[61] sowie Konzepte einer „Theologie der Revolution"[62]. Neben der katholischen Befreiungstheologie gibt es heute in Lateinamerika, Asien und Afrika auch Ansätze einer protestantischen Theologie der Befreiung.[63]

Eine besondere Gestalt der Befreiungstheologie sind katholische wie protestantische Ansätze einer *feministischen Theologie*. Innerhalb der fe-

---

[56] Siehe *D. Sölle*, Politische Theologie. Auseinandersetzung mit Rudolf Bultmann, erw. Neuauflage Stuttgart 1982.

[57] Einführend siehe *J.B. Metz*, Glaube in Geschichte und Gesellschaft. Studien zu einer praktischen Fundamentaltheologie, Mainz [10]1992.

[58] *J. Moltmann*, Der Weg Jesu Christi. Christologie in messianischen Dimensionen, München 1989, S. 141.

[59] Vgl. *U. Duchrow*, Alternativen zur kapitalistischen Weltwirtschaft. Biblische Erinnerungen und politische Ansätze zur Überwindung einer lebensbedrohlichen Ökonomie, Gütersloh/Mainz 1994; *ders.*, Weltwirtschaft heute – ein Feld für bekennende Kirche?, Gütersloh [2]1987.

[60] Hauptvertreter waren Hermann Kutter (1863–1931), Leonhard Ragaz (1868–1945), Emil Fuchs (1874–1971), Paul Tillich (1886–1965), Paul Piechowski (1892–1966) und Georg Wünsch (1887–1964). Zur Einführung siehe *W. Deresch*, Der Glaube der religiösen Sozialisten. Ausgewählte Texte, Hamburg 1972.

[61] Ein wichtiger Vertreter des „Social Gospel" war Walter Rauschenbusch (1861–1918). Siehe auch *H.-H. Schrey*, Art. Social Gospel, RGG3 VI, Tübingen 1962, Sp. 112–113.

[62] Die Diskussion ist stark von Richard Shaull und Jürgen Moltmann bestimmt worden. Siehe *E. Feil/R. Weth* (Hg.), Diskussion zur ‚Theologie der Revolution', München/Mainz 1969; *T. Rendtorff/H.E. Tödt*, Theologie der Revolution, Frankfurt a.M. 1968.

[63] Siehe u.a. *C. Mesters*, Die Botschaft des leidenden Volkes, Neukirchen-Vluyn 1982; *M. Schwantes*, Am Anfang war die Hoffnung. Die biblische Urgeschichte aus der Sicht der Armen, München 1992.

ministischen Theologie gibt es inzwischen auch eine eigenständige Debatte über Ethik und Sozialethik.[64] Im Unterschied zu abstrakt-universalistischen Ethik-Entwürfen können Ansätze einer feministischen Ethik als Ethik der Geschlechterdifferenz charakterisiert werden. Wie die Vielfalt kontextueller Befreiungstheologien verweist auch die These von einer geschlechtsspezifischen Moral auf das Pluralismusproblem, das auch in der Multikulturalitätsdebatte verhandelt wird. Davon wird im 3. Kapitel noch ausführlich die Rede sein.

Die traditionelle evangelische, vor allem die lutherische Theologie des 19. Jahrhunderts, aber auch noch des 20. Jahrhunderts, hat die neuen gesellschaftlichen Strukturen mittels einer Theorie der *Schöpfungsordnungen* zu beschreiben versucht. Maßgebliche Vertreter dieses Ansatzes sind die lutherischen Theologen G.Chr. Adolph v. Harleß (1806–1893)[65] und Paul Althaus (1888–1966)[66] sowie der reformierte Theologe Emil Brunner (1889–1966)[67]. Die menschlichen Ordnungen von Ehe und Familie, Arbeit und Beruf, Staat und Kirche gelten als zwar geschichtlich wandelbare, jedoch als solche nicht zur Disposition stehende Grundformen der von Gott geordneten menschlichen Gemeinschaft. Sie werden zwar vom Menschen ausgestaltet, jedoch nicht geschaffen, sondern sind ihm immer schon vorgegeben.

Der Gedanke, daß es zeitlose, unveränderliche soziale Ordnungen gibt, ist von Paul Tillich (1886–1965) mit Recht als „Ursprungsmythos" kritisiert worden. Tatsächlich begegnen die genannten Institutionen immer nur in einer bestimmten geschichtlichen und partikularen Ausformung und weisen im Kulturvergleich eine große Variabilität auf. Theologische Kritik am Ordnungsdenken ist vor allem von Karl Barth formuliert worden. Einer schöpfungstheologischen Begründung gesell-

---

[64] Siehe einführend *E. Gössmann u.a.* (Hg.), Wörterbuch der Feministischen Theologie, Gütersloh 1991; *B.W. Harrison*, Die neue Ethik der Frauen. Kraftvolle Beziehungen statt bloßen Gehorsams, Stuttgart 1991; *G. Buse*, Macht – Moral – Weiblichkeit. Eine feministische Auseinandersetzung mit C. Gilligan und F. Haug, Mainz 1993; *A. Pieper*, Aufstand des stillgelegten Geschlechts. Einführung in die feministische Ethik, Freiburg/Basel/Wien 1993; *I. Praetorius*, Skizzen zur Feministischen Ethik Mainz 1995; *H. Kuhlmann* (Hg.), Und drinnen waltet die züchtige Hausfrau. Zur Ethik der Geschlechterdifferenz, Gütersloh 1995; *B. Schneider*, „Wer Gott dient, wird nicht krumm." Feministische Ethik im Dialog mit Karol Wojtyla und Dietmar Mieth, Mainz 1997.

[65] *G.Chr.A .v. Harleß*, Christliche Ethik, Gütersloh [7]1875.

[66] *P. Althaus*, Theologie der Ordnungen, [2]1935; vgl. auch *ders.*, Grundriß der Ethik, Gütersloh [2]1953.

[67] *E. Brunner*, Das Gebot und die Ordnungen (1932), Zürich [4]1978.

schaftlicher Institutionen stellte er eine christologische Begründung menschlicher Ordnungen gegenüber. Exemplarisch ist dafür seine Schrift „Christengemeinde und Bürgergemeinde"[68], die das Verhältnis von Kirche und Staat als dasjenige von konzentrischen Kreisen beschreibt, die Christus als ihre gemeinsame Mitte haben und zu ihm in einem Entsprechungsverhältnis zu denken sind. Das Problem eines solchen Ethikansatzes besteht freilich darin, daß es zunächst nur als binnenkirchliche Theorie verstanden wird, deren Geltungsansprüche außerhalb der Kirche den Anschein unausgewiesener Postulate erwecken. Eine Verbindung von Christozentrik und lutherischer Ordnungstheologie hat Dietrich Bonhoeffer (1906–1945) über den reformatorischen Begriff des *Mandates* gesucht.[69] Demnach wären Ehe, Familie, Beruf, Staat und Kirche nicht von Natur aus, sondern im konkreten Lebensvollzug als Strukturen anzunehmen, in denen Gottes Wille und Anspruch hier und jetzt vernehmbar wird. Während die gesellschaftlichen Institutionen nach traditioneller Lehre Erhaltungsordnungen des Schöpfers sind, interpretiert Bonhoeffer ihre konkrete Ausgestaltung als Aufgabe des Christusglaubens. Bonhoeffer ist sichtlich darum bemüht, den lutherischen Ordnungsgedanken zu dynamisieren, vermittelt ihn aber ebenso wenig wie andere Entwürfe seiner Zeit mit modernen sozialwissenschaftlichen Gesellschaftstheorien. Offen bleibt auch die Begründung für die getroffene Auswahl von Mandaten.

Die evangelische Sozialethik nach 1945 sucht die Vermittlung zwischen Schöpfungstheologie und modernen Sozialwissenschaften über den Begriff der *Institution*.[70] Hauptvertreter dieses Ansatzes sind H. Dombois[71], W.-D. Marsch[72] und E. Wolf. Im Hintergrund steht die mehr soziologische als juristische Institutionentheorie des katholischen Staatsrechtslehrers Maurice Hauriou[73], mit deren Hilfe große soziale Gebilde erklärt werden sollen, „die von einer einem sozialen Milieu eingepflanzten Idee getragen, durch Individuen gestaltet, sich in einer

[68] *K. Barth*, Christengemeinde und Bürgergemeinde, München 1946 (Neuausgabe, zus. mit seiner Schrift „Rechtfertigung und Recht", ThSt [B] 104, Zürich 1984.

[69] Vgl. *D. Bonhoeffer*, Ethik, hg. v. I. Tödt u.a. (DBW 6), Gütersloh ²1998, S. 392ff.

[70] Vgl. *H.E. Tödt*, Art. Institution, TRE 16, Berlin/New York 1987, S. 206–220.

[71] Siehe *H. Dombois*, Art. Institution II, EStL, 1966, S. 797–800; *ders.*, Recht und Institution, Glaube und Forschung 9, 1956, S. 55ff.

[72] *W.-D. Marsch*, Art. Institution, RGG³ III, Tübingen 1959, Sp.783–785.

[73] Vgl. *M. Hariou*, La théorie de l'institution et de la fondation, Cahiers der 1ère Novelle Journée 4, 1925.

konstanten Bewegung wie Organismen verhalten"[74]. Wirksam wurden aber auch die Institutionentheorien Arnold Gehlens[75] und Helmut Schelskys[76]. Im Begriff der Institution versuchen die genannten evangelischen Autoren, „sowohl den Gedanken göttlicher Stiftung als auch die ablesbaren Strukturen sozialer Gegebenheiten und drittens das Moment menschlicher Entscheidung bzw. christlichen Gehorsams zur Integration dieser Strukturen zu verbinden"[77]. Ausdrücklich verbindet Wolf den Begriff der Institution mit dem Ansatz einer Verantwortungsethik und interpretiert die gesellschaftlichen Institutionen „als von Gott angebotener Ort der Bewährung in Verantwortung"[78].

Wolf geht noch einen Schritt weiter, indem er zwischen konkreten Institutionen und *Institutionalität* als unhintergehbarer Struktur menschlichen Daseins unterscheidet. So soll vermieden werden, daß bestehende Institutionen umstandslos mit einer göttlichen Stiftung gleichgesetzt werden. Tatsächlich wird der Institutionenbegriff innerhalb der theologischen Diskussion nicht verwendet, um sämtliche Rechtsinstitute der bestehenden Rechtsordnung als gottgewollt zu deklarieren. Er wird vielmehr „im wesentlichen auf einige mit dem Menschen gegebene, unverzichtbare und existentielle soziale Grundbezüge" angewandt.[79] Der Begriff der Institutionalität lenkt den Blick auf die theologische Anthropologie, d.h. aber auf die Voraussetzungen jeder Ethik zurück. Die christliche Anthropologie leitet freilich auch zur Wahrnehmung der Sünde und ihrer sozialen Auswirkungen an. Schon deshalb verbietet es sich, bestehende gesellschaftliche Ordnungen umstandslos für gottgewollt zu halten. Sie sind immer vom sündigen Menschen gestaltet. „Der primäre Ansatz für die Frage nach der Institution ist eben die Frage nach dem Menschen; gerade auch auf dem Hintergrund von Schöpfung und Erlösung, das heißt: unter dem Gesichtswinkel der Mitmenschlichkeit."[80] Wolfs grundlegende anthropologi-

---

[74] E. Wolf, a.a.O. (Anm. 28), S. 172.

[75] *A. Gehlen*, Mensch und Institutionen, in: Anthropologische Forschung (rde 138), Reinbek 1961, S. 69–77; *ders.*, Der Mensch. Seine Natur und Stellung in der Welt, Bonn 1950; *ders.*, Urmensch und Spätkultur, Bonn 1956.

[76] *H. Schelsky*, Auf der Suche nach Wirklichkeit, Taschenbuchausg. 1979, bes. S. 38ff.268ff; *ders.* (Hg.), Zur Theorie der Institution (Interdisziplinäre Studien 1), Düsseldorf 1970.

[77] E. Wolf, a.a.O. (Anm. 28), S. 171f.

[78] A.a.O. (Anm. 28), S. 168ff.

[79] A.a.O. (Anm. 28), S. 174.

[80] A.a.O. (Anm. 28), S. 175.

sche Bestimmung lautet: „Der Mensch ist, um Mensch werden und
Mensch bleiben zu können, angewiesen auf Institutionalität, auf Sozialität und Rationalität."[81] Konkrete Institutionen sind also gewissermaßen als Interpretament der fundamentalen Institutionalität anzusehen.
Fundamentale Institutionen sind nach Wolf „Bund, Ehe, Eigentum"[82],
deren konkrete Ausgestaltung aber eine im Glauben wahrzunehmende
„Gestaltungsaufgabe"[83] ist. Jede „Realisierung der Institutionalität setzt
die Freiheit zum Gehorsam gegenüber dem Gebot Gottes voraus"[84], das
– wie schon bei Barth und Bonhoeffer – nicht mit einzelnen überlieferten Geboten, sondern mit Gottes aktualem Gebieten im Hier und Jetzt
zu identifizieren ist.

Für die evangelische Sozialethik bedeutete Wolfs Theorie der Institutionalität einen großen Fortschritt. „Eine sozialethische Theorie der Institutionen kann nicht rechtstheologisch, sondern nur anthropologisch
argumentieren. Denn wo und wann hätte denn Gott Ehe und Staat
überhaupt ‚gestiftet': im Paradies, am Sinai, in Kreuz und Auferstehung
Christi?"[85] Will eine theologische Sozialethik zur Theoriebildung der
Sozialwissenschaften anschlußfähig bleiben, muß deren neuere Entwicklung berücksichtigt werden.

H. Schelskys Schüler Niklas Luhmann (1927–1998) hat den Begriff
der Institution durch denjenigen des *sozialen Systems* ersetzt. Dessen
Beschaffenheit und Funktionsweise erklärt Luhmann im Rahmen einer
allgemeinen funktionalen Systemtheorie. Luhmann unterstellt, daß es
überhaupt Systeme gibt[86], die nicht statisch als eine aus Teilen zusammengesetzte Einheit, sondern funktional als Form der Selbstorganisation zu deuten sind. Luhmann unterscheidet zwischen Maschinen,
Organismen, sozialen und psychischen Systemen.[87] Unter sozialen
Systemen versteht er Interaktionen, Organisationen und Gesellschaften.[88]

Luhmanns Theorie sozialer Systeme kann hier nicht im einzelnen
entfaltet und kritisch gewürdigt werden. Wir greifen nur einige Ele-

---

[81] A.a.O. (Anm. 28), S. 174.

[82] A.a.O. (Anm. 28), S. 175.

[83] A.a.O. (Anm. 28), S. 179.

[84] A.a.O. (Anm. 28), S. 178.

[85] M. Honecker, a.a.O. (Anm. 6), S. 311.

[86] *N. Luhmann*, Soziale Systeme. Grundriß einer allgemeinen Theorie (stw 666),
Frankfurt a.M. ⁴1991, S. 16.

[87] Ebd.

[88] Ebd.

mente heraus, die für unser Nachdenken über heutige Grundlagen und
Aufgabenstellungen der Sozialethik von Bedeutung sind. Dazu gehört
die Unterscheidung von System und Umwelt und deren Wechselspiel,
sowie die Theorie autopoietischer, d.h. selbstbezüglicher Systeme –
Luhmann nennt sie „selbstreferentiell". Die gesellschaftliche Entwicklung ist nach Luhmann durch eine fortschreitende „Ausdifferenzierung" sozialer Systeme gekennzeichnet, die sich wechselseitig als
Umwelt betrachten und sich in einem wechselseitigen Prozeß der Anpassung, aber eben auch der Eigensteuerung und Eigenentwicklung befinden. Die Gesellschaft ist nach Luhmann nicht als eine übergeordnete Einheit, d.h. ihrerseits als ein Makrosystem zu betrachten, innerhalb
dessen Einzelsysteme nach dem Delegationsprinzip entstünden. Vielmehr ist die Ausdifferenzierung gesellschaftlicher Systeme ein unge-
steuerter Prozeß. Vom einzelnen System aber gilt nach Luhmann: „Das
System entsteht, etsi Deus non daretur."[89] Im Anschluß an H.R. Ma-
turanas Theorie autopoietischer Systeme werden auch soziale Systeme
als offene, aber eigengesetzlich sich fortentwickelnde Systeme interpretiert. Die von Max Weber (1864–1920) und anderen für die Teilsysteme der Gesellschaft postulierte, in ethischer Hinsicht heftig umstrittene Eigengesetzlichkeit[90] wird also von Luhmann in der Weise neu
gedeutet, daß die Eigengesetzlichkeit keine ein für allemal feststehende
Norm, sondern eine im Fluß befindliche Form der Selbstbezüglichkeit
ist, die jeweils auf einem bestimmten binären Code beruht. Für die
Wirtschaft z.B. handelt es sich um den Code „zahlen/nicht zahlen", für
das Rechtssystem um „Recht/Unrecht", für die Wissenschaft um
„wahr/falsch". Daß die Eigengesetzlichkeit sozialer Systeme funktioniert, etsi Deus non daretur, nimmt im Grunde schon M. Weber an.
Von Luhmann wird nun der Gedanke der Eigengesetzlichkeit in der
Weise weiterentwickelt, daß nicht etwa menschliche Personen die ei-
gentlichen Handlungssubjekte sozialer Systeme sind, sondern daß diese
selbst als unpersönliche Handlungsaktanten zu betrachten sind. Personen sind nach Luhmann nicht ein Element sozialer Systeme, sondern
deren Umwelt.

Für eine Sozialethik hat Luhmanns Theorie weitreichende Konsequenzen, wird doch letztlich die Möglichkeit einer normativen Ethik
überhaupt in Frage gestellt. Darauf werden wir in den folgenden Kapi-

---

[89] N. Luhmann, a.a.O. (Anm. 86), S. 151.
[90] Vgl. F. Lau, Art. Eigengesetzlichkeit der Lebensgebiete, RGG[3] II, Tübingen
1958, Sp. 354–356; M. Honecker, a.a.O. (Anm. 6), S. 314ff.

teln noch genauer eingehen. Sowohl in der Soziologie und der Philosophie als auch in der Theologie ist Luhmanns funktionale Systemtheorie nicht unwidersprochen geblieben. Auch das vorliegende Buch übt an manchen Grundannahmen und Schlußfolgerungen Luhmanns Kritik. Das ändert aber nichts daran, daß Luhmann den Blick für Strukturen und Entwicklungen der modernen Gesellschaft schärft, die es noch schwieriger als in der Vergangenheit machen, die gesellschaftlichen Verhältnisse der Gegenwart schöpfungstheologisch auf göttliche Ordnungen oder Stiftungen zurückzuführen. Sofern der Gedanke der Schöpfung mit der gesellschaftlichen Realität vermittelt werden soll, ist es einerseits notwendig, den Schöpfungsgedanken selbst zu dynamisieren und evolutionär zu fassen, andererseits vonnöten, zwischen einer Deutung der Welt als Schöpfung und ihrer sozialwissenschaftlichen Wahrnehmung zu unterscheiden. Was mit Schöpfung gemeint ist, muß *an* der Wirklichkeit, d.h. auch an der sozialen Lebenswelt des Menschen aufgezeigt werden, ohne diese als solche mit der Lebenswelt und bestehenden gesellschaftlichen Verhältnissen zu identifizieren. Gerade in der Auseinandersetzung mit Luhmanns Theorie sozialer Systeme wird sich in den folgenden Kapiteln bestätigen, daß eine sozial*ethische* Theorie der Institutionen oder auch der sozialen Systeme letztlich nur anthropologisch argumentieren kann. Dies gelingt freilich nur, wenn Luhmanns Versuch, den *Menschen* als Kategorie der Soziologie oder Sozialphilosophie zu verabschieden, einer überzeugenden Kritik unterzogen wird.

Gegenüber der vormodernen Gesellschaft und einer traditionellen Ständelehre oder Ordnungstheologie hat sich in der Moderne eine zunehmende Ausdifferenzierung sozialer Systeme ereignet. Deren wichtigste bleiben Ehe und Familie, Wirtschaft, Recht, Politik, Wissenschaft, Kultur, Religion. In ihnen kommt es aber zu vielfältigen Binnendifferenzierungen. Für unseren Zusammenhang ist z.B. die Differenzierung zwischen Recht und Moral wichtig. Sodann zergliedern sich die genannten Systeme in zahlreiche *Subsysteme*, die sich gegeneinander zunehmend verselbständigen. Das läßt sich am Beispiel der modernen Wissenschaften zeigen, die in immer neue Disziplinen aufgespalten werden, mit jeweils eigenem Code. Oder die Religion spaltet sich auf in diverse Kirchen, die in sich wiederum äußerst plural sind, universitäre Theologie, deren Einzeldisziplinen zunehmend ein Eigenleben entwickeln, und Diakonie bzw. Caritas, die gegenüber der Kirche eigene Organisationsformen bilden. Ehe und Familie existieren nicht mehr nur in der traditionellen Form der bürgerlichen Familie, sondern

es sind in den letzten Jahrzehnten zahlreiche neue Formen von Paarbeziehungen und familiärem Leben entstanden. Auch die Wirtschaft ist
in sich überaus komplex. Nicht nur gibt es eine Vielzahl von Unterneh-
menstypen und Wirtschaftssektoren. Zu beobachten ist auch eine zunehmende Entkoppelung von Wirtschaft und Staat, dergestalt, daß
sich transnationale Unternehmen bilden, deren Wirkungsbereich sich
nicht mehr mit den Grenzen eines Nationalstaats und der ihm zugehö-
rigen Gesellschaft deckt. Der hier nur angedeutete Fortgang der Ausdifferenzierung von Staat und Wirtschaft wird heute unter dem Stichwort der Globalisierung diskutiert. Die Beispiele mögen genügen.

Heutige Sozialethik hat den genannten Differenzierungs- und Plura-
lisierungsvorgängen Rechnung zu tragen. Die moderne Gesellschaft ist
ein komplexes Wechselspiel einzelner Systeme, die sich weder auf eine
vorgegebene Ordnung zurückführen, noch hierarchisieren lassen.
Wenn Sozialethik aber als angewandte Anthropologie verstehbar sein
soll, so muß die Frage gestellt werden, inwiefern die Funktion der diversen sozialen Systeme in der Befriedigung menschlicher *Bedürfnisse*
besteht.[91] Dieser Frage liegt die anthropologische Annahme zugrunde,
daß der Mensch wesenhaft ein Mängelwesen (Arnold Gehlen), d.h. ein
bedürftiges Wesen und dementsprechend die Gesellschaft das „System
der Bedürfnisse" ist, als welches der Philosoph Georg Wilhelm Friedrich Hegel (1770–1831) sie bezeichnet hat.[92] Als menschliche Grund-
bedürfnisse führt M. Honecker auf: Sicherheits- und Überlebens-
bedürfnisse, Wohlfahrtsbedürfnisse wie z.B. Nahrung, Identitätsbe-
dürfnisse (Selbstverwirklichung, Freundschaft, Liebe, Sexualität), sowie Freiheitsbedürfnisse.[93] Der Begriff des Bedürfnisses ist freilich nicht
eindeutig. Von manchen Bedürfnissen läßt sich leicht einsehen, daß sie
für das bloße Überleben elementar sind. Doch selbst das Leben muß
nicht in jedem Fall als der Güter höchstes betrachtet werden. So läßt
sich nicht nur zwischen Bedürfnissen erster und zweiter Ordnung unterscheiden, weil der Mensch bekanntlich nicht vom Brot allein lebt.
Vielmehr können Bedürfnisse künstlich geweckt oder auch kompen-
siert werden. Zwischen „künstlichen" und „natürlichen" Bedürfnissen
ist oft schwer zu unterscheiden, begegnen doch die sogenannten natürlichen Bedürfnisse immer kulturell überformt, wie man sich z.B. an der

---

[91] Vgl. dazu *M. Honecker*, Grundriß der Sozialethik, Berlin/New York 1995, S. 4ff.

[92] *G.W.F. Hegel*, Vorlesungen über Rechtsphilosophie, 1818–1831, Bd. 2, Stuttgart
1974, 1820, § 189ff.

[93] M. Honecker, a.a.O. (Anm. 91), S. 5.

Sexualität deutlich machen kann. Überhaupt ist der Begriff natürlicher Bedürfnisse keine wertfreie beschreibende Kategorie, sondern enthält bereits eine moralische Wertung, die über Berechtigung oder fehlende Berechtigung geltend gemachter Bedürfnisse entscheidet. Die Artikulation von Bedürfnissen findet nicht auf einer abstrakt individuellen Ebene, sondern in sozialer Kommunikation statt. So sind Bedürfnisse nicht nur eine Voraussetzung, sondern immer auch Gegenstand der Sozialethik.

Das Interesse der sozialethischen Diskussion hat sich in letzter Zeit von den Subjekten moralischen Handelns und ihrer Konstitution auf die *Güter* verlagert, die gemeinschaftlich erstrebt werden, aber auch hochgradig gefährdet sind.[94] Strittig ist aber das Verständnis des Guten und sein Verhältnis zur Gerechtigkeit. Um diese Frage kreist die Kommunitarismusdebatte. Als *Kommunitarismus* wird eine philosophische Richtung bezeichnet, welche die Zugehörigkeit zu einer bestimmten Gemeinschaft und die Identifikation mit ihrer Geschichte und ihren Werten nicht nur für menschliches Leben und Handeln, sondern auch für die ethische Theorie- und Urteilsbildung für grundlegend hält. Während in der kantischen Tradition die Moralität des Handelns durch die Verallgemeinerungsfähigkeit seiner Regeln gewährleistet ist, so daß der Begriff des Gerechten den Primat gegenüber dem des Guten hat, ist die Rangfolge nach Ansicht der Kommunitaristen genau umgekehrt zu bestimmen. Kontrovers diskutiert wird heute aber auch die Dominanz der Ökonomie gegenüber der Politik. Scheint die Ökonomie, welche für die Schaffung und Verteilung von Gütern zuständig ist, das gesellschaftliche Leben zu dominieren und somit die sozialethische Aufgabe primär in der Ausarbeitung einer Wirtschaftsethik zu bestehen[95], so geht die Intensivierung der Ethik-Diskussion in den letzten Jahren auch mit einer Aufwertung des Politischen einher.[96] War die politische Dimension gemeinschaftlichen Handelns schon in der Diskursethik präsent, so wird sie neuerlich im Kommunitarismus thematisch. Die jüngste Debatte zeigt jedenfalls, daß eine Moraltheorie erst dann wirksam werden kann, wenn sie sich politisch umsetzen läßt. Da-

---

[94] Siehe z.B. M. Honecker, a.a.O. (Anm. 91), S. Vff.1ff.

[95] Siehe vor allem *A. Rich*, Wirtschaftsethik, 2 Bde., Gütersloh 1984/1990; *G. Mekkenstock*, Wirtschaftsethik, Berlin/New York 1997.

[96] Vgl. *W. Reese-Schäfer*, Grenzgötter der Moral. Der neuere europäisch-amerikanische Diskurs zur politischen Ethik (stw 1282), Frankfurt a.M. 1997.

mit stellt sich aber erneut die Frage nach den Handlungssubjekten und ihrer Konstitution.[97]

In die Kommunitarismusdebatte gehört auch die Diskussion über das Programm einer „kirchlichen Ethik", wie es derzeit von G. Lindbeck, J. Milbank, S. Hauerwas oder R. Hütter vertreten wird.[98] Man kann in ihm die kirchliche Variante des Kommunitarismus sehen, wobei der kommunitaristische Gemeinschaftsbegriff auf die Kirche übertragen wird.[99] Positiv ist an diesem Ansatz, daß er eine individualistische bzw. personalethische Engführung christlicher Ethik zu überwinden versucht. Seine Gefahr liegt freilich in einer einseitig antagonistischen Verhältnisbestimmung von Kirche und Gesellschaft mit der Folge einer möglichen Selbstimmunisierung der Kirche gegenüber kritischen Anfragen von außen und binnenkirchlichen Reduktion ethischer Urteils- und Konsensbildung auf Bekenntnissätze. Kritiker halten Hauerwas m.E. zu Recht vor, seine Ethik erschöpfe sich in prinzipiellen Postulaten, die letztlich in einen ethischen Fundamentalismus und Biblizismus münden.[100] Auch Hütters Konzept steht in der Gefahr, die theologische Ethik zu klerikalisieren.[101] Wohl ist die *Kirche* ausdrücklich zum *Thema nicht nur der Dogmatik, sondern auch der Ethik*, zumal der Sozialethik zu machen. Doch gilt es die theologische Differenz zwischen sichtbarer und unsichtbarer Kirche ebenso zu beachten, wie die neuzeitliche Differenz zwischen den Kirchen und der Christenheit bzw. dem Christentum. Denn die eine Kirche, zu der sich der Glaube im Credo bekennt, manifestiert sich unhintergehbar in der Vielfalt der

---

[97] Siehe vor allem *Ch. Taylor*, Quellen des Selbst. Die Entstehung der neuzeitlichen Identität (stw 1233), Frankfurt a.M. 1996.

[98] Vgl. *S. Hauerwas*, Selig sind die Friedfertigen. Ein Entwurf christlicher Ethik, hg. u. eingel. v. R. Hütter (Evangelium und Ethik 4), Neukirchen-Vluyn 1995; *ders.*, A Community of Character. Toward a Constructive Social Ethic, Notre Dame/London 1981; *ders.*, In Good Company. The Church as Polis, Notre Dame 1995; *R. Hütter*, Evangelische Ethik als kirchliches Zeugnis. Interpretationen zu Schlüsselfragen theologischer Ethik in der Gegenwart (Evangelium und Ethik 1), Neukirchen-Vluyn 1993; *ders.*, Theologie als kirchliche Praktik. Zur Verhältnisbestimmung von Kirche, Lehre und Theologie (BEvTh 117), Gütersloh 1997.

[99] Vgl. *E. Arens*, Kirchlicher Kommunitarismus, ThRev 94, 1998, Sp. 487–500.

[100] Vgl. *J.-P. Wils/D. Mieth*, Grundbegriffe der christlichen Ethik (UTB 1648), Paderborn 1992, S. 192.

[101] Hütter beruft sich neben Hauerwas vor allem auf K. Barth, dessen „Kirchliche Dogmatik" und theologische Ethik kirchlich-kommunitaristisch interpretiert wird. Vgl. R. Hütter, Evangelische Ethik als kirchliches Zeugnis, (s. Anm. 98) S. 25ff. Den Redemodus der gesamten kirchlichen Diskurspraxis, die als „narrative Kasuistik" charakterisiert wird, bestimmt Hütter als „parakletische Rede" (a.a.O., S. 267ff).

Konfessionen, deren Verhältnis nicht durch das letztlich ideologische Modell einer irgendwann erreichbaren sichtbaren Einheit, sondern durch eine differenztheoretische Ekklesiologie beschrieben werden muß.[102] Eine „kirchliche Ethik" droht demgegenüber die Komplexität der konfessionellen Vielfalt und der realen ökumenischen Situation auf einen abstrakten Kirchenbegriff oder aber auf die binnenkirchliche Identität einer Einzeldenomination zu reduzieren.[103]

Demgegenüber wird im folgenden der Ansatz einer *integrativen* Ethik vertreten, wie er in der Einleitung skizziert wurde. Deren Leitbegriff aber ist, wie nun zu entfalten, derjenige der *Verantwortung*.

4. Literatur

4.1 Geschichte der Ethik

Bien, G.: Art. Ethik II. Griechisch-römische Antike, TRE 10, Berlin/New York 1982, S. 408–423

Frey, Chr.: Die Ethik des Protestantismus von der Reformation bis zur Gegenwart. Unter Mitarb. v. M. Hoffmann, Gütersloh 1989

Gass, W.: Geschichte der christlichen Ethik, 3 Bde., 1881–1887

Gerlitz, P.: Art. Ethik I. Religionsgeschichtlich, TRE 10, Berlin/New York 1982, S. 396–408

Gründel, J.: Art. Ethik VI. Mittelalter, TRE 10, Berlin/New York 1982, S. 473–480

Honecker, M.: Tendenzen und Themen der Ethik, ThR 47, 1982, S. 1–72; 48, 1983, S. 349–382

–: Zur ethischen Diskussion der 80er Jahre, ThR 56, 1991, S. 54–97

–: Themen und Tendenzen der Ethik, ThR 63, 1998, S. 74–133

Howald, E.: Geschichte der Ethik vom Altertum bis zum Beginn des 20. Jahrhunderts, Oldenburg ²1981

Jodl, F.: Geschichte der Ethik vom Altertum bis zum Beginn des 20. Jahrhunderts, 2 Bde., NA Essen 1983

Lange, D.: Ethik in evangelischer Perspektive, Göttingen 1992, darin Teil I:

---

[102] Vgl. ausführlich *U. Körtner*, Versöhnte Verschiedenheit. Ökumenische Theologie im Zeichen des Kreuzes, Bielefeld 1996, S. 9ff; *ders.*, Versöhnte Verschiedenheit. Die Einheit von Identität und Differenz als Grundproblem christlicher Ökumene, BThZ 15, 1998, S. 77–96.

[103] Zur Kritik an den Konzepten von Hauerwas und Hütter siehe auch *M. Honecker*, Themen und Tendenzen der Ethik, ThR 63, 1998, S. 74–133, hier S. 88f; E. Arens, a.a.O. (Anm. 99), Sp. 498ff.

Die ethische Diskussion in der evangelischen Theologie seit dem Ende des Ersten Weltkriegs (S. 25–202)

MacIntire, A.: Geschichte der Ethik im Überblick, Königstein 1984

Osborn, E.: Art. Ethik V. Alte Kirche, TRE 10, Berlin/New York 1982, S. 463–473

Pannenberg, W.: Grundlagen der Ethik. Philosophisch-theologische Perspektiven, Göttingen 1996

Pfürtner, S.H./u.a.: Ethik in der europäischen Geschichte, 2 Bde., Stuttgart 1988

Pieper, A. (Hg.): Geschichte der neueren Ethik, 2 Bde. (UTB 1701/1702), Tübingen 1992

Rendtorff, T.: Art. Ethik VII. Ethik der Neuzeit, TRE 10, Berlin/New York 1982, S. 481–517

Rohls, J.: Geschichte der Ethik, Tübingen [2]1999

Troeltsch, E.: Die Soziallehren der christlichen Kirchen und Gruppen (GS 1) (1912, [3]1923), Nachdruck (UTB 1811/1812), Tübingen 1994

Weber, M.: Die protestantische Ethik, 2 Bde., hg. v. J.Winckelmann, Gütersloh [6]1981ff

4.2 Handlungstheorie in Philosophie und Theologie

Arendt, H.: Vita activa oder Vom tätigen Leben, Neuausgabe München [6]1992

Arens, E. (Hg.): Gottesrede – Glaubenspraxis. Perspektiven Theologischer Handlungstheorie, Darmstadt 1994

Bader, G.: Römer 7 als Skopos einer theologischen Handlungstheorie, ZThK 78, 1981, S. 31–56

Bubner, R.: Handlung, Sprache und Vernunft. Grundbegriffe praktischer Philosophie. Neuausgabe mit einem Anhang, Frankfurt a.M. 1982

Derbolav, J.: Art. Handeln, Handlung, Tat, Tätigkeit, HWP 3, Darmstadt 1974, Sp. 992–994

Fischer, J.: Handeln als Grundbegriff christlicher Ethik. Zur Differenz von Ethik und Moral (ThSt.B 127), Zürich 1983

Habermas, J.: Theorie des kommunikativen Handelns, 2 Bde., Frankfurt a.M. 1988

Härle, W./Preul, R. (Hg.): Marburger Jahrbuch Theologie I. Handeln Gottes, Marburg 1987

Handlungstheorie (neue Hefte für Philosophie 9), Göttingen 1976

Kaulbach, F.: Einführung in die Philosophie des Handelns, Darmstadt 1982

Körtner, U.: Solange die Erde steht. Schöpfungsglaube in der Risikogesellschaft (Mensch – Natur – Technik 2), Hannover 1997, bes. S. 83–113

Lenk, H. (Hg.): Handlungstheorien interdisziplinär II/1. Handlungserklärungen und philosophische Handlungsinterpretation, München 1978

Prauss, G. (Hg.): Handlungstheorie und Transzendentalphilosophie, Frankfurt a.M. 1986

Schneider, Th./Ullrich, L. (Hg.): Vorsehung und Handeln Gottes (QD 115), Freiburg/Basel/Wien 1988

4.3 Protestantische Sozialethik

Beckley, H.: Passion for Justice, Louisville Ky. 1992

Brakelmann, G./Jähnichen, T. (Hg.): Die protestantischen Wurzeln der sozialen Marktwirktschaft. Ein Quellenband, Gütersloh 1994

Brunner, E.: Gerechtigkeit. Eine Lehre von den Grundgesetzen der Gesellschaftsordnung, Zürich ³1981

Bujo, B.: Afrikanische Theologie in ihrem gesellschaftlichen Kontext, Düsseldorf 1986

Dahm, K.-W. (Hg.): Sozialethische Kristallisationen. Studien zur verantwortlichen Gesellschaft (Entwürfe 4), Münster 1997

DeGruchy, J./Villa-Vicencio, C. (Hg.): Christian Ethics in the South African Context, Cape Town 1994

Deresch, W.: Der Glaube der religiösen Sozialisten. Ausgewählte Texte, Hamburg 1972

Fischer, J.: Handlungsfelder angewandter Ethik. Eine theologische Orientierung, Stuttgart 1997

Forrester, D.: Theology and Politics, Oxford/New York 1988

Hauerwas, S.: A Community of Character. Toward a Constructive Social Ethic, Notre Dame/London 1981

–: In Good Company. The Church as Polis, Notre Dame 1995

Herms, E.: Gesellschaft gestalten. Beiträge zur evangelischen Sozialethik, Tübingen 1991

Honecker, M.: Grundriß der Sozialethik, Berlin/New York 1995

Keeling, M.: The Foundations of Christian Ethics, Edinburgh 1990

Long, E.L.: A Survey of Recent Christian Ethics, New York 1983

Meckenstock, G.: Wirtschaftsethik, Berlin/New York 1997

Niebuhr, R.: Moral Man and Immoral Society, New York 1932

–: Love and Justice, Philadelphia 1957

Rich, A.: Wirtschaftsethik, 2 Bde., Gütersloh 1984/1990

Ritschl, D.: Konzepte. Ökumene, Ethik, Medizin, München 1986

Robra, M.: Ökumenische Sozialethik, Gütersloh 1994

Schrey, H.-H.: Einführung in die evangelische Soziallehre, Darmstadt 1973

Schulze, H.: Theologische Sozialethik. Grundlegung, Methodik, Programmatik, Gütersloh 1979

Spiegel, Y.: Hinwegzunehmen die Lasten der Beladenen. Einführung in die Sozialethik, München 1979

Thielicke, H.: Ethik, Bd.II: Ethik des Politischen, Tübingen ⁴1987; Bd. III: Ethik der Gesellschaft, des Rechtes, der Sexualität und der Kunst, Tübingen ²1968

Weber, H.: Theologie – Gesellschaft – Wirtschaft. Die Sozial- und Wirtschaftsethik in der evangelischen Theologie der Gegenwart, Göttingen 1970

Wendland, H.-D.: Einführung in die Sozialethik, Berlin [2]1971

Wolf, E.: Sozialethik. Theologische Grundfragen, hg. v. Th. Strohm, Göttingen 1975

Wünsch, G.: Evangelische Wirtschaftsethik, Tübingen 1927

Young, J.U.: Black and African Theologies, New York 1986

4.4 Katholische Sozialethik

Antoncich, R./Munarriz, M.: Die Soziallehre der Kirche, Düsseldorf 1988

Anzenbacher, A.: Christliche Sozialethik (UTB 8155), Paderborn 1998

Baadte, G./Rauscher, A. (Hg.): Christliche Gesellschaftslehre, Graz 1989

Chenu, M.-D.: La „doctrine sociale" de l'Église comme idéologie, Paris 1979

Dussel, E.: Ethik der Gemeinschaft, Düsseldorf 1988

Frieling, R.: Befreiungstheologien. Studien zur Theologie in Lateinamerika (Bensheimer Hefte 63), Göttingen 1985 (ev. Darstellung)

Furger, F.: Christliche Sozialethik. Grundlagen und Zielsetzungen (Studienbücher Theologie 20), Stuttgart 1991

–: Weltgestaltung aus Glauben, Münster 1989

Furger, F./Heimbach-Steins, M. (Hg.): Perspektiven christlicher Sozialethik. Hundert Jahre nach Rerum Novarum, Münster1991

Gomez, F.: Social Ethics, Doctrine and Life, Manila 1991

Gundlach, G.: Verantwortliches Christentum in Gesellschaft und Staat, Köln 1958

Hengsbach, F./Edmunds, B./Möhring-Hess, M. (Hg.): Jenseits katholischer Soziallehre. Neue Entwürfe christlicher Gesellschaftsethik, Düsseldorf 1993

Höffner, J.: Christliche Gesellschaftslehre, Kevelaer [8]1983

Hünermann, P./Eckholt, M.: Katholische Soziallehre – Wirtschaftsdemokratie, Mainz/München 1989

Kerber, W.: Sozialethik (Grundkurs Philosophie 13), Stuttgart u.a. 1998

Kongregation für das Kath. Bildungswesen (Hg.): Leitlinien für das Studium und den Unterricht der Soziallehre der Kirche, Rom 1989

Küber, F.: Grundriß der katholischen Gesellschaftslehre, Osnabrück 1971

Monzel, N./Stegmann, J.: Die Katholische Kirche in der Sozialgeschichte, 2 Bde., München 1980/1983

Nell-Breuning, O. v.: Gerechtigkeit und Freiheit. Grundzüge katholischer Soziallehre, Wien [2]1985

–: Soziallehre der Kirche, Wien 1977

Papini, R./Buonomo, V. (Hg.): Religions, Development and Liberation in Asia, Manila 1993

Pfürtner, S. H./Heierle, W.: Einführung in die katholische Soziallehre, Darmstadt 1980

Texte zur katholischen Soziallehre, Bornheim/Kevelaer [7]1989
Weiler, R.: Einführung in die katholische Soziallehre, Graz u.a. 1991
Zulehner, P.: Solidarität. Option für die Modernisierungsverlierer, Innsbruck 1996

4.5 Orthodoxe Ethik

Harakas, S.: Toward Transfigured Life. The Theory of Eastern Orthodox Ethics, Minneapolis/Minn. 1983
Limouris, G. (Hg.): Justice, Peace and the Integrity of Creation. Insights from Orthodoxy, Genf 1990

4.6 Feministische Theologie und Ethik

Buse, G.: Macht – Moral – Weiblichkeit. Eine feministische Auseinandersetzung mit C. Gilligan und F. Haug, Mainz 1993
Frazer, E. (Hg.): Ethics. A Feminist Reader, Oxford 1992
Harrison, B.W.: Die neue Ethik der Frauen. Kraftvolle Beziehungen statt bloßen Gehorsams, Stuttgart 1991
Kuhlmann, H. (Hg.): Und drinnen waltet die züchtige Hausfrau. Zur Ethik der Geschlechterdifferenz, Gütersloh 1995
Parsons, S.F.: Feminism and Christian Ethics, Cambridge 1996
Pieper, A.: Aufstand des stillgelegten Geschlechts. Einführung in die feministische Ethik, Freiburg/Basel/Wien 1993
Praetorius, I.: Skizzen zur Feministischen Ethik, Mainz 1995
Schneider, B.: „Wer Gott dient, wird nicht krumm." Feministische Ethik im Dialog mit Karol Wojtila und Dietmar Mieth, Mainz 1997
Sölle, D.: Das Fenster der Verwundbarkeit. Theologisch-politische Texte, Stuttgart [2]1988
–: Gott denken. Einführung in die Theologie, Stuttgart 1990

4.7 Handbücher, Lexika und Zeitschriften

A New Dictionary of Christian Ethics, hg. v. J. Macquarrie und J. Childress, London/Louisville 1986
Annual of the Society of Christian Ethics, 1982ff
Encyclopedia of Bioethics, Revise 1 Edition, hg. v. W.T. Reich, 5 Bde., New York 1995
Ethica. Wissenschaft und Verantwortung (Innsbruck 1, 1993ff)
Evangelisches Soziallexikon (ESL), hg. v. Th. Schober u.a., Stuttgart/Berlin [7]1980
Evangelisches Staatslexikon (EStL), hg. v. R. Herzog u.a., 2 Bde., Stuttgart [3]1987

Geschichtliche Grundbegriffe. Historisches Lexikon zur politisch-sozialen Sprache in Deutschland, hg. v. O. Brunner, W. Conze u. R. Koselleck, 7 Bde., Stuttgart 1972–1992

Handbuch der christlichen Ethik, hg. v. A. Hertz u.a., 3 Bde., Gütersloh/Freiburg ²1979/1982, aktualisierte Neuausgabe Freiburg/Basel/Wien 1993

Handbuch der deutschen Wirtschafts- und Sozialgeschichte, hg. v. H. Aubin u. W. Zorn, 2 Bde., Stuttgart 1971–76

Handbuch der Moraltheologie, hg. v. M. Reding, München 1952ff

Handwörterbuch der Sozialwissenschaften, hg. v. E. v. Beckerath u.a., 12 Bde., Stuttgart/Tübingen/Göttingen 1956–1965; Register 1968

Handwörterbuch der Wirtschaftswissenschaft, hg. v. W. Albers u.a., 9 Bde., Stuttgart/Tübingen/Göttingen 1977–1982; Register 1983

Lexikon der Bioethik, hg. v. W. Korff u.a., 3 Bde., Gütersloh 1998

Lexikon der Wirtschaftsethik, hg. v. G. Enderle u.a., Freiburg/Basel/Wien 1993

Neues Lexikon der Christlichen Moral, hg. v. H. Rotter u. G. Virt, Innsbruck 1990

Zeitschrift für evangelische Ethik (ZEE) (Gütersloh 1, 1957ff)

2. Kapitel

Sozialethik als Verantwortungsethik

Der Verantwortungsbegriff in der ethischen Diskussion
der Gegenwart

1. Verantwortung und Moral

Der Begriff der *Verantwortung* markiert einen Wandel des allgemeinen
moralischen Bewußtseins. In der ethischen Theoriebildung der philosophischen und theologischen Tradition spielt er bis zum Beginn des
20. Jahrhunderts keine besondere Rolle. Durch Max Weber in die Diskussion eingeführt[1], ist „Verantwortung" nach dem ersten Weltkrieg zu
einem neuen Grundwort unserer Sprache aufgestiegen, das mehr und
mehr an die Stelle des ethischen Begriffs der Pflicht getreten ist. Durch
die globalen Gefahren, denen sich Mensch und Natur heute ausgesetzt
sehen, hat der Begriff der Verantwortung in der öffentlichen Diskussion nochmals an Bedeutung gewonnen. Er gilt heute als Leitbegriff einer zukunftsorientierten, um das Überleben der Menschheit besorgten
Ethik.[2]

---

[1] Siehe *M. Weber*, Politik als Beruf, in: *ders.*, Gesammelte politische Schriften, 2.
erw. Aufl., hg. v. J. Winckelmann, Tübingen 1958, S. 493–548.

[2] Siehe vor allem *W .Weischedel*, Das Wesen der Verantwortung, Frankfurt a.M.
²1958; *G. Picht*, Der Begriff der Verantwortung, in: *ders.*, Wahrheit, Vernunft, Verantwortung. Philosophische Studien, Stuttgart 1959, S. 318–342; *W. Schulz*, Philosophie
in der veränderten Welt, Pfullingen ²1974, S. 630–840; *H. Jonas*, Das Prinzip Verantwortung. Versuch einer Ethik für die technologische Zivilisation, Frankfurt a.M. 1979;
K.-O. Apel, Diskurs und Verantwortung. Das Problem des Übergangs zur postkonventionellen Moral, Frankfurt a.M. 1988; *H.-E.Tödt*, Perspektiven theologischer Ethik,
München 1988, S. 21–48; *F.-X. Kaufmann*, Der Ruf nach Verantwortung. Risiko und
Ethik in einer unüberschaubaren Welt, Freiburg i.B. 1992; *K. Bayertz* (Hg.), Verantwortung: Prinzip oder Problem?, Darmstadt 1995. Vgl. zum Ganzen auch *U. Körtner/J.
Jeremias/H. Kreß* u.a., GlLern 7, 1992, S. 91–167 (Themenheft „Verantwortung"), sowie *H. Kreß/W.E .Müller*, Verantwortungsethik heute. Grundlagen und Konkretionen
einer Ethik der Person, Stuttgart 1997. Eine Literaturübersicht gibt *K. Schwarzwäller*,
Literatur zum Thema „Verantwortung", ThR 57, 1992, S. 141–179.

Die Tragfähigkeit des Verantwortungsbegriffs als ethisches Grundprinzip einer den heutigen Anforderungen genügenden Ethik bedarf allerdings einer Überprüfung. Dafür gibt es mehrere Gründe. Zum einen läßt sich gegenläufig zur verantwortungsethischen Diskussion ein Trend zur Entmoralisierung des Verantwortungsbegriffs beobachten. Zum anderen läßt sich nach Bayertz zeigen, „daß jede Theorie der Verantwortung parasitär gegenüber einer Theorie der Moral ist", und zwar deshalb, weil der Verantwortungsbegriff als solcher „evaluativ neutral" ist, jede ethische Verantwortungstheorie folglich von moralischen Wertsetzungen lebt, die sie selbst nicht begründen kann.[3] Was aber die ethischen Herausforderungen der modernen „Risikogesellschaft" betrifft[4], so ist vor allem die von N. Luhmann aufgeworfene Frage zu diskutieren, ob nicht angesichts der Komplexität heutiger Risiken *jede* denkbare Ethik zum Scheitern verurteilt ist.[5]

Wir werden im folgenden die Begründungsprobleme einer Verantwortungsethik diskutieren und dabei sowohl die Leistungsfähigkeit als auch die Grenzen des Verantwortungsbegriffs für die ethische Theoriebildung ausloten. Es wird sich zeigen, daß der Verantwortungsbegriff allein kein hinreichendes Prinzip der Ethik ist.[6]

2. Herkunft und Semantik des Verantwortungsbegriffs

Begriffsgeschichtlich stammen das Wort „verantworten" und seine Derivate aus der *Rechtssphäre*.[7] „Verantworten" heißt ursprünglich „(sich) vor Gericht verteidigen" (lat. respondere, probare). Hiervon ist die allgemeine Bedeutung „sich rechtfertigen" abgeleitet. Das Substantiv „Verantwortung" ist erst seit der zweiten Hälfte des 15. Jahrhunderts nachweisbar. Es meint ursprünglich ebenfalls die Rechtfertigung vor

---

[3] *K. Bayertz*, Eine kurze Geschichte der Herkunft der Verantwortung, in: ders. (Hg.), a.a.O. (Anm. 2), S. 3–71, hier S. 65.

[4] Zum Begriff, der allerdings inzwischen zum Modewort geworden ist, vgl. *U. Beck*, Risikogesellschaft. Auf dem Weg in eine andere Moderne, Frankfurt a.M. 1986.

[5] Siehe vor allem *N. Luhmann*, Soziologie der Moral, in: *ders./S.H. Pfürtner* (Hg.), Theorietechnik und Moral (stw 208), Frankfurt a.M. 1978, S. 8–116; *ders.*, Ethik als Reflexionstheorie der Moral, in: *ders.*, Gesellschaftsstruktur und Semantik, Bd. 3, Frankfurt a.M. 1993, S. 358–447; *ders.*, Paradigm lost: Über die ethische Reflexion der Moral (stw 797), Frankfurt a.M. 1990.

[6] Vgl. auch *J. Fischer*, Christliche Ethik als Verantwortungsethik? EvTh 52, 1992, S. 114–128.

[7] Zur Begriffsgeschichte siehe DWb XII/1, S. 79–82.

Gericht (lat. apologia, defensio), wird nun aber auch auf die Rechtfertigung vor dem Richterstuhl Gottes gemünzt. In späterer Zeit bezeichnet die Vokabel einerseits allgemein jede Form der Rechtfertigung, andererseits den Zustand der Verantwortlichkeit.

Neben den *juristischen* und den *religiösen* Verantwortungsbegriff ist, von beiden abgeleitet und zugleich doch unterschieden, im 20. Jahrhundert der *moralische* getreten. Von diesem sind nochmals zu unterscheiden sein *politischer* Gebrauch sowie der *funktionale* Begriff der Aufgabenverantwortung. Während in beiden Fällen moralische und außermoralische Konnotationen einander überlappen, ist der versicherungstechnische Begriff der Gefährdungshaftung, welcher im Zusammenhang mit der Abschätzung technologischer Risiken eine zentrale Rolle spielt, vom moralischen Verantwortungsbegriff weitgehend abgekoppelt.[8] Für die ethische Diskussion über den Geltungsbereich und die Begründung einer Verantwortungsethik ist es wichtig, die unterschiedlichen Verwendungen des Verantwortungsbegriffs auseinanderzuhalten, weil andernfalls sein ethischer Gehalt verdunkelt wird, oder aber die Kommunikation sämtlicher Teilsysteme der Gesellschaft moralisch überfrachtet wird. Die ideologische Moralisierung aller gesellschaftlichen Bereiche führt nicht etwa zu einer Schärfung des moralischen Bewußtseins, sondern im Gegenteil zur inflationären Entwertung aller Ethik.

Als ethischer Terminus ermöglicht der Begriff der Verantwortung eine *umfassende Bestimmung der ethischen Grundsituation*. Seit Kant sieht eine am Begriff der Pflicht bzw. der Autonomie orientierte Gesinnungsethik das ethische Subjekt nach Analogie eines Gesetzgebers. Der sogenannte *kategorische*, d.h. unbedingt und in jeder denkbaren Entscheidungssituation gültige *Imperativ* lautet in seiner ersten Fassung: „Handle nur nach derjenigen Maxime, durch die du zugleich wollen kannst, daß sie ein allgemeines Gesetz werde."[9] Demgegenüber charakterisiert eine Verantwortungsethik die ethische Grundsituation als eine forensische. Als forensischer Begriff steht derjenige der Verantwortung in Verbindung mit demjenigen der *Zurechnung* (lat. imputatio). Häufig werden „Verantwortung" und „Zurechnung" synonym gebraucht. Verantwortung impliziert einerseits ein zurechnungsfähiges Handlungs-

---

    [8]   Vgl. *F.-X. Kaufmann*, Risiko, Verantwortung und gesellschaftliche Komplexität, in: K. Bayertz (Hg.), a.a.O. (Anm. 2), S. 72–97, hier S. 79ff.

    [9]   *I. Kant*, Grundlegung zur Metaphysik der Sitten, in: *ders.* Werke in 6 Bd., hg. v. W. Weischedel, Darmstadt 1983, S. 51.

subjekt, andererseits – in Analogie zum Richter – eine die Zurechnungsfähigkeit feststellende und eine eine konkrete Handlung samt ihren Folgen dem bestimmten Subjekt zurechnende Instanz. Die Bestimmung der ethischen Grundsituation als forensische wirft demnach die Frage nach dem Subjekt von Verantwortung, nach der Verantwortungsinstanz und nach dem Verantwortungsbereich oder Gegenstand und Maß der Verantwortung auf. Der Begriff der Zurechnung macht zugleich klar, *daß es sich bei jeder Form der Verantwortung um eine interpersonale, soziale Konstruktion handelt.*

Verantwortung als soziale Konstruktion entsteht, wenn jemandem Verantwortung übertragen, jemand zur Verantwortung gezogen wird oder bereit ist, Verantwortung für andere und gegenüber anderen zu übernehmen. Das Subjekt der Verantwortung wird grundsätzlich nicht allein durch seine Selbstwahl oder seinen Entschluß konstituiert, sondern durch Imputation, d.h. durch Zurechnung. Es findet sich also immer schon in Bezügen vor, die zu einem Verantwortungsverhältnis werden können. Es ist daher ein Vorzug des Verantwortungsbegriffs, daß er die fragwürdige Trennung von Individualethik und Sozialethik vermeidet und damit der Vergesellschaftung des Handelns in der modernen Gesellschaft Rechnung trägt.[10]

Ein weiterer Vorteil des Verantwortungsbegriffs besteht darin, daß er die Zukunftsdimension unseres Handelns zum ausdrücklichen Gegenstand ethischer Reflexion erhebt. Bezieht sich der Verantwortungsbegriff als forensischer von Haus aus auf bereits begangene Handlungen und deren Folgen, so impliziert er als ethischer Begriff auch die Notwendigkeit künftiger Rechenschaftspflicht.

Eines der Hauptprobleme für die konsistente Begründung einer Verantwortungsethik ist nun freilich, welcher Kandidat für die Instanz einer noch ausstehenden Rechenschaft für die künftigen Folgen unseres gegenwärtigen oder erst beabsichtigten Tuns in Frage kommt. In der

---

[10] Zu den gesellschaftlichen Rahmenbedingungen heutiger Ethik siehe auch *J. Fischer*, Leben aus dem Geist. Zur Grundlegung christlicher Ethik, Zürich 1994, S. 16ff.65ff.110ff. Im folgenden wird der ethische Verantwortungsbegriff konsequnterweise *sozial*ethisch und nicht nur *personal*ethisch bestimmt, wie dies überwiegend bei H. Kreß, in: ders./W.E. Müller, a.a.O. (Anm.2), S. 115ff der Fall ist. Kreß vertritt einen Ansatz von Verantwortungsethik als „Ethik der Person" bzw. als „Ethik personaler Verantwortung", wobei allerdings „Ethik der Person" als genetivus subjectivus wie als genetivus objectivus zu lesen ist. Die Person wird also einerseits als Subjekt der Verantwortung, ihr Schutz andererseits als Gegenstand der Verantwortung bestimmt (vgl. a.a.O., S. 160ff), womit doch auch bei Kreß die sozialethische Dimension in den Blick kommt.

christlichen Tradition tritt Gott als der Weltenrichter auf. Eine dezidiert *theologische* Verantwortungsethik hat in unserem Jahrhundert vor allem D. Bonhoeffer vertreten.[11] Auch im verantwortungsethischen Denken des dialogischen Personalismus, vor allem bei Martin Buber (1878–1965), ist die religiöse Dimension im Spiel. Max Weber dagegen hat das verantwortungsethische Modell *als Alternative zu einer religiös begründeten Ethik* verstanden, die unter den Voraussetzungen der säkularen Gesellschaft keinen Anspruch auf Allgemeingültigkeit erheben könne. Auch sonst tritt die religiöse Dimension des Verantwortungsbegriffs in den Hintergrund. An die Stelle des Weltenrichters rücken in der philosophischen Ethik das Selbst (Wilhelm Weischedel) bzw. das autonome Gewissen (Walter Schulz), die künftigen Generationen (Hans Jonas) oder auch die Zukunft als solche (Georg Picht).

Ob eine Verantwortungsethik auf jegliche religiöse Begründung tatsächlich ganz verzichten kann, ist eine umstrittene Frage, auf die wir im 4. Kapitel näher eingehen werden.[12] Zunächst aber stellt sich die Frage, ob die unabschätzbaren Folgen des vergesellschafteten Handelns in der modernen technologischen Gesellschaft nicht jede Verantwortungsfähigkeit des Menschen übersteigen, so daß ein moralischer Begriff von Verantwortung überhaupt obsolet ist.

3. Verantwortungsethik in der Risikogesellschaft

Die allgegenwärtige Forderung nach einem vermehrten Verantwortungsbewußtsein resultiert aus der Allgegenwart gesellschaftlicher Risiken. Von theologischer und kirchlicher Seite ist zwar schon vor Jahrzehnten das sozialethische Konzept einer „verantwortlichen Gesell-

---

[11] Siehe *D. Bonhoeffer*, Ethik, hg. v. I. Tödt u.a. (DBW 6), Gütersloh ²1998, bes. S. 245–299. Zu Bonhoeffers Verständnis von Verantwortungsethik und seinem biographischen Kontext siehe auch *D. Bonhoeffer*, Widerstand und Ergebung. Briefe und Aufzeichnungen aus der Haft, hg. v. E. Bethge, Neuausgabe, München ³1985, S. 11–23 („Nach zehn Jahren"). Ein theologisches Konzept personal-dialogischer Verantwortung vertritt auch *E. Brunner*, Das Gebot und die Ordnungen, Zürich ⁴1978.

[12] Vgl.auch *U. Körtner*, Dem Risiko trotzen. Grundzüge einer zeitgemäßen Verantwortungsethik, EK 29,1996, S. 581–586; *ders.*, Prinzip Verantwortung? Begründungsprobleme heutiger Verantwortungsethik, GlLern 12,1997, S. 136–147. Wird die Konsistenz einer areligiös begründeten *Verantwortungs*ethik bezweifelt, bedeutet dies freilich keineswegs, daß *überhaupt* die Möglichkeit einer von religiösen Prämissen unabhängigen konsistenten Begründung von Ethik bestritten wird. In dieser Hinsicht hat mich *W.E. Müller*, in: H. Kreß/W.E. Müller, a.a.O. (Anm. 2), S. 42 völlig mißverstanden.

schaft" vertreten worden.[13] Doch ist zu fragen, ob nicht die technologische Risikogesellschaft aus Gründen der inneren Notwendigkeit der Inbegriff organisierter Unverantwortlichkeit ist[14]; und zwar deshalb, weil der Verantwortungsbegriff fortschreitend entmoralisiert und das ethische Phänomen der Verantwortung gerade durch deren Ausweitung ins Grenzenlose zum Verschwinden gebracht wird.

Aus soziologischer Sicht erklärt N. Luhmann die Entmoralisierung des Verantwortungsbegriffs aus der Beschaffenheit heutiger Risiken. Die sogenannte Risikoforschung unterscheidet zumeist zwischen Risiko und Sicherheit. Luhmann differenziert stattdessen zwischen Risiko und Gefahr.[15] Während eine Gefahr durch das eigene Handeln nicht beeinflußt oder heraufbeschworen werden kann, sind Risiken solche Gefährdungen, die von eigenen Entscheidungen ausgehen. Da sich die Handlungsmöglichkeiten in der modernen Gesellschaft immer stärker erweitert haben, nehmen die Gefahren beständig ab, die zu verantwortenden Risiken aber zu. Das Problem heutiger Risiken besteht nun allerdings darin, daß Entscheidungen, die für den oder die Entscheidungsträger lediglich risikoträchtig sind, für die von diesen Entscheidungen Betroffenen zur katastrophenträchtigen Gefahr werden können, auf die sie keinen Einfluß haben.

Auf den ersten Blick sprechen offenbar gute Gründe für die von H. Jonas propagierte Heuristik der Furcht, welche moralisch dafür plädiert, aus Verantwortungsbewußtsein risikoträchtige Entscheidungen zu unterlassen.[16] Doch kann auch das Nichthandeln riskant sein und damit für andere Gefahren heraufbeschwören. Es ist daher nicht nur nach der Moralität risikoreicher Entscheidungen, sondern umgekehrt auch nach der Risikoträchtigkeit der Moral zu fragen. Moralisierungen tragen nicht unbedingt zur Versachlichung von Entscheidungen bei. Eine konsequent zu Ende gedachte Verantwortungsethik müßte nach Luhmann nicht nur ein umfassendes Handlungskalkül erstellen, son-

---

[13] Den Begriff der verantwortlichen Gesellschaft hat J.H. Oldham geprägt. Bereits die erste Vollversammlung des Ökumenischen Rates der Kirchen in Amsterdam 1948 hat ihn verwendet. In Evanston 1954 wurde er erneut aufgenommen. Siehe ferner *H.-D. Wendland*, Die Kirche in der modernen Gesellschaft. Entscheidungsfragen für das kirchliche Handeln im Zeitalter der Massenwelt, Hamburg ²1958, Nachdruck Darmstadt 1973.

[14] Vgl. *U. Beck*, Gegengifte. Die organisierte Unverantwortlichkeit, Frankfurt a.M. 1988.

[15] Vgl. *N. Luhmann*, Soziologie des Risikos, Berlin/New York 1991.

[16] Vgl. H. Jonas, a.a.O. (Anm. 2), S. 63f.70ff.

dern auch „darauf abstellen, welche Folgen es hat, wenn man in der Moral auf Folgen abstellt. Das kann man kaum wissen"[17]. Statt gegen risikoträchtige Entscheidungen aus moralischen Bedenken Einspruch zu erheben, sieht Luhmann die Aufgabe der Ethik eher darin, „vor Moral zu warnen"[18]. Als Theorie der Moral aber solle die Ethik selbst moralfrei formuliert werden.

Daß gerade verantwortungsethische Argumentationsweisen einer moral- bzw. ideologiekritischen Analyse bedürftig sind, zeigt die allerorts grassierende Verantwortungsrhetorik. Sie besagt in vielen Fällen unter dem Strich nicht mehr, als daß der Zweck die Mittel heiligt. Umgekehrt ist manchen Spielarten von Verantwortungsethik der Vorwurf zu machen, sich im bloßen Appell an das Verantwortungsbewußtsein zu erschöpfen, die ethische Konkretion jedoch schuldig zu bleiben und somit die wirklichen Entscheidungsträger sich selbst zu überlassen. Doch so berechtigt über weite Strecken die Kritik Luhmanns an der vorherrschenden Ethik ist, so wenig läßt sich daraus der Schluß ziehen, daß das ganze Unternehmen einer Verantwortungsethik überhaupt bedeutungslos ist. Dafür ist gerade Luhmanns Soziologie des Risikos der beste Beweis, läuft doch auch sie, wenn es darum geht, praktisch zu werden, weitgehend nur auf Trivialitäten hinaus. Auch unter den Bedingungen der modernen Gesellschaft erübrigt sich keineswegs die Aufgabe einer Ethik, welche Moral nicht nur als bloße Gegebenheit zu beschreiben und dekonstruktivistisch zu kritisieren, sondern auch zu begründen hat, weil nämlich auch unsere heutige Gesellschaft auf Moral an sich nicht verzichten kann. Das ist im folgenden zu begründen.

Unaufgebbar ist Moral als solche, weil die Moralfähigkeit des Menschen mit seiner *Personalität* gegeben ist. Vor allem der dialogische Personalismus hat den Umstand zu Bewußtsein gebracht, daß es Personalität nur als intersubjektives Phänomen gibt. Die Existenz von Personen ist also konstitutiv an sprachliche Kommunikation gebunden, ohne doch in ihr völlig aufzugehen. Zum Ich wird der Mensch nur, wenn er als ein Du angeredet wird. Personale Kommunikation aber impliziert den Anspruch auf Achtung dessen, der mich als Du anspricht. Dieser Anspruch auf Achtung bzw. Anerkennung kann im Einzelfall mißachtet oder zurückgewiesen werden. Er ist aber mit dem Anredegeschehen als solchem gegeben und zwingt in jedem Fall zu einer Stellungnahme. *Moral basiert also auf der Notwendigkeit der Stellungnahme zu dem mit*

---

[17] N. Luhmann, a.a.O. (Anm. 15), S. 95.
[18] N. Luhmann, Paradigm lost (s. Anm. 5), S. 41.

der interpersonalen Kommunikation gegebenen Anspruch auf Anerken-
nung der Person. Wir können auch sagen, daß mit der sprachlichen
Kommunikation die Notwendigkeit von Verantwortung in einem moralischen Sinne gesetzt ist, insofern jede Anrede nach Antwort bzw. Er-
widerung verlangt, auch wenn sie in der Ablehnung des an mich ge-
richteten Anspruchs bestehen kann. Moral ist mit anderen Worten eine
Implikation von Personalität, Personalität also der Grund von Moral,
Achtung der Person aber deren Realisierung.

Mit dem Sein von Personen ist nun zugleich ein Sollen gegeben,
ohne welches Moral nicht denkbar ist. Diese These begeht keineswegs
den naturalistischen Fehlschluß vom Sein auf das Sollen, sondern sie
behauptet die Gleichursprünglichkeit von personalem Sein und mora-
lischem Sollen, und zwar mit der Begründung, daß das Personsein
ohne die Forderung der Anerkennung anderer Personen in sich widersprüchlich wäre.[19] Ist nun aber die nur intersubjektiv gegebene Personalität der Grund von Moral, so ist die Achtung anderer Personen als
Personen zugleich das grundlegende Kriterium der Moral, und zwar
nicht nur deren faktische Gegebenheit, sondern auch für deren moralische Qualität.

Die behauptete Gleichursprünglichkeit von Sein und Sollen realisiert sich ethisch in der Komplementarität von Wollen und Sollen. Mit
dem Sein ist zunächst ein Wollen gegeben, das sich elementar als
Selbsterhaltungswille äußert. Sowenig wie sich aus dem Sein ein Sollen
ableiten läßt, sowenig kann aber auch aus dem Wollen ein Sollen abgeleitet werden. Dies hat z.B. Albert Schweitzer versucht, indem er aus
der seines Erachtens elementarsten ethischen Einsicht: „Ich bin Leben,
das Leben will, inmitten von Leben, das leben will" eine Ethik der universalen Verantwortung ableiten wollte.[20] Doch Schweitzers Grund-

---

[19] Der von W.E. Müller gegen meine Argumentation erhobene Vorwurf, ich begin-
ge „den typischen Fehler des naturalistischen Fehlschlusses" (a.a.O., Anm. 2, S. 42),
verfängt nicht, weil ich keineswegs vom bloßen Sein von Kommunikation auf die Moralität schließe, sondern lediglich darauf aufmerksam mache, daß Kommunikation immer
schon moralträchtig ist. So wichtig an sich die Warnung vor dem naturalistischen Fehlschluß ist, so muß man sich doch umgekehrt vor einer unbestimmten Verwendung des
Seinsbegriffs hüten. Der Vorwurf des naturalistischen Fehlschlusses ist erst dann
schlüssig, „sobald Sein als Personsein gedacht wird, das von seinem Ursprung her als
gezieltes [!] Werden bestimmt ist, dem in Freiheit ent- oder widersprochen werden
muß" (*E. Herms*, Gesellschaft gestalten. Beiträge zur evangelischen Sozialethik, Tübingen 1991, S. XXV).
[20] *A. Schweitzer*, Kultur und Ethik. Sonderausgabe mit Einschluß von „Verfall und
Wiederaufbau der Kultur", München 1960, S. 330.

prinzip der Ehrfurcht vor dem Leben artikuliert lediglich ein Wollen, das zum Lebens- oder Selbsterhaltungswillen anderen Lebens in Konflikt geraten kann und muß. Verantwortung aber impliziert ein Sollen.[21]

Ebenso wenig wie Schweitzer ist es H. Jonas gelungen, dieses Sollen aus einem Sein bzw. einem Wollen abzuleiten. Sein „Prinzip Verantwortung"[22] basiert auf einer teleologischen Sichtweise des Seins und des Organischen. Jonas unterstellt nämlich, daß alles Seiende werthaltig ist.[23] Ferner bestehe eine Pflicht, die so gegebenen Werte zur erhalten. Abgesehen davon, daß eine teleologische Sicht des Organischen in der heutigen Biologie nicht mehr vertreten wird, zeigt sich bei genauerem Hinsehen, daß Jonas das moralische Sollen nicht aus dem Sein selbst, sondern aus der schon vorausgesetzten positiven Bewertung einer bestimmten Seinsweise ableitet.[24] Diese soll die von ihm geforderte Ehrfurcht vor der Naturordnung sicherstellen. Doch führt von dem Willen, eine bestimmte Seinsweise zu achten und zu schützen, kein Weg zum moralischen Sollen, dessen Anerkennung sich als Verantwortung realisiert.[25] Derartige Begründungsversuche sind im Anschluß an D. Hume und G.E. Moore als naturalistischer Fehlschluß zu bezeichnen.[26]

Die Analyse der gewichtigen Ethikentwürfe A. Schweitzers und H. Jonas' zeigt also, daß es offenbar nicht möglich ist, vom Sein oder auch vom Wollen auf ein Sollen zu schließen. Das spricht für die Annahme, *daß sich das Streben nach Selbsterhaltung, auch nach Erhaltung anderen Seins, und das moralische Sollen zueinander komplementär* verhalten, wie H. Krämer in seinem Entwurf einer integrativen Ethik darlegt, der be-

---

[21] Zur Kritik der Ethik Schweitzers siehe u.a. *H. Groos*, Albert Schweitzer. Größe und Grenzen. Eine kritische Würdigung des Forschers und Denkers, München 1974; *W. Picht*, Albert Schweitzer. Wesen und Bedeutung, Hamburg 1960; *U. Körtner*, Ehrfurcht vor dem Leben – Verantwortung für das Leben. Bedeutung und Problematik der Ethik Albert Schweitzers, ZThK 85, 1988, S. 329–348; *C. Günzler*, Ehrfurchtsprinzip und Wertrangordnung. Albert Schweitzers Ethik und ihre Kritiker, in: *ders./u.a.* (Hg.), Albert Schweitzer heute. Brennpunkte seines Denkens, Tübingen 1990, S. 82–100.

[22] Siehe Anm. 2. Vgl. auch *H. Jonas*, Technik, Medizin und Ethik. Zur Praxis des Prinzips Verantwortung, Frankfurt a.M. 1985.

[23] Vgl. H. Jonas, a.a.O. (Anm. 2), S. 107ff (Kapitel 3).

[24] Vgl. *W.E. Müller*, Zur Problematik des Verantwortungsbegriffs bei Hans Jonas, ZEE 33, 1989, S. 204–216, hier S. 210. Siehe auch *ders.*, Der Begriff der Verantwortung bei Hans Jonas, Frankfurt a.M. 1988.

[25] Zur Diskussion mit H. Jonas siehe auch *D. Böhler* (Hg.), Ethik für die Zukunft. Im Diskurs mit Hans Jonas, München 1994.

[26] Vgl. *G.E. Moore*, Principia Ethica, 1970, S. 41.

reits in der Einleitung vorgestellt wurde.[27] Wir versuchen diese Einsicht nun für den Entwurf einer Verantwortungsethik fruchtbar zu machen.

Wir setzten bei der Überlegung ein, daß das ethische Subjekt grundsätzlich relational zu denken ist. Ein dialogisch konzipierter Verantwortungsbegriff ist allerdings ethisch noch nicht hinreichend, da es auch nicht-reziproke Verantwortungsverhältnisse gibt. Moralische Verantwortung besteht nicht nur *gegenüber* anderen, sondern auch *für* andere. Solche nicht-reziproke Verantwortung, z.B. für unmündige Kinder, aber auch für nichtmenschliche Lebewesen, macht es erforderlich, die Relationalität von Verantwortung dreifach zu bestimmen. Das ethische Subjekt hat sich demnach nicht nur gegenüber anderen Personen, sondern sein Verhalten diesen gegenüber wie gegenüber allem übrigen Leben nochmals vor einer dritten Instanz zu rechtfertigen. Wie diese Instanz ihrerseits zu bestimmen ist, ist freilich, wie schon gesagt wurde, ein Hauptproblem jedes verantwortungsethischen Entwurfs.

Wenn aber mit der Personalität des Menschen seine Moralität im Sinn der Verantwortlichkeit gegeben ist, so läßt sich von hier aus ein allgemeiner ethischer Begriff der Verantwortung entwickeln, welcher Moral als personale Rechenschaftspflicht bestimmt. Im Moment der Rechenschaftspflicht verbinden sich ein normatives und ein deontologisches Element. Von der moralischen Grundsituation her ist also der Verantwortungsbegriff zunächst im Sinne einer *Pflichtenlehre* zu diskutieren. Hierbei ist aber die Frage nach deontologischen Regeln und Verbindlichkeiten zu stellen. Ist, wie dargelegt, die Personalität des Menschen nicht nur der Grund, sondern auch das entscheidende Kriterium von Moral, so sind die Menschenrechte als deren ethische Konkretion zu verstehen.

Wie bereits dargelegt wurde, wird mit dem Verantwortungsbegriff heutzutage weniger die Beurteilung bereits abgeschlossener Handlungen und Handlungsketten als vielmehr das Problem der Entscheidung über künftiges Handeln im Sinn der Prävention und der Fürsorgepflicht thematisiert. Als moralischer Begriff aber kann der an sich wertmäßig neutrale Begriff der Verantwortung nur dann inhaltlich bestimmt werden, wenn es gelingt, ihn als Begriff einer *Güterlehre* zu bestimmen. Ansatzweise ist dies im vorhergehenden geschehen, indem wir gezeigt haben, daß die Anerkennung anderer Personen das moralische Kriterium darstellt, welches mit dem eigenen Personsein gegeben

---

[27] *H. Krämer*, Integrative Ethik (stw 1204), Frankfurt a.M. 1995. Vgl. oben S. 16f.

ist. Darüber hinaus läßt sich zeigen, daß mit der Anerkennung des eigenen Daseins nicht nur dasjenige anderer Personen, sondern auch dasjenige von nichtmenschlichem Leben gefordert ist. Eine Güterlehre hat von solchen Überlegungen aus die Aufgabe verantwortlicher Prävention und Fürsorge näher auszuführen. An dieser Stelle besteht heute erheblicher Klärungsbedarf, wie die Debatte um den Kommunitarismus und seine These von der Priorität des Guten vor dem Gerechten zeigt.[28] Angesichts der heutigen gesellschaftlichen Risiken rückt jedenfalls die Frage ins Zentrum der verantwortungsethischen Besinnung, welche Güter im vergesellschafteten Handeln auf dem Spiel stehen.[29] Gerade die Sozialethik ist von daher als Güterlehre zu begreifen.[30]

Schließlich aber ist es sinnvoll, zwischen der Verantwortung als Zurechnungsgeschehen und dem Zustand der Verantwortlichkeit zu unterscheiden. Mit F.-X. Kaufmann läßt sich Verantwortlichkeit als ein „Bündel personenbezogener Fähigkeiten" bestimmen, genauer gesagt als eine Verbindung von kognitiven, moralischen und kommunikativen Fähigkeiten, die je für sich notwendige, jedoch nur gemeinsam hinreichende Bedingungen verantwortlichen Handelns sind.[31] Zur Entwicklung eines ethischen Verantwortungsbegriffs gehört mit anderen Worten auch die Formulierung einer *Tugendlehre*. Eine solche hat aber nicht nur nach den kognitiven, sondern auch nach den affektiven Voraussetzungen unseres Handelns zu fragen.[32] Denn die bloße Pflicht zur Verantwortung motiviert noch nicht zu deren freiwilliger Übernahme. In diesem Zusammenhang ist auch über das Verhältnis von Verantwortung und Liebe nachzudenken, die freilich alle Moral transzendiert, weil sie weder gefordert noch erzwungen werden kann.

Unsere bisherigen Überlegungen lassen sich so zusammenfassen, daß die Aufgabe einer Verantwortungsethik darin besteht, die aus der ethischen Tradition bekannten Aspekte einer Pflichtenlehre, einer Güterlehre und einer Tugendlehre unter dem Blickwinkel zukunftsbezoge-

---

[28] Zur Einführung in die Kommunitarismusdebatte siehe *W. Reese-Schäfer*, Was ist Kommunitarismus?, Frankfurt a.M. ²1995; *J. v. Soosten*, Gerechtigkeit ohne Solidarität? Deontologische Ethik in der Kritik, ZEE 36, 1992, S. 61–74.

[29] Vgl. auch *H. Kreß*, Theologische Ethik, in: *ders./K.-F. Daiber*, Theologische Ethik – Pastoralsoziologie (Grundkurs Theologie 7), Stuttgart 1996, S. 79ff.

[30] Vgl. *M. Honecker*, Grundriß der Sozialethik, Berlin/New York 1995, S. VIIff.1ff.

[31] F.-X. Kaufmann, a.a.O. (Anm. 8), S. 88ff.

[32] Einen entsprechenden Versuch, die Tradition der Tugendlehre innerhalb der theologischen Ethik zu erneuern, unternimmt z.B. *K. Stock*, Grundlegung der protestantischen Tugendlehre, Gütersloh 1995.

ner Rechenschaftspflicht zu integrieren. Sofern diese Integration gelingt, muß die beobachtete Spannung zwischen Moral und zunehmender Komplexität der gesellschaftlichen Risiken keineswegs zum Ende
jeder Moral führen. Vieles spricht stattdessen dafür, daß auch eine
funktional ausdifferenzierte Risikogesellschaft nicht allein auf die technologische, sondern auch auf die *moralische* Kompetenz ihrer Mitglieder angewiesen ist, nämlich „auf das *Durchhalten bestimmter allgemeiner Überzeugungen*, deren Richtigkeit sich zwar nicht im Einzelfall
beweisen läßt, die aber angesichts der Intransparenz von Handlungsfolgen immer noch brauchbarere Richtmaße zu sein scheinen als das
Ergebnis kurzfristiger Interessenkalküle"[33].

Sofern aber die Wahrnehmung von Verantwortung die Verantwortlichkeit als moralische Fähigkeit von Personen voraussetzt, ist die heute
geforderte Ausbildung eines globalen Verantwortungsbewußtseins
primär das Problem einer ethischen Erkenntnistheorie. Das in unserer
Gesellschaft aufgrund der Vergesellschaftung des Handelns ent-
schwundene Verantwortungsbewußtsein im moralischen Sinne des
Wortes kann nur dort neu entstehen, wo sich Menschen als individuelle Subjekte zugleich selbst verantwortlich oder zur Verantwortung gerufen wissen. Nur wenn einzelne sich entschließen, Verantwortung zu
*über*nehmen, wird diese überhaupt als zu realisierende Möglichkeit neu
entdeckt und *wahr*genommen.

Der Begriff der *Wahrnehmung* ist ethisch in seinem doppelten Wortsinn zu bedenken: Die Wahrnehmung von Verantwortung im Sinne

---

[33] F.-X. Kaufmann, a.a.O. (Anm. 8), S. 96. In dem erwähnten Durchhalten bestimmter Grundüberzeugungen drücken sich, um mit E. Herms zu sprechen, (Ur-
sprungs-)Gewißheiten über Grund und Erfolgsbedingungen menschlichen Handelns
aus, ohne die wir gar nicht handlungsfähig wären. Vgl. E. Herms, a.a.O. (Anm. 19), S.
XIIff.119ff u.ö. Daraus folgt aber nicht, daß die Handlungsfolgen in der heutigen komplexen Gesellschaft hinreichend durchschaubar wären. Herms behauptet (a.a.O., S.
XI), daß alle Einzelentscheidungen der Individuen auf eine durchschaubare, d.h. von
Regeln bestimmten Weise die Gestalt von Gesellschaft im ganzen beeinflussen. Dagegen ist jedoch mit N. Luhmann einzuwenden, daß es für die moderne ausdifferenzierte
Gesellschaft kein umfassendes Handlungskalkül geben kann. Gerade wenn man, wie
Herms fordert, das gesellschaftliche Geschehen vom konkreten dezentralen Ort der jeweiligen Funktionsposition aus beobachtet, erscheinen die übrigen sozialen Systeme als
opake Umwelt. Die Gesamtgesellschaft ist dementsprechend nicht die Gesamtheit, sondern der Horizont sozialer Systeme. Das Problem besteht folglich darin, wie der
Mensch zum moralischen Handeln motiviert werden kann, auch wenn sich die Folgen,
zumindest die Spätfolgen und überkomplexen Wechselwirkungen nicht überblicken
lassen. Herms kann diese Frage nur religiös beantworten, indem er der Sache nach den
Gedanken der göttlichen Vorsehung ins Spiel bringt (a.a.O., S. XXVIIIf).

ihrer Übernahme setzt ihre Wahrnehmung im Sinne ihres Erkennens voraus.[34] Beispielhaft läßt sich dieser Zusammenhang am Gleichnis Jesu vom barmherzigen Samariter erkennen (Lk 10,25–37). Die Moral, die Jesus aus der Beispielgeschichte zieht: „Gehe hin und tue desgleichen!" (V.37), ist als Anleitung zu einer entsprechenden Aufmerksamkeit und somit Schulung der ethischen Wahrnehmungsfähigkeit zu verstehen.

Eine *Theorie ethischer Wahrnehmung* zeigt nun aber, daß und weshalb der Verantwortungsbegriff als solcher kein hinreichendes Prinzip der Ethik sein kann. Eine Verantwortungsethik hat außer- oder transmoralische Voraussetzungen, die man in gewisser Hinsicht als ästhetisch bezeichnen kann. *Ästhetik* ist hier verstanden als Theorie der Wahrnehmungs- und Urteilsfähigkeit. Diese schließt den leiblichen und affektiven Bereich des Menschseins ein. Ohne eine der Wahrnehmung entsprechende Motivation, für die Begriffe wie Liebe, Mitleid, Wohlwollen oder Barmherzigkeit stehen, gibt es kein moralisches bzw. moralfähiges, d.h. einer nachträglichen moralischen Beurteilung standhaltendes Handeln. Umgekehrt gilt freilich, daß auch Liebe, Mitleid oder Wohlwollen allein kein hinreichendes Kriterium für die Sittlichkeit des Handelns sind. Denn der Wille, Gutes zu tun, sagt noch nicht, was in einer konkreten Situation das für alle Beteiligten Gute tatsächlich ist. Man kann aus Mitleid das Falsche tun oder sich sogar zu unmoralischen Handlungsweisen verleiten lassen. Von daher wird nochmals das in der Einleitung diskutierte Postulat einer *integrativen* Ethik einsichtig, welches die Ansätze einer Sollensethik und einer Strebensethik komplementär miteinander zu vermitteln sucht.[35]

Neben der Frage nach den außermoralischen Motivationen steht aber im Zentrum einer ethischen Erkenntnis- oder Wahrnehmungstheorie die *Frage nach dem moralischen Subjekt*. Verantwortung erkennen und übernehmen kann nur der, welcher sich zur Verantwortung gerufen und so als ethisches Subjekt begründet weiß. Eben darin besteht, wie im 4. Kapitel ausgeführt wird, der ethische Sinn der paulinischen bzw. reformatorischen Rechtfertigungslehre.

---

[34] Vgl. dazu auch *J. Fischer*, Wahrnehmung als Aufgabe und Proprium christlicher Ethik, in: *ders.*, Glaube als Erkenntnis. Zum Wahrnehmungscharakter des christlichen Glaubens, München 1989, S. 91–118, sowie *B. Harbeck-Pingel*, Ethische Wahrnehmung. Eine systematisch-theologische Skizze (Beiträge zur Theologie und Religionsphilosophie 2), Aachen 1998, der allerdings Ethik zu einseitig als Theorie der Lebensführung bestimmt. Zur Kritik am Begriff der Lebensführung s.o. S. 36ff.

[35] S. o. S. 16ff.

Bevor aber der Versuch einer rechtfertigungstheologischen Begründung von Verantwortungsethik unternommen wird, soll ein weiterer ethischer Grundbegriff erörtert werden, nämlich derjenige des ethischen Konfliktes.

4. Literatur

Apel, K.-O.: Diskurs und Verantwortung. Das Problem des Übergangs zur postkonventionellen Moral, Frankfurt a.M. 1988

Bayertz, K. (Hg.): Verantwortung: Prinzip oder Problem?, Darmstadt 1995

Birnbacher, D.: Verantwortung für zukünftige Generationen, Stuttgart 1998

Birnbacher, D. (Hg.): Ökologie und Ethik, Stuttgart 1986

Böhler, D. (Hg.): Ethik für die Zukunft. Im Diskurs mit Hans Jonas, München 1994

Gatzemeier, M. (Hg.): Verantwortung in Wissenschaft und Technik, Mannheim u.a. 1989

Glaube und Lernen 7, 1992, H.2 (S. 91–167): Thema: Verantwortung (mit Beiträgen von U. Körtner, J. Jeremias, H. Kreß u.a.)

Ingarden, R.: Über die Verantwortung, Stuttgart 1970

Jonas, H.: Das Prinzip Verantwortung. Versuch einer Ethik für die technologische Zivilisation, Frankfurt a.M. 1979

–: Technik, Medizin und Ethik. Zur Praxis des Prinzips Verantwortung, Frankfurt a.M. 1985

Kaufmann, F.-X.: Der Ruf nach Verantwortung. Risiko und Ethik in einer unüberschaubaren Welt, Freiburg i.B. 1992

Körtner, U.: Prinzip Verantwortung? Begründungsprobleme heutiger Verantwortungsethik, GlLern 12, 1997, S. 136–147

Kreß, H./Müller, W.E.: Verantwortungsethik heute. Grundlagen und Konkretionen einer Ethik der Person, Stuttgart 1997

Müller, W.E.: Der Begriff Verantwortung bei Hans Jonas, Frankfurt a.M. 1988

Picht, G.: Wahrheit, Vernunft, Verantwortung, Stuttgart 1969

Römelt, J.: Vom Sinn moralischer Verantwortung. Zu den Grundlagen christlicher Ethik in komplexen Gesellschaften. Handbuch der Moraltheologie, Regensburg 1996

Saladin, P.: Verantwortung als Staatsprinzip, Bern/Stuttgart 1984

Schulz, W.: Philosophie in der veränderten Welt, Pfullingen ²1974 (bes. S. 630–840)

Schwartländer, J.: Verantwortung, in: Handbuch philosophischer Grundbegriffe, hg. v. H. Krings u.a., Bd. 3, München 1974

Schwarzwäller, K.: Literatur zum Thema „Verantwortung", ThR 57, 1992, S. 141–179

Schweitzer, A.: Kultur und Ethik. Sonderausgabe mit Einschluß von „Verfall und Wiederaufbau der Kultur", München 1960

Tödt, H.E.: Perspektiven theologischer Ethik, München 1988

Weber, M.: Politik als Beruf, in: ders., Gesammelte politische Schriften, 2. erw. Aufl., hg. v. J. Winckelmann, Tübingen 1958, S. 493–548

Weischedel, W.: Das Wesen der Verantwortung. Ein Versuch (1933), Frankfurt a.M. [3]1972

3. Kapitel

Ethik im Widerstreit

Ethische Konflikte und konfligierende Ethiken

1. Verlust der Moral?

In seinem gleichnamigen Buch hat der Philosoph Alasdair MacIntyre den Verlust der Tugend beklagt.[1] Nach MacIntyres Analyse ist ein Merkmal unserer Zeit die Unfähigkeit, zentrale ethische Konflikte wie etwa das Problem der Abtreibung, der Friedenssicherung, des Umweltschutzes oder der sozialen Gerechtigkeit im allgemeinen Konsens zu lösen. Man kann den Zustand der Ethik in der Tat ohne Übertreibung als aporetisch bezeichnen. Denn das Verhängnisvolle an den hinlänglich bekannten ethischen Konflikten von heute ist nicht nur der Interessengegensatz zwischen Individuen, gesellschaftlichen Gruppen und ganzen Völkern, zwischen den Lebenden und den noch Ungeborenen, sondern nicht minder der Antagonismus ethischer Systeme und moralischer Werthaltungen. Ethische Konflikte sind heute immer auch Konflikte zwischen divergierenden Ethiken.

Es war das große Ziel der *europäischen Aufklärung*, ein universal gültiges Ethos zu formulieren, dessen Maximen und Verfahren zur Konfliktlösung jedem vernünftigen Menschen einsichtig seien und als verbindlich anerkannt würden. Dieses Projekt muß heute als gescheitert gelten. Zum einen wird uns heute zunehmend bewußt, wie sehr das vermeintlich universale Ethos der nachaufklärerischen Moderne inhaltlich durch die vorausliegende christliche Tradition bestimmt war, in welcher das Erbe der Antike fortwirkte. Im Konkurrenzverhältnis der Kulturen und Religionen erscheint der universale Standpunkt der aufgeklärten Vernunft als ein partikularer, seine vermeintliche Voraussetzungslosigkeit als dezisionistisches Postulat. Zum anderen stehen uns

---

[1] *A. MacIntyre*, Der Verlust der Tugend. Zur moralischen Krise der Gegenwart, Darmstadt 1987. Die englische Originalausgabe erschien 1981 unter dem Titel „After Virtue".

heute die dialektischen Folgen der Aufklärung und ihres Vernunftbegriffes vor Augen. Die negativen Folgen moderner Rationalität durch Berufung auf eine Ethik der transzendentalen Vernunft beseitigen zu wollen, scheint nichts anderes als der Versuch zu sein, den Teufel durch Beelzebub auszutreiben.

Zu den negativen Folgen neuzeitlicher Rationalität gehört aber auch, daß sogar das bloße Bemühen um eine rational begründete Ethik den Anschein der Antiquiertheit erwecken kann. So stellt der Philosoph Walter Schulz in seinem 1972 erschienenen Buch „Philosophie in der veränderten Welt" mit Recht fest: „Die *Verwissenschaftlichung* hat sich auf dem Gebiet der Anthropologie dahin ausgewirkt, daß Fragen, die früher dem ethischen Bereich zugerechnet wurden, jetzt von bestimmten Wissenschaften übernommen werden, so vor allem von der Verhaltensforschung, der Psychologie und den Sozialwissenschaften."[2]

Wie sich hinzufügen läßt, gehört es zur „Dialektik der Aufklärung"[3], daß sie die Herrschaft der neuzeitlichen Technik vollendet hat, eben jene *Technokratie*,[4] welche einen Großteil der ethischen Konflikte allererst heraufbeschworen hat, für die heute so dringend nach Lösungen gesucht wird. Wie W. Schulz richtig bemerkt hat, wirkt sich die Technokratie eben auch in der von ihm beschriebenen Auflösung der Ethik in Verhaltensforschung, Psychologie und Sozialwissenschaften aus. Selbst noch die gesellschaftskritischen Aufklärer der Aufklärung partizipieren am modernen „Trend zur Technologie"[5].

Seinerzeit stellte Schulz die Diagnose auf, daß die Forderung des ethischen Engagements innerhalb der zeitgenössischen Philosophie keine entscheidende Rolle spiele. „Die ethische Fragestellung scheint gegenwärtig auch für das *allgemeine Bewußtsein* nicht mehr vorrangig zu sein."[6] Inzwischen hat sich vordergründig die Bewußtseinslage gänzlich gewandelt. Allerorten erschallt der Ruf nach Ethik. Dieselbe Wissenschaft, welche für die Abdankung der Ethik verantwortlich gemacht worden ist, stößt inzwischen in der Gesellschaft auf ein tiefes Unbehagen und Mißtrauen. Nach der Verwissenschaftlichung der Ethik

---

[2] *W. Schulz*, Philosophie in der veränderten Welt, Pfullingen 1972, S. 630.

[3] Vgl. *M. Horkheimer/Th.W. Adorno*, Dialektik der Aufklärung, Frankfurt a.M. 1969 (Amsterdam 1947).

[4] Zur theologischen Reflexion der modernen Technikherrschaft siehe vor allem *M. Trowitzsch*, Technokratie und Geist der Zeit. Beiträge zu einer theologischen Kritik, Tübingen 1988.

[5] W. Schulz, a.a.O. (Anm. 2), S. 631.

[6] A.a.O. (Anm. 2), S. 630.

scheint nun die Ethisierung der Wissenschaften, nach der Politisierung der Moral die Moralisierung der Politik gekommen zu sein. Der Bedarf an Ethik soll durch neu errichtete Institute und Lehrstühle gedeckt werden. Ethik in den Wissenschaften, näherhin Medizin-, Wirtschafts- und Umweltethik sind inzwischen als neue Forschungsbereiche etabliert. Außerdem bemühen sich die Kirchen und christliche Kreise, das globale Verantwortungsbewußtsein durch das Postulat einer Schöpfungsethik zu schärfen.

Bei genauerer Betrachtung läßt sich allerdings bezweifeln, daß sich die ethische Notlage gegenüber der seinerzeit von W. Schulz vorgetragenen Analyse tatsächlich so grundlegend geändert hat, wie es zunächst den Augenschein haben mag. Es ist ein bemerkenswertes Indiz, daß eine Vielzahl von Genetiv-Ethiken von interessierter Seite gefordert und gefördert werden, um die geschwundene Akzeptanz von Wissenschaft und Technik zurückzugewinnen. Der inflationäre Gebrauch des Ethikbegriffs beweist noch lange nicht, daß es einen Fortschritt in der ethischen Theoriebildung, geschweige denn eine „neue Ethik" gibt. Die ethische Suche nach pragmatischen Lösungen technokratischer Probleme und Konflikte trägt über weite Strecken selbst die Züge technischer Rationalität.

Im Ruf nach einer Erneuerung der Ethik oder gar einer neuen Ethik kann sich auf der anderen Seite der Protest gegen diese Rationalität äußern, ein allgemeines Unbehagen an der Kultur. Im gesellschaftlichen Streit ist das Urteil moralischer Instanzen gefragt, deren Autorität den Mangel an ethischen Argumenten kompensieren soll. Wenn daher auch Theologie und Kirche von unterschiedlichen Seiten aufgefordert werden, zu den drängenden ethischen Konflikten Stellung zu nehmen, scheint sich damit die Möglichkeit zu eröffnen, auf ethischem Gebiet jene Relevanz wiederzugewinnen, welche Theologie und Kirche im Gefolge immer neuer Modernisierungsschübe verloren haben. Tatsächlich aber sind beide der Gefahr ausgesetzt, ideologisch funktionalisiert und mißbraucht zu werden.

Zweifellos haben Kirche und Theologie die Aufgabe, zur Lösung der drängenden Fragen unserer Zeit beizutragen. Aber sie werden nur dann einen substantiellen Beitrag leisten können, wenn sie den heute zur Selbstverständlichkeit gewordenen Ruf nach einem Mehr an Ethik der *theologischen Kritik* unterziehen.[7] Ethik und Theologie sind heute vor

---

[7] Vgl. ausführlich *U. Körtner*, Zwischen den Zeiten. Studien zur Zukunft der Theologie, Bielefeld 1997, S. 81ff. Zur theologischen Bewertung des heutigen Ethikbe-

allem gefragt, wenn festgestellt werden soll, was verboten ist.[8] Theologisch gesprochen verbirgt sich im Ruf nach einer neuen Ethik die Forderung nach dem *Gesetz*. Problematisch ist an ihr, daß nach einer Predigt des Gesetzes verlangt wird, die nicht vom *Evangelium* zu reden weiß und zudem keinen Unterschied zwischen dem usus politicus, dem usus elenchthicus und dem usus praecipuus legis macht. Deren Unterscheidung gehört aber zu den wichtigen Erkenntnissen der Reformation. Luther hat zwischen dem ethisch-politischen und dem theologischen Gebrauch des Gesetzes unterschieden. In seiner ethisch-politischen Funktion (*usus politicus legis*) dient das Gesetz der Sicherung oder Herstellung öffentlicher Ordnung und des Friedens. Die theologische Funktion des Gesetzes aber besteht darin, den Menschen als Sünder zu überführen (*usus elenchthicus*), so daß er seine Sünde im Gesetz wie in einem Beichtspiegel erkennt. Melanchthon und Calvin haben noch einen dritten Gebrauch (tertius usus) des Gesetzes gelehrt. Für die Glaubenden habe es nämlich auch die Funktion einer Anleitung zum Leben aus Glauben. Darin bestehe sein außerordentlicher Gebrauch, sein *usus praecipuus*.

Eine theologische Ethik, welche sich gegenüber der Forderung nach vermehrter ethischer Reflexion nicht kritisch verhält, bleibt unserer Gesellschaft den wichtigsten Beitrag schuldig, den sie ihr vielleicht leisten kann, nämlich in den ethischen Konflikten von heute das zur Sprache zu bringen, was formelhaft als Evangelium bezeichnet wird. Wenn dies nicht gelingt, verkommt die theologische Ethik zum dezisionistischen Appell, der das Stimmengewirr der bloßen Meinungen und Interessen lediglich um einige weitere, in leicht erhöhtem Ton vorgetragene Behauptungen vermehrt.

Der ethische Konflikt zeigt sich aber nun in einer zweifachen Gestalt: einerseits als Konflikt zwischen Interessen und Handlungsalternativen, andererseits als Konflikt divergierender Ansätze von Ethik. Dieser Umstand nötigt dazu, den Begriff des Konfliktes präzise zu fassen.

---

dürfnisses, freilich mit anderen Konsequenzen, s. auch *K. Tanner*, Für plausible Normen, EK 27, 1994, S. 480–482.

[8] Man denke z.B. an den Streit um neue Arbeitszeitmodelle und den Schutz der Sonntagsruhe. Siehe dazu unten Kapitel 12.

2. Konflikt und Verantwortung

Entsprechend der im 1. Kapitel getroffenen Unterscheidung von vier Handlungsebenen läßt sich auch der Begriff des ethischen Konflikts ausdifferenzieren. Dabei ist deutlich, daß die individualethische, die personalethische, die sozialethische und die umweltethische Ebene nicht voneinander zu trennen sind. Im Anschluß an Nikolaus Menzel können wir zwischen *intra*personalen und *inter*personalen ethischen Konflikten unterscheiden.[9] Der ethische Konflikt kann sich einerseits im entscheidungspflichtigen Subjekt abspielen oder aber zwischen mehreren Subjekten oder Gruppen aufbrechen. Die kantische Frage: „Was soll *ich* tun?" ist durch die andere zu ergänzen: „Was sollen *wir* tun?"

Der Sache nach kann ein ethischer Konflikt zum einen in der Fragwürdigkeit gesellschaftlich anerkannter Normen bestehen, zum anderen in der Kollision von Normen und Pflichten, die als ethisch hinreichend begründet gelten. Ethische Konflikte brechen ferner auf, wenn ein Sachproblem als solches von den betroffenen Personen und Kollektiven unterschiedlich bestimmt und bewertet wird. Gerade die heutigen Konflikte, bei denen es um die Risikoabschätzung neuer Technologien geht, etwa der Kernenergie oder der Gentechnologie, sind zunächst gar nicht ethischer, sondern erkenntnistheoretischer Art. Es kennzeichnet nun aber die angesprochenen Konflikte der technologischen Gesellschaft, daß sich Erkenntnistheorie und Ethik wechselseitig beeinflussen. Spätestens dann, wenn aus einer Sachanalyse praktische oder auch politische Schlüsse zu ziehen sind, wird das erkenntnistheoretische zum ethischen Problem. Erkenntnistheorie und Ethik lassen sich auch deshalb so schwer voneinander trennen, weil im heutigen Forschungsbetrieb die Unterscheidung von theoretischer Grundlagenforschung und praktischer Anwendungsforschung weitgehend aufgehoben ist. Das theoretische Wissen ist immer schon Handlungswissen, das Experiment verändert bereits die Wirklichkeit und das theoretische Wissen läßt sich, wie im Fall der Gentechnologie, nur durch Experimente gewinnen, in denen Grundfragen des Menschseins und der Ethik zur Entscheidung stehen bzw. bereits vorentschieden werden, bevor hierüber der ethische Diskurs geführt werden kann.

---

[9] Vgl. *N. Menzel*, Der Kompromiß im demokratischen Staat. Ein Beitrag zur politischen Ethik, Hochland 51, 1959, S. 248–264.

Angesichts der Komplexität heutiger Probleme stellt sich mit größter Dringlichkeit die Frage nach dem ethischen Subjekt. Durch die ständige Erweiterung technischer Möglichkeiten, sowie des wirtschaftlichen, politischen und militärischen Machtpotentials sind Welt, Natur und Geschichte immer mehr das Produkt bzw. Ziel menschlichen Handelns. Die menschliche Verantwortung hat sich ins Universale, genauer: ins Globale ausgedehnt. Paradoxerweise führt aber die Ausweitung des menschlichen Verantwortungsbereiches dazu, daß sich sowohl das Subjekt der Verantwortung wie diese selbst verflüchtigen. Eben deshalb erscheinen ethische Probleme immer mehr als rein technische (wobei auch die Politik als Technik verstanden werden kann). Im Zeichen heutiger globaler Herausforderung sind nicht etwa nur, wie G. Picht meinte, neue Verantwortlichkeiten im Sinne von Möglichkeiten entstanden, die auf Realisierung warten und sich das Subjekt ihrer Verantwortung erst noch suchen müssen.[10] Sondern die fortschreitende Entwicklung der technischen Zivilisation führt zunächst gegenläufig zur Aufhebung des Verantwortungsbegriffs. Wenn heute allerorten von Verantwortung gesprochen wird, ist dies kein Einwand gegen meine These, sondern gerade ein Indiz für ihre Richtigkeit.

Der technische und industrielle Fortschritt, welcher zur Ausweitung menschlicher Verfügungsgewalt über Natur und Geschichte geführt hat, ist die Folge hochgradiger Arbeitsteilung. Sie verhindert es, daß die globalen Zukunftsfragen und Bedrohungen überhaupt noch im Sinn einer teleologisch argumentierenden Ethik als Gegenstand menschlicher Verantwortung und somit ethischer Konflikte wahrgenommen werden können. Gerade weil die Verantwortung universal geworden ist, fühlt sich niemand mehr für das Ganze und die Gesamtfolgen der technisch-industriellen Zivilisation verantwortlich. Die Einzelnen begreifen sich nicht mehr im moralischen Sinne als Handelnde und somit Rechenschaftspflichtige, sondern nur noch als Mit-Tuende.[11] Mit dem Telos menschlichen Tuns verschwindet aber die Zukunft als Horizont der Ethik aus dem Blickfeld und mit ihr die Verantwortung. Wo Verantwortung nicht mehr als konkrete Verantwortung erfahren wird, entschwindet sie.

---

[10] Vgl. *G. Picht*, Der Begriff Verantwortung, in: ders., Wahrheit, Vernunft, Verantwortung. Philosophische Studien, Stuttgart 1959, S. 318–342, hier S. 340f.

[11] Vgl. *G. Anders*, Die Antiquiertheit des Menschen. Über die Seele im Zeitalter der zweiten industriellen Revolution, München ⁵1980, S. 245ff.

Daß Konflikte als ethische wahrgenommen werden, setzt die Wiedergewinnung von Verantwortungsbewußtsein und somit eine *ethische Erkenntnistheorie* voraus.[12] Ein Verantwortungsbewußtsein kann freilich nur dort entstehen, wo sich Menschen als Individuum zugleich selbst verantwortlich wissen. Erst dann werden Interessengegensätze als echte ethische Konflikte begriffen.

3. Ethik und Konflikt

Wir fragen nun, was die Theologie zum Verständnis ethischer Konflikte beitragen kann. Christliche Theologie führt alle ethischen Konflikte prinzipiell auf die *Sündhaftigkeit* des Menschen zurück. Weil sich der Mensch nicht selbst von der eigenen Sünde befreien kann, kann die Ethik den Konflikt allenfalls beschreiben, aber nicht überwinden. Es liegt auf dieser Linie, wenn etwa Dietz Lange in seinem Lehrbuch evangelischer Ethik den „Grundkonflikt zwischen Sein und Sollen" zum unaufhebbaren Urdatum menschlichen Daseins erklärt.[13] Im Anschluß an Stuart N. Hampshire resümiert Lange: „Die ethische Grundsituation ist also eine Konfliktsituation."[14] Hampshire wiederum behauptet, „daß die Moralität ihre Quellen im Konflikt hat, in der geteilten Seele und im Aufeinandertreffen entgegenstehender Ansprüche, ferner, daß es keinen vernünftigen Weg gibt, der von diesen Konflikten zur Harmonie und zu einer überzeugenden Lösung führt, die normal und natürlich ist."[15]

Werden die spezifischen ethischen Konflikte von heute auf die allgemeine Faktizität der Sünde zurückgeführt, ist dies theologisch ebenso zutreffend wie unbefriedigend. Denn die theologisch berechtigte Feststellung, daß kein einziger ethischer Konflikt ethikimmanent zu lösen ist, weil Schuld nicht vermieden, sondern nur von Gott jenseits der Dimension des Ethischen vergeben werden kann, entbindet uns nicht von der Notwendigkeit, die konkreten Konflikte so sachgerecht als möglich zu analysieren und zwischen verschiedenen Handlungsalternativen konkret zu wählen. So berechtigt und notwendig die theologi-

---

[12] Vgl. *U. Körtner*, Verantwortung, GlLern 7, 1992, S. 97–104, bes. S. 102f.

[13] *D. Lange*, Ethik in evangelischer Perspektive. Grundfragen christlicher Lebenspraxis, Göttingen 1992, S. 234.

[14] A.a.O. (Anm. 13), S. 235.

[15] *S.N. Hampshire*, Moralität und Konflikt, ZEE 28, 1984, S. 426–453, hier S. 449.

sche Kritik an einer soteriologischen Überhöhung von Ethik und menschlichem Handeln ist, so problematisch ist es, wenn theologische Ethik lediglich den ethischen Dauerkonflikt institutionalisiert.

In seinen Ethikfragmenten hat D. Bonhoeffer gegen eine derartige Engführung theologischer Ethik protestiert und es „zu den großen Naivetäten, oder richtiger Torheiten, der Ethiker" gerechnet, „von der Fiktion auszugehen, als habe der Mensch in jedem Augenblick seines Lebens eine letzte unendliche Wahl zu treffen, als müsse jeder Augenblick des Lebens eine bewußte Entscheidung zwischen Gut und Böse sein, als stehe vor jeder Handlung des Menschen das mit deutlichen Buchstaben von einer göttlichen Polizei geschriebene Schild ‚Erlaubt' oder ‚Verboten', als müsse der Mensch ununterbrochen etwas Entscheidendes tun, einen höheren Zweck erfüllen, einer letzten Pflicht genügen."[16] Bonhoeffer erklärte stattdessen: „Das ethische Phänomen ist seiner inhaltlichen wie seiner erlebnismäßigen Seite nach ein Grenzereignis."[17]

In der Tat steht das Pathos, mit welchem gerade protestantische Ethiker in diesem Jahrhundert vom Ruf in die Entscheidung und ihrer Unbedingtheit gesprochen haben, in der Gefahr, zur inhaltsleeren Geste zu verkommen. Wird zudem der ethische Konflikt als unlösbar dargestellt, führt diese Behauptung in Resignation oder situationsethischen Dezisionismus, d.h. zum Prinzip der unableitbaren Einzelentscheidung, welches der Komplexität und Zukunftsdimension heutiger ethischer Konflikte nicht gerecht wird.

Freilich kann auch der ethische Ansatz Bonhoeffers nicht wirklich befriedigen. Nach Bonhoeffer wird der vom Menschen nicht auflösbare ethische Konflikt durch das als singularische Größe aufgefaßte *Gebot Gottes* transzendiert. Bonhoeffer wie Barth verstehen unter Gottes Gebot sein aktuelles Gebieten im Hier und Jetzt. Wo Gottes Ruf vernommen wird, wird der ethische Konflikt nicht etwa ausgelöst, sondern beendet, indem der Mensch aus der ethischen Reflexion in den einfältigen Gehorsam tritt.[18] Problematisch an diesem Verständnis des göttlichen Gebietens ist, daß es im Anschluß an S. Kierkegaard und den dialogischen Personalismus eine intrapersonale Lösung des ethischen Konfliktes entwickelt, die auf der interpersonalen Ebene in autoritäre

---

[16] *D. Bonhoeffer*, Ethik, hg. I.Tödt u.a. (DBW 6), Gütersloh ²1998, S. 367.

[17] A.a.O. (Anm. 16), S. 368.

[18] Vgl. a.a.O. (Anm. 16), S. 381ff. Zur ähnlich gelagerten Lehre vom singularischen Gebot Gottes bei Barth siehe vor allem *K. Barth*, KD II/2, S. 564ff.

Geltungsansprüche umschlägt.[19] So dekretiert Bonhoeffer: „Das Ethische ist eben nicht wesentlich ein formales Vernunftprinzip, sondern
ein konkretes Befehlsverhältnis."[20] Auch die dem Dezisionismus entge-
gensteuernde Lehre von den göttlichen Mandaten[21] sucht das göttliche
Gebot in autoritären Strukturen auf, die ihrerseits mit dem Hinweis auf
Gottes Gebieten theologisch legitimiert werden. Praktisch bedeutet
dies aber, daß der ethische Konflikt entweder durch die Berufung auf
das Gewissen oder aber durch den bloßen Appell entschieden werden
soll.

Gegen Bonhoeffer wie gegen Kierkegaard läßt sich einwenden, daß
die Gestalt des Abraham kein hinreichendes Modell für eine theologische Ethik ist. Der Mensch, der, um mit Bonhoeffers eigenen Worten
zu sprechen, in der säkularen Welt vor Gott ohne Gott leben muß,
bekommt von diesem eben nicht ständig aktuelle Handlungsanweisungen, denen er lediglich Folge zu leisten hätte. Eben daher sind wir für
unsere ethische Urteilsbildung an vorgängige, wenngleich relative und
vom Evangelium her immer neu zu prüfende Normen und Werte verwiesen, die in ethischen Konfliktsituationen allerdings kollidieren und
den Konflikt gerade dadurch verschärfen können.[22]

Sowenig ethische Konflikte durch theologische Appelle entschieden
werden können, sowenig ist es zulässig, die ethische Reflexion und interpersonale Rechenschaft vorschnell durch die Berufung auf den Ge-
wissensnotstand abzubrechen. Eben weil Gott nicht unmittelbar in jeder Konfliktlage zu uns spricht, sind wir auch nach theologischem
Verständnis zur mühevollen, intersubjektiven und im Resultat zumeist
strittigen ethischen Urteilsbildung verpflichtet.

Wie aber soll eine intersubjektive Urteilsbildung möglich sein, nachdem die Ethik zu einer inhomogenen Größe geworden ist? Sind Dezisionismus und moralischer Appell nicht die unvermeidliche Konsequenz aus dem eingangs beschriebenen Konflikt der Ethiken? Oder
läßt sich der ethische Pluralismus in Richtung auf ein neues Einheits-

---

[19] Zur Kritik der autoritären Züge im Denken Bonhoeffers siehe *K.-M. Kodalle*,
Dietrich Bonhoeffer. Zur Kritik seiner Theologie, Gütersloh 1991.

[20] D. Bonhoeffer, a.a.O. (Anm. 16), S. 376.

[21] Vgl. a.a.O. (Anm. 16), S. 392ff.

[22] Zur Kritik an der situationsethischen Verengung der Lehre vom Gebot bzw. vom
Gesetz Gottes siehe auch *I. Klaer*, Sinn und Geltungsweisen sittlicher Normen in der
Sicht evangelischer Theologie, in: *W. Ernst* (Hg.), Norm und Gewissen. Beiträge aus
katholischer und evangelischer Sicht, Leipzig 1984, S. 39–71, bes. S. 51.

ethos überwinden? Wie also soll sich die Theologie gegenüber dem Pluralismus der Ethiken verhalten?

4. Pluralismus und Konflikt der Ethiken

Ethischer Dezisionismus und christozentrischer Appell sind eine mögliche theologische Konsequenz aus der krisenhaft erfahrenen Pluralisierung der modernen Gesellschaft. Eine christozentrische Kerygmatik mag zwar universale ethische Geltungsansprüche erheben, bleibt aber de facto eine partikulare Ethik, welche nur für diejenigen Überzeugungskraft besitzt, die den christlichen Glauben teilen. Dieser Schwierigkeit entkommt man offenbar nur, wenn man auf rationalem Wege ein universales Ethos zu begründen versucht, das den Pluralismus der ethischen Positionen überwindet. Einer dieser Versuche ist Albert Schweitzers Ethik der *Ehrfurcht vor dem Leben*, welche eine Verbindung von aufgeklärter Rationalität und religiöser Mystik anstrebt, indem aus der Erfahrung des allgemeinen Lebenswillens auf ein unbedingtes Sollen geschlossen wird.[23] Hans Jonas hat dagegen auf ontologischem bzw. metaphysischem Wege versucht, aus der Existenz der Menschheit eine universal gültige planetarische „Zukunftsethik" herzuleiten.[24] Die mit beiden bereits im vorigen Kapitel begonnene Diskussion ist nun fortzuführen.

Sowohl Schweitzer als auch Jonas versuchen, das Kantische Projekt der Ethik zu erneuern, welches sie doch zugleich beide auf ähnliche Weise kritisieren. Zwar teilen sie die Überzeugung Kants, daß ein universal gültiges Ethos nur auf dem Wege einer rationalen Herleitung eines *kategorischen Imperativs* begründet werden kann. Schweitzer wie Jonas kritisieren aber, daß Kants Imperativ völlig inhaltsleer geblieben sei und Vernunft und Gefühl in unzulässiger Weise voneinander getrennt habe. Während nun Schweitzer den Inhalt seines kategorischen Imperativs als Fortexistenz des planetarischen Lebens überhaupt zu bestimmen versucht, gibt Jonas dem Imperativ die anthropozentrische Fassung, daß auch künftig eine Menschheit sei. Sowohl bei Schweitzer

---

[23] Siehe vor allem *A. Schweitzer*, Kultur und Ethik. Sonderausgabe mit Einschluß von „Verfall und Wiederaufbau der Kultur", München 1960, bes. S. 328ff.

[24] *H. Jonas*, Das Prinzip Verantwortung. Versuch einer Ethik für die technologische Zivilisation, Frankfurt a.M. (1979) 1984. Zum Begriff der Zukunftsethik siehe dort S. 39ff.61ff.

als auch bei Jonas ist der durch den kategorischen Imperativ zu begrün-
dende Inhalt allerdings die vorausgesetzte Begründung des Imperativs,
so daß dieser faktisch kein kategorischer, sondern ein hypothetischer
ist. Eine zusätzliche Schwierigkeit beider Entwürfe besteht darin, daß
sie das ethische Sollen aus dem Sein bzw. aus dem Wollen des moralischen Subjektes abzuleiten versuchen. Es hat sich aber bereits im vorigen Kapitel gezeigt, daß derartige Versuche nicht gelingen.[25]

Mit der Erweiterung menschlicher Handlungsmöglichkeiten steigt
das Ausmaß der Verantwortung. Mit der Ausweitung der Verantwortung aber wachsen umgekehrt die Handlungsziele. Von ethisch verant-
wortlichem Handeln wird heute erwartet, daß es die Lebensmöglich-
keiten künftiger Generationen und den unbefristeten Fortbestand der
Menschheit im Blick hat. Es fragt sich aber, ob diese Zielvorgabe nicht
jedes menschliche Maß übersteigt. Bei Jonas trägt sie zudem eindeutig
soteriologische Züge. Im Zentrum seiner Überlegungen steht das Erbe
der bisherigen Evolution der Natur als „um jeden Preis in seiner Integrität zu erhaltendes Kernphänomen, das sein Heil von keiner Zukunft
zu erwarten hat, da es schon ‚heil‘ in seiner Anlage ist".[26] Mit dem dro-
henden Unheil, das es abzuwenden gilt, wird nach Jonas „das nicht
illusionär überforderte Heil" sichtbar.[27] Stellt aber nicht gleichwohl der
kategorische Imperativ, daß in jedem Fall der Fortbestand der Menschheit zu gewährleisten sei, eine Überforderung des moralischen Subjektes dar? Wer soll überhaupt das Subjekt sein, welches diesem Imperativ
Folge leisten könnte? Das Jonassche „Wir" wendet sich an seine Leser-
schaft und bleibt doch merkwürdig unbestimmt. Welche Subjekte sind
denkbar, für welche die Rettung der gesamten Menschheit ein sinnvol-
les Handlungsziel wäre? Und wie kann eine derartige Zielvorgabe praktisch umgesetzt werden?

Bei Jonas konkretisiert sich die allgemeine Maxime, daß eine
Menschheit sei, in der Forderung nach einer *Heuristik der Furcht*.[28]
Deren grundlegende Regel besagt, daß beim Abschätzen der Handlungsfolgen den schlechten Prognosen Vorrang vor den guten zu geben
ist.[29] So einleuchtend diese Maxime auf den ersten Blick erscheinen
mag, so problematisch ist sie in Wahrheit. Sie fordert nämlich die frei-

---

[25] S. o. S. 72ff.
[26] H. Jonas, a.a.O. (Anm. 24), S. 74.
[27] A.a.O. (Anm. 24), S. 392.
[28] Vgl. a.a.O. (Anm. 24), S. 63ff.
[29] Vgl. a.a.O. (Anm. 24), S. 70ff.

willige Selbstbeschränkung menschlichen Handelns, welche in ihrer Summierung den Fortbestand der Menschheit nicht minder gefährden kann wie die hemmungslose Ausschöpfung aller technologischen Möglichkeiten; „es ist nur zu deutlich, daß eine affirmative Sicht der Technik zu anderen Ansichten käme".[30] So berechtigt die Jonassche Kritik am utopischen oder technokratischen Meliorismus ist, so birgt doch seine Heuristik der Furcht in sich die Gefahr, daß jede Motivation zur Veränderung bestehender Lebensverhältnisse im Keim erstickt wird. Die Maßlosigkeit des generellen Handlungsziels kann zur Lähmung des konkreten Handelns und Planens für überschaubare Zeiträume führen.

Sowohl das bei Jonas anzutreffende Heilsverständnis als auch seine Heuristik der Furcht fordern zu einer grundsätzlichen theologischen Auseinandersetzung heraus. Die paulinische und reformatorische Rechtfertigungslehre hat nämlich darin ihre ethische, und zwar nicht etwa nur individual- und personalethische, sondern auch sozial- und umweltethische Bedeutung, daß sie zum Handeln ermutigt, indem sie dieses gerade von allen soteriologischen Forderungen befreit und die Handlungsziele auf ein menschliches Maß reduziert. Weder die Bewahrung der Schöpfung noch die Rettung der Menschheit sind eine theologisch vertretbare ethische Forderung. Nur wenn das menschliche Handeln von der verantwortungsethischen Maßlosigkeit befreit wird, kann Verantwortung überhaupt konkret wahrgenommen werden. Die Unbedingtheit der ethischen Forderung darf nicht mit ihrer Maßlosigkeit verwechselt werden.

Aber auch die Idee einer Heuristik der Furcht birgt ein theologisches Problem. Offenbar handelt es sich bei ihr um die philosophische Transformation der jüdischen Lehre vom Zaun des Gesetzes. Die bereits erwähnte Grundregel der Heuristik der Furcht kann verstanden werden als der Zaun, der von Jonas um das erste Gebot, nämlich daß eine Menschheit sei, gezogen ist. Christlich betrachtet ist die Sorge um die Fortexistenz der Menschheit im Kern Furcht vor dem Gesetz, die nicht um das Evangelium weiß. Doch gerade indem an das Handeln des Menschen appelliert wird, der ein fundamental gebrochenes Verhältnis zur Natur, die – dogmatisch gesprochen – ihrerseits nicht mehr in statu integritatis, d.h. im Zustand der Sündlosigkeit, sondern in statu corruptionis, also unter der Bedingung der Sünde, existiert, ist ihr Be-

---

[30] *W.E. Müller*, Zur Problematik des Verantwortungsbegriffs bei Hans Jonas, ZEE 33, 1989, S. 204–216, hier S. 211.

stand hochgradig gefährdet. Theologisch gesprochen vergrößert die evangeliumslose Predigt des Gesetzes die Macht der Sünde.[31]

Die Krise der neuzeitlichen Rationalität, welche durch die mangelnde Konsistenz der Ansätze Schweitzers und Jonas' nochmals bestätigt wird, ruft nun erneut die Religion auf den Plan. Das ist der Grundgedanke in Hans Küngs *Projekt Weltethos*, welches sich freilich nicht nur mit dem Pluralismus der Ethiken, sondern zusätzlich mit dem Pluralismus der Religionen konfrontiert sieht. Unbeschadet der Konkurrenz ihrer Weltdeutungen und Heilserwartungen hält Küng die Religionen für die Entwicklung eines Weltethos für unentbehrlich, weil einzig sie „die Unbedingtheit und Universalität ethischer Verpflichtungen begründen" können.[32] Sie können dies aber nach Küngs Überzeugung deshalb, weil sie in einem gemeinsamen Grundethos konvergieren, dessen oberste Maxime die sogenannte Goldene Regel ist. In ihr konvergieren nach Küng aber auch die Religionen und die gegenüber der Religion autonome Philosophie der europäischen Neuzeit. Kants kategorischer Imperativ ist nichts anderes als „eine Modernisierung, Rationalisierung und Säkularisierung" der goldenen Regel, neben welcher Küng vier Maximen elementarer Menschlichkeit gefunden zu haben glaubt, die von sämtlichen Religionen vertreten werden: 1. „Du sollst keine Unschuldigen töten", 2. „Du sollst nicht lügen oder Versprechen brechen", 3. „Du sollst nicht die Ehe brechen oder Unzucht treiben", 4. „Du sollst Gutes tun".[33] Diese Imperative hält Küng für „so etwas wie [...] Grundsäulen eines gemeinsamen fundamentalen Ethos der Welt".[34] Sie werden ergänzt durch einen vermeintlich allen Religionen gemeinsamen Katalog von Lastern und Tugenden, der sich an der christlichen Lehre von den sieben Hauptsünden und vier Kardinaltugenden orientiert.[35]

Daß die Weltdeutungen und Menschenbilder der großen Religionen miteinander konkurrieren, daß sie einander teilweise sogar widersprechen, hält Küng für keinen überzeugenden Einwand gegen sein Projekt Weltethos. „Nicht auf das verschiedene theoretische Bezugssystem

---

[31] Vgl. Röm 7,7–13.

[32] *H. Küng*, Projekt Weltethos, München 1990, S. 75.

[33] *H. Küng*, Auf der Suche nach einem universalen Grundethos der Weltreligionen, Conc 26, 1990, S. 154–164, hier S. 162. Abweichend formuliert Küng, a.a.O. (Anm. 32), S. 82 *fünf* universale Gebote: „(1) nicht töten; (2) nicht lügen; (3) nicht stehlen; (4) nicht Unzucht treiben; (5) die Eltern achten und die Kinder lieben".

[34] A.a.O. (Anm. 33), S. 162.

[35] Vgl. a.a.O. (Anm. 32), S. 87f.

kommt es im Ethos letztlich an, sondern auf das, was ganz praktisch im gelebten Leben getan oder unterlassen werden soll. [...] Ob nämlich dem konkreten, gequälten, verletzten oder verworfenen Menschen letztlich aus christlicher oder buddhistischer, aus jüdischer oder hinduistischer Haltung heraus geholfen wird, dürfte dem Betroffenen zunächst einerlei sein."[36]

Daß es notwendig ist, angesichts der globalen Probleme und des Konfliktpotentials multikultureller Gesellschaften einen interreligiösen Dialog auf allen Ebenen zu führen und nach ethischen Konvergenzen der Weltreligionen zu suchen, dürfte außer Frage stehen. Daß Angehörige der verschiedenen Religionen in Notsituationen spontan in derselben Weise zur Hilfeleistung bereit sein können, wird man ebenfalls nicht bezweifeln wollen. Ob deshalb die Religionen ein gemeinsames ethisches Fundament haben, ist allerdings fraglich. Küngs Versuch, die ethischen Systeme der Religionen auf einige wenige Grundregeln zurückzuführen, wird weder den vorhandenen Divergenzen der Religionen noch der Komplexität globaler Probleme und gesellschaftlicher Konflikte gerecht.[37]

Die von Küng formulierten Maximen elementarer Menschlichkeit erzeugen lediglich den Schein einer Konvergenz, der sich auflöst, sobald man fragt, wie diese Maximen in den einzelnen Religionen und im ethischen Konfliktfall inhaltlich gefüllt werden. Was soll es beispielsweise heißen, daß man keinen Unschuldigen töten darf? Woran bemessen sich für die Angehörigen der verschiedenen Religionen Schuld oder Unschuld eines Menschen, wenn nicht an den theoretischen religiösen Bezugssystemen, die nach Küngs Meinung in Fragen der Ethik nur eine untergeordnete Rolle spielen? Hat die islamische Scharia recht oder unrecht, wenn sie den Übertritt vom Islam zum Christentum als todeswürdiges Vergehen einstuft? Welche Konsequenzen sind aus dem Verbot des Ehebruchs zu ziehen? Ist es religiös akzeptabel, daß Ehen geschieden werden? Oder ist die Ehe, wie es der christlichen Tradition entspricht, als unauflöslich zu betrachten? Im einzelnen müßte die gesellschaftliche Rolle der Frau im Vergleich der Kulturen und Religionen untersucht werden. Auch bestehen zwischen einem christlichen Ehe-

---

[36] A.a.O. (Anm. 32), S. 89.
[37] Vgl. *U. Körtner*, Solange die Erde steht. Schöpfungsglaube in der Risikogesellschaft (Mensch – Natur – Technik 2), Hannover 1997, S. 134ff. Zur Debatte s. auch *J. Rehn* (Hg.), Verantwortlich leben in der Weltgemeinschaft. Zur Auseinandersetzung um das „Projekt Weltethos" (KT 133), Gütersloh 1994.

verständnis, das die strikte Monogamie propagiert, und Modellen der
Polygamie erhebliche Unterschiede. Was wird sodann in den verschiedenen Religionen, die in dieser Frage zudem keineswegs homogene
Ansichten vertreten, konkret unter Unzucht verstanden? Und schließlich: Küngs Gebot „Du sollst Gutes tun" ist so abstrakt wie banal.

Aber auch das Küngsche Beispiel der spontanen Hilfeleistung ist
kein Argument für die behauptete Unabhängigkeit moralischen Handelns von religiösen Bezugssystemen. Denn die Argumentation Küngs
wechselt an dieser Stelle von der sozial- und umweltethischen Ebene,
auf der doch die uns bedrängenden globalen Konflikte angesiedelt
sind, auf die individualethische und redet einer personalen Situationsethik das Wort. Die den Anlaß für Küngs „Projekt Weltethos" geben-
den Gefahren und gesellschaftlichen Konflikte werden jedoch nicht
durch spontanes Handeln, sondern bestenfalls durch die Entwicklung
politischer und ökonomischer Strategien gelöst, welche die ständige sozialethische Reflexion, naturwissenschaftliche, ökonomische und politische Sachkenntnis sowie die Schaffung von gesellschaftlichen und
politischen Institutionen erfordern. Staatliche Organisations- und
Herrschaftsformen sowie das kodifizierte Recht aber lassen sich ohne
theoretische Bezugssysteme, ohne Grundhaltungen und Werteinstel-
lungen, die auch von religiösen Überzeugungen abhängen, gar nicht
begründen oder aufrecht erhalten. Die Lösungsversuche werden, wie
im 6. Kapitel am Beispiel der Menschenrechte gezeigt werden soll, sehr
unterschiedlich ausfallen, je nachdem, ob man z.B. eine Staatsform
nach dem Vorbild der westlichen Demokratie oder aber einen islamischen Staat für richtig hält.

Gerade die zwischen den Religionen bestehenden Differenzen in der
Menschenrechtsfrage zeigen deutlich, wie schnell Küngs Weltethos an
seine Grenzen stößt, sobald nach der ethischen Konkretion seiner allgemeinen moralischen Maximen gefragt wird. Ähnlich wie Jonas erklärt
Küng den Menschen zum Ziel und Kriterium einer universalen Verantwortungsethik.[38] Sein Humanitätsbegriff aber meint die „Grundwerte
und Grundüberzeugungen der Französischen Revolution".[39] Daß diese
für alle Weltreligionen konsensfähig sind, wird man bezweifeln müssen. Wenn Küng zudem dem Christentum bei der Entwicklung eines
an den Idealen der französischen Revolution orientierten Weltethos

---

[38] Vgl. a.a.O. (Anm. 32), S. 53ff.
[39] A.a.O. (Anm. 32), S. 93.

eine Vorreiterrolle zuweist,[40] werden die übrigen Religionsgemeinschaften mit Recht die Frage stellen können, wodurch eine solche Dominanz des Christentums gerechtfertigt sein soll.

Küngs Projekt Weltethos ist ein Beispiel für theologische Überbietungsansprüche, welche den Konflikt der Ethiken keineswegs überwinden können, sondern sich als Holzweg erweisen. Theologische Überbietungsansprüche suggerieren letzte Gewißheiten, die es zumindest auf den sozial- und umweltethischen Ebenen heutiger ethischer Konflikte schon deshalb nicht geben kann, weil ja nicht etwa nur die Handlungsnormen, sondern schon die Analyse der Sachverhalte, also die Beschreibung der Phänomene strittig ist. Wenn es sich als Irrtum erweist, von theologischen Gewißheiten ausgehend rigorose ethische Ansprüche zu deduzieren, so bleibt auch für eine theologische Ethik nur der von Martin Honecker beschriebene Weg, „von den Ungewißheiten auszugehen, die zur ethischen Reflexion herausfordern".[41]

Offenbar ist der Vorstellung eines universalen Ethos, genauer gesagt einer transzendentalen Begründung von Ethik, die universale Geltung beanspruchen kann, der Abschied zu geben. Dies bedeutet, daß der faktische Pluralismus gesellschaftlichen Lebens und ethischer Reflexion auch von Theologie und Kirche zur Kenntnis zu nehmen ist. Ethik in einer pluralen Gesellschaft ist eine offene Suchbewegung, ausgelöst durch die Frage nach den Folgen neuer Handlungsmöglichkeiten, die in Ratlosigkeit und Verlegenheit stürzen. Die dem Glauben gebotene Weltverantwortung wird nicht durch universalethische Überbietungsansprüche wahrgenommen, sondern durch die solidarische Beteiligung am Prozeß der Antwortsuche. Die gesellschaftliche Verantwortung von Theologie und Kirche läßt sich mit den Worten aus Jer 29,7 beschreiben: „Suchet der Stadt Bestes." Auch die Theologie befindet sich auf der Suche, weil sie keineswegs im Besitz fertiger Antworten auf die ethischen Fragen unserer Gegenwart ist.

---

[40] Vgl. a.a.O. (Anm. 32), S. 90: „Hat vielleicht das Christentum – von der Säkularisierungsbewegung mehr als andere Religionen gebeutelt, aber durch sie auch mehr herausgefordert – schon einen konkreteren Beitrag zu einem möglichen Weltethos geleistet? Darauf ist zu antworten: Zwar hatte man bisher ein solches Weltethos nicht direkt im Blick, wohl aber lassen sich bestimmte christliche Verlautbarungen in dieser Zielrichtung nützen."

[41] *M. Honecker*, Einführung in die Theologische Ethik. Grundlagen und Grundbegriffe, Berlin/New York 1990, XII.

Wohl lebt der Glaube aus einer letzten Gewißheit des Heils. Deren Symbol ist in der Sprache der Bibel das *Reich Gottes*. Es bezeichnet den eschatologischen Horizont christlicher Sozialethik. Doch darf die Heilsgewißheit des Glaubens nicht mit der Sicherheit und Eindeutigkeit ethischen Urteilens und moralischer Handlungsanweisungen verwechselt werden. Auch ist das Reich Gottes kein innerweltliches Handlungsziel. Um so mehr stellt sich nun die Frage, welche Bedeutung die Gewißheit des Heils im christlichen Sinne für den ethischen Diskurs in der pluralistischen Gesellschaft haben kann. Im folgenden Kapitel soll deshalb der Ansatz einer Verantwortungsethik formuliert werden, welche den ethischen Sinn der biblischen Lehre von der Rechtfertigung des Sünders einsichtig zu machen versucht, ohne mit solch einer theologischen Argumentation einen christlichen Überbietungsanspruch zu verbinden.

5. Literatur

Anders, G.: Die Antiquiertheit des Menschen. Über die Seele im Zeitalter der zweiten industriellen Revolution, München [5]1980

Antes, P.: Ethik in nichtchristlichen Kulturen (Ethik. Lehr- u. Studienbücher 3), Stuttgart 1984

Hampshire, S.N.: Moralität und Konflikt, ZEE 28, 1984, S. 426–453

Horkheimer, M./Adorno, Th.W.: Dialektik der Aufklärung, Frankfurt a.M. 1969

Jonas, H.: Das Prinzip Verantwortung. Versuch einer Ethik für die technologische Zivilisation, Frankfurt a.M. 1979

Klöcker, M./Tworuschka, U. (Hg.): Ethik der Religionen. Lehre und Leben
Bd.1: Sexualität, München/Göttingen 1984
Bd.2: Arbeit, 1985
Bd.3: Gesundheit, 1985
Bd.4: Besitz und Armut, 1986
Bd.5: Umwelt, 1986

Kessler, H. (Hg.): Ökologisches Weltethos im Dialog der Kulturen und Religionen, Darmstadt 1996

Küng, H.: Projekt Weltethos, München [3]1991

Küng, H./Kuschel, K.J.: Erklärung zum Weltethos. Die Deklaration des Parlaments der Weltreligionen, München 1993

MacIntyre, A.: Der Verlust der Tugend. Zur moralischen Krise der Gegenwart, Darmstadt 1987

Ratschow, C.H. (Hg.): Ethik der Religionen. Ein Handbuch, Stuttgart 1980

Rehn, J. (Hg.): Verantwortlich leben in der Weltgemeinschaft. Zur Auseinandersetzung um das „Projekt Weltethos" (KT 133), Gütersloh 1994

Schulz, W.: Philosophie in der veränderten Welt, Pfullingen [2]1974

Schweitzer, A.: Kultur und Ethik. Sonderausgabe mit Einschluß von „Verfall und Wiederaufbau der Kultur", München 1960

Trowitzsch, M.: Technokratie und Geist der Zeit. Beiträge zu einer theologischen Kritik, Tübingen 1988

4. Kapitel

Rechtfertigung und Verantwortung

Der Ansatz einer theologischen Verantwortungsethik

1. Ethik und Rechtfertigung

Zwischen philosophischen Entwürfen einer Verantwortungsethik und der paulinisch-reformatorischen Rechtfertigungslehre besteht eine grundlegende Affinität, insofern auch die Rechtfertigungslehre das Sein des Menschen relational, d.h. konstitutiv in Bezügen, seine konkrete Lebenssituation als eine forensische bestimmt. Im Anschluß an Luther charakterisiert G. Ebeling die Struktur menschlichen Seins als „coram-Relation"[1]. Zusammengesetzt aus „con" und „os" meint das lateinische „coram" die Relation der Nähe, d.h. die Situation der Kommunikation, die durch das Gesicht, die Person eines Menschen bestimmt ist. Der Mensch existiert „von Angesicht zu Angesicht"[2]. Das gilt nicht nur für das Zusammensein mit dem Mitmenschen, das schon in Verbindung mit dem Verantwortungsbegriff im 2. Kapitel analysiert wurde, sondern auch für das Gottesverhältnis des Menschen. Die Rede vom Angesicht Gottes ist für die biblische Überlieferung ganz wesentlich.[3]

Ein theologischer Begriff der Verantwortung läßt sich freilich nicht schon dadurch gewinnen, daß an einen vorgängigen philosophischen Verantwortungsbegriff der Anschluß gesucht wird; auch dann nicht, wenn dieser eine theologische Vorgeschichte haben sollte. Gegenüber einem philosophischen Verständnis moralischer Verantwortung hat eine theologische Ethik durchaus eigene Gesichtspunkte geltend zu machen.

---

[1] *G. Ebeling*, Dogmatik des christlichen Glaubens, Bd. I, Tübingen ²1982, S. 348ff.

[2] Vgl. Ex 33,11; Dtn 34,10.

[3] Siehe nur Gen 3,8; Num 6,25f; Ps 51,13; Jes 54,8; Mt 18,10; I Kor 13,13; II Kor 4,6; Apk 22,4.

Schon im 2. Kapitel trat das verantwortungsethische Grundproblem auf, welche Verantwortungsinstanz der ethische Verantwortungsbegriff impliziert, mit welchem Recht die jeweils vorausgesetzte Rechtfertigungsinstanz vom ethischen Subjekt Rechenschaft fordert und aus welchen Gründen sie überhaupt anzuerkennen ist. Angesichts der Frage, ob und wie die Menschheit überleben kann, erscheint es fraglich, ob das individuelle Gewissen eine zureichende Instanz globaler Verantwortung ist. Fraglich ist aber auch, ob der Verweis auf den Lebensanspruch künftiger Generationen genügt, oder ob nicht vielmehr deren Rechte von einer dritten Instanz eingeklagt werden müssen. Hans Jonas' Forderung nach Anerkennung eines Heiligen, ohne dieses unbedingt mit dem Gott der biblischen Tradition gleichzusetzen, verdeutlicht das Problem, vermag es aber nicht wirklich zu lösen. Auch im ethisch in Anspruch genommenen Lebensbegriff liegt zumeist eine „kryptische Theologie" verborgen, die bewußtzumachen und kritisch zu diskutieren ist.[4]

Theologische Ethik begreift den Menschen als Geschöpf Gottes. Sie verweist explizit auf Gott den Schöpfer, der als solcher das Recht hat, für den Umgang mit seiner Schöpfung, d.h. mit den Mitgeschöpfen des ethischen Subjekts, Rechenschaft zu fordern. Er stellt dem Handlungssubjekt retrospektiv wie vorausschauend die Frage: „Wo ist dein Bruder?" (Gen 4,9), und zwar gerade im Namen derer, die ihre eigene Stimme nicht mehr oder noch nicht erheben können. Zugleich aber thematisiert die Rede vom Schöpfer das uns allen und unserem Handeln immer schon zuvorkommende, aus diesem nicht abzuleitende Gute. Gewiß wird die theologische Begründung einer Ethik strittig bleiben. Doch ist zu fragen, ob nicht jede Ethik bewußt oder unbewußt von transmoralischen Voraussetzungen lebt.

Der Begriff des *Transmoralischen* ist von Paul Tillich verwendet worden, um ein Gewissen zu bezeichnen, „das nicht aus Gehorsam gegenüber einem moralischen Gesetz urteilt, sondern auf Grund der Partizipation an einer Wirklichkeit, die den Bereich moralischer Gebote transzendiert. Ein transmoralisches Gewissen verleugnet nicht den moralischen Bereich, aber es wird durch die unerträglichen Spannungen in der Sphäre des Gesetzes darüber hinausgetrieben."[5] Was aber das Ge-

---

[4] Vgl. auch *Chr. Frey*, Zum Verständnis des Lebens in der Ethik, ZEE 39, 1995, S. 8–23, hier S. 21.

[5] *P. Tillich*, Das religiöse Fundament moralischen Handelns, in: *ders.*, Gesammelte Werke III, Stuttgart 1965, S. 13–83, hier S. 66.

wissen über das Gesetz hinaustreibt, ist nach biblischem Zeugnis die *Liebe*, die das Gesetz als Struktur verantwortlichen Lebens zwar nicht verachtet, jedoch über dem Gesetz steht und sich zu ihm in Freiheit verhält.[6] Wir können hinzufügen, daß das Selbst- und Weltverständnis des Menschen, seine Weise, sein In-der-Welt-sein zu verstehen, sein Handeln in hohem Maße bestimmt, ohne doch selbst das Resultat moralischer Reflexion zu sein. Transmoralisch sind die letzten Gewißheiten, ohne welche Leben und Handeln nicht möglich sind, die aber unserem Tun und Lassen immer schon vorausliegen.[7]

Von daher ist auch zu fragen, ob der Horizont der Zukunft verantwortungsethisch hinreichend erfaßt wird, wenn er im Sinne des Lebensrechtes künftiger Generationen oder vage als Horizont der Weltgeschichte beschrieben wird. Für die Präzisierung des Zukunftsbegriffs in der verantwortungsethischen Debatte könnte es hilfreich sein, zwischen der planbaren Zukunft im Sinne des *futurum* und der alles Dasein und Handeln ermöglichenden Zukunft im Sinne des eschatologischen *adventus* zu unterscheiden.[8] So wird das verantwortungsbewußte Planen und Handeln von Totalitätsansprüchen entlastet und auf ein realistisches, menschengerechtes Maß reduziert. In jedem Fall wirft das Postulat einer Verantwortungsethik nicht nur das Problem des Gottesgedankens, sondern auch dasjenige der Eschatologie auf. Die biblische Metapher für die vom innerweltlichen Futurum unterschiedene absolute Zukunft Gottes ist das *Reich Gottes*. Nach christlichem Verständnis zeugt sich alle Weltgestaltung und Verantwortungsübernahme im Horizont des kommenden Gottesreiches, bleibt aber von diesem selbst kategorisch unterschieden.

Der Beitrag der Theologie zur Begründung einer Verantwortungsethik erschöpft sich freilich nicht darin, daß vage von der menschlichen Verantwortung für die Schöpfung gesprochen und das Postulat einer *Schöpfungsethik* aufgestellt wird.[9] Inzwischen liegt eine Reihe schöp-

---

[6] Vgl. P. Tillich, a.a.O. (Anm. 5), S. 75.

[7] Vgl. auch *J. Fischer*, Über moralische und andere Gründe. Protestantische Einwürfe zu einer philosophischen Debatte, ZThK 95, 1998, S. 118–157.

[8] Zur Unterscheidung von futurum und adventus vgl. *E. Brunner*, Das Ewige als Zukunft und Gegenwart, Zürich 1953, S. 26ff; *A. Rich*, Die Bedeutung der Eschatologie für den christlichen Glauben, Zürich 1954, S. 4ff.

[9] Siehe den kritischen Literaturbericht von *Chr. Frey*, Theologie und Ethik der Schöpfung. Ein Überblick, ZEE 32, 1988, S. 47–62, sowie *F.-W. Graf*, Von der creatio ex nihilo zur „Bewahrung der Schöpfung". Dogmatische Erwägungen zur Frage nach einer möglichen ethischen Relevanz der Schöpfungslehre, ZThK 87, 1990, S. 206–

fungsethischer Entwürfe vor. Katholische Konzepte modifizieren zumeist einen naturrechtlichen Ansatz. Es gibt aber auch katholische wie evangelische Versuche, den Gedanken der Schöpfung und ihrer Bewahrung auf dem Wege einer theologischen Ästhetik zu begründen.[10] Evangelische Ansätze begründen die menschliche Verantwortung für den Fortbestand der Schöpfung teilweise eschatologisch.[11] Hierbei besteht die Gefahr, das umweltethische Engagement apokalyptisch aufzuladen.[12] Demgegenüber argumentieren andere Ansätze weisheitstheologisch.[13] Weisheitliches Denken soll es ermöglichen, zwischen einer dezidiert christlichen Position, jüdischem Denken und anderen religiösen Traditionen eine Verbindung herzustellen, ist doch die Weisheit ein kulturübergreifendes Phänomen. Allerdings besteht bei einem solchen Ansatz die Gefahr, daß spezifische Inhalte des christlichen Schöpfungsglaubens, besser gesagt: des *Schöpfer*glaubens, eingeebnet werden.[14]

223; *J. v. Lüpke*, Anvertraute Schöpfung. Biblisch-theologische Gedanken zum Thema „Bewahrung der Schöpfung" (Vorlagen NF 16), Hannover 1992. Neben dem Konziliaren Prozeß für Gerechtigkeit, Frieden und Bewahrung der Schöpfung sei auf folgende kirchliche Stellungnahmen verwiesen: *Verantwortung wahrnehmen für die Schöpfung*. Gemeinsame Erklärung des Rates der EKD und der Deutschen Bischofskonferenz, Gütersloh 1985; *Zukunft der Schöpfung – Zukunft der Menschheit*. Erklärung der Deutschen Bischofskonferenz, Bonn 1980; *Einverständnis mit der Schöpfung*. Ein Beitrag zur ethischen Urteilsbildung im Blick auf die Gentechnik und ihre Anwendung bei Mikroorganismen, Pflanzen und Tieren. Vorgelegt von einer Arbeitsgruppe der EKD, Gütersloh [2]1997.

[10] Auf katholischer Seite siehe *M. Schlitt*, Umweltethik. Philosophisch-ethische Reflexionen – Theologische Grundlagen – Kriterien, Paderborn 1992, bes. S. 234ff, auf evangelischer Seite *H. Timm*, Das ästhetische Jahrzehnt. Zur Postmodernisierung der Religion, Gütersloh 1990; *O. Bayer*, Schöpfung als Anrede, Tübingen [2]1990; *W. Schoberth*, Geschöpflichkeit in der Dialektik der Aufklärung, Neukirchen-Vluyn 1994. – Zur angelsächsischen Diskussion vgl. *P.H. Santmire*, Brother Earth. Nature, God and Ecology in Time of Crisis, New York 1970; *J.B. Cobb Jr.*, Der Preis des Fortschritts, München 1972; *I.G. Barbour*, Technology, Environment and Human Values, New York 1980; *J. Carmody*, Ecology and Religion. Toward a New Christian Theology of Nature, Ramsey/N.J. 1983; *P.W. Taylor*, Respect for Nature, Princeton/N.J. 1986; *E.C. Hargrove*, Foundations of Environmental Ethcis, Englewood Cliffs/N.J. 1989.

[11] Siehe z.B. *G. Liedtke*, Im Bauch des Fisches. Ökologische Theologie, Stuttgart [3]1988.

[12] Vgl. *H. Timm*, Evangelische Weltweisheit. Zur Kritik der ökotheologischen Apokalyptik, ZThK 84, 1987, S. 345–370.

[13] Siehe z.B. *H. Timm*, Diesseits des Himmels, Gütersloh 1988; *G. Altner*, Über Leben. Von der Kraft der Furcht, Düsseldorf 1992.

[14] Zum Ganzen siehe auch *U. Körtner*, Solange die Erde steht. Schöpfungsglaube in der Risikogesellschaft (Mensch – Natur – Technik 2), Hannover 1997.

Sein theologisches Profil gewinnt der Gedanke einer globalen Schöpfungsverantwortung erst, wenn das eigentümliche Verhältnis bedacht wird, das nach christlichem Verständnis zwischen dem Begriff der Verantwortung und demjenigen der Rechtfertigung besteht. Theologisch betrachtet liegt der Rechenschaftspflicht des ethischen Subjekts nämlich die Rechtfertigung, d.h. aber die Gerechtsprechung des Sünders durch den gnädigen Gott voraus. Die Rechtfertigung des Sünders bedeutet aber auch, daß dieser sich auf neue Weise als Geschöpf Gottes versteht. Das Ziel der Rechtfertigung ist ein neues Verständnis der menschlichen Geschöpflichkeit. Indem das gestörte Verhältnis zu Gott wiederhergestellt wird, gewinnt der Mensch auch ein neues Verhältnis zur Natur, die ihm nun als Schöpfung aufgeht. Darin besteht der schöpfungstheologische Sinn der Aussage des Paulus in II Kor 5,17: „Ist jemand in Christus, so ist er eine neue Schöpfung." Die rechtfertigungstheologische Konsequenz aus diesem Sachverhalt hat vor allem M. Luther in seiner Erklärung zum 1. Artikel des Glaubensbekenntnisses gezogen.[15] Der Glaube an den Schöpfer wird in diesem Text als Bekenntnis zur eigenen Geschöpflichkeit formuliert, das Handeln des Schöpfers an seinem Geschöpf als Weise seiner bedingungslosen, unverdienten Gnade, d.h. als Zeichen der Rechtfertigung des Sünders.

Das philosophische Argument, wonach personale Anerkennung bzw. Achtung der Grund von Moral ist, hat seine theologische Pointe darin, daß aller zwischenmenschlichen Anerkennung das Anerkanntsein der Person – und zwar auch derjenigen, welche eigentlich das Recht auf Anerkennung schuldhaft verwirkt hat – durch Gott vorausliegt. Hieraus folgt, daß die Würde der Person und ihre Freiheit *unbedingt* zu achten sind. Wenn das Daseinsrecht des Einzelnen theologisch verstanden in der Rechtfertigung des Gottlosen gründet, kann es zwischenmenschlich nicht an moralische Bedingungen geknüpft werden. Vielmehr ist umgekehrt alle Moral an seiner Achtung zu bemessen.

Die Anerkennung des Sünders ist nun aber nicht ein bloßes Postulat, sondern eine im Glauben erfahrbare Wirklichkeit, eindrücklich in den Paulusbriefen dargelegt, auf die sich spätere Formulierungen der Rechtfertigungslehre berufen haben. Es verhält sich nicht so, wie etwa T. Rendtorff in seinem Entwurf einer „ethischen Theologie" unterstellt, daß die theologische Rechtfertigungslehre in besonderer Weise die der moralischen Verantwortung korrespondierende Realität von Schuld in der Weise thematisiert, daß die notwendige Anerkenntnis

---

[15] *M. Luther*, Kleiner Katechismus (1529), BSLK, S. 510f.

von Schuld „die Antizipation der Vergebung von Schuld" ist.[16] Es ist in der Schuldanerkenntnis die Vergebung der Schuld nicht bereits impliziert, sondern diese muß real vermittelt werden. Das geschieht im Zuspruch des Evangeliums. In der Kommunikation des Evangeliums wird die Rechenschaft fordernde Instanz zugleich als diejenige erfahren, welche die Schuld vergibt. Der die Ethik transzendierende Zuspruch der Sündenvergebung wirkt wiederum auf die Ethik zurück, insofern nämlich die Anerkenntnis der Schuldhaftigkeit und Widersprüchlichkeit menschlicher Existenz zur Absage an jeden ethischen Rigorismus führt.[17] Als an der Rechtfertigungslehre gewonnener Begriff transzendiert der Begriff der Verantwortung freilich deren ethischen Sinn. Er bezieht sich nicht allein auf die Zurechenbarkeit von Handlungen, sondern meint zugleich ein Sich-Überantworten im Sinne der Hingabe an Gott. Solches Sich-Überantworten führt nicht zur Selbst*losigkeit*, wohl aber zur Selbst*vergessenheit*, in der wir von unserer permanenten Selbstsorge und Selbstbezüglichkeit befreit werden.

Ein grundlegendes Problem heutiger Sozialethik besteht darin, daß die herkömmliche Annahme, nach welcher die Person das organisierende Zentrum alles menschlichen Handelns ist, durch die Vergesellschaftung menschlichen Handelns in der funktional ausdifferenzierten Gesellschaft zunehmend außer Kraft gesetzt wird.[18] Droht an diesem Sachverhalt jedes Konzept von Ethik als Theorie einer personal zentrierten Lebensführung zu scheitern, so läßt sich gegenläufig eine Tendenz zur Wiederkehr des totgesagten Subjekts als sozialem Konstrukt beobachten.[19] Die am Arbeitsmarkt geforderte hohe räumliche, zeitliche und funktionale Mobilität verleiht dem Individualismus eine neue ökonomische Basis. Dies bedeutet freilich auch, daß die persönliche Biographie eines Menschen immer mehr „das Doppelgesicht einer institutionenabhängigen Individuallage" annimmt.[20] Die Frage ist nun

---

[16]   *T. Rendtorff*, Ethik, Bd. I (ThW 13,1), 2. Aufl., Stuttgart 1990, S. 83.

[17]   So mit Recht *T. Rendtorff*, Vom ethischen Sinn der Verantwortung, in: *A. Hertz* u.a. (Hg.), Handbuch der christlichen Ethik, Bd. 3, Freiburg/Gütersloh 1982, S. 117–129, hier S. 125ff.

[18]   Vgl. *W. Reese-Schäfer*, Niklas Luhmann zur Einführung, Hamburg 1992, S. 119: „Auch die Person ist heute zerlegt und kommt als Ganzes höchstens noch im Theater vor." Zur sich hieraus ergebenden theologischen Problematik siehe auch *J. Fischer*, Theologische Ethik und Christologie, ZThK 92, 1995, S. 481–516, hier S. 504f.

[19]   Vgl. *U. Beck*, in: *ders./E. Beck-Gernsheim*, Das ganz normale Chaos der Liebe (stw 1725), Frankfurt a.M. 1990, S. 56ff.

[20]   U. Beck, a.a.O. (Anm. 19), S. 60.

aber, ob sich Personalität nur institutionen*abhängig* oder auch institutionen*transzendent* wiedergewinnen läßt. Nur dann läßt sich Moral begründen.

Die Möglichkeit einer institutionentranszendenten Wiedergewinnung des ethischen Subjektes ist nun das Thema der Theologie, genauer gesagt der Soteriologie. Theologische Erkenntnistheorie ist eine soteriologische Erkenntnistheorie und zugleich eine Theorie der *Freiheit*, ohne die es keine Verantwortung geben kann.[21] Die anthropologische Einsicht des Neuen Testaments besagt nicht einfach, daß der Mensch immer schon wesenhaft auf Gott bezogen ist und einzig kraft seiner Gottesrelation zur moralfähigen Person wird. Der reale Mensch ist nach biblischer Auffassung vielmehr immer ein solcher, der seine endliche Freiheit verfehlt hat und nicht aus eigener Kraft wiedergewinnen kann, sondern zur Freiheit, die seine Bestimmung ist, allererst befreit werden muß (vgl. Gal 5,1*)*. Von der Wiedergewinnung endlicher Freiheit und damit der moralfähigen Subjektivität handelt namentlich die *paulinische Rechtfertigungslehre*. Ihre Pointe besteht nicht etwa darin, eine vorgängige Struktur von Subjektivität religiös zu interpretieren, sondern darin, daß die konkret angesprochene Person im Rechtfertigungsgeschehen als einem Sprachgeschehen neu konstituiert wird: „Ist jemand in Christus, so ist er ein neues Geschöpf" (II Kor 5,17). Grundsätzlich kann das mögliche Subjekt von Verantwortung nur sein, wer sich zur Verantwortung gerufen weiß. Genau dies aber geschieht im Geschehen der Rechtfertigung des Sünders, weil mit dem Freispruch von der Sünde gerade nicht die Entlastung von Verantwortung, sondern gerade der Ruf zu bewußter Verantwortungsübernahme verbunden ist. Die christliche Rechtfertigungslehre verweist damit auf eine Möglichkeit, wie das, welches durch die fortschreitende Vergesellschaftung unseres Handelns zu entschwinden droht, neu konstituiert werden kann.

Die Befähigung zur Verantwortungsübernahme und die Selbstvergessenheit des gerechtfertigten Sünders müssen theologisch im Rahmen einer Theorie ethischer Wahrnehmung bedacht werden, wovon schon im 2. Kapitel die Rede war.[22] Für eine theologische Theorie ethi-

---

[21] Zu dieser theologischen Sicht der Krise neuzeitlicher Subjektivität und ihrer soteriologischen Überwindung vgl. auch *I.U. Dalferth*, Subjektivität und Glaube. Zur Problematik der theologischen Verwendung einer philosophischen Kategorie, NZSTh 36, 1994, S. 18–58, hier S. 50ff.

[22] Siehe oben S. 77ff, sowie *J. Fischer*, Wahrnehmung als Proprium und Aufgabe christlicher Ethik, in: *ders.*, Glaube als Erkenntnis. Zum Wahrnehmungscharakter des

scher Wahrnehmung ist die Beispielerzählung Jesu vom barmherzigen
Samariter (Lk 10,25–37) paragdimatisch. Die im 3. Kapitel gegen die
ethische Argumentation in H.Küngs „Projekt Weltethos" vorgebrachte
Kritik hat allerdings gezeigt, daß es sozialethisch unzureichend ist, soziale Probleme im Anschluß an Lk 10,25ff in individualethischen Kategorien zu beschreiben. Doch kann Jesu Beispielerzählung vom barmherzigen Samariter in der Weise sozialethisch interpretiert werden, daß
sich die Frage nach der individuellen Wahrnehmung von Verantwortung gerade dort stellt, wo mögliche andere Verantwortungssubjekte,
und zwar auch kollektive Subjekte, nicht oder noch nicht vorhanden
sind. M.a.W. geht es darum, daß eine sozialethische Theorie ethischer
Wahrnehmung von der Rechtfertigungslehre her um den Gedanken
der Stellvertretung und der Nachfolge erweitert wird.

2. Rechtfertigung und Stellvertretung

Eine rechtfertigungstheologische Begründung von Verantwortungsethik sieht sich zunächst mit dem Problem konfrontiert, daß sie auf
Prämissen beruht, die zwar universale Geltung beanspruchen, jedoch
nicht in abstrakter Form verallgemeinerbar sind. Doch stellt sich umgekehrt die Frage, ob es angesichts der Einsicht in die historische Relativität aller Formen von Moral und Ethik überhaupt möglich ist, eine
universalgültige Ethik zu formulieren, die auf transkulturelle und universalreligiöse Akzeptanz hoffen darf. Wer wie z.B. Hans Jonas, Hans
Küng oder auch Albert Schweitzer ein Weltethos zu begründen versucht[23], steht vor dem Dilemma, daß ein solches Ethos merkwürdig
subjektlos bleibt.[24] Die Menschheit als Kollektivsubjekt ist eine fiktive
Instanz. Nach bisheriger geschichtlicher Erfahrung treten Kollektivsubjekte allenfalls in Gestalt von Einzelgesellschaften auf, weshalb allerdings jeder ethisch universalistische Geltungsanspruch partikular
bleibt. Eben diesem Sachverhalt versucht der Gedanke der rechtferti-

---

christlichen Glaubens, München 1989; *B. Harbeck-Pingel*, Ethische Wahrnehmung.
Eine systematisch-theologische Skizze (Beiträge zur Theologie und Religionsphilosophie 2), Aachen 1998.

[23] Vgl. *A. Schweitzer*, Kultur und Ethik, Sonderausgabe München 1960; *H. Küng*,
Projekt Weltethos, München 1990.

[24] Zu diesem Problem vgl. auch *H.-P. Müller*, Albert Schweitzer und Rudolf Bultmann. Theologische Paradigmen unter der Herausforderung durch den Säkularismus,
ZThK 93, 1996, S. 101–123, hier S. 122f.

gungstheologisch begründeten Verantwortung gerecht zu werden, indem er die illusorische Hoffnung auf einen transkulturellen und interreligiösen Konsens in der Frage der universalen Begründbarkeit einer Ethik fahren läßt, ohne darum das Anliegen einer Ethik globaler Verantwortung aufzugeben.

Systematisch-theologisch ist der christliche Glaube als eine Weise des *Mutes* zu beschreiben, der sich gerade nicht vor der Furcht, auch nicht in Gestalt der Sorge, sondern von der Liebe leiten läßt.[25] Mit Luther gesprochen lautet die Handlungsmaxime des im Evangelium begründeten Mutes: „Pecca fortiter sed crede fortius". Dieser Mut transzendiert den ethischen Konflikt, weil er im Zuspruch der Vergebung und in dem aus ihm resultierenden Vertrauen auf künftige Vergebung begründet ist.

Der universale Geltungsanspruch der Rechtfertigungslehre wird praktisch durch die stellvertretende Übernahme von Verantwortung zur Geltung gebracht. Angesichts schwindender Verantwortung und fehlender verantwortlicher Subjekte gewinnt aus theologischer Sicht der christologisch fundierte Gedanke der *Stellvertretung* neue Bedeutung, dessen ethischen Sinn vor allem D. Bonhoeffer bedacht hat.[26] Neue Subjekte kollektiver Verantwortung, und zwar auch solche in Form von Institutionen, die angesichts der Sozialität und Komplexität heutiger gesellschaftlicher Risiken unabdingbar sind, können dort entstehen, wo zunächst Einzelpersonen Verantwortung neu erkennen und sich stellvertretend für andere verantwortlich wissen. Stellvertretende Übernahme von Verantwortung schließt die Bereitschaft zur Schuldübernahme ein, d.h. sowohl die schon angesprochene Bereitschaft schuldig zu werden, als auch die Bereitschaft, für die vorhandene Schuld anderer einzustehen. Damit wird keinesfalls dem Gedanken einer generationenübergreifenden Kollektivschuld das Wort geredet. Wohl aber impliziert der Gedanke der Stellvertretung die Möglichkeit, sich für die Folgen fremder Schuld verantwortlich zu fühlen und für sie zu *haften*. Solche Stellvertretung, in welcher Menschen anstelle anderer, sich ihrer Verantwortung entziehender oder noch gar nicht vorhandener ethischer Subjekte handeln, orientiert sich an der Stellvertre-

---

[25] Zur Verhältnisbestimmung von Glaube und Mut siehe *P. Tillich*, Der Mut zum Sein, Berlin/New York 1991; *K. Rahner*, Glaube als Mut, Zürich/Einsiedeln/Köln 1976.

[26] Vgl. *D. Bonhoeffer*, Ethik, hg. v. I. Tödt u.a. (DBW 6), München ²1998, S. 256ff. Kritik an Bonhoeffers ethischer Fassung des Stellvertretungsgedankens übt *K.-M. Kodalle*, Dietrich Bonhoeffer. Zur Kritik seiner Theologie, Gütersloh 1991.

tungsexistenz Jesu und seiner Lebenshingabe für andere. Durch die stellvertretende Übernahme von Verantwortung in der Nachfolge Jesu wird Verantwortung in zwischenmenschlichen wie in globalen Zusammenhängen neu erkennbar und als Möglichkeit identifizierbar, die freilich auf ihre Realisierung auch durch andere wartet. Die Möglichkeit stellvertretender Verantwortungsübernahme ist jedenfalls im Rechtfertigungsglauben angelegt, weil dieser sich, indem er sich von Gott angenommen weiß, von ihm zur Verantwortung ziehen läßt.

Das Wissen um die Vergebungsbedürftigkeit wie um die Wirklichkeit solcher Vergebung wird praktisch im Mut zum Handeln, in der solidarischen Teilnahme am ethischen Diskurs sowie in der Bereitschaft zum Kompromiß. Von seinem theologischen Sinn ist im folgenden zu handeln.[27]

3. Rechtfertigung und Kompromiß

Ethische Konflikte lassen sich oftmals keiner rationalen Lösung zuführen. Interessen und Standpunkte bleiben nicht selten unversöhnt. Eben dieses Dilemma zeichnet überhaupt den echten ethischen Konflikt aus. Im vorigen Kapitel haben wir bereits zwischen intrasubjektiven und intersubjektiven Konflikten unterschieden. Wie wir sahen, kann es sich beim ethischen Konflikt um den Gewissenskonflikt eines einzelnen Menschen oder um einen zwischenmenschlichen Konflikt bei der Beurteilung von Werten und Normen oder der Güterabwägung handeln. Weil aber gehandelt und zuvor entschieden werden muß, bleibt oftmals der Kompromiß als einziger Ausweg. Er bedeutet einen teilweisen Verzicht auf eigene Interessen oder die Anwendung ethischer Gesichtspunkte, der freilich gerade darin sein Problem hat, daß er nicht geleistet werden kann, ohne daß man schuldig wird. Unter dem Gesichtspunkt des Handelnmüssens mag ein Kompromiß als Ausweg erscheinen. Ein Ausweg ist freilich keine wirkliche Lösung des Konflikts, sondern kann im Grunde nur in der Hoffnung auf Vergebung beschritten werden.

Kompromisse einzugehen, entspricht der Klugheitsvorschrift der *Goldenen Regel*. Diese findet sich in der biblischen Überlieferung ebenso wie in anderen religiösen und kulturellen Traditionen. In ihrer posi-

---

[27] Zur ethischen und theologischen Problematik des Kompromisses und den verschiedenen Lösungsansätzen siehe u.a. *H. Ringeling*, Die Notwendigkeit des ethischen Kompromisses, in: A. Hertz u.a. (Hg.), a.a.O. (Anm. 17), S. 93–116.

tiven Formulierung lautet sie: „Alles, was ihr wollt, daß euch die Leute
tun sollen, das tut ihnen auch" (Mt 7,12). Sie kann auch negativ formuliert werden: „Was du nicht willst, was man dir tu, das füg auch
keinem andern zu."[28] Theologisch ist der Kompromiß freilich durch
eine bloße Klugheitsregel keineswegs legitimiert. Bonhoeffer hat den
Kompromiß aus theologischen Gründen sogar gänzlich verworfen.[29]
Aber man wird wohl zwischen Kompromißsucht bzw. Opportunismus
und einer Kompromißbereitschaft unterscheiden müssen, die nicht als
Gebot der Klugheit, sondern als Konsequenz der Rechtfertigungslehre
begründet ist. Theologisch gesprochen resultiert nämlich die grundsätzliche Bereitschaft zum Kompromiß nicht nur aus der Einsicht in
unsere Endlichkeit und die Begrenztheit unseres Erkenntnisvermögens,
sondern auch und vor allem aus der Erkenntnis unserer Sündhaftigkeit
wie unseres durch Gott dennoch gerechtfertigten Daseins. Die Lehre
von der Rechtfertigung des Sünders besagt also, daß wir einander im
ethischen Konflikt gelten lassen dürfen, auch wenn ein Konsens nicht
zu erzielen ist. Sie impliziert die Absage an jeden ethischen Rigorismus,
der letztlich wiederum nur eine Gestalt sündiger Selbstbehauptung
wäre. Im Gleichnis des matthäischen Christus vom Unkraut unter dem
Weizen (Mt 13,24ff) und in seiner Aufforderung, den anderen nicht zu
verurteilen (Mt 7,1–5; Lk 6,37–42), ihm vielmehr siebenundsiebzig-
mal zu vergeben (Mt 18,22; vgl. Mt 18,23–35), wird der theologische
Sinn des Kompromisses anschaulich.[30]
   In dieser Hinsicht verhält sich die Rechtfertigungslehre kritisch zum
Konzept der *Diskursethik*, welches neben den bereits erwähnten Ansätzen ein weiterer Versuch ist, den Pluralismus und Konflikt der Ethiken
zu überwinden.[31] Die Idee des herrschaftsfreien Dialogs unterstellt, daß
es möglich sei, solange über ein ethisches Problem zu diskutieren, bis

---

[28] Vgl. auch *A. Dihle*, Die Goldene Regel, Göttingen 1962.
[29] Vgl. D. Bonhoeffer, a.a.O. (Anm. 26), S. 144ff. Seine Ablehnung des Kompromisses ergibt sich aus Bonhoeffers präsentischem Verständnis des Gebotes Gottes, das
nicht in miteinander konfligierenden Normen, sondern als eindeutig vernehmbare Anrede im Hier und Jetzt begegnet und weder Raum für autonome Urteilsbildung, noch
für irgendwelche Ausflüchte läßt.
[30] Vgl. auch *U. Körtner*, Wie lange noch, wie lange? Über das Böse, Leid und Tod,
Neukirchen-Vluyn 1998, S. 7–30, bes. S. 29f.
[31] Zum Ansatz der Diskursethik siehe vor allem *K.-O. Apel*, Diskurs und Verantwortung. Das Problem des Übergangs zur postkonventionellen Moral, Frankfurt a.M.
1988; *J. Habermas*, Erläuterungen zur Diskursethik (stw 975), Frankfurt a.M. [2]1992;
ders., Moralbewußtsein und kommunikatives Handeln (stw 422), Frankfurt a.M.
[6]1996.

sich ein allgemein einsichtiger, vernünftiger Konsens über die Verfahrensregeln der Urteilsbildung wie über die anstehende Problemlösung erzielen läßt. Faktisch aber muß das Bemühen um einen solchen Konsens in vielen Fällen scheitern, und zwar nicht nur deshalb, weil Entscheidungen unter einem zeitlichen Druck stehen, welcher die Verwirklichung des Ideals vereitelt, sondern auch, weil egoistische Interessen aufeinanderprallen und der Wille zur Selbstbehauptung allemal stärker ist als der Wille zum herrschaftsfreien Dialog. Mag das Bemühen um einen frei und vernünftig erzielten Konsens noch so aufrichtig sein, so bleibt doch die Sünde des Selbstbehauptungswillens virulent. Theologisch gesprochen ist der Kompromiß also nicht nur die angemessene Weise, „mit unaufhebbarer Verschiedenheit umzugehen"[32], sondern auch, die eigene wie fremde Schuld der Vergebung Gottes anheimzustellen.

Aufgrund dieser Sachlage hat H. Thielicke eine „Theologie des Kompromisses" entworfen.[33] Sie transformiert die lutherische Zwei-Reiche-Lehre und erklärt den Kompromiß zur Grundkategorie einer Ethik „im Zeichen der Weltverfallenheit". Faktisch ist für Thielicke *alles* Handeln „ein Kompromiß zwischen der göttlichen Forderung und dem, was die Gestalt dieser Welt, die Eigengesetzlichkeit ihrer Ordnungen und die vielfachen Pflichtenkollisionen zulassen. Zur radikalen Forderung der Bergpredigt könne der Christ daher nur sagen: „Ich soll, aber ich kann nicht." Kompromisse sind nach Thielicke keine Frage der Berechnung, sondern des gläubigen Mutes. Ihr Maß ist die Gnade Gottes und seine barmherzige Geduld.

Katholische Moraltheologen haben die reformatorische Ontologie, die Thielickes Ansatz zugrunde liegt, kritisiert. Entsprechend der thomistischen Verhältnisbestimmung von Natur und Gnade, wonach die Natur nicht aufgrund der menschlichen Sünde gänzlich verdorben ist, die Gnade daher die Natur nicht zerstört, sondern unterstützt und vollendet, halten sie daran fest, daß der Mensch sehr wohl auch das Gute tun kann und nicht immer nur zu Kompromissen zwischen göttlicher Forderung und der gefallenen Wirklichkeit gezwungen ist.[34] Auch von protestantischer Seite wird an Thielickes Theologie des Kompromisses

---

[32] So T. Rendtorff, a.a.O. (Anm. 17), S. 127.

[33] *H. Thielicke*, Theolgische Ethik II/1, Tübingen ³1965, S. 56–201.

[34] Vgl. *K. Demmer*, Entscheidung und Kompromiß, Gregorianum 53, 1972, S. 323–350; *W. Korff*, Kernenergie und Moraltheologie. Der Beitrag der theologischen Ethik zur Frage allgemeiner Kriterien ethischer Entscheidungsprozesse, Frankfurt a.M. 1970, S. 91ff.

Kritik geübt. So kritisiert H. Ringeling, „daß eine Aussage über die Schuld des Menschen, die es nicht erlaubt, sich von den geschichtlichen Verflechtungen des Bösen zu distanzieren, ihren rechtmäßigen Ort im Schuldbekenntnis hat. Dieses Bekenntnis der Betroffenheit wird aber von Thielicke in die objektivierende oder, anders gesagt, reifizierende Sprache eines ontologischen Werturteils übersetzt. Indem auf diese Weise die Wahl zur ‚Stiftung der Sünde‘ erklärt wird, verliert jedoch das ebenfalls rechtmäßige Bekenntnis des Glaubens, daß Gott die Welt gut geschaffen habe, seine aktuelle Bedeutung. Es kann nurmehr auf den Urstand bezogen werden.“[35]

Ringeling selbst greift Bonhoeffers Unterscheidung von *Letztem* und *Vorletztem* auf und versteht nun den Kompromiß nicht wie Thielicke als Tribut an die gefallene Schöpfung, sondern gerade als Versuch, das Vorletzte so zu gestalten, daß es für das Letzte, nämlich das Geschehen von Rechtfertigung und Versöhnung, offenbleibt. Ringeling verknüpft diese Sichtweise des Kompromisses mit dem Thema der Heiligung. Das führt ihn zu dem Ergebnis: „Der Kompromiß unterbietet nicht einfach das Niveau einer Ethik der Freiheit, sondern wird getroffen, um eine entwicklungsbedürftige, aber auch entwicklungsfähige Moral in der Perspektive der Heiligung zu überbieten.“[36] So gesehen kann also der Kompromiß zur Bewährung des Glaubens im Rahmen einer verantwortlichen Lebensführung gehören, in welcher der Glaube an die Rechtfertigung des Sünders praktisch wird.

Entsprechend der Unterscheidung zwischen intra- und interpersonalen ethischen Konflikten läßt sich auch zwischen *intra- und interpersonalen Kompromissen* unterscheiden.[37] Zum intersubjektiven Kompromiß finden sich bei W. Trillhaas hilfreiche Überlegungen und begriffsgeschichtliche Hinweise.[38] Das lateinische „compromissum“ heißt wörtlich soviel wie „Versprechen“ (compromittere = versprechen). Der interpersonale Kompromiß ist dementsprechend eine Übereinkunft, ein Ausgleich oder Vergleich, ursprünglich im juristischen Sinne. Geht es um moralische Konflikte, so ist der Kompromiß aber auch eine sozialethische Möglichkeit der Konfliktregelung, die wiederum in den juristischen und politischen Bereich hineinreicht. All-

---

[35] H. Ringeling, a.a.O. (Anm. 27), S. 108.

[36] H. Ringeling, a.a.O. (Anm. 27), S. 114 (im Original kursiv).

[37] Vgl. *N. Menzel*, der Kompromiß im demokratischen Staat. Ein Beitrag zur politischen Ethik, Hochland 51, 1959, S. 248–264.

[38] *W. Trillhaas*, Art. Kompromiß, EStL, Stuttgart 1966, Sp. 1113–1116.

gemein definiert Trillhaas: „Kompromiß ist eine freie Vereinbarung unter gegenseitigem Verzicht auf bestimmte Interessen, um dadurch ein höheres gemeinsames Gut zu sichern."[39] Dies gilt allerdings nur für den interpersonalen Konflikt. Trillhaas diskutiert nicht das intrapersonale Problem der Pflichtenkollision, sondern die Frage, ob und in welchen Fällen der Kompromiß eine ethisch legitime Möglichkeit des Interessenausgleiches darstellt. In diesem Zusammenhang erklärt Trillhaas im Gegensatz zu Thielicke: „Das Kompromißproblem deutet immer auf eine Ausnahmesituation".[40] Das eigentliche Feld des Kompromisses ist freilich nicht die Ethik, sondern die Politik. Doch gibt es gerade auf ihrem Gebiet genügend faule Kompromisse, welche aus ethischer Sicht die Ambivalenz dieses Verfahrens der Konfliktlösung zeigen.

4. Rechtfertigungslehre und Versöhnungslehre

Konflikt und Kompromiß markieren den *eschatologischen Vorbehalt*, unter dem jede Ethik steht. Martin Luther hat ihn auf die Formel einer doppelten Wirklichkeitsansage gebracht, wonach der gerechtfertigte Sünder auf Hoffnung hin gerettet ist und doch zeitlebens ein Sünder bleibt. Er ist „simul iustus et peccator", und zwar „peccator in re, iustus in spe". Alle ethische Urteilsbildung und Entscheidungsfindung steht im Horizont der Versöhnung, in welcher die Gegensätze, die im ethischen Konflikt aufbrechen, nicht etwa im Sinne eines Kompromisses relativiert, sondern überwunden und aufgehoben werden. Das Handeln aus Glauben wird durch die Gewißheit solcher Versöhnung motiviert, die aber ein Hoffnungsgut bleibt, das nicht durch menschliche Anstrengung, sondern allein durch Gottes Handeln erreicht wird.

Im folgenden ist daher der Versöhnungsbegriff nicht nur auf seinen ethischen, sondern vor allem seinen transmoralischen Gehalt hin zu befragen. Die Rechtfertigungslehre erweist sich dabei als eine bestimmte Gestalt oder Interpretation der christlichen Versöhnungslehre, die wir als den allgemeinen Grund aller christlichen Ethik zu begreifen haben. „Versöhnung ist der innere Grund der Rechtfertigung – dieser

---

[39] A.a.O. (Anm. 38), Sp. 1114.
[40] *W. Trillhaas*, Zum Problem des Kompromisses, ZEE 4, 1960, S. 355–364, hier S. 359. Vgl. auch *ders.*, Ethik, Berlin ³1970, S. 467ff.

Grund liegt nicht in uns selbst."[41] Der Versöhnungsbegriff verschränkt die dogmatische mit der ethischen Perspektive. Jedoch ist darauf zu achten, daß zwischen der dogmatischen und der ethischen Perspektive christlichen Lebens und Handelns unterschieden wird, besteht doch ein wesentlicher Beitrag der Theologie zur allgemeinen ethischen Theoriebildung darin, die Voraussetzungen menschlicher Existenz und Lebensführung zu thematisieren, die sich menschlicher Verfügungsmacht entziehen.

5. Literatur

4.1 Biblische Grundlagen theologischer Ethik

Berner, U.: Die Bergpredigt. Rezeption und Auslegung im 20. Jahrhundert (GTA 12), Göttingen 1979

Crüsemann, F.: Die Tora. Theologie und Sozialgeschichte des alttestamentlichen Gesetzes, München 1992

Dodd, C.H.: Das Gesetz der Freiheit, 1960

Lohse, E.: Theologische Ethik des Neuen Testaments, Stuttgart/Berlin 1988

Mildenberger, F.: Biblische Dogmatik. Eine Biblische Theologie in dogmatischer Perspektive, 3 Bde., Stuttgart 1991/1992/1993

Otto, E.: Theologische Ethik des Alten Testaments (ThW 3,2), Stuttgart 1994

Oyen, H.van: Ethik des Alten Testaments (Geschichte der Ethik 2), Gütersloh 1967

Sanders, J.T.: Ethics in the NT, Philadelphia 1975

Schelkle, K.H.: Theologie des NT III: Ethos, 1970

Schmidt, W.H./u.a.: Die Zehn Gebote im Rahmen alttestamentlicher Ethik, Darmstadt 1993

Schmidt, W.H.: Aspekte alttestamentlicher Ethik, in: J. Moltmann (Hg.), Nachfolge und Bergpredigt (KT 65), München 1982, S. 12–36

Schnackenburg, R.: Die sittliche Botschaft des NT (Handbuch der Moraltheologie VI), München ²1962

Schrage, W.: Ethik des Neuen Testaments (NTD.E 4), Göttingen 1982

–: Art. Ethik IV. Neues Testament, TRE 10, Berlin/New York 1982, S. 435–462

Schulz, S.: Neutestamentliche Ethik, Zürich 1987

Smend, R.: Art. Ethik III. Altes Testament, TRE 10, Berlin/New York 1982, S. 423–435

---

[41] *G. Sauter*, in: *ders.* (Hg.), Versöhnung als Thema der Theologie (TB 92), Gütersloh 1997, S. 46.

Soete, A.: Ethos der Rettung – Ethos der Gerechtigkeit. Studien zur Struktur von Normbegründung und Urteilsfindung im AT und ihrer Relevanz für die ethische Diskussion der Gegenwart, Würzburg 1987

Wendland, H.-D.: Ethik des Neuen Testaments. Eine Einführung (NTD.E 4), Göttingen ³1978

Wolff, H.W.: Anthropologie des Alten Testaments, München 1973

4.2 Rechtfertigungslehre

Beintker, M.: Rechtfertigung in der neuzeitlichen Lebenswelt. Theologische Erkundungen, Tübingen 1998

Gräb, W./Korsch, D.: Selbsttätiger Glaube. Die Einheit der Praktischen Theologie in der Rechtfertigungslehre, Neukirchen-Vluyn 1985

Härle, W./Herms, E.: Rechtfertigung. Das Wirklichkeitsverständnis des christlichen Glaubens, Göttingen 1980

Jüngel, E.: Das Evangelium von der Rechtfertigung des Gottlosen als Zentrum des christlichen Glaubens. Eine theologische Studie in ökumenischer Absicht, Tübingen 1998

Körtner, U.: Zwischen den Zeiten. Studien zur Zukunft der Theologie, Bielefeld 1997 (bes. Kapitel 3: Sprachlos in Sachen Rechtfertigung?, S. 55–80)

Maurer, E.: Rechtfertigung, konfessionstrennend oder konfessionsverbindend? (Ökum. Studienhefte 8; Bensheimer Hefte 87), Göttingen 1998

McGrath, A.E.: Iustitia Dei. A History of the Christian Doctrine of Justification, 2 Bde., Cambridge 1986

Pesch, O.H./Peters, A.: Einführung in die Lehre von Gnade und Rechtfertigung, Darmstadt ²1989 (kath./ev., Lit.!)

Peters, A.: Rechtfertigung (HST 12), Gütersloh 1984

Sauter, G. (Hg.): „Rechtfertigung" als Grundbegriff evangelischer Theologie. Eine Textsammlung (TB 78), München 1988

Zur Rechtfertigungslehre, mit einem Vorwort v. E. Jüngel (ZThK. B 10), Tübingen 1998

5. Kapitel

Rechtfertigung und Versöhnung

Die dogmatischen Voraussetzungen theologischer Ethik

1. Versöhnung als Thema ökumenischer Theologie und Sozialethik

„Versöhnung – Gabe Gottes und Quelle neuen Lebens" lautete das Motto der Zweiten Europäischen Ökumenischen Versammlung, die auf Einladung der Konferenz Europäischer Kirchen (KEK) und des Rates der Europäischen Bischofskonferenzen (CCEE) vom 23.–29. Juni 1997 in Graz stattfand. Sie war als neue Etappe des Konziliaren Prozesses für Gerechtigkeit, Frieden und die Bewahrung der Schöpfung gedacht und sollte zugleich auf die umwälzenden Veränderungen in Europa antworten, die sich seit 1989, als in Basel die Erste Europäische Ökumenische Versammlung zusammentrat, vollzogen haben.[1] Einerseits hat das Ende der sozialistischen Staats- und Gesellschaftsform in den Ländern Osteuropas und mit ihm das Ende des Ost-West-Konfliktes neue Entwicklungsmöglichkeiten eröffnet. Andererseits ist Krieg in Europa wieder zu einer schrecklichen Realität geworden, während gleichzeitig der Nationalismus bis hin zu rassistischen Auswüchsen neue und keinesfalls fröhliche Urständ feiert. Nicht nur die ost-, sondern auch die westeuropäischen Gesellschaften leiden an inneren Konflikten. Sie betreffen vor allem die Massenarbeitslosigkeit, das Entstehen einer neuen Armut sowie das Verhältnis von Inländern und

---

[1] Siehe *K. Lefringhausen/A. Ritter* (Hg.), Versöhnung. Ein Werk- und Studienbuch zum Konziliaren Prozeß für Gerechtigkeit, Frieden und Bewahrung der Schöpfung, Hamburg 1996.

[2] So schon das Vorbereitungsheft von *KEK/CCEE* (Hg.), Versöhnung. Gabe Gottes und Quelle neuen Lebens. Eine Arbeitshilfe für die Vorbereitung der Zweiten Europäischen Ökumenischen Versammlung (1997), Genf/St. Gallen 1995, S. 32f. Siehe auch *U. Körtner*, Zweideutige Zeugen. „Versöhnung – Gabe Gottes und Quelle neuen Lebens" – Vor der Zweiten Europäischen Ökumenischen Versammlung, LM 36, 1997, H.5, S. 25–28.

Ausländern. Erhebliche Probleme der Verteilungsgerechtigkeit bestehen nach wie vor auch auf der globalen Ebene.

Sowohl der Verlauf als auch die Schlußdokumente der Grazer Versammlung haben allerdings deutlich gemacht, daß die noch immer ge-
trennten Kirchen bestenfalls „zweideutige Zeugen der Versöhnung"
sind[2]. Die Kirchen Europas leben in engem Zusammenhang mit ihren
Gesellschaften und Kulturen. Sie sind verflochten mit der Politik und
Geschichte der Völker Europas und haben Teil an deren Konflikten
und Widersprüchen. Die biblische Botschaft von der Versöhnung, welche die Kirche in Wort und Tat, in Martyria, Diakonia und Leiturgia
der Welt verkündigen soll, ist darum zuvor ihr selbst zu predigen. Andernfalls verkommt auch die ökumenische Formel von der Einheit der
Kirchen in versöhnter Verschiedenheit zur kirchlichen Ideologie.[3]

Ökumenische Theologie macht auf den *sozialethischen Zusammenhang zwischen Gerechtigkeit und Versöhnung* aufmerksam. Nur eine versöhnte Gesellschaft kann auch eine gerechte Gesellschaft sein. Die sozialethische Bedeutung der biblischen Versöhnungsbotschaft wird aber
verkannt, wenn sie allzu schnell von ihrer ethischen und zu wenig von
ihrer theologischen Seite her betrachtet wird. Vor jedem *praktischen*
Einsatz für Versöhnung unter den Menschen sowie zwischen Mensch
und Natur ist Versöhnung zu allererst ein zentraler *Glaubens*inhalt, dessen Sinn sich heute keineswegs mehr von selbst versteht. Diesen Glau-
bensinhalt gilt es erst einmal theologisch gründlich zu reflektieren, sollen sich die Versöhnungsarbeit der Kirchen und eine ökumenische
Sozialethik nicht in Alibihandlungen und wirkungslosem Aktionismus
erschöpfen.

Zu einer ernsthaften und darum auch ethisch ernstzunehmenden
Behandlung des Versöhnungsthemas gehören neben einer theologischen Bestimmung des Wesens von Konflikten und einer theologischen
Verhältnisbestimmung von Konflikt und Sünde, die bereits im 3. Kapitel vorgenommen wurde, die kritische Aufarbeitung der Geschichte des
Versöhnungsgedankens sowie die exegetische Überprüfung seiner biblischen Voraussetzungen. Diese sind den meisten Zeitgenossen kaum
mehr verständlich und müssen daher erläutert werden. Ich werde nun
zunächst den etymologischen Aspekt des Versöhnungsbegriffs beleuchten (2.), um anschließend die Hauptpositionen der christlichen Versöhnungslehre in ihrer Geschichte und ihrer ökumenischen Weite in

---

[3] Vgl. auch *U Körtner*, Versöhnte Verschiedenheit. Ökumenische Theologie im
Zeichen des Kreuzes, Bielefeld 1996, bes. S. 61ff.

Erinnerung zu rufen (3.). In einem weiteren Schritt werde ich die wichtigsten Punkte der neuzeitlichen Kritik an der traditionellen Versöhnungslehre des Christentums benennen (4.). Im Zentrum der neuzeitlichen Debatte steht das Problem des Opfergedankens, welcher in seiner vormodernen Form theologisch obsolet und moralisch verwerflich dargestellt wird. Von namhaften Ethnologen und Soziologen wie auch von Theologen wird heute jedoch bezweifelt, daß der Opfergedanke und seine innere Logik in der modernen Gesellschaft wirklich überwunden ist. Und andererseits macht eine Reihe von Theologen geltend, daß die biblische Versöhnungslehre ohne ihren Bezug zur Logik des Opfers gar nicht verständlich ist. In einem weiteren Schritt unserer Überlegungen ist daher der innere Zusammenhang von Versöhnungslehre und Opfergedanken zu diskutieren (5.). Inwiefern nun Versöhnung im biblischen Sinne Gabe Gottes und Quelle neuen Lebens ist, soll in den beiden folgenden Abschnitten erläutert werden. Zunächst gilt es, das biblische Evangelium von der Versöhnung im Sinne des Paulus als Wort vom Kreuz zu interpretieren (6.). Sodann ist zu fragen, worin im biblischen Sinne ein Leben aus der Kraft der Versöhnung besteht. Dabei wird der Begriff der Schuld eine erhebliche Rolle spielen, geht es doch bei menschlichen Versöhnungsbemühungen um Schuldvergebung und die Aufarbeitung von Schuldfolgen (7.). Zum Schluß dieses Kapitels soll die Frage nach dem Versöhnungsauftrag der Kirchen gestellt werden (8.).[4]

2. Der Begriff der Versöhnung

„Versöhnung" ist zu einem Grundbegriff christlicher Theologie geworden, obwohl er im Neuen Testament recht selten gebraucht wird. Als tragender Begriff des christlichen Heilsverständnisses begegnet er uns überhaupt nur bei Paulus[5].

---

[4] Zum folgenden vgl. auch *U. Körtner*, Theologische Überlegungen auf dem Weg nach Graz, in: *P. Karner* (Hg.), Versöhnung: Gabe Gottes und Quelle neuen Lebens. Texte – Impulse – Konkretionen, Innsbruck 1997, S. 24–46. Die nachstehenden Ausführungen lehnen sich stark an diesen Text an.

[5] „Versöhnung" (καταλλαγή): Röm 5,11; 11,15; II Kor 5,18.19; „versöhnen" (καταλλάσσειν): Röm 5,10; I Kor 7,11; II Kor 5,18.19.20. Zum Versöhnungsverständnis im Neuen Testament siehe u.a. *R. Gyllenberg*, Art. Versöhnung IV. Im NT, RGG³ VI, Tübingen 1962, Sp. 1371–1373; *E. Käsemann*, Erwägungen zum Stichwort „Versöhnungslehre im Neuen Testament", in: Zeit und Geschichte (FS R. Bultmann),

Das Substantiv καταλλαγή bzw. das Verb καταλλάσσειν finden sich auch in der Septuaginta, der griechischen Version des Alten Testaments, nur selten, und dann nicht in der Bedeutung von „Versöhnung", sondern von „umdrehen".[6] Für „versöhnen" gebraucht die Septuaginta sonst die Vokabeln ἱλάσκεσθαι oder ἐξιλάσεσθαι. Eine wichtige Parallele hat der paulinische Versöhnungsbegriff allerdings im Sprachgebrauch des 2. Makkabäerbuches, wo die Versöhnung zwischen Gott und Mensch durch die passivische Wendung καταλλάττεσθαι ausgesagt wird.[7] Versöhnung meint hier die Beschwichtigung Gottes, der durch die Sünde der Menschen erzürnt ist. Durch Gebete und Buße, durch Beweise ihres erneuerten Gehorsams suchen die Menschen auf Gott einzuwirken. Der Versöhnung, die Gott gewährt, geht die kultische Sühnung oder Vergebung der Sünden voran, wie sie dem jüdischen Opferkult in alttestamentlicher Zeit und vor allem dem Ritus des in nachexilischer Zeit aufgekommenen großen Versöhnungstages (Jom Kippur) zugrunde liegt.[8] Versteht man unter Versöhnung einen Akt, durch den die gestörte Gemeinschaft zwischen Gott und den Menschen, genauer gesagt seinem Volk, wieder geordnet wird, so trifft das recht genau den Sinn der hebräischen Vokabel *kippaer*, welche die Wiederherstellung von Gemeinschaft an kultische Vollzüge bindet, deren Bedeutung für das christliche Versöhnungsverständnis noch zu bedenken sein wird.

Die lateinische Vulgata übersetzt καταλλαγή mit „reconciliatio", womit im Lateinischen von der ursprünglichen Wortbedeutung her die Wiederherstellung eines Freundschaftsverhältnisses bzw. die Beendigung einer Feindschaft gemeint ist. Im biblischen Kontext schließt die Reconciliatio freilich den Aspekt der Sühne für zugefügtes Unrecht bzw. für begangene Sünde mit ein. Das entspricht auch der deutschen

---

Tübingen 1964, S. 47–59; *J. Becker*, Die neutestamentliche Rede vom Sühnetod Jesu, in: Die Heilsbedeutung des Kreuzes für Glaube und Hoffnung des Christen (ZThK.B 8), Tübingen 1990, S. 29–49.

[6] Jes 9,5; Jer 31(48),39 (LXX).

[7] II Makk 1,5; 7,33; 8,29.

[8] Vgl. Lev 16; Sir 50,6ff. Zum Versöhnungsgedanken im Alten Testament und im Judentum siehe *K. Koch*, Art. Versöhnung II. Im AT, RGG³ VI, Tübingen 1962, Sp. 1368–1370; *C.-H. Hunzinger*, Art. Versöhnung III, Im Judentum, RGG³ VI, Sp. 1370f; *A. Büchler*, Studies in Sin and Atonement, London 1928; *B. Janowski*, Sühne als Heilsgeschehen. Studien zur Sühnetheologie der Priesterschrift und zur Wurzel KPR im Alten Orient und im Alten Testament, Neukirchen-Vluyn 1982; *H. Heinz/K. Kienzler/J. Petuchowski* (Hg.), Versöhnung in der jüdischen und christlichen Liturgie, Freiburg i.B. 1990.

Vokabel „Versöhnung", die auf das mittelhochdeutsche „versüenen" zurückgeht[9]. Außerordentlich oft wird das Wort von Martin Luther gebraucht, vor allem in seiner Bibelübersetzung. Überhaupt haben die Reformation und die religiösen Konflikte des 16. Jahrhunderts zur Befestigung des Versöhnungsbegriffs im Neuhochdeutschen viel beigetragen. Luther gebraucht sowohl die Vokabel „versüenen" als auch deren jüngere Form „versönen", welche bei ihm sowohl den Sinn von „aussöhnen" als auch von „wiedergutmachen" haben kann.[10] In der heutigen Lutherbibel ist nur die Form „versöhnen" übriggeblieben, die inzwischen die Bedeutung von „Frieden stiften, sich aussöhnen" bis hin zur abgeschwächten Bedeutung „sich wieder vertragen" angenommen hat.

Ein Beispiel für diese Entwicklung liefert die Übersetzung von II Kor 5,18–20, dem locus classicus der Versöhnungslehre, in der „Guten Nachricht": „Obwohl wir seine [= Gottes] Feinde waren, hat er durch Christus mit uns Frieden gemacht. In Christus hat er selbst gehandelt und seine Feinde zu Freunden gemacht. [...] Im Auftrag Christi wende ich mich darum an alle Menschen. Gott selbst ruft sie, wenn ich zu ihnen sage: ‚Im Auftrag Christi bitte ich euch: Nehmt die Freundschaft an, die Gott euch anbietet!'"[11]

Das lateinische „reconciliatio" begegnet uns sowohl im romanischen Sprachraum wie auch im Englischen wieder, wobei die englischsprachige Theologie zwischen „atonement" (Sühne, Sühnopfer) und „reconciliation" (Aussöhnung) unterscheidet und unter „reconciliation" auch die sozialethische Aufgabe der Friedensstiftung faßt.

Wie die Sprachgeschichte des Versöhnungsbegriffs zeigt, sind semantisch mehrere Bedeutungsfelder zu unterscheiden, die sich im theologischen Versöhnungsgedanken auf komplexe Weise überlagern. Wir können eine kultische, eine juridische und eine soziale Bedeutungsebene des Versöhnungsbegriffs unterscheiden. Wo in biblischen Bezügen von Versöhnung als einem Geschehen zwischen Gott und Mensch bzw. als einem Handeln Gottes gesprochen wird, umfaßt dieser Vorgang alle drei genannten Dimensionen, wobei sie in theologi-

---

[9] Vgl. *J. Grimm/W. Grimm*, Deutsches Wörterbuch, Bd. XII/1, Leipzig 1956, Sp. 1350–1354; *F. Kluge*, Etymologisches Wörterbuch der deutschen Sprache, Berlin/New York [21]1975, S. 818.

[10] Vgl. auch *G. Sauter*, Art. Versöhnung, EKL[3] IV, Göttingen 1996, Sp. 1165–1169, hier 1165.

[11] *Die Gute Nachricht*. Das Neue Testament im heutigen Deutsch, Stuttgart [3]1971, S. 409.

scher Perspektive sogar eine kosmische Dimension haben. Davon wird noch zu reden sein.

Beim gegenwärtigen Nachdenken über den Versöhnungsbegriff als Grundmotiv christlichen Glaubens und Handelns gilt es freilich zu beachten, daß gegenüber der biblischen Tradition wie auch gegenüber der traditionellen christlichen Versöhnungslehre seit der Aufklärung eine Bedeutungsverschiebung stattgefunden hat.[12] In ihrem Verlauf ist der Versöhnungsbegriff seiner kultischen Bedeutung entkleidet und auf seine juridische und soziale Dimension reduziert worden. Von einem zentralen Begriff christlicher Dogmatik ist „Versöhnung" mehr und mehr zu einem Begriff der (Sozial-)Ethik geworden.[13] Diese Begriffsverschiebung markiert ein theologisches Problem von erheblichem Gewicht, zeigt sie doch, daß und wie das christliche Heilsverständnis seit der Aufklärung einer folgenreichen ethischen Transformation unterworfen ist. Versöhnung erscheint nun nicht mehr als exklusives Heilshandeln Gottes, sondern als eine nach dem Modell zwischenmenschlicher Versöhnungsbemühungen gedachte friedensstiftende Maßnahme Gottes, welche umgekehrt menschlichen Bemühungen um zwischenmenschliche Aussöhnung und die Herstellung politischen oder sozialen Friedens als Vorbild und Motivation dient. Offen bleibt bei solcher Ethisierung christlicher Glaubensinhalte jedoch die Frage, inwiefern das Versöhnungshandeln Gottes vom Versöhnungshandeln des Menschen zu unterscheiden ist und inwiefern sie sich aufeinander beziehen. Wenn diese Frage keine überzeugende Antwort findet, wird die christliche Versöhnungslehre zu einem religiösen Auffangbecken ethischer Appelle reduziert, ohne zu den sozialethischen Problemen der Konfliktregelung und Friedensstiftung wirklich etwas Neues und Unverwechselbares zu sagen zu haben. Doch bevor wir versuchen können, unter heutigen Verstehensbedingungen die spezifisch theologische Dimension der Versöhnungsproblematik zu benennen, müssen wir uns in ihren Grundzügen mit der Geschichte der christlichen Versöhnungslehre sowie den Gründen für ihre neuzeitliche Kritik und ethische Transformation befassen.

---

[12] Vgl. G. Sauter, a.a.O. (Anm. 10), Sp. 1168.
[13] Vgl. *B. Seiger*, Versöhnung – Gabe und Aufgabe. Eine Untersuchung zur neueren Begriffsentwicklung eines theologischen Begriffs (EHS. T 563), Frankfurt a.M. u.a. 1996.

3. Zur Geschichte der christlichen Versöhnungslehre

Prägnant hat Paulus die urchristliche Versöhnungslehre in einem einzigen Satz zusammengefaßt: „Gott war in Christus und versöhnte die Welt mit sich selber und rechnete ihnen ihre Sünden nicht zu und hat unter uns aufgerichtet das Wort von der Versöhnung" (II Kor 5,19). Doch wie ist diese Aussage zu verstehen? Worin bestehen Wesen und Wirkung der durch das Christentum verkündigten Versöhnung zwischen Gott und Mensch, und was ist dementsprechend der Inhalt des Wortes von der Versöhnung?

Die Kirchengeschichte hat eine Reihe von Interpretationen dieser und vergleichbarer Aussagen hervorgebracht. Ihnen gemeinsam ist eine gegenüber Paulus folgenschwere Vertauschung von Subjekt und Objekt des Versöhnungsgeschehens. Während nach Paulus Gott selbst das Subjekt der Versöhnung ist, entwickelte sich in nachapostolischer Zeit die Vorstellung, daß Gott durch den Gehorsam Christi bzw. durch das Opfer seines Lebens am Kreuz mit der Menschheit versöhnt werden mußte, nachdem seine göttliche Majestät zuvor durch die Sünde Adams beleidigt worden war.

In einer bedeutenden Studie hat der schwedische Theologe Gustav Aulén theologiegeschichtlich drei Haupttypen der christlichen Versöhnungslehre unterschieden.[14] Er unterscheidet zwischen einem klassischen Typus, einem lateinischen Typus und einem humanisierenden Typus. Unter dem *klassischen* Typus versteht Aulén den der altkirchlichen Theologie, der einerseits in der Theologie der orthodoxen Kirchen bewahrt sei, andererseits aber angeblich wieder von Luther aufgenommen und vertieft worden sei. Für das als klassisch bezeichnete Versöhnungsverständnis spielt die Inkarnation eine zentrale Rolle. Gott versöhnt die Welt durch den Sieg Christi über die Mächte des Bösen und des Todes und ermöglicht so nicht nur die Vergottung des Menschen, d.h. dessen Teilhabe am ewigen Leben Gottes, sondern die Wiederherstellung des gesamten Kosmos.

---

[14] Vgl. *G. Aulén*, Die drei Haupttypen des christlichen Verkündigungsgedankens, ZSTh 8, 1930, S. 501–538 (im Anschluß an sein Hauptwerk „Christus Victor", 1930). An Aulén schließt sich weitgehend an: *K. Heim*, Die Haupttypen der Versöhnungslehre, ZThK 19, 1938, S. 304–319. Zur Geschichte der christlichen Versöhnungslehre siehe *A. Ritschl*, Die christliche Lehre von der Rechtfertigung und Versöhnung, 3 Bde., Bonn 1870–1874, Bd. 1 u. 2: ³1889, Bd. 3: ³1888; *G. Sauter* (Hg.), „Versöhnung" als Thema der Theologie (TB 92), Gütersloh 1997 (Lit.!); *W. Pannenberg*, Systematische Theologie, Bd. 2, Göttingen 1991, S. 447ff.

Der zweite, von Aulén als *lateinisch* bezeichnete Typus interpretiert das Versöhnungsgeschehen vornehmlich in juridischen Kategorien. Vor allem Anselm von Canterbury (1033/34–1109) wurde maßgebend für diesen Typus eines kultisch-rechtlichen Versöhnungsbegriffs, der freilich schon auf Irenäus v. Lyon und Augustin zurückreicht. Demnach bedeutet Sünde vornehmlich die Zerstörung eines zwischen Gott und den Menschen bestehenden Rechtsverhältnisses, das allein dadurch wiederhergestellt werden kann, daß Christus, welcher in seiner Person sowohl der wahre Gott als auch der wahre Mensch ist, Genugtuung (satisfactio) dafür leistet, daß Gottes Heiligkeit angetastet worden ist. Mit dieser sogenannten Satisfaktionslehre wird auch die Frage nach dem Grund der Menschwerdung Christi beantwortet.

Den dritten, von ihm als *humanisierend* bezeichneten Haupttypus findet Aulén vor allem in der Theologie des Neuprotestantismus, also etwa bei Friedrich Schleiermacher, Albrecht Ritschl, Adolf v. Harnack oder auch Ernst Troeltsch.[15] Während für den lateinischen Typus Gott in erster Linie das Objekt der Versöhnung ist, ist er nach Auffassung des neuzeitlichen Typus das Subjekt der Versöhnung. Dieser Typus von Versöhnungslehre nähert sich also in gewisser Weise wieder dem klassischen Haupttyp an, unterscheidet sich von diesem aber in der Durchführung des Versöhnungsgedankens. Gemeinsam ist nämlich den Spielarten der modernen Erlösungslehre, daß alle Glaubensaussagen nicht als Beschreibung objektiver Heilstatsachen, sondern als Ausdruck religiöser Bewußtseinslagen verstanden werden. Dementsprechend ist die Rede vom Zorn Gottes, den es zu besänftigen gilt, nicht so sehr eine Aussage über Gott selbst, sondern über das schlechte Gewissen des sündigen Menschen. Versöhnung bedeutet nun nicht einen Gesinnungswandel Gottes, sondern einen Bewußtseinswandel des Menschen.

Ist schon Auléns Zuordnung Luthers zum klassischen Typus christlicher Versöhnungslehre nicht unproblematisch, so muß auch seine unverkennbare Kritik am Neuprotestantismus relativiert werden. Immerhin hat der neuzeitliche Rationalismus zu einem grundsätzlichen

---

[15] Zur Entwicklung der Versöhnungslehre in der Neuzeit siehe *G. Wenz*, Geschichte der Versöhnungslehre in der evangelischen Theologie der Neuzeit, 2 Bde., München 1984–1996; *Th.H. Hughes*, The Atonement. Modern Theories of the Doctrine, London 1949. Zur gegenwärtigen Theoriebildung siehe neben den einschlägigen Dogmatiken u.a. *G. Hummel*, Sehnsucht der unversöhnten Welt. Zu einer Theologie der universalen Versöhnung, Darmstadt 1993, sowie auf katholischer Seite *J. Blank/J. Werbick* (Hg.), Sühne und Versöhnung, Düsseldorf 1986; *J. Gründel*, Schuld und Versöhnung, Mainz 1990.

Überdenken der gedanklichen Voraussetzungen christlicher Versöhnungslehre geführt, indem der Satisfaktionsgedanke und die Logik seiner kultisch-juridischen Begrifflichkeit der Kritik unterzogen wurde. Mit ihr haben wir uns im folgenden noch auseinanderzusetzen. Wie immer man die neuere protestantische Theologie im einzelnen beurteilen mag, kommt dem von Aulén als humanisierend bezeichneten Typus das Verdienst zu, die Diskussion um das Verständnis der Versöhnung zwischen Gott und Mensch in eine Richtung gelenkt zu haben, welche, wie wir noch sehen werden, dem paulinischen Versöhnungsbegriff darin nahekommt, daß Gott nicht länger als Objekt, sondern als Subjekt des Versöhnungsgeschehens begriffen wird und die fragwürdigen Assoziationen eines rachsüchtigen und blutrünstigen Gottes getilgt werden.[16] Zugleich finden sich in der nachaufklärerischen Theologie und Religionsphilosophie Ansätze zur Überwindung jener anthropologischen Engführung des christlichen Heilsverständnisses, zu welcher es im Verlauf der Kirchengeschichte in der westlichen Tradition gekommen ist.[17] Namentlich bei G.W.F. Hegel ist Versöhnung zu einem religionsphilosophischen Schlüsselbegriff geworden, welcher in kosmischer Weite die Überwindung von Entfremdung bzw. die dialektische Aufhebung vermeintlich unversöhnlicher Gegensätze bezeichnet. In ähnlicher Weise hat F.W.J. Schelling einen Begriff universaler Versöhnung entwickelt, durch welchen vor allem Paul Tillich in starkem Maße beeinflußt worden ist. Aber auch die nordamerikanische Prozeßphilosophie und -theologie müssen erwähnt werden, wenn es um die Wiedergewinnung der kosmischen Dimension des christlichen Versöhnungsgedankens geht, wobei sie gegenüber den bislang behandelten Haupttypen nochmals einen eigenen Typus darstellen, weil sie göttliches und menschliches Handeln nicht getrennt, sondern im Prozeß einer *evolutionären* Dynamik aufeinander bezogen sehen.[18]

Das Hauptproblem christlicher Versöhnungslehre bleibt die Bindung des Versöhnungsgeschehens an *Person und Geschick Jesu von Nazareth*. Es geht zentral um die Frage nach dem leitenden Verständnis von *Schuld und Sühne*, d.h. zugleich um die Frage, welcher Zusammenhang zwischen Versöhnungsbegriff und *Opfer*gedanken besteht. Daß

---

[16] Vgl. W. Pannenberg, a.a.O. (Anm. 14), S. 451f.

[17] Vgl. *W. Dantine*, Versöhnung. Ein Grundmotiv christlichen Glaubens und Handelns, Gütersloh 1978, S. 9ff.17ff.

[18] Zur Einführung siehe *J.B. Cobb Jr./D.R. Griffin*, Prozess-Theologie, Göttingen 1979.

zwischen beiden ein notwendiger Zusammenhang besteht, wird von der neuzeitlichen Kritik der traditionellen Versöhnungslehre bestritten. Wie stichhaltig diese Kritik jedoch tatsächlich ist, wird im folgenden kritisch zu diskutieren sein.

4. Die neuzeitliche Kritik der traditionellen Versöhnungslehre

Die neuzeitliche Kritik am christlichen Sühnopfergedanken und einem kultisch-juridischen Versöhnungsverständnis hat ihren Grund in einer fundamentalen Kritik jedes kultischen Opfergedankens überhaupt. Hierbei lassen sich mehrere Aspekte *neuzeitlicher Opferkritik* unterscheiden.[19] Die *historische* Kritik erklärt, daß Opfer eine zeitgebundene, inzwischen aber – infolge des Christentums wie auch innerhalb desselben – obsolete Verhaltens- und Vorstellungsform seien, so daß eine opfertheologische Deutung des Todes Jesu dessen Verständnis als Heilsereignis nur verbaue statt erschließe.

Einen Schritt weiter geht die *logische* Kritik des Opfergedankens, der hinter jeder Opferpraxis wie auch hinter jeder opfertheologischen Deutung des Todes Jesu stehe. Jeder Opferkult beruhe auf einem Selbstwiderspruch, den schon Heraklit mit den Worten beschrieben hat, wer glaube, man könne eine Blutschuld durch neues Blutvergießen sühnen, der sei wie einer, der in den Kot getreten sei und sich mit Kot abwaschen wolle.[20] Analog hat F. Nietzsche in der opfertheologischen Deutung des Todes Jesu die Selbstaufhebung des Christentums und seines Evangeliums sehen wollen. Der Gedanke, die Sünden der Schuldigen könnten durch das Schuldopfer in seiner widerlichsten und barbarischsten Form, nämlich durch Opferung eines Unschuldigen gesühnt werden, sei schauderhaftes Heidentum.[21] Mit diesem Einwand ist eng verbunden die *moralische* Kritik des Opfergedankens. Nicht nur das Mittel des Opfers, sondern schon die von der Opferpraxis vorausgesetzte Problembeschreibung menschlicher Schuld sei in sich widersprüchlich. Sie impliziere nicht nur ein unangemessenes Gottesbild, sondern auch eine moralisch unhaltbare Auffassung von Schuld und Sühne. Namentlich

---

[19] Vgl. *I.U. Dalferth*, Der auferweckte Gekreuzigte. Zur Grammatik der Christologie, Tübingen 1994, S. 287ff.

[20] Heraklit, in: *H. Diels/W. Kranz* (Hg.), Die Fragmente der Vorsokratiker, Bd. I, Berlin ⁶1951, 22 B 5.

[21] *F. Nietzsche*, Antichrist. Fluch auf das Christentum, KSA 6, München/Berlin/New York 1988, Nr. 41.

I. Kant hat gegen die Logik des Opfers eingewandt, daß moralische Schuld an der Person hafte und prinzipiell unübertragbar sei. Folglich könne sie auch nicht von einem anderen getilgt, sondern nur von ihrem Urheber selbst getragen oder gesühnt werden.

Die *theologische* Opferkritik hält es für unangemessen zu meinen, der ewige Gott könne durch endliche und materielle Leistungen in seinem Willen beeinflußt werden. Hinter der Praxis des Opfers stehe somit ein fragwürdiges Gottesbild. Die opfertheologische Deutung des Todes Christi habe zur Rehabilitierung des doch schon im Judentum überwundenen Menschenopfers geführt. Dementsprechend trage das christliche Gottesbild letztlich sadistische Züge, deren grausame Logik in der Gewaltgeschichte des Christentums und seiner unbarmherzigen Verfolgung Andersgläubiger, namentlich in der Verfolgung der Juden, offen zutage trete.[22] Individualpsychologisch korrespondiere somit einem sadistischen Gottesbild ein masochistisches Glaubensverständnis, wie vor allem von feministischen Theologinnen kritisiert wird.[23]

Doch auch innerhalb der neueren *Exegese* regt sich Widerspruch gegen eine opfertheologische Deutung des Todes Jesu. Hermeneutisch wird gefragt, wie konstitutiv die Sühnopfertraditionen des Alten Testaments für ein zeitgemäßes Verständnis des Todes Jesu sind. Es stellt sich damit die Frage nach dem Recht einer christlich-typologischen Lektüre des Alten Testaments und ihrem Verhältnis zu dessen Interpretation im Judentum. Von exegetischer Seite wird außerdem eingewendet, daß es sich bei den opfertheologischen Aussagen des Neuen Testaments bestenfalls um eine Nebenlinie urchristlicher Verkündigung handele. Sie dürften daher dogmatisch nicht überbewertet werden, könne das Heilsgeschehen schon im Neuen Testament doch auch in ganz anderen als kultischen Kategorien ausgesagt werden, zum Beispiel im Bild von Gefangenschaft und Befreiung, in der Vorstellung des Bundes oder auch in personalen Begriffen wie Gemeinschaft, Freundschaft und Liebe.

---

[22] Siehe z.B. *R. Radford Ruether*, Nächstenliebe und Brudermord, München 1978; *M. Ley*, Auschwitz – Ein historischer Essay, in: *Ch. Kohn-Ley/M. Ley* (Hg.), Auschwitz. Versuche einer Annäherung, Wien 1996, S. 55–133.

[23] Vgl. u.a. *D. Sölle*, Leiden, Stuttgart ³1976, bes. S. 17ff; *M. Daly*, Jenseits von Gottvater, Sohn & Co, München 1980; *M. Kassel*, Tod und Auferstehung, in: *dies.*, Feministische Theologie. Perspektiven zur Orientierung, Stuttgart 1988, S. 191–226; *R. Strobel*, Das Kreuz im Kontext feministischer Theologie, in: *D. Strahm/R. Strobel* (Hg.), Vom Verlangen nach Heilwerden. Christologie in feministisch-theologischer Sicht, Freiburg/Luzern 1991, S. 182–193; *L. Schottroff*, Die Crux mit dem Kreuz. Feministische Kritik und Re-Vision der Kreuzestheologie, EK 25, 1992, S. 216–218.

Die unterschiedlichen Formen der Opferkritik sind freilich nicht ohne Widerspruch geblieben. Auch die Gegenkritik, auf die wir im folgenden Abschnitt eingehen wollen, argumentiert auf unterschiedlichen Ebenen. Die Frage nach dem Verhältnis von christlichem Versöhnungsverständnis und Opfergedanken erweist sich somit dogmatisch wie ethisch als überaus komplex.

5. Die Kategorie des Opfers

Daß die Kategorie des Opfers in der Moderne keine Aussagekraft mehr besitze, wird von unterschiedlicher Seite bestritten. *Religionswissenschaftlich* wird die Frage gestellt, was genau eigentlich kritisiert wird, wenn man die kultische Institution des Opfers kritisiert. Tatsächlich gibt es keinen einheitlichen Opferbegriff, weil Opfer als rituelle Handlungen keine isolierbaren Phänomene sind, sondern in unterschiedliche Symbolsysteme eingebunden sind und daher in ganz unterschiedlichen Gestalten auftreten.[24] Wir haben es beim Opfer also gar nicht mit einem einheitlichen Phänomen zu tun, sondern mit einer Vielzahl von Opferpraktiken und Opferbegriffen. Das nötigt, zumindest zwischen einem kultisch-rituellen, einem juridischen und einem moralischen Opferbegriff zu unterscheiden.

Betrachtet man Opfer als *symbolische Interaktionen*, so läuft die neuzeitliche Opferkritik möglicherweise partiell ins Leere, weil das, was das Ritual des Opfers bewirken soll, nicht eigentlich durch den Vollzug der Handlung, sondern durch die in diesem Vollzug vermittelte Erkenntnis bewirkt wird. Die Wirkung des alttestamentlichen Sühnopfers besteht dann nicht in dem untauglichen Versuch, einen anthropomorph gedachten Gott mit einem Blutzoll umzustimmen, sondern in der mit dem Vollzug des Opfers gegebenen Möglichkeit, sich als einen solchen Menschen zu erkennen, dessen Schuld von Gott vergeben ist.[25]

Fragwürdig ist aber auch die moralische Kritik am Opfergedanken, wonach dieser auf einem unhaltbaren Verständnis von Schuld und Sühne beruht. Der Einwand Kants, daß es bei Schuld und Strafe keine

---

[24] Vgl. dazu einführend *C. Colpe/B. Janowski/F. Hahn*, Art. Opfer, EKL³ III, Göttingen 1992, Sp.877–887. Siehe auch *H. Zinser*, Art. Menschenopfer, EKL³ III, Göttingen 1992, Sp. 365–367.

[25] Vgl. *J. Fischer*, Vom Geheimnis der Stellvertretung, EK 21, 1988, S. 165–167, hier S. 166f.

Stellvertretung geben könne, da beide personbezogen seien, impliziert die Vorstellung, daß Schuld der Person gleichsam naturhaft anhaftet. Die Wirklichkeit des Menschen und seine Personalität sind aber gerade nicht naturhaft gegeben, sondern eine soziale Realität, welche auf kommunikativen Vorgängen von Zurechnung und Selbstzurechnung basiert. Das aber gilt auch für Schuldzuweisungen und Schuldvergebung.[26]

Die These, wonach die im Denken der Aufklärung begründete Religionskritik zur Überwindung des Opfergedankens geführt habe, ist außerdem *sozialgeschichtlich* zu hinterfragen. Der französische Literaturwissenschaftler René Girard vertritt die gegenteilige Ansicht, daß die neuzeitliche Opferkritik lediglich zur Spiritualisierung des Opfergedankens geführt habe, keineswegs aber zu seiner Außerkraftsetzung. Die Abschaffung von Opferriten habe in der modernen Zivilisation vielmehr zur Verlagerung des Sündenbockmechanismus auf stigmatisierte Randgruppen und damit zu einer Steigerung des gesellschaftlichen Destruktionspotentials geführt, weil es keine Mechanismen mehr gebe, die im menschlichen Aggressionstrieb begründete Kette von Gewalt und Gegengewalt zu durchbrechen.[27] Girards Thesen haben auch in der zeitgenössischen, vor allem katholischen Theologie Beachtung gefunden, weil sie der traditionellen Versöhnungslehre des Christentums neue Plausibilität zu verleihen scheinen.[28]

Gegen die theologische Preisgabe der Opferkategorie werden aber auch *exegetische* und *hermeneutische Einwände* geltend gemacht. Vor allem Peter Stuhlmacher, Hartmut Gese und Martin Hengel vertreten die These, daß die Heilsbedeutung des Todes Jesu nicht nur faktisch im Neuen Testament mittels des Rückgriffs auf die alttestamentliche

---

[26] Vgl. J. Fischer, a.a.O. (Anm. 25), S. 165f.

[27] Siehe vor allem *R. Girard*, Der Sündenbock, Zürich 1988 (Neuausgabe unter dem Titel: Ausstoßung und Verfolgung. Eine historische Theorie des Sündenbocks, Frankfurt a.M. 1992); *ders.*, Das Ende der Gewalt. Analyse des Menschheitsverhängnisses, Freiburg i.B. 1983. Zur inzwischen ausufernden Sekundärliteratur siehe *J. Niewiadomski* u.a. (Hg.), The Bulletin of the Colloquium on Violence & Religion (COV & R).

[28] Siehe *R. Schwager*, Der wunderbare Tausch. Zur Geschichte und Deutung der Erlösungslehre, München 1986; *ders.*, Brauchen wir einen Sündenbock? Gewalt und Erlösung in den biblischen Schriften, München 1978; *ders.*, Jesus im Heilsdrama. Entwurf einer biblischen Erlösungslehre (IThS 29), Innsbruck 1990; *J. Niewiadomski/W. Palaver* (Hg.), Dramatische Erlösungslehre. Ein Symposion (IThS 38), Innsbruck/Wien 1992; *J. Niewiadomski/R. Schwager/G. Larcher*, Dramatisches Konzept für die Begegnung von Religionen, in: *R. Schwager* (Hg.), Christus allein? Der Streit um die pluralistische Religionstheologie (QD 160), Freiburg/Basel/Wien 1996, S. 83–117.

Sühnopfertradition ausgesagt wird, sondern auch systematisch ohne Verwendung der Opferkategorie nicht wirklich verständlich zu machen ist.[29]

Versuchen wir nun die Argumente der neuzeitlichen Opferkritik wie ihrer Gegenkritik gegeneinander abzuwägen, so scheint mir das systematische Grundproblem heutiger Versöhnungslehre darin zu bestehen, daß beide Seiten kurzschlüssig argumentieren, sofern sie Versöhnungslehre und Opfertheologie umstandslos identifizieren. Man kann, wie Ingolf U. Dalferth mit Recht zu bedenken gibt, „die Lehre vom Opfertod Jesu zurückweisen, ohne damit zu bestreiten, daß dieser Tod ein Heilstod ist, und man kann die Heilsbedeutung von Jesu Kreuzestod betonen, ohne dessen opfertheologisches Verständnis zu vertreten. Das dogmatische Problem besteht nicht in der Frage, ob Jesu Kreuzestod ein Heilstod ist – davon geht theologisches Denken aus. Die Frage ist vielmehr, ob dieser Heilstod als Opfertod verstanden werden *kann*, verstanden werden *muß* oder verstanden werden *sollte*.“[30]

Bei sorgfältiger Abwägung aller exegetischen und systematisch-theologischen Aspekte gelange ich wie Dalferth zu der Ansicht, daß es zweifellos möglich, keinesfalls aber notwendig ist, den Tod Jesu als einen Opfertod zu verstehen, zumal seine Hinrichtung als solche kein rituelles Geschehen, sondern ein Justizmord war. Die Rede vom Sühnopfer bezeichnet im Hinblick auf den Tod Jesu nicht die zu interpretierende Sache, sondern das *Interpretament*, mit dessen Hilfe der Sinn des Todes Jesu in seiner Heilsbedeutung für uns ausgesagt werden soll. So kann man nicht sagen, daß einzig der Sühnopfergedanke die Heilsbedeutung des Todes Jesu angemessen erfaßt, wohl aber, daß er sie hinreichend sachgemäß zur Sprache bringt, um auch unter modernen Verstehensbedingungen als hermeneutischer Schlüssel zur christlichen Versöhnungslehre zu dienen.[31]

---

[29] Vgl. *H. Gese*, Die Sühne, in: *ders.*, Zur biblischen Theologie. Alttestamentliche Vorträge, München 1977, S. 85–106; *M. Hengel*, The Atonement. A Study of the Origins of the Doctrine in the New Testament, London 1981; *P. Stuhlmacher*, Das Evangelium von der Versöhnung in Christus. Grundlinien und Grundprobleme einer biblischen Theologie des Neuen Testaments, in: *ders./H. Claß*, Das Evangelium von der Versöhnung in Christus, Stuttgart 1979, S. 13–54; *P. Stuhlmacher*, Biblische Theologie des Neuen Testaments, Bd. 1: Grundlegung. Von Jesus zu Paulus, Göttingen 1992. Zur Debatte um die Tübinger Position siehe die bei I.U. Dalferth, a.a.O. (Anm. 19), S. 242 genannte Literatur, vor allem *G. Friedrich*, Die Verkündigung des Todes Jesu im Neuen Testament (BThSt 6), Neukirchen-Vluyn ²1985.

[30] I.U. Dalferth, a.a.O. (Anm. 19), S. 293.

[31] Vgl. I.U. Dalferth, a.a.O. (Anm. 19), S. 269. Einen theologisch-hermeneuti-

Die Anwendung der Opferkategorie auf den unrituellen Kreuzestod Jesu führt zu einem hermeneutischen Zirkel, in welchem nicht nur die Heilsbedeutung des Todes Jesu erschlossen, sondern zugleich das als Interpretament herangezogene Opfermodell von innen her zerbrochen wird. Es ist dabei nicht schon der Tod Jesu als solcher, sondern die im Neuen Testament bezeugte *Auferweckung* des Gekreuzigten, welche die religiöse Kategorie des Opfers sprengt. Denn während jede blutige Opferhandlung mit dem als lebensspendend interpretierten Tod und folglich der endgültigen Vernichtung des Opfers endet, endet die Passion Christi mit seiner Auferweckung von den Toten.[32] Dies hat zur Konsequenz, daß im Blick auf das Kreuz Christi streng genommen von einem Opfer paradoxerweise nur im Sinne eines *Selbstopfers Gottes* gesprochen werden kann. Dieses Selbstopfer, das letztlich *trinitätstheologisch* interpretiert werden muß, markiert das Ende jeglicher kultischer Opferpraxis wie jedes ihr verpflichteten Opfergedankens. Mit dem Tod Christi und nur durch ihn ist das Opfer als Mittel zur Wiederherstellung der Gemeinschaft zwischen Gott und Mensch als gleichermaßen untauglich wie unnötig erwiesen. In der endgültigen Überwindung der Logik des Opfergedankens besteht also die Pointe der christlichen Versöhnungslehre. Das wird nun gerade sichtbar am paulinischen Versöhnungsverständnis, dem wir uns im folgenden Abschnitt zuwenden.

6. Das Wort vom Kreuz

Wie schon bemerkt wurde, ist es im Neuen Testament einzig Paulus, der die christliche Heilsbotschaft ausdrücklich als Wort von der Versöhnung bezeichnet und die Heilsbedeutung des Todes Jesu auf den Begriff der Versöhnung bringt. Auch hier gilt, daß Begriff und Sache

---

schen Zugang zur Rede vom Sühnetod Christi sucht auch *G. Ebeling*, Der Sühnetod Christi als Glaubensaussage. Eine hermeneutische Rechenschaft, in: Die Heilsbedeutung des Kreuzes für Glaube und Hoffnung des Christen (ZThK.B 8), Tübingen 1990, S. 3–28. Zum neu erwachten theologischen Interesse an der Kategorie des Opfers siehe auch *G. Bader*, Jesu Tod als Opfer, ZThK 80, 1983, S. 411–431; *H. Hübner*, Sühne und Versöhnung. Anmerkungen zu einem umstrittenen Kapitel Biblischer Theologie, KuD 29, 1983, S. 284–305; *G. Wenz*, Die Lehre vom Opfer Christi im Herrenmahl als Problem ökumenischer Theologie, KuD 28, 1982, S. 7–41; *K. Lehmann/E. Schlink* (Hg.), Das Opfer Christi und seine Gegenwart in der Kirche. Klärungen zum Opfercharakter des Herrenmahls (Dialog der Kirche 3), Freiburg/Göttingen 1983.

[32] Vgl. J. Becker, a.a.O. (Anm. 5), S. 45.

einander wechselseitig bedingen. So ist also die paulinische Versöhnungslehre nicht von einem vorgängigen Versöhnungsbegriff aus zu interpretieren, sondern der paulinische Sinn des Versöhnungsbegriffs ergibt sich aus seiner Anwendung auf Person und Tod Jesu von Nazareth. Das Wort von der Versöhnung, von welchem Paulus in II Kor 5,19 spricht, ist also nichts anderes als das Wort vom Kreuz (I Kor 1,18), wie umgekehrt das Kreuz Christi der Inhalt des Wortes von der Versöhnung ist. Wiewohl auch bei Paulus der alttestamentliche Gedanke des Sühnopfers im Hintergrund steht, wird dessen Logik doch gerade dadurch überwunden, daß Gott bei Paulus nicht der Adressat des versöhnenden Opfers, sondern dessen Subjekt und somit das Subjekt des Versöhnungsgeschehens ist: „Gott war in Christus und versöhnte die Welt mit sich selber und rechnete ihnen ihre Sünden nicht zu und hat unter uns aufgerichtet das Wort von der Versöhnung" (II Kor 5,19). Durch Christus ist die zwischen Gott und Mensch aufgrund der Sünde bestehende abgrundtiefe Feindschaft überwunden worden. Zugespitzt bezeichnet Paulus in Röm 5 den sündigen Menschen als Feind Gottes. Der Tod Jesu aber ist Inbegriff und äußerste Verwirklichung der Feindesliebe Gottes, in welcher wiederum die Feindesliebe ihren Grund hat, zu welcher Jesus seine Jünger in der Bergpredigt auffordert (Mt 5,43ff). Es ist nun aber nicht Gott der Feind des Menschen, sondern einzig der Mensch der Feind Gottes. Und entsprechend betont Paulus, daß nicht Gott durch Christus mit den Menschen versöhnt wurde, sondern daß Gott selbst, der in Christus war, die Menschen mit sich versöhnt hat. Gott ist also auf exklusive Weise das alleinige Subjekt des Versöhnungsgeschehens. Zwar sind die Menschen an diesem Versöhnungshandeln beteiligt, nicht aber im Sinne einer aktiven Mitwirkung, sondern einzig als Empfangende (vgl. Röm 5,11). Paulus fordert daher nicht dazu auf, Gott durch Bußfertigkeit und Sühneleistungen gnädig zu stimmen, sondern bittet an Christi statt, das gänzlich unverdiente Geschenk der Versöhnung anzunehmen: „Laßt euch versöhnen mit Gott" (II Kor 5,20). Im trinitarisch zu denkenden Selbstopfer Gottes tritt sein Wesen in Erscheinung, welches nach I Joh 4,16 Liebe ist. Zugespitzt kann aufgrund dieses Zeugnisses gesagt werden: *Gott ist Feindesliebe*, und wer in *dieser* Liebe bleibt, der bleibt in Gott und Gott in ihm.

Im Vergleich zur Versöhnungslehre der kirchlichen Tradition, namentlich zur Satisfaktionslehre Anselms von Canterbury fällt auf, daß Paulus weder von der Notwendigkeit der Genugtuung noch direkt vom Tod Jesu als Sühnopfer spricht, sondern in Christus Gott selbst in Erscheinung treten sieht, der seine Feinde liebt und ihnen vergibt. Bemerkenswert ist ferner, daß der Versöhnungsgedanke bei Paulus nicht – wie über weite Strecken der späteren Theologiegeschichte – auf das Seelenheil des Einzelnen gerichtet ist, sondern daß das Versöhnungsgeschehen bei Paulus eine soziale und eine kosmische Dimension hat. In Röm 11,15 spricht Paulus von der Versöhnung des *Kosmos*, wobei an dieser Stelle zwar zunächst an die Menschenwelt gedacht ist, gemäß Röm 8 aber auch die außermenschliche Schöpfung in das Versöhnungshandeln Gottes einbezogen ist. Nicht nur den Menschen, sondern der ganzen Schöpfung ist nach Paulus die „herrliche Freiheit der Kinder Gottes" verheißen (Röm 8,21).

Das Ziel des Versöhnungshandelns Gottes aber kann Paulus mit dem Wort „Frieden" bezeichnen. „Frieden", griechisch εἰρήνη, entspricht dem hebräischem Wort *shalom*. Wie der alttestamentliche Begriff des Schalom meint auch „Frieden" im Neuen Testament nicht etwa nur den inneren Seelenfrieden des Einzelnen, sondern den Frieden der Menschheit wie des gesamten Kosmos. An mehreren Stellen nennt Paulus darum den Gott, der die Welt in Christus mit sich versöhnt hat, den „Gott des Friedens".[33] Der von einem unbekannten Schüler des Paulus verfaßte Epheserbrief bezeichnet das Evangelium von Christus als „Evangelium des Friedens" (Eph 6,15). Das Wort von der Versöhnung (II Kor 5,19) bzw. das Wort vom Kreuz (I Kor 1,18) ist also gleichbedeutend mit dem Evangelium des Friedens, den Gott in der Welt stiftet.

Vom Neuen Testament her müssen *Frieden, Gerechtigkeit* und *Bewahrung der Schöpfung* als Näherbestimmung von Versöhnung begriffen werden. Freilich gilt auch umgekehrt, daß erst ein theologisch angemessenes Verständnis von Versöhnung zu einem vertieften Verständnis dessen führt, was christlicherseits mit Gerechtigkeit, Frieden und Bewahrung der Schöpfung gemeint ist. Davon handelt der folgende Abschnitt.

---

[33] Vgl. Röm 15,33; 16,20; II Kor 13,11; Phil 4,9; I Thess 5,23. Zum in der biblischen Tradition bestehenden Zusammenhang zwischen Versöhnung und Schalom siehe auch W. Dantine, a.a.O. (Anm. 17), S. 52ff.

7. Leben aus der Kraft der Versöhnung

Wenn die Versöhnung in ihrer religiösen, ihrer sozialen wie ihrer kosmologischen Dimension als alleinige Wirkung Gottes zu verstehen ist, verbietet sich sowohl die Abschwächung des Versöhnungsbegriffs auf das zwischenmenschliche Bemühen um allseits geübte Nachsicht, noch darf kurzschlüssig ein Gleichschritt zwischen dem Handeln Gottes und menschlichen Versöhnungsbemühungen behauptet werden. Die Aufgabe theologischer Ethik kann m.E. gerade nicht, wie heute viele meinen, darin bestehen, Sätze wie den folgenden aufzustellen: „Weil Gott in Jesus Christus die Welt mit sich versöhnt hat, deshalb soll das Handeln der Christen auf Versöhnung gerichtet sein."[34] Solche Begründungssätze sind theologisch wie ethisch kein hinreichendes Argument. Theologisch ist an ihnen zu kritisieren, daß sie die Frage unbeantwortet lassen, inwiefern sich das menschliche Versöhnungshandeln auf das Versöhnungshandeln Gottes in Jesus Christus bezieht. Vom ethischen Standpunkt aber ist einzuwenden, daß Sätze wie der oben genannte streng genommen keine *Begründung* für ein bestimmtes moralisches Handeln geben, sondern lediglich die *Motivation* für dieses benennen. Das heißt freilich nicht, daß dem Verweis auf das Handeln Gottes ethisch keine argumentative Bedeutung zukommt. Vielmehr bewegen sich nach theologischer Auffassung die Frage nach dem ethisch Guten und die Rede vom Handeln Gottes in einem hermeneutischen Zirkel. Einerseits setzt die Frage, inwiefern das göttliche Handeln als Maßstab des Guten gelten kann, schon einen Begriff desselben voraus. Andererseits aber hat der Begriff des Guten keinen feststehenden Inhalt, sondern ist in seiner Bedeutung wie Verwendung strittig, so daß jeder vorgängige Begriff des Guten kritisch zu befragen ist.

Angesichts dieser Begründungsproblematik ist die Aussage des Paulus, daß unsere Möglichkeiten, Versöhnung zu stiften, von der Wirklichkeit der durch Gott bewirkten Versöhnung abhängen, von erheblicher ethischer Relevanz. Sie bedeutet zunächst, *daß der christliche Glaube, welcher unsere Lebenswirklichkeit im Licht des biblischen Wortes von der Versöhnung betrachtet, gegenüber allen Versuchen einer soteriologischen Inanspruchnahme des Ethischen kritisch bleibt.* Menschliche Bemühungen um Versöhnung haben in der durch Gott geschenkten Versöhnung

---

[34] Dagegen mit Recht *J. Fischer*, Theologische Ethik und Christologie, ZThK 92, 1995, S. 481–516.

ihren Grund, aber sie haben von sich aus keine erlösende Kraft, weil sie ohne die Versöhnungswirklichkeit Gottes wirkungslos bleiben. Wo Menschen zu Gott kein wirkliches Vertrauen haben, werden sie auch untereinander kein echtes Vertrauen fassen.

Menschlicher Einsatz für Versöhnung ist daher nicht zu verstehen als Fortsetzung des göttlichen Handelns, sondern als dessen Inanspruchnahme.[35] Von daher ist auch die Aufforderung des Paulus zu verstehen, die Christen sollten ihre Leiber als ein Opfer ($\vartheta \upsilon \sigma \acute{\iota} \alpha$) hingeben, „das lebendig, heilig und Gott wohlgefällig ist." Das sei ihr „vernunftgemäßer Gottesdienst" (Röm 12,4). Nirgends sonst spricht Paulus derart ausdrücklich vom Opfer. Es fällt auf, daß er den Opferbegriff im Sinne des moralischen Opfers verwendet, ohne dieses von der Sphäre des Kultischen zu trennen. Die Lebenshingabe, d.h., der im Glauben vollzogene Lebenswandel, wird in seiner Gesamtheit kultisch, nämlich als Gottesdienst gedeutet. Allerdings gilt auch für das Leben aus Glauben, daß es die Kategorie des Opfers sprengt, insofern dieses neue Leben in der Teilhabe am Leben des auferstandenen Christus besteht. Die Hingabe des Lebens, welche die Verheißung hat, daß derjenige das Leben gewinnt, der es um Christi willen verliert (Mk 8,35) – und zwar notfalls tatsächlich bis zum physischen Tod – meint ein Leben aus der Kraft der in Christus bereits geschenkten Versöhnung, nicht aber deren Vorbedingung.

Fragen wir nun, worin die durch die Versöhnung mit Gott ermöglichte zwischenmenschliche Versöhnung besteht, so können wir sie beschreiben als „Vergewisserung der gegenseitigen Annahme in der geforderten oder gewollten Beziehung, in wechselseitiger Bereitschaft, dem Anderen, so wie er schuldig ist, die Annahme zu schenken, ihm zu vergeben"[36]. Voraussetzung echter Versöhnung ist eine Wandlung der inneren Einstellung, die man mit einem biblischen Wort als Umkehr (*metanoia*) bezeichnen kann. Gegenseitige Annahme aber bedarf des Vertrauens, so daß Versöhnungsbereitschaft einerseits Vertrauen voraussetzt und andererseits in dem Bemühen besteht, Vertrauen zu wekken. Letzteres ist also eine wichtige ethische, nicht zuletzt eine friedenspolitische Aufgabe.[37]

---

[35] Vgl. auch *G. Schüepp*, zitiert nach *A. Müller*, Die Befreiung zur Hoffnung. Wege der Metanoia, in: *A. Hertz*, u.a. (Hg.), Handbuch der christlichen Ethik, Bd. 3, Freiburg i.B./Gütersloh 1982, S. 180–194, hier S. 186.

[36] A. Müller, a.a.O. (Anm. 35), S. 189.

[37] Zur friedensethischen Seite des Versöhnungsthemas siehe u.a. *W. Huber/H.-R. Reuter*, Friedensethik, Stuttgart 1990.

Ein ungelöstes Problem der Ethik besteht allerdings darin, daß Versöhnung zumeist stillschweigend nach dem *personalethischen Modell* der Versöhnung zweier Personen gedacht wird, welches sich aber als unzureichend erweist, wenn es auf der sozialethischen Ebene um die Bewältigung von Konflikten zwischen Gruppen, Völkern und Gesellschaften geht. Eine offene Frage ist, wie ein Schuldbegriff formuliert werden kann, der neben der personalethischen auch die sozialethische Dimension der Mitschuld erfaßt und sich jenseits der Alternative von Sündenbockmechanismus und der beliebten Suche nach einzelnen Schuldigen einerseits und der Theorie einer Kollektivschuld andererseits bewegt.[38] Wie ein derartiger *transsubjektiver Schuldbegriff* so ist auch ein sozialethisches Verständnis von Versöhnung, welches das Verhältnis von Individuum und Allgemeinheit angemessen bestimmt, allererst zu entwickeln. Ein Ansatz findet sich vielleicht in D. Bonhoeffers Gedanken der Stellvertretung, der schon im vorangehenden Kapitel aufgegriffen wurde.[39] Es wäre jedenfalls unzureichend, wollte man die heutigen Probleme kollektiver Unversöhntheit in personalethischen Kategorien lösen.

Das Problem kollektiver Versöhnung lenkt unseren Blick nochmals zurück auf die *Kategorie des Opfers*. Gerade das Problem des Opfers ist im Zusammenhang kollektiver Unversöhntheit zentral, wobei der Opferbegriff mehrere Bedeutungsfelder hat. Für die ethische Urteilsbildung ist der Glaube an die Heilsbedeutung des Todes Christi in doppelter Hinsicht von Belang, weil das Wort vom Kreuz zum einen die Logik des Sühnopfers und damit auch des Sündenbockmechanismus von innen her zerbricht, andererseits aber zur Solidarität mit den Opfern der Geschichte und Gegenwart motiviert. Die Kategorie des Opfers verweist einerseits auf den schon mehrfach angesprochenen Sündenbockmechanismus, der sich letztlich als ein untaugliches Mittel zur dauerhaften Versöhnung und Befriedung von Konflikten erweist. Andererseits geht es um die *Unterscheidung von Opfern und Tätern* sowie um das Problem, daß Versöhnung nicht auf Kosten der Opfer geschieht, so daß die Täter im Akt vermeintlicher Versöhnung ein zweites Mal über ihre Opfer triumphieren.[40] Umgekehrt darf die christologisch

---

[38] Vgl. auch A. Müller, a.a.O. (Anm. 35), S. 189.

[39] Vgl. o. S. 105ff.

[40] Zur strafrechtlichen Seite des Versöhnungsthemas vgl. u.a. *K. Sessar*, Das Verhältnis von Täter und Opfer in der Strafrechtspflege, ZEE 28, 1984, S. 167–186. Zur biblischen Perspektive der Täter-Opfer-Problematik siehe *R. Albertz*, Täter und Opfer im Alten Testament, ZEE 28, 1984, S. 146–166.

begründete Kritik des Sündenbockmechanismus nicht derart pervertiert werden, daß es am Ende gar keine Täter, sondern nur noch Opfer gibt, so daß ungesühnte Schuld durch eine Versöhnungsrhetorik verschleiert wird. Bei der Benennung und Aufarbeitung von Schuld handelt es sich nicht nur um das Problem der *Wiedergutmachung*, so wichtig allein dieses Thema für sich schon ist, sondern auch um die Frage, wie Versöhnung möglich ist angesichts der Toten, die am Akt der Versöhnung nicht mehr als Subjekt beteiligt sein können. Versöhnung hat das *Gedächtnis der Toten und ihrer Leiden* einzubeziehen.[41] Daher kann es Versöhnung unter den Lebenden nur geben, wenn sie zugleich ein mit den Toten solidarisches Handeln ist. Schon deshalb ist es unmöglich, das Problem kollektiver Versöhnung nach dem Modell von zwei sich wieder vertragenden Personen zu beschreiben. Das biblische Wort von der Versöhnung aber verweist auf Kreuz und Auferstehung Jesu als letzten Grund göttlicher Solidarität mit den Opfern der Geschichte und somit auf den letzten Grund einer Hoffnung auf Versöhnung in kosmischen Dimensionen, die keinen, der je gelebt und gelitten hat, ausschließt. Diese Hoffnung gilt es im Leben und Handeln aus Glauben praktisch zu bewähren.[42] Leben aus der Kraft der Versöhnung ist also Leben im *eschatologischen Horizont des Reiches Gottes*.[43] In diesen Horizont sind alle menschlichen Bemühungen um eine Versöhnung gestellt, ohne ihn freilich je einholen zu können.

Sozialethik hat nun aber auch zu fragen, worin die Rolle der Kirchen sowohl in den vielfältigen Konflikten dieser Welt wie auch bei den Bemühungen um Versöhnung, Gerechtigkeit, Frieden und Bewahrung der Schöpfung spielt.

---

[41] Siehe dazu vor allem die Arbeiten von J.B. Metz. Vgl. u.a. *J.B Metz*, Befreiendes Gedächtnis Jesu Christi, Mainz 1970; *ders*., Zukunft aus dem Gedächtnis des Leidens, Conc 8, 1972, S. 399–407; *ders*., Erinnerung des Leidens als Kritik eines teleologisch-technischen Zukunftsbegriffs, EvTh 32, 1972, S. 338–352; *ders*., Art. Erinnerung, in: HPhG I, München 1973, S. 386–396; *ders*., Die Rede von Gott angesichts der Leidensgeschichte der Welt, StZ 117, 1992, S. 311–320.

[42] Vgl. auch *H. Peukert*, Wissenschaftstheorie – Handlungstheorie – Fundamentale Theologie. Analysen zu Ansatz und Status theologischer Theoriebildung (stw 231), Frankfurt a.M. 1978, S. 311ff, bes. S. 322ff.

[43] Vgl. auch *J. Moltmann*, Der Weg Jesu Christi. Christologie in messianischen Dimensionen, München 1989, bes. S. 136ff.337ff.

8. Der Versöhnungsauftrag der Kirchen

Um den Versöhnungsauftrag der Kirchen zu verstehen, gilt es, sich den Zusammenhang in Erinnerung zu rufen, der nach der Lehre des Paulus zwischen der Wirklichkeit und dem Wort der Versöhnung besteht. Die Möglichkeit zwischenmenschlicher Versöhnung hängt von der vorgängigen Wirklichkeit der von Gott gewirkten Versöhnung ab, die Wirklichkeit dieser Versöhnung aber ist abhängig von der Präsenz des Wortes von der Versöhnung.

Der innere Zusammenhang von Versöhnungswirklichkeit und Versöhnungswort wird von Paulus in II Kor 5,19f beschrieben. Der ureigenste Versöhnungsauftrag der Kirche besteht demnach darin, das Wort von der Versöhnung zu verkündigen, und zwar so, daß darin die bereits in Christus Wirklichkeit gewordene Versöhnung zwischen Gott und Mensch präsent wird. Das Wort von der Versöhnung hat aber die Gestalt der Bitte und des Angebotes, nicht der moralischen Forderung. Die Kirche hat nicht Moral zu predigen, und sei es auch die Moral der Versöhnung, sondern die Versöhnungsbotschaft des Evangeliums, nämlich das Wort vom Kreuz.

Alle Versöhnung hängt davon ab, daß das lösende Wort gesprochen wird, welches Vertrauen schafft und somit Vergebung und gegenseitige Annahme ermöglicht. Jedes Wort, das solches Vertrauen zwischen Menschen schafft, hat in dem Wort von der Versöhnung, das Gott in Jesus von Nazareth gesprochen hat und welches Jesus von Nazareth in Person ist, seinen letzten Grund und seine Wahrheit. Darum besteht die Aufgabe der Kirchen vor allem darin, in Menschen die Gewißheit des eigenen Versöhntseins zu wecken, aus welcher der Mut zu zwischenmenschlichen Schritten der Versöhnung wachsen kann.

Versöhnung beginnt dort, wo Menschen in wechselseitigem Vertrauen den Mut gewinnen, bestehende Konflikte offen beim Namen zu nennen, und die Kraft finden, mit ungelösten Konflikten zu leben, ohne sich mit ihnen abzufinden. Das Wort von der Versöhnung zielt gerade nicht auf Konfliktvermeidung oder auf die Verdrängung und Verharmlosung von Konflikten, sondern auf deren Aufdeckung und Überwindung. Eine erste ethische Konsequenz des biblischen Wortes von der Versöhnung ist daher Wahrhaftigkeit im Umgang mit Konflikten.

---

[44] Vgl. dazu auch *G. Ebeling*, Dogmatik des christlichen Glaubens, Bd. 2, Tübingen ²1982, S. 225ff.

Nur zu oft erleben wir freilich, wie wenig Worte auszurichten vermögen, wie kraftlos auch die kirchliche Verkündigung ist.[44] Diese Kraftlosigkeit hat ihren Grund nicht nur darin, daß die Wahrheit der biblischen Versöhnungsbotschaft strittig ist und Widerspruch findet, sondern auch darin, daß der Streit um die Wahrheit dieses Wortes unter den Christen selbst immer wieder zu Formen der Unversöhntheit und Unversöhnlichkeit geführt hat. Glaubwürdige Botschafter an Christi statt können die Kirchen nur sein, wenn sie ihre eigene Mitschuld an Unrecht und Gewalt, Intoleranz und Machtstreben in Geschichte und Gegenwart bekennen. Das gilt nicht zuletzt im Blick auf das jüdische Volk und die leidvolle Geschichte christlicher Judenfeindschaft.

Der gemeinsame Glaube an die Wirklichkeit der in Christus geschenkten Versöhnung kann nur im Geist ökumenischer Bußfertigkeit und Vergebungsbereitschaft gelebt werden. Die das heutige ökumenische Selbstverständnis der Kirchen charakterisierende Formel von der Einheit in versöhnter Verschiedenheit verkommt zur Ideologie, wenn sie dazu dient, den Geist der inner- wie zwischenkirchlichen Bußfertigkeit zu dämpfen, Konflikte zu verschleiern und einem heute um sich greifenden selbstgenügsamen Konfessionalismus ein gutes Gewissen zu verschaffen. Sie ist außerdem unzureichend, solange sie nicht auch das Verhältnis der Christenheit zum Judentum einbezieht. Es bleibt zu hoffen, daß die Kirchen dem ideologischen Mißbrauch des ökumenischen Gedankens eine klare Absage erteilen und den Mut finden, sich ihren inner- und zwischenkirchlichen Konflikten im Geist der Wahrhaftigkeit zu stellen.

Doch selbst dort, wo sich Christen bemühen, in ökumenischer Eintracht das Wort von der Versöhnung zu verkündigen und praktisch zu leben, erleben sie oft genug, wie wenig dieses Wort vermag, wenn es gilt, in zwischenmenschlichen, gesellschaftlichen und globalen Konflikten versöhnend und friedensstiftend einzugreifen. Das gibt ihnen freilich nicht das Recht zu resignieren, gehören doch gerade solche Ohnmachtserfahrungen zu jener Schwachheit, in der die Kraft Gottes mächtig ist.

9. Literatur

(Siehe auch die Literaturangaben zu Kapitel 4)

Aulén, G.: Die drei Haupttypen des christlichen Versöhungsgedankens, ZSTh 8, 1931, S. 501–538

Dantine, W.: Versöhnung. Ein Grundmotiv christlichen Glaubens und Handelns, Gütersloh 1978

Karner, P. (Hg.): Versöhnung: Gabe Gottes und Quelle neuen Lebens. Texte – Impulse – Konkretionen, Innsbruck 1997

Lefringhausen, K./Ritter, A. (Hg.): Versöhnung. Ein Werk- und Studienbuch zum Konziliaren Prozeß für Gerechtigkeit, Frieden und Bewahrung der Schöpfung, Hamburg 1996

Sauter, G. (Hg.): Versöhnung als Thema der Theologie, Gütersloh 1997

II. Themenfelder der Sozialethik

6. Kapitel

Rechtfertigung und Recht

Eine theologische Interpretation der Menschenrechte

1. Die Kirchen und die Menschenrechte

Am 10. Dezember 1948 verabschiedete die in Paris zusammengetretene Generalversammlung der Vereinten Nationen die *Allgemeine Erklärung der Menschenrechte*.[1] Die Idee der Menschenrechte ist mit der Entstehungsgeschichte der Vereinten Nationen eng verknüpft, und beide verdanken sich den geschichtlichen Erfahrungen von Barbarei, Diktatur und Völkermord im 20. Jahrhundert, vor allen jenen, die mit dem Nationalsozialismus und dem von Deutschland ausgehenden 2. Weltkrieg verbunden sind. Neben den 1945 entstandenen Vereinten Nationen haben freilich auch Vertreter der Kirchen an der Erarbeitung der Allgemeinen Erklärung der Menschenrechte mitgewirkt.[2] Zu erinnern ist an die Arbeit des damals im Aufbau befindlichen Ökumenischen Rates der Kirchen, insbesondere an Frederick Nolde, Direktor der Kommission der Kirchen für Internationale Angelegenheiten, der auf die Formulierungen zur Religionsfreiheit Einfluß nahm. Auch Guiseppe Roncalli, der päpstliche Nuntius in Paris und spätere Papst Johannes XXIII., war für die Politiker ein wichtiger Gesprächspartner, hatte doch schon 1947 eine amerikanische Arbeitsgruppe der katholischen Kirche eine Menschenrechtserklärung entworfen.

---

[1] Die Allgemeine Erklärung der Menschenrechte sowie die übrigen einschlägigen Dokumente finden sich bei *W. Heidelmeyer*, Die Menschenrechte. Erklärungen, Verfassungsartikel, Internationale Abkommen, Paderborn ⁴1997. Siehe auch *F. Ermacora*, Menschenrechte in der sich wandelnden Welt, 2. Bde., Wien 1974/1983; *J.R. Friedman/M.I. Sherman*, Human Rights. An International and Comparative Law Bibliography, Westport (Conn.) 1985.

[2] Zum folgenden siehe ausführlich *W. Huber*, Art. Menschenrechte/Menschenwürde, TRE 22, Berlin/New York 1992, S. 577–602, hier S. 585.

Der Einsatz für die Menschenrechte gehört seither zu den zentralen Themen der Ökumene.[3] Für die römisch-katholische Kirche formulierte Papst Johannes XXIII. zum ersten Mal in seiner Enzyklika „Pacem in terris" (1963) ein lehramtlich verbindliches Menschenrechtskonzept. Das von ihm einberufene II. Vatikanische Konzil führte seinen Ansatz weiter, vor allem in seiner Erklärung über die Religionsfreiheit (1965). Der Einsatz des gegenwärtigen Papstes Johannes Paul II. für die Menschenrechte ist ein Grundzug seines Pontifikates.[4] Ausdrücklich hat er die Allgemeine Erklärung der Menschrechte in seiner Enzyklika „Redemptor hominis" (1979) anerkannt. Auch der Ökumenische Rat der Kirchen und die konfessionellen Weltbünde setzen sich seit Jahrzehnten theoretisch wie praktisch für die Einhaltung der Menschenrechte und ihre universale Verbindlichkeit ein. Erinnert sei nur an die Konsultation des Weltkirchenrates 1974 in St. Pölten, an die Resolution des Lutherischen Weltbundes 1970 zur Frage der Menschenrechte, die Erklärung des Reformierten Weltbundes über die theologische Basis der Menschenrechte (1976) sowie an die Erklärung der EKD über die Menschenrechte im ökumenischen Gespräch (1975).

Leicht entsteht der Eindruck, als sei der Einsatz für die Menschenrechte ein genuin christliches Anliegen. Vielfältig und zu Recht wird auf den Einfluß des Christentums auf die Entstehungsgeschichte der Menschenrechte hingewiesen. Dies alles kann freilich nicht darüber hinwegtäuschen, daß die Kirchen in der Vergangenheit keineswegs ein durchweg positives Verhältnis zu den Menschenrechten hatten.[5] Sie konnten in ihnen sogar im Gegenteil den Geist des Antichristentums erblicken. In der Tat liegen die Wurzeln des neuzeitlichen Menschenrechtsgedankens keineswegs ausschließlich im Christentum, wie die Forderung nach allgemeinen Menschenrechten zum Teil gegen den Widerstand der Kirchen erhoben wurde und dementsprechend, jedenfalls in der Französischen Revolution, ausgesprochen antikirchliche Züge tragen konnte.

Daß der Mensch unveräußerliche und mit seiner bloßen Existenz gegebene Rechte habe, die gegenüber Staat und Kirche geltend zu ma-

---

[3] Vgl. *W. Schweitzer*, Menschenrechte im Kontext ökumenischer Theologie, ZEE 22, 1978, S. 60–70. *M. Honecker*, Das Recht des Menschen. Einführung in die evangelische Sozialethik, Gütersloh 1978, S. 50ff.

[4] Vgl. *O. Höffe u.a.* (Hg.), Johannes Paul II. und die Menschenrechte. Ein Jahr Pontifikat, Freiburg (Schweiz) 1981.

[5] Vgl. auch *W. Huber*, Art. Menschenrechte II. Menschenrechte und Kirche, EStL[3] I, Stuttgart 1987, Sp.2116–2122.

chen wären, wurde im 19. Jahrhundert und sogar bis ins 20. Jahrhundert von der evangelischen wie der römisch-katholischen Kirche bestritten. Vor Gott und den von ihm eingesetzten Institutionen hatte der Mensch nach der in Deutschland vorherrschenden evangelischen Auffassung keine Rechte, sondern allenfalls Pflichten. Die Menschenrechtsidee konnte daher nur als unchristlicher Individualismus begriffen werden, welcher die Sündhaftigkeit des Menschen und die Notwendigkeit einer das göttliche Recht durchsetzenden Obrigkeit verkannte. Die römisch-katholische Kirche wiederum betrachtete die Idee der Menschenrechte als unheilvollen Ausfluß der Reformation. Papst Leo XIII. verurteilte die Forderungen nach Menschenrechten als „zügellose Freiheitslehren", und Papst Gregor XVI. wehrte sich 1832 vehement gegen „jene widersinnige und irrige Auffassung bzw. vielmehr Wahn (*deliramentum*), einem jeden müsse die Freiheit des Gewissens zugesprochen und sichergestellt werden."[6] Mit scharfen Worten wendete sich der Papst gegen die Meinungsfreiheit, welche nur „zum Sturz des heiligen und bürgerlichen Gemeinwesens" führen könne.[7] Ambivalent war auch das Verhältnis der Kirchen zur Religionsfreiheit. Denn nach traditioneller Auffassung hat der Mensch nicht nur das Recht, sondern die Pflicht zur Religionsausübung, weshalb sowohl die katholische als auch die evangelische Kirche keineswegs für eine uneingeschränkte Toleranz in Fragen der Religionszugehörigkeit eingetreten sind. Auch wenn die Reformation für die Freiheit des Gewissens gekämpft hatte, herrschte doch in der lutherischen wie in der reformierten Kirche ebenso wie in der römisch-katholischen Kirche nicht der Gedanke an Menschen*rechte*, sondern eine Vorstellung von Menschen*pflichten* vor. Hierfür boten der Dekalog und die reformatorische Lehre vom Gesetz und seinem unterschiedlichen Gebrauch den Anknüpfungspunkt.

So positiv das heutige Verhältnis der Kirchen zu den allgemeinen Menschenrechten ist, so sehr verbietet sich doch eine unhistorische Betrachtungsweise desselben.[8] Wir werden daher im folgenden zwischen *historischen* und *systematischen* Fragestellungen deutlich unterscheiden müssen. Neben der historischen Frage nach dem Einfluß des Christen-

---

[6] DH 2730.

[7] DH 2731.

[8] Vgl. *E. Lorenz* (Hg.), „... erkämpft das Menschenrecht. Wie christlich sind die Menschenrechte?", Hamburg 1981; *J. Punt*, Die Idee der Menschenrechte. Ihre geschichtliche Entwicklung und ihre Rezeption durch die moderne katholische Sozialverkündigung, Paderborn u.a. 1987.

tums auf die Entstehungsgeschichte der neuzeitlichen Menschenrechte steht die systematische Frage nach ihrer theologischen Legitimation bzw. nach ihrer ethischen Rechtfertigung.[9] Systematische Interpretationen sind freilich daraufhin zu überprüfen, inwiefern sie der tatsächlichen Entstehungsgeschichte und der heutigen Rechtssituation der Menschenrechte gerecht werden. Andernfalls gerät eine theologische Interpretation der Menschenrechte zur kirchlichen Ideologie oder Apologetik, welche weder dem Christentum noch der Sache der Menschenrechte einen Dienst erweist.

Die Glaubwürdigkeit des kirchlichen Einsatzes für die Einhaltung und Fortentwicklung der Menschenrechte weltweit wird außerdem daran gemessen, wie es um die *Menschenrechte innerhalb der Kirchen selbst* bestellt ist.[10] Zwar treten die Kirchen für die Einhaltung der Menschenrechte, insbesondere für die Religionsfreiheit gegenüber dem politischen Gemeinwesen ein. Umstritten ist aber, ob sich aus ihrem Bekenntnis zu den Menschenrechten auch Folgerungen für die Ordnung der Kirche ergeben, so daß man auch von Grundrechten innerhalb der Kirche selbst sprechen könnte. Wie steht es zum Beispiel um die Gewissens- und Meinungsfreiheit innerhalb der Kirchen? Wo liegen die Grenzen des an sich unhintergehbaren Pluralismus in der Volkskirche? Die katholische Kirche hat an dieser Stelle spezifische Probleme, die sich aus dem zentralistischen Lehramt ergeben. Aber der Sache nach stellt sich die Frage auch für den Bereich der protestantischen Kirchen. Weiter ist zu fragen, inwiefern die den Menschenrechten zugrunde liegenden Prinzipien von Freiheit, Gleichheit und Brüderlichkeit bzw. Solidarität in den Kirchen ihre Entsprechung finden. Ich nenne stichwortartig das Problem der kirchlichen Ämter und der Ordination, die Stellung der Frau, das kirchliche Tarifrecht und die Finanzprobleme der Kirchen. Offenbar widerspricht es dem Selbstverständnis der Kirche, Grundrechte aus dem staatlichen Bereich einfach auf die Kirche zu übertragen. Andererseits ergibt sich sowohl aus dem evangelischen als auch dem katholischen Kirchenverständnis der Gedanke von *kirchlichen Grundrechten*, der freilich in beiden Kirchen erst in Ansätzen ent-

---

[9] Vgl. auch *O. Höffe*, Die Menschenrechte in der Kirche, in: *A. Hertz u.a.* (Hg.), Handbuch der christlichen Ethik, Bd. 3, Freiburg/Gütersloh 1982, S. 236–255.

[10] Vgl. dazu *W. Huber/H.E. Tödt*, Menschenrechte – Perspektiven einer menschlichen Welt, Stuttgart ²1978, S. 198ff; W. Huber, a.a.O. (Anm. 2), S. 594f; *E. Corecco u.a.* (Hg.), Die Grundrechte der Christen in Kirche und Gesellschaft. Akten des IV. Internationalen Kongresses für Kirchenrecht, Freiburg (Schweiz) 1981; O. Höffe, a.a.O. (Anm. 9), S. 246ff.

wickelt ist. Für den evangelischen Bereich gilt dies mindestens dann, wenn man die ekklesiologische Bedeutung der Barmer Theologischen Erklärung von 1934 anerkennt.[11] In Deutschland liegt ein erster Versuch, auf dieser Linie innerkirchliche Grundrechte zu formulieren, in der Verfassung der Evangelisch-reformierten Kirche von 1988 vor.[12] Insgesamt steht die Diskussion aber noch am Anfang.

Den folgenden Ausführungen zum Beitrag des Christentums zur Entwicklung und zur Durchsetzung der Menschenrechte liegt ein dynamisches Verständnis der Menschenrechte zugrunde. Diese werden nicht nur als Resultat einer bestimmten geschichtlichen Entwicklung begriffen, sondern zugleich als entwicklungsbedürftig und entwicklungsfähig. Dementsprechend ist nicht nur nach dem historischen Beitrag der Kirchen und nach theologischen Interpretationsmöglichkeiten der bis heute kodifizierten Menschenrechte zu fragen, sondern auch die weiterführende Frage zu stellen, was Theologie und Kirche zur Fortentwicklung der Menschenrechte beitragen können. Wir wenden uns zunächst der Frage nach dem Einfluß des Christentums auf die Entstehungsgeschichte der neuzeitlichen Menschenrechte zu (2.). Bevor anschließend die systematische Frage einer theologischen Interpretation der Menschenrechte erörtert werden kann (4.), sind rechtsdogmatische, ethische und theologische Probleme des Rechtsbegriffs zu diskutieren, der den Menschenrechten zugrunde liegt (3.). Andernfalls besteht die Gefahr von Äquivokationen, die in der theologischen Interpretation der Menschenrechte zu Kurzschlüssen führen können. Die theologische Besinnung kann aber nicht auf die innerkirchliche bzw. zwischenkirchliche ökumenische Diskussion beschränkt bleiben, sondern muß heute den Dialog der Religionen einbeziehen (5.). In diesem Dialog spielt die Idee eines Weltethos eine wesentliche Rolle, in deren Zusammenhang neuerdings auch die Notwendigkeit behauptet wird, die Allgemeine Erklärung der Menschenrechte durch eine Allgemeine Erklärung der Menschenpflichten zu ergänzen. Die Idee von Menschenpflichten hat eine lange christliche Tradition, wurde aber in der Vergangenheit bezeichnenderweise gegen den Gedanken der Men-

---

[11] Vgl. *A. Burgsmüller* (Hg.), Kirche als ‚Gemeinde von Brüdern'. Barmen III, Bd. 2, Gütersloh 1981.

[12] Text in ABlEKD 43, 1989, 78–97. Ansatzweise werden kirchliche Grundrechte auch in der „Grundsatzerklärung 1996 der Evangelischen Kirche H.B. in Österreich" formuliert. Der Text findet sich in *P. Karner* (Hg.), Versöhnung – Gabe Gottes und Quelle neuen Lebens. Texte – Impulse – Konkretionen, Innsbruck/Wien 1997, S. 165–168, bes. S. 166.

schenrechte ausgespielt. Wie die demgegenüber als Fortentwicklung des Menschenrechtsgedankens verstandene Idee von Menschenpflichten theologisch und ethisch zu beurteilen ist, soll am Schluß des Kapitels (6) erörtert werden.

2. Der Einfluß des Christentums auf die Entstehungsgeschichte der Menschenrechte

Daß auch christliches Gedankengut die neuzeitliche Menschenrechtsidee beeinflußt hat, steht außer Zweifel. Doch „der Strom aufgeklärt-westlichen Menschenrechtsdenkens bildete sich aus vielen Zuflüssen und Bächen und ist aus fast unübersehbar zahlreichen Quellen gespeist"[13]. Es hat seine Vorgeschichte keineswegs nur im Christentum, sondern auch in der vorchristlichen Antike, insbesondere im Naturrechtsgedanken der Stoa.[14] In der modernen Menschenrechtsidee begegnet das Christentum zum Teil seinen eigenen Folgen in einer säkularisierten Gestalt, zum Teil aber auch einer Auffassung vom Menschen, die keineswegs genuin christlich ist, sondern der christlichen Anthropologie durchaus widerspricht.

Zum christlichen Hintergrund der modernen Menschenrechte gehört der Gedanke der *Menschenwürde*, die jedem Menschen unverlierbar zuzuerkennen ist.[15] Nach christlicher und schon jüdischer Tradition folgt die Würde des Menschen aus seiner *Gottebenbildlichkeit*. „Menschenwürde" ist freilich kein biblischer, sondern ein antiker philosophischer Begriff, der unter Berufung auf Gen 1,26f bereits in der Alten Kirche christlich rezipiert werden konnte. I. Kant hat diesem Gedanken eine unabhängig von christlichen Voraussetzungen Allgemeingültigkeit beanspruchende Fassung gegeben. Ihm zufolge ist die Würde des Menschen, das heißt seine von jedem endlichen Wert zu unterscheidende Selbstzwecklichkeit, in seiner sittlichen Autonomie begründet.[16]

Christlich kann freilich von der Gottebenbildlichkeit des Menschen

---

[13] M. Honecker, a.a.O. (Anm. 3), S. 64.

[14] Zum folgenden vgl. auch *R. Schnur* (Hg.), Zur Geschichte der Erklärung der Menschenrechte (WdF XI), Darmstadt 1964.

[15] Vgl. *E. Starke*, Art. Menschenwürde, EKL³ III, Göttingen 1992, Sp. 367–372; *E.-W. Böckenförde/R. Spaemann* (Hg.), Menschenrechte und Menschenwürde, Stuttgart 1987.

[16] Vgl. *I. Kant*, Grundlegung zur Metaphysik der Sitten, in: *ders.*, Werke in sechs Bänden, hg. v. W. Weischedel, Bd. IV, Darmstadt ⁵1983, S. 11–102, hier S. 60f.68.

nicht gesprochen werden, ohne zugleich auch die menschliche *Sünde* in den Blick zu nehmen, welche darin besteht, daß der Mensch seine Autonomie grundlegend mißbraucht. Ergeben sich von daher kritische Rückfragen an die Kantische Anthropologie, so ist umgekehrt historisch festzustellen, daß der biblisch begründete Gedanke der allen Menschen gemeinsamen Würde in der älteren Kirchengeschichte durch die Lehre von der Erbsünde ganz in den Hintergrund gerückt wurde. Nicht der Gedanke der Gottebenbildlichkeit, sondern derjenige des aller seiner Rechte vor Gott verlustig gegangenen Sünders bestimmte die theologische Sicht aller kirchlichen und politischen Ordnungen. So konnten aufgrund der christlichen Anthropologie nicht nur der hierarchische Aufbau der Kirche und die ständische Gliederung der Gesellschaft theologisch legitimiert werden, sondern die Sündenlehre und die Unterscheidung zwischen Glauben und Unglauben bzw. zwischen *religio vera* und *religio falsa* führten zur theologischen wie rechtlichen Abstufung zwischen Christen, Häretikern und Juden.

Der Gedanke, daß allen Menschen unbeschadet gesellschaftlicher und religiöser Unterschiede die gleiche Würde zukomme, reifte erst infolge der geistigen und politischen Umbrüche des 15. und 16. Jahrhunderts. Zu den geistigen Wegbereitern des Menschenrechtsdenkens wurden der von Italien ausgehende *Humanismus*, die *spanische Spätscholastik* und die deutsche *Reformation*. Wirksam wurden also die Revitalisierung des antiken Erbes, die Begegnung mit außereuropäischen Völkern infolge der Entdeckungen neuer Kontinente und ihrer Kolonialisierung, aber auch die reformatorische Neuentdeckung der paulinischen Rechtfertigungslehre.

Während der Humanismus in Aufnahme stoischen Gedankengutes die Würde des Menschen in seiner Vernunftnatur und Wahlfreiheit begründet sah, die spanischen Spätscholastiker eine theologische Naturrechtsargumentation entwickelten, sprachen die Reformatoren unter Berufung auf die paulinische Rechtfertigungslehre von der Freiheit eines Christenmenschen, welche nicht naturgemäß besteht, sondern im Glauben an die bedingungslose Gnade Gottes gewonnen wird. Dem gerechtfertigten Sünder wird somit von Gott unverdientermaßen eine unverfügbare Würde zugesprochen, die durch keine menschliche Leistung, aber auch durch kein menschliches Vermögen begründet ist, ihm darum aber auch von keiner weltlichen Instanz genommen werden kann. Es besteht in der reformatorischen Theologie folglich ein innerer Zusammenhang von Menschenwürde und Heilsgewißheit, derart, daß die im Glauben erfahrene Heilsgewißheit nichts anderes als die subjektive Erfahrung der eigenen Würde ist. Während die Erbsündenlehre den Verlust aller Rechte des Menschen vor Gott zum Thema hat, geht es im Zentrum der Rechtfertigungslehre um die Wiedergewinnung der verlorenen Würde und Freiheit des Menschen. Seiner Bestimmtheit durch die ihn rechtfertigende Gnade Gottes entspricht die Freiheit des Glaubens und des Gewissens. Die Forderung nach Glaubens- und Gewissensfreiheit ist denn auch der wesentliche Beitrag, den die Reformation zur Entstehung des neuzeitlichen Menschenrechtsdenkens geleistet hat.[17]

Andererseits gehörte es zu den politischen Folgen der Reformation, daß die durch sie ausgelöste Konfessionalisierung und Pluralisierung des europäischen Christentums, die sich im konfessionellen Bürgerkrieg gewaltsam entlud, eine unmittelbar religiöse Begründung von Rechtsordnungen erheblich erschwerte, trat doch jede religiöse Legitimation weltlichen Rechts in Gestalt eines konfessionellen und somit nun partikularen Bekenntnisses auf, dessen Geltungsanspruch durch entgegenstehende Bekenntnisse bestritten wurde. Schon Hugo Grotius arbeitete die Idee eines *Völkerrechts* aus, dessen Geltung unabhängig von der Existenz Gottes und somit von bestimmten Glaubensbekenntnissen anzuerkennen sei. Außerdem waren in der Reformationszeit religiöse Minderheiten täuferischer und spiritualistischer Prägung entstanden, die nicht nur von der katholischen Kirche, sondern auch von den evangelischen Kirchen und Obrigkeiten verfolgt wurden. Vor allem in England und in den Niederlanden entwickelte sich ein *christlicher Humanismus*, der reformatorische Wurzeln hatte, sich aber zugleich gegen einen evangelischen Konfessionalismus wandte. Gerade dieser christliche Humanismus sollte im modernen Menschenrechtsgedanken, in der Theorie der modernen Demokratie und der Vorstellung des Gesellschaftsvertrags wirksam werden, die untereinander einen Zusammenhang bilden.

Die *Frühaufklärung* entwickelte eine neue Sichtweise von Menschenwürde und Menschenrechten, indem sie Grundgedanken der christlichen Anthropologie von ihrer spezifisch christlichen bzw. soteriologischen Begründung ablöste und so gewissermaßen naturalisierte. Dadurch kam es gegenüber den in Frage stehenden Glaubensinhalten zu gravierenden Verschiebungen. Das Zurücktreten der traditionellen

---

[17] Vgl. auch *M. Heckel*, Die Menschenrechte im Spiegel der reformatorischen Theologie, Heidelberg 1987.

Erbsündenlehre führte auch zu einem veränderten Freiheitsverständnis. Das gilt trotz seiner Lehre vom radikal Bösen auch für I. Kant. War die Freiheit im Sinne der Reformation das göttliche Geschenk des mit Jesus Christus verbundenen Befreiungsgeschehens, so wurde sie nun mit der Vernunft und Autonomie des Menschen begründet, d.h. als natürliche Wesensbestimmung aufgefaßt. So entstand ein wohl reformatorisch geprägtes, jedoch nicht mehr direkt theologisch begründetes Naturrechtsdenken.[18]

Wie der moderne Begriff der Menschenwürde verdanken sich auch die neuzeitlichen Menschenrechte der „Umwandlung christlicher in politische Freiheit unter dem Einfluß des rationalen Naturrechts"[19]. Dies geschah zunächst in den politischen Kämpfen im England des 17. Jahrhunderts. Auf die positiven *altenglischen Freiheitsrechte*, die bis zur *Magna Charta* von 1215 zurückreichen, beriefen sich dann im 18. Jahrhundert auch die *amerikanischen Erklärungen der Menschenrechte*, in denen der Gedanke unveräußerlicher angeborener Rechte erstmals kodifiziert wurde. 1776 wurde die Virginia Bill of Rights erlassen. Im selben Jahr formulierte Thomas Jefferson die amerikanische Unabhängigkeitserklärung. 1798, also im Jahr der Französischen Revolution, wurde die amerikanische Verfassung von 1787 um eine Bill of Rights erweitert. Die amerikanische Verfassung knüpfte nicht nur an die altenglischen Freiheitsrechte, die Standesrechte waren, sondern auch an die zuerst in England, dann auch andernorts formulierte neue Staatstheorie des Gesellschaftsvertrags an. Die amerikanischen Erklärungen der Menschenrechte gingen aber noch einen Schritt weiter, indem sie nicht nur staatlich garantierte Bürgerrechte, sondern diesen vorausliegende allgemeine Menschenrechte formulierten. „Das Revolutionäre der amerikanischen Menschenrechte waren also nicht die inhaltlichen Einzelforderungen – Recht auf Leben, Freiheit, Eigentum, Versammlungs- und Pressefreiheit, Freizügigkeit, Anspruch auf Rechtsschutz –, sondern deren naturrechtliche, ‚natürliche' Begründung."[20]

War die amerikanische Menschenrechtsauffassung von einem christlichen Humanismus geprägt, so gewann die Menschenrechtsidee in der von der amerikanischen Entwicklung direkt beeinflußten *Französischen Revolution* ausgesprochen antikirchliche und antichristliche Züge. Die

---

[18] Vgl. W. Huber, a.a.O. (Anm. 2), S. 580.

[19] *U. Scheuner/M. Honecker*, Art. Menschenrechte, ESL[7], Stuttgart 1980, Sp. 892–896, hier Sp. 892.

[20] M. Honecker, a.a.O. (Anm. 3), S. 66.

„in Gegenwart und unter dem Schutze des Höchsten Wesens"[21] 1789
von der französischen Nationalversammlung verabschiedete „Erklärung der Rechte des Menschen und des Bürgers" sah bezeichnenderweise die Religionsfreiheit nicht als eigenes Menschenrecht vor. Artikel
10 bestimmte nur negativ: „Niemand darf wegen seiner Meinung,
selbst religiöser Art, belangt werden, solange ihre Äußerung nicht die
durch das Gesetz festgelegte öffentliche Ordnung stört."[22] Der Terror,
in den die Revolution mündete, diskreditierte auch den Menschenrechtsgedanken, der in Mitteleuropa weitgehend auf Kritik und Ablehnung stieß. Waren Freiheit, Gleichheit und Brüderlichkeit die Ideale
der Französischen Revolution, so lautete die konservative Kritik, daß
Freiheit und Gleichheit einen Widerspruch bilden.

Gerade die säkularistische Prägung der europäischen Menschenrechtstradition hat es den Kirchen erschwert, in der Idee allgemeiner
Menschenrechte das eigene christliche Erbe wiederzufinden. Die Entwicklung in Deutschland, wo demokratische Bestrebungen im 19.
Jahrhundert rasch scheiterten, wurde nicht nur durch eine antifranzösi-
sche Haltung, sondern überhaupt durch die Ablehnung der westlichen
Demokratie, also auch der amerikanischen Staatsform, und die Idee
eines deutschen Sonderweges geprägt. Eine solche antidemokratische
Haltung bestimmte bis ins 20. Jahrhundert hinein auch die Kirchen.
Erst die Erfahrungen mit dem Nationalsozialismus und der Kirchenkampf führten zu einem neuen Verständnis der Menschenrechtsidee.
Für Dietrich Bonhoeffer gehörte es zu den „erstaunlichsten Erfahrungen" des Kirchenkampfes, daß „gegenüber der Vergötterung des Irra-
tionalen, des Blutes, des Instinktes, des Raubtiers im Menschen der
Appell an die Vernunft", „gegenüber der Willkür der Appell an das
geschriebene Recht, gegenüber der Barbarei der Appell an Bildung und
Humanität, gegenüber der Vergewaltigung der Appell an Freiheit, Toleranz und Menschenrechte, gegenüber der Politisierung von Wissenschaft, Kunst und so weiter der Hinweis auf die Eigengesetzlichkeit der
verschiedenen Lebensbereiche" genügte, „um sofort das Bewußtsein
einer Art Bundesgenossenschaft zwischen den Verteidigern dieser unter
Anklage geratenen Werte und den Christen wachzurufen. Vernunft,
Bildung, Humanität, Toleranz, Eigengesetzlichkeit – alle diese Begriffe,
die noch bis vor kurzem als Kampfparolen gegen die Kirche, gegen das

---

[21] Zitiert nach Conc 26, 1990, H.2 (Ethos der Weltreligionen und Menschenrechte), S. 93.
[22] A.a.O. (Anm. 21), S. 94.

Christentum, gegen Jesus Christus selbst gedient hatten, fanden sich auf einmal überraschend dem Bereich des Christlichen ganz nahe gerückt."[23]

Bonhoeffer hat die Erfahrung einer neuen Bundesgenossenschaft zwischen säkularem Humanismus und Christentum so gedeutet, daß es um mehr als eine bloße Zweckgemeinschaft gegangen sei. „Das Entscheidende ist vielmehr, daß eine Rückkehr zum Ursprung stattfand, – die selbständig gewordenen und entlaufenen Kinder der Kirche kehrten in der Stunde der Gefahr zu ihrer Mutter zurück."[24] Ob diese Sichtweise dem Verhältnis von Menschenrechtsdenken und Christentum historisch wie systematisch gerecht wird, ist nun aber die Sachfrage, die wir im folgenden zu erörtern haben. Historisch sahen wir bereits, daß das Verhältnis beider Größen in der Entwicklungsgeschichte der Menschenrechte komplexer ist, als es einlinige Säkularisierungstheorien, zu denen auch diejenige von F. Gogarten zu rechnen ist[25], darstellen. Bonhoeffers Äußerung wirft außerdem die systematische Frage auf, ob die modernen Menschenrechte entgegen der Ansicht von Aufklärung und Rationalismus zu ihrer Durchsetzung auf eine christlich-theologische oder zumindest religiöse Begründung angewiesen sind. Die Menschenrechte stellen uns somit vor das Problem der Evidenz des Ethischen, welche nicht nur innerchristlich strittig[26], sondern auch eines der zentralen Themen im heutigen Dialog der Religionen wie in der Multikulturalismusdebatte ist. Mit der Evidenz des Ethischen ist aber auch die Universalität der Menschenrechte strittig. Diese berufen sich in aufklärerischer Tradition auf die Evidenz und Universalität menschlicher Vernunft. Doch die konkrete Entwicklungsgeschichte und Geschichtlichkeit der bisher kodifizierten Menschenrechte wirft die Frage nicht nur ihrer kulturellen Bedingtheit und Begrenztheit, sondern überhaupt diejenige nach dem Verhältnis von Vernunft und Geschichte auf. Ist die

---

[23] *D. Bonhoeffer*, Ethik, hg. v. I. Tödt u.a. (DBW 6), Gütersloh ²1998, S. 342f.

[24] D. Bonhoeffer, a.a.O. (Anm. 23), S. 344.

[25] Vgl. *F. Gogarten*, Verhängnis und Hoffnung der Neuzeit. Die Säkularisierung als theologisches Problem (1953), Gütersloh ²1987. Anders dagegen *H. Blumenberg*, Die Legitimität der Neuzeit, Frankfurt a.M. 1966.

[26] Exemplarisch ist die Kontroverse zwischen Ebeling und Pannenberg. Siehe *G. Ebeling*, Die Evidenz des Ethischen und die Theologie, ZThK 57, 1960, S. 318–356 (= ders., Wort und Glaube II, Tübingen 1969, S. 1–41); *W. Pannenberg*, Die Krise des Ethischen und die Theologie, ThLZ 87, 1962, Sp. 7–16 (= ders., Ethik und Ekklesiologie. Ges.Aufs., Göttingen 1977, S. 41–54; *G. Ebeling*, Die Krise des Ethischen und die Theologie, in: ders., Wort und Glaube II (s.o.), S. 42–55, sowie den in ZThK 70, 1973 abgedruckten Briefwechsel zwischen Ebeling und Pannenberg.

Geschichte vernünftig und die Entstehung der modernen Menschenrechte ein Ausweis ihrer Vernünftigkeit, oder ist die Vernunft geschichtlich, so daß auch die Menschheit nicht länger im Singular, sondern im Plural zu deklinieren ist? Wir versuchen im folgenden, die aufgeworfenen Fragen in theologischer Perspektive zu beantworten. Dazu ist es allerdings zunächst erforderlich, den den Menschenrechten zugrundeliegenden Rechtsbegriff und das Verhältnis von Recht und Ethos zu erörtern.

3. Menschenrechte, Recht und Ethos

3.1 Menschenrechte – Bürgerrechte

Die Menschenrechte nennen sich „Rechte". Doch ihre Rechtsqualität ist umstritten. Zunächst handelt es sich um *vorrechtliche sittliche Postulate*.[27] Doch wie die Naturrechtsidee formuliert auch der Menschenrechtsgedanke zunächst kein positives innerstaatliches oder völkerrechtliches Recht. Sollen die Menschenrechte als Recht im juristischen Sinne gelten, bedarf es neben ihrer Kodifizierung geeigneter Instrumentarien zu ihrer Durchsetzung einschließlich von Sanktionen im Fall ihrer Verletzung. Das Recht muß einklagbar sein, und dazu bedarf es nicht nur der Legislative und der Jurisdiktion, sondern auch der Exekutive, welche Rechtssprüche umsetzt, notfalls mit Zwangsmitteln. Wie schwierig all dies im Fall der Menschenrechte ist, zeigt nicht nur die Geschichte bisheriger Bemühungen um ihre völkerrechtliche Verankerung und Durchsetzung, sondern auch das Bemühen um die Einrichtung eines internationalen Strafgerichtshofs.

   Die 1948 verabschiedete *Allgemeine Erklärung der Menschenrechte* ist eine Deklaration ohne völkerrechtliche Verbindlichkeit.[28] Justiziables Recht sind die Menschenrechte nur insoweit, als sie durch innerstaatliche Rechtssetzung in Gestalt von Grundrechten garantiert oder in Form von zwischenstaatlichen Konventionen wie etwa der Europäischen Menschenrechtskonvention aus dem Jahre 1950 kodifiziert wer-

---

[27] Vgl. *P. Saladin*, Die Rechtsgeltung von Menschenrechten als Beispiel für die Rechtserheblichkeit ethischer Kriterien, in: A. Hertz u.a. (Hg.), a.a.O. (Anm. 9), S. 197–220; *H. Bielefeldt*, Philosophie der Menschenrechte. Grundlagen eines weltweiten Freiheitsethos, Darmstadt 1998.

[28] Zum folgenden vgl. *Chr. Tomuschat*, Art. Menschenrechte III. Menschenrechte im Völkerrecht, EStL[3] I, Stuttgart 1987, Sp. 2122–2132.

den. Insofern war es ein bedeutsamer Schritt, als es 1966 gelang, die rechtliche Substanz der Allgemeinen Erklärung der Menschenrechte in eine bindende rechtliche Form umzugießen, was durch die beiden *Internationalen Pakte über bürgerliche und politische Rechte* (IPBPR) sowie über *wirtschaftliche, soziale und kulturelle Rechte* (IPWSKR) geschah. Diese 1976 in Kraft getretenen Pakte, welche sowohl die individuellen Freiheitsrechte als auch die sozialen Menschenrechte kodifizieren, sind inzwischen durch eine Reihe weiterer Abkommen zu Einzelfragen abgesichert worden. Außerdem gibt es regionale Rechtsinstrumente wie die *Europäische Menschenrechtskonvention*, die *Europäische Sozialcharta* von 1961 und den Europäischen Gerichtshof, die Amerikanische Menschenrechtskonvention von 1969 oder die Afrikanische Charta der Rechte der Menschen und Völker von 1981. Allerdings ist es weder im arabischen noch im asiatischen Raum bisher gelungen, vergleichbare Regionalabkommen zu schließen.

Werden die Menschenrechte innerstaatlich als Grundrechte garantiert, handelt es sich lediglich um *Bürgerrechte*. Die Menschenrechte sollen aber für alle Menschen gelten. Solange das Völkerrecht noch nicht vollständig entwickelt ist, reichen die Menschenrechte weiter als ihre juristische Kodifizierung. Sie sind also mehr als bloße sittliche Postulate, nämlich „meta-juristische oder prä-juristische Normen"[29], deren Geltungsanspruch über das bestehende positive Recht hinausreicht, gleichwohl darauf abzielt, geltendes und einklagbares Recht zu werden.

Sind die Menschenrechte teils als positives Recht, teils als vorrechtliche Norm zu verstehen, stellt sich die Frage nach dem Verhältnis von *Recht* und *Moral*. Zur neuzeitlichen Entwicklung des Rechtswesen gehört die Entkoppelung von Recht und Moral bzw. die Unterscheidung von Moralität und Legalität.[30] Moral kann also nicht unmittelbar als Recht eingefordert werden, sondern muß, um juristisch wirksam werden zu können, in Recht transformiert werden. Die Emanzipation des Rechts von der Moral ist insofern eine historische Errungenschaft, als ein Rechtspositivismus die Rechtsgleichheit und Rechtssicherheit aller Rechtssubjekte gewährleisten soll. Insofern hat die Eigengesetzlichkeit

---

[29] M. Honecker, a.a.O. (Anm. 3), S. 97.

[30] Zur neuzeitlichen Entwicklungsgeschichte des Verhältnisses von Ethik und Recht siehe u.a. *N. Luhmann*, Ethik als Reflexionstheorie der Moral, in: *ders.*, Gesellschaftsstruktur und Semantik. Studien zur Wissenssoziologie der modernen Gesellschaft, Bd. 3 (stw 1093), S. 358–447; *O. Höffe*, Kategorische Rechtsprinzipien. Ein Kontrapunkt der Moderne, Frankfurt a.M. 1990.

gesellschaftlicher Teilsysteme, wie theologischerseits auch D. Bonhoeffer in der bereits zitierten Äußerung anerkannt hat, gerade in ethischer Sicht eine positive Bedeutung. Andererseits belehrt uns die Erfahrung mit Diktaturen über die Grenzen der Entkoppelung von Recht und Moral. Wo das geltende Recht insgesamt Unrecht kodifiziert, konfligieren Recht und Gerechtigkeit. Recht und Moral sind also zu unterscheiden, aber nicht vollständig zu trennen. Wie nach einem vielzitierten Diktum des Verfassungsrechtlers E.-W. Böckenförde der Staat, so lebt auch das Recht von Voraussetzungen, die es letztlich nicht garantieren und mit rechtlichen Mitteln erzwingen kann. Dafür sind die Menschenrechte, in denen sich Recht und Moral überschneiden, das herausragende Beispiel.

3.2 Menschenrechte als Naturrecht

Zur Überschneidung von Recht und Moral kommt es vor allem bei einer *naturrechtlichen Begründung* der Menschenrechte. Das aus der griechischen Philosophie stammende Naturrechtsdenken ist bekanntlich von der christlichen Theologie rezipiert und über die aristotelische Tradition sowohl in der römisch-katholischen als auch in der protestantischen Ethik wirksam geworden. Wie der Begriff der Menschenrechte wirft freilich auch derjenige des Naturrechts die Frage nach dem Rechtscharakter des behaupteten Rechtes auf. Während die christliche Tradition das Naturrecht im Willen Gottes, des Schöpfers, verankert und somit als Ergebnis göttlicher Rechtssetzung verstanden hat, beruft sich der Naturrechtsgedanke der Aufklärung allein auf die menschliche Vernunft als seinen transzendentalen Grund. Diese Verschiebung hat zur Folge, daß das Naturrecht von einer göttlichen Setzung, die von jedermann erkannt und eingesehen werden kann, zu einer zwischenmenschlichen Konvention wird. Juristisch betrachtet ist das Naturrecht ohnehin keine Rechtsnorm, sondern lediglich ein ethisches Postulat.

Als problematisch erweist sich freilich nicht nur der hinter dem Naturrechtsgedanken stehende Rechtsbegriff, sondern auch der zugrunde liegende *Naturbegriff*. Das traditionelle Naturrecht argumentiert mit einem ontologischen bzw. metaphysischen Naturbegriff, welcher innerweltliche Gegebenheiten als schöpfungsmäßige und darum unwandelbare Ordnungen interpretiert. Ein solcher Naturbegriff hält aber weder dem neuzeitlichen Geschichtsbewußtsein noch den modernen Naturwissenschaften stand. Die Natur als gegenwärtiger Zustand einer nach vorn hin offenen und nicht teleologisch determinierten Evolution unterliegt schon im außermenschlichen Bereich einem fortlaufenden Wandel. In der menschlichen Lebenswelt aber ist sie nie als solche, sondern immer nur kulturell überformt, und das heißt geschichtlich kontingent, vorzufinden.

Von solchen philosophischen Einwänden abgesehen wird von evangelischer Theologie auch theologische Kritik am Naturrechtsdenken geübt. So wird seit der Reformation bestritten, daß der sündige Mensch von sich aus Gott und seinen Willen erkennen kann. Folglich ist er in jeder Hinsicht auf die Offenbarung Gottes angewiesen. Die Wort-Gottes-Theologie des 20. Jahrhunderts hat insbesondere an jeder Form sogenannter natürlicher Theologie und im Falle Barths auch an der Denkfigur der analogia entis scharfe Kritik geübt. Um so bemerkenswerter ist freilich, daß sich Bonhoeffer ausdrücklich dem Thema des Natürlichen zugewendet hat, und zwar im Zusammenhang der Frage nach dem unveräußerlichen Recht auf Leben, das durch den nationalsozialistischen Staat angetastet wurde. Bonhoeffer spricht vom Natürlichen einerseits „im Unterschied zum Geschöpflichen, um die Tatsache des Sündenfalls mit einzuschließen", andererseits „vom Natürlichen im Unterschied zum Sündhaften, um das Geschöpfliche mit einzuschließen."[31] Zwischen Natürlichem und Unnatürlichem unterscheidet Bonhoeffer nicht ontologisch, sondern christologisch: „Das Natürliche ist das nach dem Fall auf das Kommen Jesu Christi hin Ausgerichtete. Das Unnatürliche ist das nach dem Fall dem Kommen Jesu Christi Sich-Verschließende."[32]

Ein solcher vom *Evangelium* her wiedergewonnener Begriff des Natürlichen versetzt die Theologie in die Lage, dem Naturrechtsgedanken ein relatives Recht zuzubilligen.[33] Hierin können sich evangelische und katholische Theologie treffen. So hat sich die katholische Theologie in den vergangenen Jahrzehnten um eine Neuinterpretation des Naturrechts von der Anthropologie her bemüht. Seiner geschichtlichen Relativität eingedenk interpretiert z.B. Franz Böckle das Naturrecht als „naturale Unbeliebigkeit der normativen Vernunft" bzw. als „Unbeliebigkeit anthropologisch gründender Vernunft:"[34] Dementsprechend

---

[31] D. Bonhoeffer, a.a.O. (Anm. 23), S. 165.

[32] Ebd.

[33] Siehe z.B. *M. Honecker*, Einführung in die Theologische Ethik, Berlin/New York 1990, S. 107ff; ders., a.a.O. (Anm. 3), S. 110f; *K. Tanner*, Der lange Schatten des Naturrechts. Eine fundamentalethische Untersuchung, Stuttgart 1993.

[34] *F. Böckle*, in: *ders./E.-W. Böckenförde* (Hg.), Naturrecht in der Kritik, Mainz 1973,

kann eine naturrechtliche Begründung der Menschenrechte gewürdigt werden als Versuch, die Unbeliebigkeit und Unverfügbarkeit der ihnen zugrunde liegenden Menschenwürde auszusagen.

Wie dem Gedanken der Menschenwürde kommt auch demjenigen der universal gültigen Vernunft der Status einer regulativen Idee zu.[35] So gewiß der praktische Vollzug vernünftigen Argumentierens soziokulturell begrenzt und von vorgängigen Normen, kulturellen und moralischen Traditionen abhängig ist, so sehr muß doch an der Transzendentalität der Vernunft in praktischer Absicht festgehalten werden. Denn die gegenteilige Behauptung einer radikalen Verschiedenheit der Menschen und Kulturen, wie sie heute von postmodernen Theoretikern des Multikulturalismus vertreten wird, bedeutet letztlich das Ende aller um freie Einsicht und Konsensbildung bemühten Diskurse. Sie führt nicht nur zur „Niederlage des Denkens"[36], sondern, wie die Erfahrung der vergangenen Jahre zeigt, in der politischen Praxis auch zur Rechtfertigung von Menschenrechtsverletzungen und undemokratischen Staatsformen.

Freilich sind die Menschenrechte kein statisch fixiertes Recht, sondern bedürfen der *fortgesetzten Interpretation und Aneignung*. Wie z.B. die Religionsfreiheit in den Anfängen der Menschenrechte keineswegs uneingeschränkt galt, so war auch der Geltungsbereich der Menschenrechte durchaus eingeschränkt. Die in der amerikanischen Bill of Rights formulierten Rechte galten nicht für Besitzlose und Sklaven. Zwischen dem Eintreten für die Menschenrechte und der Befürwortung von Sklaverei oder Leibeigenschaft wurde nicht zu allen Zeiten ein Widerspruch empfunden. Auch die Gleichstellung der Frauen – man denke nur an das Frauenwahlrecht – hat lange auf sich warten lassen und kann bis heute nicht als wirklich erfüllt gelten. Nahm die Kodifizierung von Menschenrechten ihren Ausgang bei den *individuellen Freiheitsrechten*, dem Recht auf Gleichheit und demjenigen auf politische Partizipation, so wurden später *soziale Menschenrechte*, wie dasjenige auf ausreichende Ernährung, Bekleidung und Wohnung, auf angemessene Gesundheitsfürsorge, das Recht auf Arbeit, gerechte Arbeitsbedingungen, auf Bildung von Gewerkschaften und auf soziale

---

S. 306.309. Zur philosophischen Debatte vgl. außerdem *O. Höffe*, Naturrecht ohne naturalistischen Fehlschluß, Wien 1980.

[35] So mit Recht M. Honecker, a.a.O. (Anm. 3), S. 165f.

[36] Vgl. *A. Finkielkraut*, Die Niederlage des Denkens, Reinbek 1989.

Sicherheit formuliert.[37] Während die Menschenrechte der sogenannten ersten und zweiten Generation die Individuen als Rechtssubjekte betrachten, wird heute über *Menschenrechte der sogenannten dritten Generation* diskutiert, die Volksgruppen und Staaten als Träger bestimmter Menschenrechte betrachten, z.B. des Rechtes auf Entwicklung, Frieden und den Schutz der Umwelt. Diskutiert werden auch die Rechte künftiger Generationen und sogar Rechte der Natur. Wir werden auf die Problematik dieser Entwicklung im 11. Kapitel ausführlich eingehen. Unabhängig von triftigen Einwänden gegen die Bezeichnung der aufgeführten Forderungen als Menschenrechte, die darauf abzielen, den Begriff der Menschenrechte auf vorstaatliche Grundsätze und somit auf Einzelpersonen als Rechtssubjekte beschränkt zu lassen[38], bleibt doch festzuhalten, daß die Entwicklung und Auslegung der Menschenrechte nicht mit dem derzeit erreichten Stand ihrer positiven Kodifizierung abgeschlossen ist. Insofern ist nun auch zu fragen, was Theologie und Kirche nicht nur zur Durchsetzung der kodifizierten Menschenrechte, sondern auch zu ihrer Weiterentwicklung beitragen können.

Um diese Frage zu beantworten, sind die bisher vorgenommenen begrifflichen Unterscheidungen zwischen Menschenrechten, Recht und Natur, Recht und Ethos theologisch zu erweitern. Eine Theologie des Rechts hat nämlich zusätzlich zwischen menschlicher Rechtssetzung und göttlichem Recht zu unterscheiden.[39] Für diese Unterscheidung ist aber eine weitere von grundlegender Bedeutung, nämlich die rechtfertigungstheologisch begründete Unterscheidung von *Gesetz* und *Evangelium*. Das muß im folgenden näher ausgeführt werden.

3.3 Die Menschenrechte im Kontext von Gesetz und Evangelium

Was in der Sprache der Bibel und der Theologie Gesetz heißt, ist weder mit einem vorgängigen Ethos noch mit menschlichen Rechtsbeständen umstandslos zu identifizieren. Im Anschluß an Gerhard Ebeling läßt sich vielmehr sagen, daß sowohl jedes Ethos als auch jede Gesetzgebung

---

[37] Vgl. *F. Horner*, Ethische Kriterien für die Entwicklung sozialer Grundrechte, in: A. Herz u.a. (Hg.), a.a.O. (Anm. 9), S. 221–236.

[38] Vgl. W. Huber, a.a.O. (Anm. 2), S. 590.

[39] Zu den Fragestellungen heutiger Rechtsethik siehe *H.-R. Reuter*, Rechtsethik in theologischer Perspektive, Gütersloh 1996; *W. Huber*, Gerechtigkeit und Recht. Grundlinien christlicher Rechtsethik, Gütersloh 1996. In diesem Werk formuliert Huber auch nochmals seine Position in der Frage der Menschenrechte (S. 222ff) sowie das Desiderat kirchlicher Grundrechte (S. 432ff).

bestenfalls als *Interpretament* des streng singularisch zu denkenden göttlichen Gesetzes verstanden werden kann.[40] Das gilt dann aber auch für die säkular begründeten Menschenrechte. So gewiß der christliche Glaube sich das in ihnen formulierte Anliegen zu eigen machen kann, so gewiß ist zwischen göttlichem Willen und jedem Menschenrechts- kodex zu unterscheiden, soll nicht der Menschenrechtsgedanke kurz- schlüssig sakralisiert werden.

Ebenso wichtig wie die Unterscheidung zwischen dem göttlichen Gesetz und seinen geschichtlich kontingenten Interpretamenten ist diejenige von Gesetz und Evangelium. Wohl kann der Begriff der Men- schenwürde in spezifischer Weise aus dem Evangelium von der Recht- fertigung des Sünders allein aus Gnaden hergeleitet werden, doch Menschenrechte sind als solche eine Gestalt des Gesetzes, nicht des Evangeliums. Der Einsatz für die Menschenrechte ist folglich eine Frucht des Glaubens und also eine Konsequenz des Evangeliums, als solcher jedoch von allen soteriologischen Ansprüchen zu entlasten. So notwendig die theologische Unterscheidung von Gesetz und Evangeli- um auch auf dem Gebiet der Menschenrechte ist, so notwendig ist gleichzeitig ihre Zuordnung. Wie ein statisches Naturrechtsdenken, so ist auch ein rein protologisch-schöpfungstheologischer Gesetzesbegriff zu kritisieren. Mit dem traditionellen theologischen Gesetzesbegriff ist aber auch die bisherige Lehre von den usus legis einer fundamentalen Kritik zu unterziehen.[41] Es ist F. Mildenberger darin zuzustimmen, *daß nicht der zwischen Luther und Calvin bzw. Melanchthon strittige tertius usus legis, sondern vielmehr der primus usus legis das zentrale Problem dar- stellt.*[42] Die herkömmliche Auffassung vom primus usus legis suggeriert nämlich, daß das Gesetz Gottes abseits der biblisch bezeugten Offenba- rung eine zeitlose Norm sei, gleichbedeutend mit einer außerbiblisch ermittelten lex naturalis (natürliches Sittengesetz). Dieser Deutung wi- derspricht aber schon die Herleitung der Tora im Alten Testament, ist diese doch nicht lex naturalis, sondern geoffenbarter Gotteswille für ein konkretes Volk in Raum und Zeit. Das Gesetz als Inbegriff des Willens

---

[40] Vgl. *G. Ebeling*, Erwägungen zur Lehre vom Gesetz, in: *ders.*, Wort Gottes und Glaube [I], Tübingen 1960, S. 255–293, hier S. 291; *ders.*, Dogmatik des christlichen Glaubens, Bd. III, Tübingen 1979, S. 270ff.

[41] Zur Kritik der traditionellen usus-Lehre siehe bereits *D. Bonhoeffer*, Ethik, hg. v. E. Bethge, München [8]1975, Anhang, S. 339ff.

[42] Vgl. *F. Mildenberger*, Biblische Dogmatik, Bd. 3, Stuttgart 1993, S. 193ff. Zur theologischen Unterscheidung von primus, secundus und tertius usus legis s. oben S. 83.

Gottes ist nicht zeitlos zu denken, weil Gott zeitlos wäre. Sondern wie Gott nicht dem philosophischen Begriff des unbewegten Bewegers entspricht, so auch nicht sein Gesetz einem abstrakt philosophischen Begriff der lex naturalis. Die theologische Lehre vom Gesetz hat die Dimension der Zeit neu zu bedenken. Das aber bedeutet, daß der Begriff des Gesetzes zuerst im Zusammenhang der *Erwählung* zu erörtern ist, was wiederum nicht metaphysisch-zeitlos geschehen darf, sondern als existentiale Interpretation eines Geschehens in Raum und Zeit erfolgen muß. Fällt aber die Erwählung neutestamentlich gedacht mit dem Christusgeschehen zusammen, dann ist das Gesetz als theologische Größe in der Dialektik von alt und neu zu bedenken.

Diese Überlegungen haben Konsequenzen für das theologische Problem der Menschenrechte. Nötigt die biblische Rede von der Sünde gegenüber der reformatorischen, vor allem lutherischen Tradition, zwischen Menschensatzungen und göttlicher Anordnung deutlicher zu unterscheiden, so ist der Gesetzesbegriff seinerseits *dynamisch* zu fassen. Gottes befreiendes Handeln in der Geschichte hat zur Folge, daß der Begriff des Gesetzes und sein Inhalt immer wieder neu bestimmt und in neuer Gestalt verbindlich gemacht werden müssen. Wie es zwischen alten und neuen Gestalten des Gesetzes Kontinuität und Diskontinuität gibt, so auch zwischen Altem und Neuem Testament. In christologischer Perspektive ist zu sagen: Das Evangelium, welches das Christusgeschehen bezeugt, ist der letztgültige Erkenntnisgrund des Gesetzes, das in gewisser Hinsicht gültig bleibt, in gewisser Hinsicht jedoch – und zwar nicht nur, was seine jüdische, sondern überhaupt seine vorchristliche Gestalt betrifft – abgetan ist. In neutestamentlicher Perspektive ist das Gesetz Gottes nun das Gesetz Christi. Dieses ist in der Tat ein *neues* Gebot (Joh 13,34), nicht nur die Erneuerung des alten Gebotes. Der Glaube kann und muß, mit Luther gesprochen, *neue Dekaloge* schreiben[43], wobei das Kriterium, besser gesagt das *Krites,* d.h. die prüfende Instanz, die Liebe ist[44], welche die überlieferten Gestalten des Gesetzes bzw. seine historisch-kontingenten Interpretamente sichtet, gemäß dem Grundsatz aus I Thess 5,21: „Prüft alles, und das Gute behaltet."

Es gibt also eine durch das Evangelium provozierte, in der Dialektik von Kontinuität und Diskontinuität sich vollziehende Entwicklungsgeschichte menschlichen Rechts und der Moral. Sie ist durch das Evange-

---

[43] WA 39 I, S. 47.
[44] Vgl. *A. Rich*, Wirtschaftsethik. Grundlagen in theologischer Perspektive, Gütersloh 1984, S. 162ff, bes. S. 168f.

lium motiviert und bleibt doch von diesem klar geschieden. In diesem Sinne lassen sich m.E. auch die Menschenrechte theologisch interpretieren, nämlich als Rechtsschöpfung, welche sich Impulsen des biblischen Evangeliums verdankt, jedoch nicht nur von diesem unterschieden bleibt, sondern als ein Interpretament des göttlichen Rechtes, in das vielfältige Traditionen Eingang gefunden haben, auch von diesem nochmals unterschieden bleibt. Insofern aber das Gesetz als Größe des christlichen Glaubens, und zwar nicht nur im Sinne des traditionellen usus elenchthicus, sondern auch im Sinne des usus politicus legis, eine dynamische Größe ist, können die Menschenrechte ihrerseits christlich rezipiert werden, was freilich wiederum nur in kritischer Freiheit geschehen kann, die im Glauben an das Evangelium gewonnen wird. Im folgenden soll erläutert werden, wie nun der Inhalt der als Interpretament des Gesetzes verstandenen Menschenrechte im Licht des Evangeliums theologisch zu verstehen ist.

4. Das Recht des Menschen und die Rechtfertigung des Sünders

Wie wir schon feststellten, sind für das neuzeitliche Freiheitsverständnis und den Gedanken der Menschenwürde und der Menschenrechte wesentliche Impulse von der Reformation ausgegangen. Auf dem Boden reformatorischer Theologie haben sich unterschiedliche Modelle zur Interpretation der Menschenrechte herausgebildet. Unter Berufung auf die *Evidenz des Ethischen* ist vorgeschlagen worden, auf jede theologische Begründung der Menschenrechte zu verzichten, weil nur so ihre Universalität gewahrt bleiben könne. Nicht die Begründung, sondern lediglich die Motivation zum Einsatz für die Menschenrechte sei Sache der Theologie. Dieses Modell steht freilich in der Gefahr, die Wahrheit des christlichen Glaubens zu einer Sonderlehre herabzustufen und den geschichtlichen Charakter der Menschenrechte auszublenden. Ein Vertreter dieses Modells wie Martin Honecker wendet gegen solche Kritik allerdings ein, daß der Verzicht auf eine christliche Legitimation der Menschenrechte „nicht auch den Verzicht auf ein christliches Urteil über den rechten *Umgang* mit Menschenrechten" bedeute.[45]

---

[45] M. Honecker, a.a.O. (Anm. 3), S. 150.

Wird man Honecker soweit zustimmen können, so kann sich doch die Theologie andererseits nicht völlig von der Begründungsproblematik der Menschenrechte distanzieren. Denn ein grundlegendes Problem der Menschenrechte besteht heute darin, daß es für sie keine universal formulierbare und somit kultur- und religionsübergreifend weltweit akzeptierte Letztbegründung gibt. Weder gibt es eine universalreligiöse, noch eine universalphilosophische Legitimation. Vor allem Georg Picht hat eindringlich darauf hingewiesen, daß mit dem Ende der traditionellen Metaphysik auch der Anspruch der Aufklärungstradition hinfällig geworden ist, auf philosophischem Wege eine universalgültige, transzendentale Begründung der Menschenrechte zu formulieren.[46] Insofern kann sich auch die Theologie nicht länger auf die universale Evidenz des Ethischen verlassen. Wohl sind die Menschenrechte, wenn man denn überhaupt ihre Idee akzeptiert, universal zu denken. Aber ihre universale Geltung tritt immer nur in Gestalt partikular formulierter und begründeter Geltungs*ansprüche* auf. So stehen wir heute vor der Situation, daß die Menschenrechte „begründungsoffen"[47], deshalb aber nicht weniger begründungs*bedürftig* sind.[48] Ihre Zustimmungsfähigkeit, die immer partikular ist – und handle es sich auch um ein supranationales Völkerrechtsabkommen – setzt jeweils auch ihre zustimmungsfähige, wenngleich wiederum in der Praxis partikulare, Begründbarkeit voraus. Sie ist nicht erst dann gegeben, wenn eine metaphysische Letztbegründung gefunden wird, sondern wenn es Argumente gibt, die für die konkrete Gesetzgebung und das praktische Handeln hinreichend plausibel erscheinen. Sollen die Menschenrechte also für die Kirchen derart zustimmungsfähig sein, daß sich der praktische Einsatz für sie theologisch rechtfertigen läßt, bedarf auch die Zustimmungsfähigkeit selbst einer theologischen Begründung. Sie wird freilich im ethischen Diskurs der Gesellschaft nicht für sich den Anspruch einer von allen Seiten zu akzeptierenden Letztbegründung erheben können. Andererseits ist nicht von vornherein auszuschließen, daß auf theologischem Wege gewonnene Argumente auch für eine nichttheologische Argumentation eine gewisse Plausibilität gewinnen können.

---

[46] Vgl. *G. Picht*, Zum geistesgeschichtlichen Hintergrund der Lehre von den Menschenrechten, in: *ders.*, Hier und Jetzt. Philosophieren nach Auschwitz und Hiroshima, Stuttgart 1980, S. 116–136.

[47] W. Huber, a.a.O. (Anm. 2), S. 581.

[48] Zur Auseinandersetzung mit der Analyse Pichts siehe auch W. Huber/H.E. Tödt, a.a.O. (Anm. 10), S. 145ff.

Nun gibt es theologische Konzepte, die Menschenrechte dezidiert *christologisch* zu begründen. K. Barth hat unter Verwendung seiner Denkfigur der *analogia fidei*[49] eine Entsprechung zwischen Rechtfertigung und Recht behauptet und somit der Sache nach ein Gefälle von der Rechtfertigungslehre zur neuzeitlichen Idee der Menschenrechte.[50] Barth dürfte in der Tat Entscheidendes richtig gesehen haben. Allerdings ist einzuwenden, daß der Analogiegedanke in der Ethik zu willkürlichen Schlußfolgerungen verleiten kann, bei denen sich das Verhältnis von Begründung und Begründetem leicht verkehrt. Auch sollte nicht übersehen werden, daß z.B. Heinrich Vogel gerade unter Verwendung der Analogiemethode Barths dem Gedanken allgemeiner Menschenrechte kritisch gegenüberstand.[51]

Einen spezifisch theologischen Zugang zur Universalität der Menschenrechte suchen Vertreter der reformierten Tradition zu gewinnen, indem sie vom Gedanken des *Bundes* und der allen Menschen geltenden Bundestreue Gottes aus argumentieren und die Menschenrechte vom Recht Gottes auf den Menschen ableiten.[52] Bei dieser Argumentationsweise ist allerdings die Gefahr eines unhistorischen Biblizismus gegeben. Außerdem arbeitet die vorgenommene Zuordnung von Gottesrecht und Menschenrechten mit einem äquivoken Rechtsbegriff, der die theologische mit der juristischen Ebene vermengt.[53]

Gegenüber den genannten Modellen ist aufgrund unserer bisherigen Ausführungen einer anderen Interpretation der Vorzug zu geben, welche die Zuordnung von Menschenrechten und christlichem Glauben

---

[49] Die theologische Tradition ist sich darin einig, daß sich von Gott nicht univok, sondern nur analog sprechen läßt, indem man von der Entsprechung (Analogie) zwischen Schöpfer und Schöpfung ausgeht. Zwischen Schöpfer und Schöpfung besteht eine Ähnlichkeit, freilich immer auch eine Unähnlichkeit. Während die klassische Theologie die Analogie zwischen Gott und Welt seinshaft denkt (analogia entis), so daß der Gottesgedanke bzw. ein Wissen um Gott der allgemeinen menschlichen Vernunft zugänglich ist, behauptet K. Barth, daß sich die Analogie zwischen Schöpfer und Schöpfung nur im Glauben entdecken läßt (analogia fidei).

[50] Vgl. *K. Barth*, Rechtfertigung und Recht [1938]/Christengemeinde und Bürgergemeinde [1946] (ThST [B] 104), Zürich ³1984. Allerdings findet sich das Stichwort der Menschenrechte bei Barth direkt nicht!

[51] *H. Vogel*, Die Menschenrechte als theologisches Problem, in: *W. Schmauch* (Hg.), In memoriam Ernst Lohmeyer, 1951, S. 337–351. Vgl. auch M. Honecker, a.a.O. (Anm. 3), S. 133.

[52] Siehe *J.M. Lochman/J. Moltmann* (Hg.), Gottes Recht und Menschenrechte. Studien und Empfehlungen des Reformierten Weltbundes, Neukirchen-Vluyn 1976; *J. Moltmann*, Menschenwürde, Recht und Freiheit, Stuttgart 1979.

[53] Vgl. W. Huber, a.a.O. (Anm. 2), S. 592.

mittels des Modells von *Analogie* und *Differenz* vornimmt. Es macht theologisch gleichermaßen die Unterscheidung wie die Zuordnung von Gesetz und Evangelium geltend. Auf die Legitimationsfrage wird verzichtet, insofern die Menschenrechte ihr eigene Autorität haben. Andererseits wird nach strukturellen Entsprechungen zwischen Menschenrechten und christlichen Glaubensinhalten gefragt. Für Wolfgang Huber und Heinz Eduard Tödt sind die Menschenrechte „ein Paradigma für den theologischen Umgang mit Problemen, die nicht innertheologischen Ursprungs sind"[54], sehr wohl aber theologisch bedacht und mitverantwortet werden müssen.

Den *Kern* der Menschenrechte bilden offensichtlich die *Grundwerte* der Freiheit, Gleichheit und Solidarität bzw. Teilhabe, die in Grundinhalten des christlichen Glaubens eine Entsprechung finden. Von der Freiheit eines Christenmenschen war bereits die Rede. Insbesondere die *paulinische Rechtfertigungslehre* ist als spezifische Freiheitslehre zu verstehen, beschreibt Paulus doch die Rechtfertigung des Sünders als Befreiung zur Freiheit (Gal 5,1). Die Freiheit des Glaubens ist aber nicht die Freiheit unmittelbarer Selbstdurchsetzung, sondern weiß sich der Freiheit und dem Gewissen des Nächsten verpflichtet, wie aus der paulinischen Kritik am Selbstbehauptungswillen der korinthischen Charismatiker ersichtlich ist.[55] Zugleich besteht nach I Kor 8,1 und I Kor 13 ein unmittelbarer Zusammenhang zwischen Agape und Gemeindeaufbau. Die Teilhabe aller Gemeindeglieder an den Gaben des Heiligen Geistes und die Nächstenliebe bilden also eine innere Einheit. Der Geist aber begründet sowohl die Vielfalt unterschiedlicher Gaben als auch die Einheit und Gleichheit aller Christen vor Gott. In Christus sind nach Gal 3,28 alle Unterschiede der Herkunft und des sozialen Ranges aufgehoben, weil alle zu dem einen Leib Christi gehören[56] und in gleicher Weise an der einst Abraham gegebenen Verheißung Anteil haben.[57] „Die durch Gott in Christus geschenkte Freiheit, die in der Annahme aller Menschen durch Gott gegebene Gleichheit und die in der Teilhabe am Geist begründete Befähigung zur aktiven Mitwirkung am gemeinsamen Leben verleihen den drei Grundmomenten von Freiheit, Gleichheit und Teilhabe zugleich eine Zuspitzung, die über das in

---

54 W. Huber/H.E. Tödt, a.a.O. (Anm. 10), S. 10.
55 Vgl. I Kor 8; 11,17–14,40.
56 Vgl. Gal 3,28b mit I Kor 12,12ff.
57 Gal 3,29.

einer säkularen Rechtsordnung jeweils Realisierte hinausweist."[58] Diese
Zuspitzung zeige sich vorrangig im Einsatz für diejenigen, denen die
Menschenrechte verweigert werden und deren Menschenwürde angetastet wird. Man wird an dieser Stelle auch auf die prophetische Tradition Israels hinweisen dürfen, in deren Licht das Neue Testament das
Christusgeschehen deutet. Andererseits besteht eine grundlegende *Differenz* zwischen einem säkular neuzeitlichen Begriff der Menschenwürde und der christlichen Anthropologie, was die Wirklichkeit der Sünde
und die soteriologische Begründung menschlicher Freiheit betrifft.

Nach Auffassung W. Hubers bildet für ein an der reformatorischen
Theologie geschultes Verständnis die *Glaubens- und Gewissensfreiheit*
den Kern der Menschenrechte.[59] Man wird allerdings nicht wie seinerzeit Georg Jellinek behaupten können, daß der historische Ursprung
der Menschenrechte in der reformatorischen Forderung nach Gewissensfreiheit liege.[60] Die These Jellineks, die Anfänge des neuzeitlichen
Menschenrechtsdenkens seien auf entsprechende Forderungen der cal-
vinistischen Sekten während der Cromwellschen Revolution im England des 17. Jahrhunderts zurückzuführen, hält in dieser Einseitigkeit
der historischen Forschung nicht stand.[61] Aber auch die Reformation
selbst brachte nicht die Religionsfreiheit im modernen Sinne des Wortes, d.h. als individuelles Recht. Auch wenn Luther für die Freiheit des
Gewissens und des Wortes Gottes stritt, war er doch von der Gefähr-
lichkeit der Ketzer überzeugt, gegen deren Treiben die weltliche Obrigkeit notfalls mit Zwangsmitteln vorgehen müsse, wenn auch nicht aus
religiösen Gründen, sondern um des politischen Friedens willen. Es
bleibt der Theologie daher aufgetragen, unter heutigen Bedingungen
eine eigenständige systematische Interpretation der Religionsfreiheit zu
entwickeln, die sich rechtfertigungstheologisch begründen läßt, aber
den Fehler vermeidet, heutige theologische Positionen in apologeti-
scher Absicht in die Reformationsgeschichte zurückzuprojizieren.

Entsprechung und Differenz zwischen Menschenrechten und christlichem Glauben werden auch in Trutz Rendtorffs *rechtfertigungstheolo-*

---

[58] W. Huber, a.a.O. (Anm. 2), S. 593.

[59] W. Huber, a.a.O. (Anm. 2), S. 579.

[60] *G. Jellinek*, Die Erklärung der Menschen- und Bürgerrechte, in: R. Schnur (Hg.),
a.a.O. (Anm. 14), S. 1–77.

[61] Vgl. M. Honecker, a.a.O. (Anm. 3), S. 68f; W. Huber/H.E. Tödt, a.a.O. (Anm.
10), S. 124ff.

gischer Interpretation herausgearbeitet.[62] Allerdings sucht Rendtorff strukturelle Entsprechungen zwischen Rechtfertigungslehre und modernem Menschenrechtsverständnis ohne jeden ausdrücklichen Hinweis auf die neutestamentlich bezeugte Offenbarung und das Christusgeschehen einsichtig zu machen. Problematisch erscheint mir an Rendtorffs Interpretation der Versuch, das christliche Freiheitsverständnis zu ontologisieren und von der konkreten Erfahrung des rechtfertigenden Glaubens abzulösen. Zustimmung verdient aber m.E. Rendtorffs Hinweis auf die strukturelle Übereinstimmung zwischen der Unverfügbarkeit der Gnade Gottes und der Unverfügbarkeit der Menschenrechte, die nicht zur Disposition des Gesetzgebers stehen.

Bemerkenswert ist auch Rendtorffs Argument, daß sich aus der paulinischen bzw. reformatorischen Rechtfertigungslehre ein durchaus kritischer Blick auf die Menschenrechte der ersten Generation und eine spezifische Zuordnung von individuellen Freiheitsrechten und sozialen Menschenrechten ergibt. Rendtorff macht nämlich auf den Zusammenhang von Glauben und Recht mittels des Begriffs des *Vertrauens* aufmerksam. „Vertrauen konkretisiert sich in der Erwartung, daß jedem sein *Recht* widerfahre. Insofern hat Vertrauen elementar zu tun mit Gerechtigkeit. Gerechtigkeit ist im Grundsinn eine Konkretion des Vertrauens."[63] Vertrauen ist aber eine soziale Kategorie, die sich in der Rechtsgemeinschaft konkretisiert. Rendtorff lehnt es darum ausdrücklich ab, die Menschenrechte auf ein natürliches Recht der Individuen zurückzuführen. Sie wären sonst als Privilegierung von starken, selbständigen Individuen zu verstehen und könnten somit sozialdarwinistisch mißdeutet werden. „Menschenrechte dürfen nicht als unmittelbare natürliche Selbständigkeit des Menschen konzipiert werden. Sonst werden Menschenrechte zu einer bloßen Funktion natürlicher Lebenskraft und ihres ökonomischen Erfolges."[64] In Wahrheit liege in den Menschenrechten der Gedanke beschlossen, „daß sich die Menschen gegenseitig annehmen müssen, um einander gerecht zu werden. In die-

---

[62] *T. Rendtorff*, Menschenrechte und Rechtfertigung. Eine theologische Konspektive, in: *D. Henke u.a.* (Hg.), Der Wirklichkeitsanspruch von Theologie und Religion (FS E.Steinbach), Tübingen 1976, S. 161–174.

[63] *T.Rendtorff*, Ethik, Bd. I (ThW 13,1), Stuttgart 1980, S. 49. Vgl. in der 2. Aufl., Stuttgart 1990, S. 80. Wir zitieren im folgenden durchgängig nach der ersten Auflage der Ethik Rendtorffs, weil die Formulierungen in der zweiten Auflage von 1990 an einigen Stellen abweichen.

[64] *T. Rendtorff*, Ethik, Bd. II (ThW 13,2), Stuttgart 1981, S. 108. Vgl. in der 2. Aufl., Stuttgart 1990, S. 139.

ser Anerkennung findet das Handeln seine innere und äußere Norm."[65]
Letztlich weist der Menschenrechtsgedanke darauf hin, „daß die Menschen eine Lebenserwartung an das Handeln anderer haben, deren Erfüllung ihnen als ihr Recht zukommt." [66]

Rendtorff vermeidet jede christologische Begründung der Menschenrechte, weist aber selbst darauf hin, daß die wechselseitige
menschliche Anerkennung keine natürliche Selbstverständlichkeit ist,
sondern Widerstände überwinden muß. An dieser Stelle erhebt sich die
Frage, inwiefern nicht *zumindest auf der motivationalen Ebene eine dezidiert theologische Argumentation unverzichtbar* ist. Denn die Freiheit,
deren Struktur Rendtorff allgemeingültig aufweisen will, verdankt sich
nach christlichem Verständnis einem spezifischen Befreiungsgesche-
hen, das sich im Glauben an das Evangelium realisiert. Die der
menschlichen Freiheit und wechselseitigen Anerkennung zugrunde liegende göttliche Gnade und Rechtfertigung des Sünders ist aber nicht
als symmetrisches, sondern als *asymmetrisches Anerkennungsverhältnis*
zu bestimmen, geht doch der im Glauben vollzogenen Anerkennung
Gottes und seines Urteilsspruchs durch den Menschen uneinholbar seine unverdiente Anerkennung und Annahme durch Gott voraus. Insofern besteht zwischen einem säkularen Verständnis der Unverfügbarkeit menschlicher Würde und der biblisch begründeten Überzeugung
von der im Rechtfertigungsgeschehen bestätigten und wiedergewonne-
nen Gottebenbildlichkeit des Menschen eine unaufhebbare Differenz.

Die Asymmetrie des Verhältnisses von Gott und Mensch betrifft nun
aber auch das Verhältnis von *Recht* und *Gerechtigkeit*. Nicht nur ist zwischen diesen beiden Größen an sich zu unterscheiden. Unterschieden
werden müssen auch die menschliche Gerechtigkeit, welche in den
Menschenrechten ihre fundamentale Rechtsgestalt finden soll, und die
Gerechtigkeit Gottes. Die Menschenrechte orientieren sich am Begriff
der *iustitia distributiva*. Der Staat soll jedem das Seine zubilligen, was
ihm aufgrund seines Menschseins als solchem zusteht. Die göttliche
Gerechtigkeit aber ist nicht mit der innerweltlichen iustitia distributiva,
sondern mit der zuvorkommenden Gnade gleichzusetzen. Die *gratia
praeveniens* aber übersteigt jede innerweltliche Gerechtigkeit. Eben darum dürfen menschliche und göttliche Gerechtigkeit nicht in einem
Atemzug genannt werden. Doch motiviert die Erfahrung der göttlichen Gerechtigkeit im Sinne der zuvorkommenden und jeden Rechts-

[65] T. Rendtorff, a.a.O. (Anm. 63), S. 50.
[66] T. Rendtorff, a.a.O. (Anm. 63), S. 49.

anspruch übersteigenden Gnade zu einem schöpferischen, von der Liebe zum Nächsten motivierten, Umgang mit dem Recht und seiner der Humanität verpflichteten beständigen Weiterentwicklung.

Zusammenfassend können wir sagen, daß die Menschenrechte nicht exklusiv aus dem christlichen Glauben hergeleitet werden können, für diesen aber sehr wohl zustimmungsfähig sind, weil sie vom Zentrum der neutestamentlichen Botschaft, nämlich der Rechtfertigung des Sünders allein aus Gnaden, christlicherseits angeeignet werden können. Der unverwechselbare Beitrag aber, den die Kirchen zur Fortentwicklung und Durchsetzung der Menschenrechte leisten können, besteht in der Verkündigung des Evangeliums von der freien Gnade Gottes, welche in der Unanstastbarkeit der Würde aller Menschen ihre weltliche Entsprechung findet. Sie sind aber auch gefordert, sich praktisch für den Schutz der Menschenrechte bzw. für die Menschen einzusetzen, deren Recht und Würde verletzt wird. Eine weitere Aufgabe ist das Gespräch mit anderen Religionen über die Menschenrechte. Von ihr ist nun zu reden.

5. Die Menschenrechte im Dialog der Religionen

Das Verhältnis aller Religionen zu den Menschenrechten ist ambivalent. Das gilt, wie wir sahen, zumindest historisch, auch für das Christentum. Die komplexe Entstehungsgeschichte der Menschenrechte zeigt, daß diese nicht ohne den Einfluß des Christentums entstanden, in systematischer Hinsicht jedoch unabhängig vom Christentum ebenso begründungsoffen wie begründungsbedürftig sind. Soll die Akzeptanz der Menschenrechte erweitert werden, bedarf es nicht nur politischer Anstrengungen, sondern auch eines interkulturellen und interreligiösen ethischen Diskurses.

Wie wir sahen, sind die Menschenrechte für das heutige Christentum sehr wohl zustimmungsfähig, was jedoch stets auch die kritische theologische Prüfung ihrer möglichen Begründungen und Interpretationen einschließt. Ob die Menschenrechte auch für andere Religionen und Kulturen zustimmungsfähig sind, läßt sich freilich nicht generell beantworten.[67] Bejahen läßt sich diese Frage auf jeden Fall für das Ju-

---

[67] Zum folgenden siehe das bereits in Anm. 21 zitierte Themenheft „Ethos der Weltreligionen und Menschenrechte": Conc 26, 1990, H.2, sowie W. Huber, a.a.O. (Anm. 2), S. 595ff.

dentum. Kompliziert ist jedoch die Diskussionlage innerhalb anderer Weltreligionen. Zwar gibt es inzwischen Entwürfe einer islamischen Menschenrechtserklärung.[68] Jedoch findet deren Annäherung an die westliche Menschenrechtstradition in der islamischen Scharia bislang ihre unüberwindlichen Grenzen.[69] Das gilt vor allem für die Religionsfreiheit, die der offizielle Islam bis heute nicht zu akzeptieren bereit ist, aber auch z.B. für die Gleichstellung von Mann und Frau. Auch in den östlichen Weltreligionen, also Hinduismus, Buddhismus, Konfuzianismus und Shintoismus, gibt es nur erste Ansätze zu einer wirklichen Rezeption der modernen Menschenrechte. Bezeichnenderweise ist bis heute für Asien kein regionales Menschenrechtsabkommen zustande gekommen. Dennoch ist beispielsweise W. Huber optimistisch, daß die Menschenrechte religionsübergreifend „einen verbindenden Bezugspunkt ethischer Überzeugungen" und somit die Basis für ein anzustrebendes Weltethos bilden können.[70] Die Idee eines Weltethos als solche ist allerdings höchst problematisch. Zum einen erhebt sich die Frage, ob es überhaupt ein universalreligiös begründbares Ethos geben kann. Zum anderen steht im Zentrum des Küngschen Projektes nicht etwa die Idee universaler Menschen*rechte*, sondern universaler Menschen*pflichten*. So ist es kein Zufall, daß Küngs Projekt Weltethos im Hintergrund des 1997 vom sogenannten InterAction Council vorgelegten Entwurfs einer „Allgemeinen Erklärung der Menschenpflichten" steht. An die These Hubers, die Menschen*rechte* könnten der Fluchtpunkt eines multireligiösen Weltethos sein, sind daher Zweifel angebracht.

Küngs Hauptthesen wurden bereits im 3. Kapitel eingehend diskutiert.[71] Dort gelangten wir zu dem Ergebnis, daß Küngs Versuch, die Ethiken der verschiedenen Religionen auf wenige Grundregeln zurückzuführen, weder den vorhandenen weltanschaulichen und ethischen Divergenzen noch der Komplexität globaler Probleme und gesellschaft-

---

[68] Der Text der 1981 vom Islamrat für Europa veröffentlichten „Allgemeinen islamischen Menschenrechtserklärung" ist zugänglich als Cibedo-Dokument Nr. 15/16, 1982, derjenige der Kairoer Erklärung der Menschenrechte im Islam (1990) findet sich abgedruckt in: Gewissen und Freiheit 19, 1991, Nr. 36, S. 93–98.

[69] Zur Analyse vgl. *M. Honecker*, Christen und Muslime vor der Herausforderung der Menschenrechte, MdKI 44, 1993, S. 83–86; *O. El Hajje*, Die islamischen Länder und die internationalen Menschenrechtsdokumente, Gewissen und Freiheit 19, 1991, Nr. 36, S. 74–79. Siehe ferner *O. Schumann*, Einige Bemerkungen zur Frage der Allgemeinen Menschenrechte im Islam, ZEE 30, 1986, S. 155–174.

[70] W. Huber, a.a.O. (Anm. 2), S. 588.

[71] S. o. S. 92ff.

licher Konflikte gerecht wird.[72] Es hat sich gezeigt, daß die von Küng formulierten Maximen elementarer Menschlichkeit lediglich den Schein einer interreligiösen Konvergenz erzeugen, der sich verflüchtigt, sobald man fragt, wie diese Maximen von den einzelnen Religionen und im ethischen Konfliktfall materialiter interpretiert werden. Küngs Argumentation, welche das moralische Handeln vom jeweiligen religiösen Bezugssystem ablöst, vermag allenfalls auf der personalethischen Ebene vordergründig zu überzeugen, genügt aber nicht auf der sozial- und umweltethischen Ebene, auf welcher der Konflikt um die Universalität und weltweite Durchsetzbarkeit der Menschenrechte angesiedelt ist. Deren Rechtscharakter ist abhängig von politischen Ordnungen, ihre Durchsetzbarkeit von der Schaffung entsprechender Rechtsinstrumente.

Die Kerninhalte der Menschenrechte, nämlich Gleichheit, Freiheit und Partizipation, bilden einen inneren Zusammenhang. Mit anderen Worten besteht eine unauflösliche Verbindung zwischen Menschenrechten und Demokratie. Daß gerade in der Menschenrechtsfrage eine substantielle Konvergenz besteht, läßt sich vor diesem Hintergrund kaum behaupten. Um so notwendiger ist es, den Dialog zwischen den Religionen zu führen und zu intensivieren. Bei aller Dialogbereitschaft wird allerdings eine Konkurrenz, und zwar eine durchaus legitime Konkurrenz der verschiedenen Religionen und Weltanschauungen bestehen bleiben.[73] Soll der Kontroversen ansprechende Dialog nicht in Streit- und Unterwerfungsstrategien ausarten, sollte man vom Projekt eines Weltethos besser Abstand nehmen, sehr wohl aber pragmatische Annäherungen und Übereinstimmungen anstreben.[74]

Wenn an Küngs Projekt Weltethos Kritik geäußert wird, so geschieht dies auch deshalb, weil seine Basis bei genauerem Hinsehen keineswegs die Idee von unveräußerlichen *Rechten* des Menschen, sondern ein Katalog von Geboten, d.h. aber die Idee universaler Menschen*pflichten* ist. Dies entspricht wohl religiöser Tradition, und zwar, wie wir sahen, auch im Christentum. Wir sahen freilich auch schon, daß der Gedanke universaler Menschenpflichten, die auf göttliche Gebote zurückgeführt werden, zu demjenigen allgemeiner Menschenrechte in Spannung steht. Das gilt bis heute beispielsweise für den Islam oder auch den

---

[72] Vgl. auch *U. Körtner*, Solange die Erde steht. Schöpfungsglaube in der Risikogesellschaft (Mensch – Natur – Technik, Bd. 2), Hannover 1997, S. 134–150.

[73] Vgl. M. Honecker, a.a.O. (Anm. 69), S. 86.

[74] Vgl. auch H. Bielefeldt, a.a.O. (Anm. 27), S. 115–201.

Konfuzianismus, trifft aber historisch, wie gezeigt wurde, auch für das Christentum zu. Noch Paul Althaus konnte schreiben: „Ist es nicht eine erlösende Erkenntnis, daß es wohl christliche *Bruderpflichten*, aber keine für sich selbst zu behauptende *Menschenrechte* gibt?"[75] Es besteht also das Problem, daß ein interreligiös begründetes Weltethos mit der Begründungsoffenheit der Menschenrechte konfligiert. Gerade der Versuch, diesen eine universale Begründung zu geben, kann im Ergebnis dazu führen, die Geltung der Menschenrechte einzuschränken. Das ist im Kern auch die Schwierigkeit, unter welcher die nun abschließend zu diskutierende „Allgemeine Erklärung der Menschenpflichten" leidet, an deren Zustandekommen Küng beteiligt war.

6. Menschenrechte – Menschenpflichten?

Im September 1997 veröffentlichte der sogenannte InterAction Council den Entwurf einer Allgemeinen Erklärung der Menschenpflichten.[76] Diesem Gremium gehören prominente Politiker wie Helmut Schmidt, Jimmy Carter oder Shimon Perez an. Teilnehmer der vorbereitenden Treffen waren aber auch Persönlichkeiten wie Hans Küng, Kardinal Franz König oder der Philosoph Richard Rorty. Programmatisch wird im einführenden Kommentar die Notwendigkeit eines Weltethos behauptet und somit der Zusammenhang zwischen Weltethos und der Idee allgemeiner Menschenpflichten hergestellt.[77]

Die Verfasser verstehen den von ihnen vorgelegten Katalog von Menschenpflichten allerdings nicht als Relativierung, sondern im Gegenteil als notwendige Ergänzung und Stärkung der Menschenrechte. Ausdrücklich wird in Art. 19 erklärt, nichts im Deklarationsentwurf dürfe so interpretiert werden, als stünde es im Widerspruch zur Allgemeinen Erklärung der Menschenrechte von 1948. Auch spricht der englische Originaltext durchgängig nicht von Pflichten, sondern von

---

[75] *P. Althaus*, Luthers Haltung im Bauernkrieg, LuJ 7, 1925, S. 1–39, hier S. 10.

[76] Englischer Originaltext: A Universal Declaration of Human Responsibilites, proposed by the InterAction Council, 1 September 1997. Siehe ferner *H. Schmidt* (Hg.), Allgemeine Erklärung der Menschenpflichten – Ein Vorschlag, München 1998.

[77] Siehe auch die Beiträge von H. Küng in: H. Schmidt (Hg.), a.a.O. (Anm. 76), S. 73–95.124–153 und den dort vorgenommenen Vergleich zwischen dem Entwurf einer Allgemeinen Erklärung der Menschenpflichten und der von Küng initiierten Erklärung zum Weltethos des Parlamentes der Weltreligionen von 1993.

Verantwortlichkeiten („responsibilities").[78] Gleichwohl ist zu befürchten, daß eine solche Erklärung, würde sie von den Vereinten Nationen verabschiedet, de facto als eine partielle Rücknahme der Menschenrechtserklärung von 1948 verstanden würde. Anlaß zu dieser Befürchtung geben uneindeutige Formulierungen im vorliegenden Entwurf.

Die Hauptschwierigkeit des Textes besteht darin, daß er durchgängig nicht unterscheidet zwischen Rechtspflichten und moralischen Pflichten sowie zwischen Pflichten, die das Verhältnis eines Bürgers zum

Staat bzw. des Staates zum einzelnen Bürger und solchen, die dessen Verhältnis zum Mitbürger betreffen. „Das macht es", wie Thomas Hoppe einwendet, „schwer, Übereinstimmungen über die sachgemäße Interpretation, vor allem über die mögliche *rechtliche Relevanz* einzelner Artikel zu gewinnen, und öffnet den vorliegenden Text mannigfaltigem, politisch motiviertem Mißbrauch. Zudem haben manche Passagen nur dann einen Aussagegehalt, wenn man sie im Sinne moralischer Paränese versteht; andere sind zustimmungsfähig, wenn man ihnen primär eine solche paränetische Absicht unterstellt, werden jedoch fragwürdig, sobald man sie liest, als seien in ihnen Kriterien für eine Veränderung geltender Rechtsnormen benannt und die entsprechenden Modifikationen angemahnt."[79]

Es erscheint problematisch, die angestrebte Erklärung allgemeiner Menschenpflichten gleichrangig neben die Allgemeine Erklärung der Menschenrechte stellen zu wollen. Es besteht dann die gleiche Gefahr wie bei vermeintlichen Menschenrechten der dritten Generation, die heute diskutiert werden. In der Auslegungspraxis käme es mit großer Wahrscheinlichkeit zu Interpretationen, welche die Geltung der Menschenrechte relativieren würden.

Nun läßt sich nicht bestreiten, daß der ethische Grund der Menschenrechte negiert wird, wo Rechte in einer exklusiven Weise geltend gemacht werden, ohne auf die Verpflichtungen Rücksicht zu nehmen, die sich aus den Rechten der anderen bzw. aus dem übergeordneten Interesse des Gemeinwohls ergeben. Art. 29 der Allgemeinen Erklärung der Menschenrechte spricht ausdrücklich von Grundpflichten und erklärt in Abs. 1: „Jeder Mensch hat Pflichten gegenüber der Ge-

---

[78] Der Bericht über die Expertentagung, die unter Vorsitz von Helmut Schmidt im April 1997 in Wien stattfand, spricht allerdings im englischen Wortlaut erläuternd von „human duties or obligations" (S. 8).

[79] *Th. Hoppe*, Priorität der Menschenrechte. Zur Diskussion um eine „Allgemeine Erklärung der Menschenpflichten", HerKorr 52, 1998, S. 293–298, hier S. 294f.

meinschaft, in der allein die freie und volle Entwicklung der Persönlichkeit möglich ist." Abs. 2 verweist auf die „gerechten Anforderungen
der Moral". Es ist aber zu fragen, ob die ethischen Voraussetzungen der
Menschenrechte völkerrechtlich nur auf dem Weg einer Erklärung von
Menschenpflichten gesichert werden können. Die Allgemeine Erklärung der Menschenrechte von 1948 hat eine nähere Spezifizierung von
Grundpflichten offenbar absichtsvoll vermieden.[80]

An dieser Stelle erheben sich nicht nur rechtsphilosphische und völkerrechtliche, sondern auch theologische Bedenken. Sie hängen mit jenen Einwänden zusammen, die bereits gegen Küngs Projekt Weltethos
geltend gemacht wurden. Daß die ethischen und anthropologischen
Voraussetzungen der Menschenrechte auch aus theologischer Perspektive keineswegs in Gestalt eines Pflichtenkatalogs formuliert werden
müssen, hat uns T. Rendtorffs rechtfertigungstheologische Argumentation gezeigt. Sie widerspricht einer egoistischen Interpretation der
Menschenrechte mit theologischen Gründen und formuliert zugleich
die mit den Menschenrechten gegebenen wechselseitigen Erwartungen
an das Verhalten des Mitmenschen, jedoch gerade nicht unter Berufung auf göttliche Gebote bzw. theologisch gesprochen auf das Gesetz,
sondern unter Berufung auf das Evangelium von der freien Gnade Gottes. Wiewohl die Menschenrechte für eine theologische Betrachtungsweise auf die Seite des Gesetzes gehören, liegen ihre Voraussetzungen
im Evangelium. Eine theologisch begründete Ethik der Menschenrechte ist also in ihrem Kern keine Pflichtenethik, sondern eine Ethik des
präjuristischen Rechtes, nämlich des auch rechtfertigungstheologisch
begründbaren „Rechtes, Rechte zu haben", von dem Hannah Arendt
gesprochen hat.[81]

Die Verfasser der Allgemeinen Erklärung der Menschenpflichten sehen richtig, daß die Menschenrechte kein vollständiges ethisches Programm bilden. Das Konzept der Menschenrechte ist aber gerade darin
wegweisend, daß in ihm sich Ethik und Recht zwar überschneiden, jedoch auch unterschieden werden. Die Allgemeine Erklärung der Menschenpflichten vermengt dagegen moralische Appelle an bestimmte
Handlungssubjekte mit dem Vorschlag völkerrechtlicher Bestimmungen. Von der Notwendigkeit der theologischen Unterscheidung zwischen Recht und Moral, Gottesrecht und Menschenrecht, Gesetz und

---

[80] Vgl. auch H. Bielefeldt, a.a.O. (Anm. 27), S. 162ff.
[81] *H. Arendt*, Es gibt nur ein einziges Menschenrecht, Die Wandlung 4, 1949, S.
754–770; im Anschluß daran W. Huber, a.a.O. (Anm. 2), S. 598f.

Evangelium war bereits im dritten Abschnitt dieses Kapitels die Rede. Auch aus theologischen Gründen ist daher am Konzept allgemeiner Menschenpflichten Kritik zu üben. Mögen Weltethos und Menschenpflichten auch religiös begründet werden, so fallen sie doch hinter die Einsichten zurück, die aus dem Glauben an die Rechtfertigung des Sünders allein aus Gnaden zu gewinnen sind.

7. Literatur

Baur, J. (Hg.): Zum Thema Menschenrechte, Stuttgart 1977

Bielefeldt, H.: Philosophie der Menschenrechte. Grundlage eines weltweiten Freiheitsethos, Darmstadt 1998

Heidelmeyer, W.: Die Menschenrechte. Erklärungen, Verfassungsartikel, Internationale Abkommen, Paderborn [4]1997

Hollenbach, D.: Justice, Peace and Human Rights, New York 1988

Ermacora, F.: Menschenrechte in der sich wandelnden Welt, 2 Bde., Wien 1974/1983

Friedman, J.R./Sherman, M.I.: Human Rights. An International and Comparative Law Bibliography, Westport (Conn.) 1985

Furger, F./Strobel-Nepple, C.: Menschenrechte und katholische Soziallehre, Bern 1985

Heckel, M.: Die Menschenrechte im Spiegel der reformatorischen Theologie, Heidelberg 1987

Honecker, M.: Das Recht des Menschen. Einführung in die evangelische Sozialethik, Gütersloh 1978

Huber, W.: Art. Menschenrechte/Menschenwürde, TRE 22, Berlin/New York 1992, S. 577–602

–: Gerechtigkeit und Recht. Grundlinien christlicher Rechtsethik, Gütersloh 1996

Huber, W./Tödt, H.E.: Menschenrechte. Perspektiven einer menschlichen Welt, Stuttgart [2]1978

Lorenz, E. (Hg.): „... erkämpft das Menschenrecht." Wie christlich sind die Menschenrechte?, Hamburg 1981

Moltmann, J.: Menschenwürde, Recht und Freiheit, Stuttgart 1979

Pilters, M./Wall, K.: Menschenrechte in der Kirche, Düsseldorf 1980

Punt, J.: Die Idee der Menschenrechte. Ihre geschichtliche Entwicklung und ihre Rezeption durch die moderne katholische Sozialverkündigung, Paderborn u.a. 1987

Rendtorff, T.: Menschenrechte und Rechtfertigung. Eine theologische Konspektive, in: D. Henke u.a. (Hg.), Der Wirklichkeitsanspruch von Theologie und Religion (FS E.Steinbach), Tübingen 1976, S. 161–174

Reuter, H. R.: Rechtsethik in theologischer Perspektive, Gütersloh 1996

Schmidt, H. (Hg.): Allgemeine Erklärung der Menschenpflichten – ein Vorschlag, München 1998

Schnur, R. (Hg.): Zur Geschichte der Erklärung der Menschenrechte (WdF
11), Darmstadt 1964

7. Kapitel

Sicherung des Weltfriedens?

Christliche Friedensethik in verantwortungsethischer Perspektive

1. Friedensethik vor neuen Herausforderungen

„Der Weltfriede wird zur Lebensbedingung des technischen Zeitalters." Mit dieser These, die aus der Feder Carl Friedrich von Weizsäkkers stammt, beginnen die sogenannten Heidelberger Thesen aus dem Jahre 1959.[1] Und Dolf Sternberger konnte 1961 feststellen: „Der Gegenstand und das Ziel der Politik ist der Friede. [...] Der Friede ist die politische Kategorie schlechthin."[2] Im Unterschied zu früheren Epochen, für welche der Krieg ein Normalzustand und Frieden lediglich eine vorübergehende Unterbrechung dieses „natürlichen" Zustandes war, gilt seit der Entwicklung und dem erstmaligen Einsatz der Atombombe am Ende des 2. Weltkrieges der Frieden als Sinn und Ziel allen politischen Handelns. Nicht etwa nur der regional begrenzte Friede als Abwesenheit militärischer Gewalt, sondern der Weltfriede ist in Ethik und Politik zur Überlebensbedingung der Menschheit im Atomzeitalter erklärt worden.[3] Unter dem Eindruck des Ost-West-Konfliktes und der atomaren Hochrüstung wandelte sich die Idee des Weltfriedens von einem unerreichbaren Ideal oder einer religiösen Endzeithoffnung zur politischen Zielsetzung. So strittig der Weg zur Erreichung dieses Zieles auch ist, so sehr besteht ein allgemeiner Konsens darüber, daß der Krieg als Mittel der Politik zu ächten und der Frieden über kurz oder lang gerade deswegen möglich werden wird, weil er notwendig geworden ist. Im Zeichen der atomaren Bedrohung stellt sich die Alternative des ge-

---

[1] These 1. Vgl. *G. Howe* (Hg.), Atomzeitalter – Krieg und Frieden, Witten/Berlin 1959, S. 225–235.

[2] *D. Sternberger*, Begriff des Politischen. Der Friede als der Grund und das Merkmal und die Norm des Politischen, Frankfurt a.M. 1961, S. 18.

[3] Siehe u.a. *C.F. v. Weizsäcker*, Bedingungen des Friedens, Göttingen 1963; *ders.*, Wege in der Gefahr. Eine Studie über Wirtschaft, Gesellschaft und Kriegsverhütung, München 1976; *ders.*, Der bedrohte Friede, München/Wien 1976.

meinsamen Überlebens oder aber des kollektiven Untergangs der Menschheit.

Seit dem Ende des Ost-West-Konfliktes stehen Politik und Friedensethik vor tiefgreifenden Umwälzungen und Herausforderungen. Die antagonistische Nachkriegsordnung, welche von zwei Supermächten und Machtblöcken bestimmt war, hat sich aufgelöst. Mit dem Ende des Hegemonialkonfliktes zwischen den USA und der UdSSR ist die Furcht vor dem atomaren Weltkrieg gewichen. Das Potential an Atomwaffen ist dramatisch reduziert worden. Die These des amerikanischen Politologen Samuel P. Huntington, daß an die Stelle des Ost-West-Konfliktes ein hegemonialer Kampf der Kulturkreise treten und sich eines Tages in einem großen Krieg aller gegen alle entladen könnte, erscheint wenig überzeugend.[4] Doch die Hoffnung, mit dem Ende der Nachkriegsära nach dem 2. Weltkrieg sei das Ziel des Weltfriedens in greifbare Nähe gerückt, hat sich ebenso rasch zerschlagen wie die Aussicht auf eine neue Weltordnung, die von der USA während des Golfkriegs 1991 ausgerufen wurde. Tatsächlich hat der Zerfall ehemaliger Machtzentren zum Ausbruch zahlreicher neuer regionaler Konflikte geführt, welche nicht nur unermeßliches Leid über die betroffene Bevölkerung bringen, sondern auch für die Anrainer ein erhebliches Sicherheitsrisiko darstellen. Schwelende Nationalitätenkonflikte, ethnische Auseinandersetzungen, aber auch der Streit um Ressourcen führen weltweit zu gewalttätigen Auseinandersetzungen und Bürgerkriegen. Unter den veränderten Rahmenbedingungen ist es erforderlich, die bisherigen friedensethischen und friedenspolitischen Strategien kritisch zu überdenken. Die politische wie auch die innerkirchliche Diskussion der 80er Jahre war durch das Ende der sogenannten Entspanungspolitik und den Streit um den sogenannten NATO-Doppelbeschluß geprägt. Während man auf der einen Seite zwar nicht den Einsatz, wohl aber zwecks Abschreckung und Friedenssicherung die Aufstellung von Atomwaffen für christlich verantwortbar hielt[5], wurde diese Position von der Friedensbewegung als moralisch unvertretbar verworfen. Das Moderamen des Reformierten Bundes sah gar den status confessionis gegeben und branntmarkte die atomare Rüstung als Gotteslästerung.[6]

---

[4] Vgl. *S.P. Huntington*, Kampf der Kulturen. Die Neugestaltung der Weltpolitik im 21. Jahrhundert, München/Wien 1996.

[5] Diese Position wurde z.B. vom Arbeitskreis „Sicherung des Friedens" vertreten, dessen Vorsitzende der evangelische Sozialethiker Günter Brakelmann und der Staatsminister Friedrich Vogel waren.

[6] *Das Bekenntnis zu Jesus Christus und die Friedensverantwortung der Kirche.* Eine

Doch mit dem Ende des Ost-West-Konfliktes sind auch die durch ihn bestimmten sicherheitspolitischen und friedensethischen Grundüberzeugungen ins Wanken geraten. Und bislang konnte keiner der neuen Konflikte dauerhaft befriedet werden, weder im Nahen Osten, noch in Bosnien oder im Kosovo, noch im Bereich der ehemaligen UdSSR, noch in Afrika.

So dringend es geboten ist, über zeitgemäße, den veränderten Rahmenbedingungen angepaßte Instrumente der Sicherheitspolitik zur Befriedung, vor allem aber zur Verhinderung gewalttätiger Konflikte nachzudenken, so wichtig ist es, sich über die allgemeinen Ziele friedenspolitischen Handelns zu verständigen. Es reicht nicht aus, wenn lediglich über Strategien der Friedenssicherung oder Konfliktlösung diskutiert und der Streit zwischen pazifistischen und militärischen Optionen neu aufgelegt wird.[7] Die friedensethische und sicherheitspolitische Diskussion gerät in falsche Alternativen, solange ihre grundlegenden Ziele im Unklaren bleiben. Nicht nur die bisherigen Strategien der Friedenssicherung, sondern auch die als Konsens vorausgesetzte Nachkriegsdoktrin, nach welcher der Weltfriede die Überlebensbedingung im wissenschaftlich-technologischen Zeitalter ist, steht heute auf dem Prüfstand. Es ist daher erforderlich, den Begriff des *Weltfriedens* als solchen zu diskutieren und neu zu bestimmen.

Die Grundsatzfrage lautet, inwiefern der Weltfrieden als ein Grundwert der Völkergemeinschaft gelten kann, welcher das konkrete politische Handeln bestimmt. Um sie zu beantworten, müssen auch die *religiösen* und *theologischen Konnotationen* des Friedensbegriffs bedacht werden. Sofern der Weltfrieden als ein ethischer Grundwert angesehen wird, ist nun aber auch die Funktion von Ethik in der immer komplexer werdenden Weltgesellschaft zu analysieren. Es geht in der friedens-

---

Erklärung des Moderamens des Reformierten Bundes, Gütersloh 1982. Zur friedensethischen Diskussion der 80er Jahre siehe u.a. den Literaturbericht von *M. Honecker*, Die Diskussion um den Frieden 1981–1983, ThR 49, 1984, S. 372–411.

[7] Zur gegenwärtigen Diskussion vgl. u.a. *G. Planer-Friedrich* (Hg.), Frieden und Gerechtigkeit. Auf dem Weg zu einer ökumenischen Friedensethik, München 1989; *W. Huber/H.-R. Reuter*, Friedensethik, Stuttgart 1990; *W. Korff*, Die Friedensaufgabe der Gegenwart III. Grundsätze einer christlichen Friedensethik, in: *A. Hertz u.a.* (Hg.), Handbuch der christlichen Ethik, 2.Aufl., Bd. 3, Freiburg/Gütersloh 1993, S. 478–507; *H.-R. Reuter,* Friedensethik nach dem Ende des Ost-West-Konflikts, ZEE 38, 1994, S. 81–99; *W.W. Rausch*, Soldat für den Frieden! Ethik gegen den Krieg in einer veränderten Welt, LM 35, 1996, H. 7, S. 24–27. Zur Haltung der EKD siehe das Dokument: Schritte auf dem Weg des Friedens – Orientierungspunkte für Friedensethik und Friedenspolitik. (EKD-Texte 48), Hannover 1994.

ethischen Diskussion nicht allein um die Moral der Politik, sondern umgekehrt auch um die gesellschaftliche und politische Funktion von Moral. Wenn der Weltfrieden als gesellschaftlicher Grundwert und als politisches Handlungsziel begriffen wird, ist nach der Ethik zu fragen, welche das politische Handeln leiten soll. Nun korrespondiert dem politischen Ziel des Weltfriedens die Forderung nach Ausbildung eines Weltethos. Das eine scheint nicht ohne das andere zu haben zu sein. Doch genau an dieser Stelle offenbart sich die Problematik einer Ethik des Weltfriedens, weil bislang nicht erkennbar ist, auf welchem Wege ein Weltethos begründet und vor allem weltweit konsensfähig werden soll. Die Begründungsproblematik eines Weltethos wurde bereits in den vorangegangenen Kapiteln behandelt.[8] Nun ist die These Küngs zu diskutieren, wonach es ohne Weltethos und Religionsfrieden keinen Weltfrieden geben kann. Die Antwort des vorliegenden Kapitels auf die Frage nach dem Beitrag christlicher Theologie zu einer zeitgerechten Friedensethik weist in eine andere Richtung.

2. Der Begriff des Friedens

Ein Grundproblem aller friedensethischen und friedenspolitischen Diskussionen besteht in der Mehrdeutigkeit des Friedensbegriffs. Seine Bedeutungsvielfalt macht ihn zu einem Schlüsselbegriff, verführt aber auch zu Unschärfen und Äquivokationen, zum suggestiven Gebrauch und zum ideologischen Mißbrauch.

Einerseits handelt es sich um einen Terminus des Politischen bzw. der Rechtssphäre, andererseits um einen religiösen Begriff.[9] Im politisch-rechtlichen Sinne bezeichnet Frieden eine Ordnung, die im Gegensatz zum rechtlichen Zustand des Krieges steht. Nach römischem Verständnis handelt es sich beim Frieden um einen vertraglich vereinbarten Zustand. Die Pax Romana ist Vertragsfrieden, welcher auf dem Grundsatz beruht, daß geschlossene Verträge auch einzuhalten sind. Die neuzeitliche Entwicklung hat dazu geführt, daß sich das Friedensverständnis heute weniger am politisch-rechtlichen Begriff als am Be-

---

[8] Siehe vor allem S. 92ff und 168ff.

[9] Zum Begriff des Friedens vgl. *H.-W. Gensichen u.a.*, Art. Frieden I–V, TRE 11, Berlin/New York 1983, S. 599–646; *J. Schwerdtfeger/W. Lienemann*, Art. Frieden, EKL[3] I, Göttingen 1986, Sp. 1372–1382; *E. Wilkens*, Art. Frieden, EStL[3] I, Stuttgart 1987, Sp. 999–1007.

griff der *Sicherheit* orientiert.[10] Unter Frieden im politisch umfassenden Sinn wird ein Zustand verstanden, in welchem Sicherheit herrscht, die auf dem Gewaltmonopol des Staates und einer internationalen, völkerrechtlich abgestützten Friedensordnung beruht. Zur völkerrechtlichen Friedensordnung gehören das Recht der Völker auf Selbstbestimmung, die Anerkennung bestehender Staatsgrenzen sowie der Grundsatz der Nichteinmischung eines Staates in die inneren Angelegenheiten fremder Staaten.

Der Friedensbegriff ist aber historisch wie in der Gegenwart auch ein *religiöser* Terminus. Er bezeichnet nicht nur einen innerweltlichen Zustand völliger Harmonie, sondern auch das *individuelle Heil*, den Zustand eines Lebens im Einklang mit Gott und mit sich selbst, der Ruhe und inneren Ausgeglichenheit. Im religiösen Kontext intendiert der Friedensbegriff nicht nur den Zustand der Abwesenheit von Krieg und Gewalt, sondern einen Zustand des Heils im umfassenden Sinne des Wortes. Als religiöser Zustand der Übereinstimmung mit Gott oder dem Göttlichen ist Frieden geradezu ein Grundwert aller Religionen. Doch welche Auswirkungen die religiöse Friedenssuche im zwischenmenschlichen und politischen Bereich haben soll, wird unterschiedlich beantwortet.

Im *biblischen Kontext* handelt es sich um eine messianische Hoffnung, welche mit dem Begriff des *Schalom* benannt wird, einen Zustand völliger Gerechtigkeit meint und sogar den Frieden des Menschen mit der Natur und innerhalb derselben einschließt.[11] Im Neuen Testament ist Frieden, griechisch εἰρήνη, der Inbegriff des mit Christus verbundenen Heilsgeschehens. Durch Christus sind die an ihn Glaubenden mit Gott versöhnt[12], und dieser Friede, der in den Herzen der Gläubigen herrscht[13], gewinnt nicht nur in der christlichen Gemeinde eine soziale Gestalt[14], sondern soll in die Welt ausstrahlen und auch das Verhalten gegenüber den Nichtchristen bestimmen[15].

Für das christliche Verständnis des Friedens ist nun die Unterscheidung zwischen der vorfindlichen Welt und dem Reich Gottes grundlegend. Der Zustand eines *Weltfriedens* im umfassenden Sinne des Wor-

---

[10] Vgl. *M. Honecker*, Grundriß der Sozialethik, Berlin/New York 1995, S. 402.
[11] Vgl. Jes 9,1ff; 11,1ff.
[12] Vgl. II Kor, 5,18–21; Röm 5,1; Eph 2,14.
[13] Vgl. Kol 3,15; Phil 4,7.
[14] Siehe z.B. I Kor 7,15; Eph 4,1–6.
[15] Vgl. Röm 12,18; II Tim 2,22.

tes ist nach der ursprünglichen Auffassung des Christentums keine innerweltliche Perspektive, sondern eine endzeitliche Hoffnung. Gegen die Erwartung eines ewigen Friedens als innergeschichtlichem Ziel steht die christliche Anthropologie, welche den Menschen als Sünder und damit als nicht dauerhaft friedensfähig begreift. Die Welt ist darum einerseits Gottes gute Schöpfung, andererseits aber von ihrem Schöpfer entfremdet. Um einen innerweltlichen Zustand dauerhaften Friedens herbeizuführen, muß die Schöpfung erneuert und der Mensch von Grund auf umgewandelt werden. Zwar wird von den Glaubenden gesagt, daß sie um ihres Glaubens willen eine neue Schöpfung sind[16], doch steht die Vollendung dieser Neuschöpfung noch aus. Wohl werden die Christen zur Friedfertigkeit und auch zur Gewaltlosigkeit ermahnt, aber die Herstellung eines weltumspannenden Friedensreiches steht nicht in ihrer Macht, sondern bleibt Gott allein vorbehalten.

Was nun die Haltung des älteren Christentums zu Krieg und Frieden im politischen Sinne betrifft, so ist nicht nur auf seine Anthropologie, seine Sündenlehre und seine Soteriologie, sondern auch auf seine Schöpfungslehre hinzuweisen. Das Problem des Krieges wird darum in der klassischen Theologie nicht nur innerhalb der Ethik, sondern auch innerhalb der Dogmatik behandelt. Es ist wichtig, sich diesen Sachverhalt zu verdeutlichen, weil er für die Beurteilung heutiger Ansätze einer Friedensethik von erheblicher Bedeutung ist. Nach traditioneller christlicher Lehre gehört die Realität des Krieges und der Gewalt zur Wirklichkeit der gefallenen Schöpfung, andererseits bleibt diese Welt Gottes gute Schöpfung und ist nicht sich selbst und den in ihr waltenden destruktiven Kräften überlassen, wie es einer radikal apokalyptischen Weltsicht entspräche. Die vormoderne Dogmatik hat darum das Lehrstück von der Bewahrung der Schöpfung durch ihren Schöpfer, den Topos der sogenannten *conservatio mundi* bzw. der *creatio continuata* entwickelt.[17] Gemeinsam mit der *conservatio mundi* bilden das Zusammenwirken von Gott und Mensch, die sogenannte *cooperatio* oder auch der *concursus divinus*, und die Lenkung der Weltgeschicke, die sogenannte *gubernatio*, das dreifache Werk der göttlichen Vorsehung oder *providentia*. Die Lehre von der *gubernatio* sucht die Frage nach

---

[16] Vgl. II Kor 5, 17.

[17] Zur Lehre der Reformatoren von der göttlichen Vorsehung siehe *Chr. Link*, Schöpfung (HAST 7/1.2), Gütersloh 1991, S. 84ff.157ff; *D. Löfgren*, Die Theologie der Schöpfung bei Luther (FDKG 10), Göttingen 1960. Zur altprotestantischen Lehrbildung siehe die Belege bei *H. Schmid*, Die Dogmatik der evangelisch-lutherischen Kirche dargestellt und aus den Quellen belegt, [3]1897, S. 117–134.

dem Verhältnis Gottes zum Bösen in der Welt zu beantworten. Da Gott den Menschen nach dem Sündenfall ebenso wie die Welt nicht vernichtet hat, hat er sich auf die Sünde als Bedingung seines eigenen Handelns eingelassen. Das bedeutet nun nach klassischer dogmatischer Lehre nicht, daß Gott vor dem Bösen kapituliert hätte. Einerseits läßt er es zweifellos zu – die klassische Dogmatik spricht von der *permissio* –, andererseits aber verhindert er es fallweise auch (*impeditio*), lenkt es in eine bestimmte Richtung (*directio*) und begrenzt seine destruktiven Auswirkungen (*determinatio*). Zu den Mitteln der Providentia Dei gehört nun auch der Staat, der zur Gewaltausübung legitimiert ist, sofern er damit gemäß Röm 13 das Ziel verfolgt, illegitime Gewaltanwendung zu unterbinden, das Böse einzudämmen und die Schwachen zu schützen. Die legitime Gewaltanwendung des Staates ist also begründet in der Lehre vom concursus divinus.

Will man die klassische Haltung des Christentums zum Problem des Krieges verstehen, reicht es nicht aus, auf die jesuanischen Forderungen der Gewaltlosigkeit und der Feindesliebe in der Bergpredigt einerseits[18] und die im Anschluß an Augustin entwickelte Lehre vom gerechten Krieg andererseits hinzuweisen.[19] Wichtig ist vielmehr die Beobachtung, daß beide Positionen, sowohl diejenige der Bergpredigt, als auch diejenige von der ethisch legitimierten Gewaltanwendung, durch den Glauben an die Providenz des Schöpfers, welcher dem Bösen steuert und es eindämmt, begründet werden. So vertritt also das vorneuzeitliche Christentum nicht die Lehre einer Ethik des Weltfriedens, wohl aber umgekehrt die Lehre, daß der Mensch nicht in der Lage ist, die Schöpfung zu zerstören. Sowohl die Option der Gewaltlosigkeit als auch diejenige der Beteiligung an ethisch legitimierter – und das heißt in der augustinischen Tradition zugleich ethisch begrenzter – Gewaltausübung finden ihre theologische Begründung nicht allein im göttlichen Gebot der Nächstenliebe, sondern auch im Glauben an den Schöpfer und in der Lehre von der conservatio mundi. Die Bewahrung der Schöpfung aber ist vom endzeitlichen Friedensreich Gottes ebenso

---

[18] Mt 5,38–48; vgl. auch Mt 5,5.
[19] Vgl. *A. Hertz*, Die Friedensaufgabe der Gegenwart I. Die Lehre vom „gerechten Krieg" als ethischer Kompromiß, in: *ders. u.a* (Hg.), Handbuch der christlichen Ethik, 2.Aufl., Bd. 3, Freiburg/Gütersloh 1993, S. 425–453; *P. Engelhardt*, Die Lehre vom „gerechten Krieg" in der vorreformatorischen und katholischen Tradition, in: *R. Steinweg* (Hg.), Der gerechte Krieg: Christentum, Islam, Marxismus, Frankfurt a.M. 1980, S. 72ff; *H. Kunst*, Martin Luther und der Krieg. Eine historische Betrachtung, Stuttgart 1968.

unterschieden wie bei Augustin die verheißene *pax coelestis* von der auf dem Zwang militärischer Gewaltmittel beruhenden *pax terrena,* zur damaligen Zeit konkret: der *pax romana.*

Mit der Aufklärung ist ein folgenreicher theologische Paradigmenwechsel verbunden. Unter dem Einfluß des Cartesianismus sowie als Folge der durch Kant vollzogenen „Revolution der Denkungsart" werden alle religiösen Inhalte als Ausdruck des frommen Bewußtseins, also aufgrund einer Analyse des gläubigen Subjektes interpretiert. Dieser Paradigmenwechsel hat tiefgreifende Folgen sowohl für die christliche Schöpfungslehre als auch für die Ethik. Die Strukturen der Welt in Natur und Geschichte werden fortan ohne Berufung auf religiöse Grundannahmen beschrieben, weshalb die Lehre von der Bewahrung der Schöpfung im Sinne einer relativen Stabilität der Welt zunehmend an Überzeugungskraft verliert. Zusätzlich wird Glaube an die göttliche Vorsehung im 20. Jahrhundert durch die Erfahrung von zwei Weltkriegen, Gewaltherrschaft und Völkermord erschüttert. Andererseits werden unter dem Einfluß Kants die dogmatischen Gehalte des Christentums sukzessive in ethische Sachverhalte transformiert. Inzwischen ist konsequenterweise auch die Bewahrung der Schöpfung von einer dogmatischen Gewißheit zu einer ethischen Forderung mutiert.[20] Damit aber ist nun auch der Weltfriede von einem eschatologischen Hoffnungsgut zu einer Aufgabe kollektiver Anstrengungen geworden. Der Mensch ist in die Position Gottes eingerückt und soll nun den Fortbestand der Menschheit wie der Schöpfung insgesamt als seine vornehmste Aufgabe betrachten.

Am Beginn dieser Ethisierung dogmatischer Gehalte des Christentums stehen Entwürfe „zum ewigen Frieden", allen voran die berühmte gleichnamige Schrift Immanuel Kants.[21] Die Idee des ewigen Friedens reicht aber bis in die Renaissance zurück.[22] Auch ist an den „Ewigen

---

[20] Zur Diskussion dieses Vorgangs siehe *F.-W. Graf,* Von der creatio ex nihilo zur „Bewahrung der Schöpfung". Dogmatische Erwägungen zur Frage nach einer möglichen ethischen Relevanz der Schöpfungslehre, ZThK 87, 1990, S. 206–223; *J. v. Lüpke,* Anvertraute Schöpfung. Biblisch-theologische Gedanken zum Thema „Bewahrung der Schöpfung" (Vorlagen NF 16), Hannover 1992; *D. Lange,* Schöpfungslehre und Ethik, ZThK 91, 1994, S. 157–188; *U. Körtner,* Solange die Erde steht. Schöpfungsglaube in der Risikogesellschaft (Natur – Mensch – Technik 2), Hannover 1997, S. 33–51.

[21] Siehe *I. Kant,* Zum ewigen Frieden. Ein philosophischer Entwurf (1795), in: *ders.,* Werke, hg. v. W. Weischedel, Bd. VI, Darmstadt 1983, S. 191–251.

[22] Siehe dazu *K. v. Raumer,* Ewiger Friede, Friedensrufe und Friedenspläne seit der Renaissance, Freiburg/München 1953.

Landfrieden" von 1492 und die gleichzeitige Gründung des Reichs-
kammergerichtes zu erinnern, wodurch das Fehdewesen eingedämmt
und das staatliche Gewaltmonopol durchgesetzt werden sollte. Unter
dem Eindruck der europäischen Religionskriege des Reformationszeit-
alters gewinnt die Idee einer dauerhaften innerstaatlichen wie auch zwischenstaatlichen Friedensordnung an Boden, welche – *etsi Deus non
daretur* (Hugo Grotius)[23] – auf einem allgemeingültigen Völkerrecht
fußen soll. Der Idee des ewigen Friedens korrespondiert in der Aufklä-
rungszeit die Hoffnung auf die moralische Besserung und Erziehung
des Menschengeschlechts. Die Erneuerung des Menschen, welche nach
traditioneller christlicher Lehre dem Heilshandeln Gottes und seiner
eschatologischen Vollendung vorbehalten bleibt, wird nun zur regulativen Idee einer Allgemeingültigkeit beanspruchenden Vernunftethik. In
der neuzeitlichen Idee des Weltfriedens gehen also die christliche Hoffnung auf das Reich Gottes und die Lehre von der conservatio mundi
eine Verbindung ein und werden beide ethisch transformiert.

Der Begriff des *Weltfriedens* im heutigen Sinne des Wortes ist erst seit
dem 19. Jahrhundert geläufig.[24] Verstanden als internationaler Rechts-
zustand begegnet er allerdings ansatzweise schon im 16. Jahrhundert,
offenbar beeinflußt vom humanistischen Begriff der *pax universalis*.
Während der Begriff des Weltfriedens in der geistlichen Literatur des
vormodernen Christentums eher eine pejorative Bedeutung hat und
die Verweltlichung des Christentums bzw. die Anpassung der Christen
an die Gesetze dieser Welt meint, gewinnt er in Verbindung mit der
Aufklärungstradition und den im 19. Jahrhundert entstehenden Frie-
densbewegungen seinen uns heute geläufigen positiven Sinn. Im 19.
Jahrhundert konnte übrigens das Ende der napoleonischen Kriege als
Weltfrieden bezeichnet werden. Doch zeigte sich schon bald, daß die
mit dem Wiener Kongreß gefundene Nachkriegsordnung nicht von
Dauer sein sollte.

Im Unterschied zu älteren Entwürfen einer dauerhaften Friedensordnung betrachtet die nach 1945 entstandene Friedens- und Konfliktforschung den Weltfrieden nicht mehr als ein bloßes moralisches
Postulat, sondern als Gebot der politischen Vernunft. Angesichts der
Erfahrungen von Unmoral und Inhumanität in unserem Jahrhundert
setzt die heutige Friedensforschung nicht auf die Idee eines moralischen

---

[23] Vgl. *H. Grotius*, De iure belli ac pacis, libri tres, Frankfurt a.M. 1626.
[24] Vgl. die Belege zur Begriffsgeschichte in DWb 14, Sp.1573f.

Fortschritts als vielmehr auf den kollektiven Überlebenswillen der Menschheit und die utilitaristische Einsicht in den Zwang zum Frieden. Damit wandelt sich freilich der Inhalt des Friedensbegriffs. Im politischen Kontext ist lediglich ein Zustand relativer Stabilität gemeint, in welchem Konfliktpotentiale möglichst gering gehalten und die Schwelle ihrer Eskalation möglichst hoch gesetzt ist. Der Weltfriede im Sinne der heutigen politischen Notwendigkeit ist also negativ bestimmt im Kontrast zum Begriff des *Weltkrieges*, d.h. als ein Zustand, in welchem der Ausbruch eines neuen Weltkrieges so unwahrscheinlich wie möglich ist.

Im Unterschied zu radikalpazifistischen Visionen eines Weltfriedens – sei es, daß es sich um christliche Utopien handelt, sei es, daß im Sinne des New Age ein Zeitalter völliger Harmonie propagiert wird – rechnet die gegenwärtige Friedensforschung nicht mit der Möglichkeit, auf militärische Mittel gänzlich zu verzichten, wohl aber mit der Möglichkeit, deren Einsatz weitgehend zu verhindern und auf die Funktion einer flankierenden Maßnahme für gewaltfreie Mittel der Konfliktbewältigung zu reduzieren. In erster Linie ist nicht die militärische Abschreckung, sondern das Völkerrecht als Mittel der Kriegsverhütung gedacht. Ein weiteres Mittel zur Kriegsverhütung ist die Konfliktforschung, welche mögliche Konflikte schon im Vorfeld ihrer Eskalation zu diagnostizieren versucht, um möglichst frühzeitig Strategien der Konfliktvermeidung entwickeln zu können. Die ethische Aufgabe kann dann so bestimmt werden, „nach dem Scheitern der traditionellen Lehre vom ‚gerechten Krieg‘ eine Lehre vom ‚gerechten Frieden‘ zu gewinnen, in deren Rahmen dann auch das Recht auf Verteidigung und die Reflexion auf Mittel und Methoden der Abwehr und Abschreckung ihren berechtigten und ethisch begründbaren Raum finden können"[25]. Nach wie vor stehen sich in der friedenspolitischen Diskussion freilich Konzepte der Friedenssicherung im Sinne der Kriegsverhütung und solche der Friedensförderung gegenüber, wobei bis heute strittig ist, ob sie komplementär oder alternativ zu verstehen sind.

Strittig ist bis heute auch die inhaltliche Bestimmung des Friedensbegriffs. Unterscheiden läßt sich eine eher *negative Definition*, welche unter Frieden die Abwesenheit manifester Gewaltakte und kriegerischer Auseinandersetzungen versteht, von einer *positiven Definition*, welche Frieden als Zustand einer Harmonie von Gerechtigkeit, Freiheit

---

[25] M. Honecker, a.a.O. (Anm. 10), S. 427.

und Solidarität bestimmt. Johann Galtung differenziert nicht nur zwischen negativem und positivem Frieden, sondern auch zwischen statischem und dynamischem Frieden, sowie zwischen dissoziativem und assoziativem Frieden. Er unterscheidet also nochmals zwischen Frieden als Erhaltung eines status quo und Frieden als Entwicklungsprozeß einer gemeinschaftlichen Rechtsordnung, zwischen Friedenssicherung gemäß dem Grundsatz der Nichteinmischung bzw. der Trennung von Einflußsphären und Friedensförderung durch Verflechtung, z.B. ökonomischer, kultureller oder völkerrechtlicher Natur.

Die seit dem 2. Weltkrieg geführte friedenspolitische und friedensethische Diskussion hat aber nicht nur Gegensätze im Friedensverständnis, sondern auch im Verständnis des *Gewaltbegriffs* zutage gefördert. Johann Galtung etwa hat einen Begriff der strukturellen Gewalt entwickelt, welcher besagt, daß Gewalt immer dann vorliegt, „wenn Menschen so beeinflußt werden, daß ihre aktuelle somatische und geistige Verwirklichung geringer ist als ihre potentielle Verwirklichung"[26]. Der Begriff der strukturellen Gewalt ist insofern sinnvoll, als er das Augenmerk auf die Konfliktträchtigkeit vordergründig friedlicher Zustände lenkt. Es gibt schließlich auch den Grabesfrieden oder die Friedhofsruhe diktatorischer Staaten. Die strukturelle Mißachtung von Minderheiten und ihres Rechtes auf Selbstbestimmung führt, wie die ethnischen Konflikte der Gegenwart zeigen, über kurz oder lang zu gewalttätigen Auseinandersetzungen. Galtungs eigene Definition struktureller Gewalt ist allerdings in praktischen Bezügen untauglich, da sie im Grunde nicht auf eine realisierbare Friedenspolitik, sondern auf eine Heilsvision abzielt, die der Mensch selbst gar nicht verwirklichen kann. Die Theorie der strukturellen Gewalt stellt eine säkulare Variante der christlichen Sündenlehre, genauer gesagt, der Erbsündenlehre dar und weist eine verblüffende Parallele zu deren Reformulierung bei Paul Tillich auf.[27] Eine Welt aber, in welcher keine Differenz zwischen Potentialität und Aktualität, zwischen Wesen und Erscheinung bestünde, wäre nichts geringeres als das Paradies bzw. das endzeitliche Reich Gottes.

Abgesehen davon, daß sich Konzepte der Friedenssicherung im Sinne der Kriegsverhütung und solche der Friedensförderung im Sinne der globalen Verbesserung der Lebensbedingungen gegenüberstehen, ohne daß die Frage beantwortet wäre, wie sich Friedenssicherung und Frie-

---

[26] *J. Galtung*, Strukturelle Gewalt, Reinbek 1975.
[27] Vgl. *P. Tillich*, Systematische Theologie, Bd. II, Stuttgart ⁵1977, S. 52ff.

densförderung zueinander verhalten, haben die letzten Jahrzehnte mehrere *Dilemmata* des Einsatzes für den Frieden zutage treten lassen. Das eine betrifft die *Logik der Abschreckung* im Atomzeitalter. Sie basiert auf der Kombination von Vertragspolitik und militärischem Abschreckungspotential. Die einander gegenüberstehenden Blöcke haben militärische Vernichtungsmittel in einem ungeahnten Ausmaß angehäuft, mit dem paradoxen Ziel, gerade so ihren – ethisch keinesfalls zu rechtfertigenden – Einsatz zu verhindern. Befürworter wie strikte Gegner der Bereithaltung von Vernichtungswaffen kommen in der Einschätzung überein, daß der Einsatz dieser Waffen unmoralisch wäre und zu Zerstörung von geradezu apokalyptischen Ausmaßen führen müßte. Da das technische Wissen zur Herstellung von Massenvernichtungsmitteln, allen voran der Atombombe, nicht mehr aus dem kollektiven Gedächtnis der Menschheit zu tilgen ist, komme es gewissermaßen darauf an, die Endzeit zu verunendlichen.[28] Während auf Seiten der Friedensbewegung argumentiert worden ist, daß die nukleare Abschreckung letztlich das Risiko eines dritten Weltkrieges erhöhe, argumentierten umgekehrt die Befürworter der atomaren Hochrüstung, daß der einseitige Verzicht auf Massenvernichtungsmittel den Ausbruch eines Krieges wahrscheinlicher mache. Tatsächlich hat das Ende des Ost-West-Konfliktes und die Auflösung des Warschauer Paktes die Gefahr eines Atomkrieges minimiert, zugleich aber den Ausbruch regionaler Konflikte begünstigt.

Ein weiteres Dilemma betrifft das *Völkerrecht.* Es ist in erster Linie als Mittel der Kriegsverhütung, aber auch zur Begrenzung militärischer Gewalt gedacht. Das Dilemma des Völkerrechtes besteht darin, daß sein fortschreitender Ausbau durch seine fortschreitende Aushöhlung um den Erfolg gebracht wird. Das *Kriegsrecht*, welches zwischen einem *ius ad bellum* und einem *ius in bello* unterscheidet, wird entweder mißachtet oder ist streckenweise antiquiert. Kriege werden heutzutage bekanntlich oft geführt, ohne förmlich erklärt zu werden. Die Grenzen zwischen zwischenstaatlichen Kriegen und Bürgerkriegen verschwimmen. Das ius in bello, kodifiziert in der Haager Landkriegsordnung von 1907 und der Genfer Konvention von 1949 mit ihren Zusatzprotokollen aus dem Jahre 1977 wird immer wieder von den kriegführenden Parteien mißachtet. Seine Durchsetzung erweist sich häufig als unmöglich, so daß das Völkerrecht weithin nur deklaratorischen Charakter hat. Zu seinem effektiven Schutz fehlt bis heute das handlungs-

---

[28] Vgl. *G. Anders*, Die atomare Drohung. Radikale Überlegungen, München 1983.

fähige Subjekt. Die UNO ist es bislang jedenfalls nicht. In absehbarer Zeit besteht auch kaum die Aussicht, daß sie von der Staatengemeinschaft mit den erforderlichen Kompetenzen und militärischen Mitteln ausgestattet würde, so daß auf Weltebene ein Gewaltmonopol entstünde, analog zum Gewaltmonopol des modernen Rechtsstaates. Aber auch eine Organisation wie die OSZE hat sich bislang bei der Verhinderung von Kriegsausbrüchen wie bei der Befriedung von Konflikten als wenig durchsetzungsfähig erwiesen. Vielmehr hat das Ende des Ost-West-Konfliktes, zu dessen Deeskalation die vormalige KSZE gegründet wurde, eher zu einer politischen Schwächung dieser Organisation geführt.

Recht gering ist auch die politische Bedeutung der bisherigen *Friedensforschung* geblieben.[29] Symptomatisch für den raschen Aufstieg und Fall der Friedensforschung in der Bundesrepublik Deutschland sind die Gründung der Deutschen Gesellschaft für Friedens- und Konfliktforschung 1970 und ihre Auflösung im Jahre 1983. Unabhängig von der politischen Bewertung dieses Vorgangs wird man selbst dann, wenn man die Notwendigkeit solcher Forschungen grundsätzlich bejaht, einräumen müssen, daß sich die von diesem jungen Forschungszweig der Sozialwissenschaften selbst geweckten Erwartungen bislang nicht wirklich erfüllt haben. Heutige Friedensforschung ist vom Anspruch einer breitenwirksamen Veränderung des öffentlichen Bewußtseins[30] abgerückt und beschränkt sich im wesentlichen auf die Fragestellung der Möglichkeiten der Kriegsverhütung.

In dieser Lage ist nun verstärkt die Funktion der Ethik im Rahmen der Friedenssicherung wie der Friedensstiftung zu diskutieren. Da sowohl das Völkerrecht als auch militärische Abschreckungspotentiale allein unzureichende Mittel der Kriegsverhütung sind, wird heute wieder verstärkt nach der Ausbildung einer völkerverbindenden Friedensmoral gefragt, welche zur Friedenssuche motivieren soll. Die Debatte um das Verständnis des Friedensbegriffs kehrt damit zu ihren Wurzeln in der Aufklärung zurück, welche die Hoffnung auf einen ewigen Frieden mit der Aussicht auf eine moralische Besserung des Menschen bzw. auf

---

[29] Vgl. *U.C. Wasmuth* (Hg.), Friedensforschung. Eine Handlungsorientierung zwischen Politik und Wissenschaft, Darmstadt 1991; *F. Solms*, Art. Friedensforschung, EKL³ I, Göttingen 1986, Sp. 1386–1389; *E. Haeckel*, Art. Friedensforschung, EStL³ I, Stuttgart 1987, Sp. 1012–1014.

[30] Siehe auch *E. Küchenhoff*, Art. Friedensbewegung, EStL³ I, Stuttgart 1987, Sp. 1007–1012; *B. Moltmann*, Art. Friedensbewegung, EKL³ I, Göttingen 1986, Sp. 1382–1384; *Chr. Bäumler*, Art. Friedenserziehung, EKL³ I, Sp. 1384–1386.

die Begründung einer vernünftigen, alle Grenzen der religiösen oder
kulturellen Herkunft übersteigenden und somit allgemeingültigen
Moral verband. Dementsprechend werden auch heute verschiedene
Konzepte eines Weltethos diskutiert, welches die praktischen Bemühungen um den Weltfrieden leiten soll. Mit ihnen setzen wir uns im
folgenden Abschnitt auseinander.

3. Weltfriede und Weltethos

Eine ausdrückliche Verbindung zwischen Weltfrieden und Weltethos
wird vor allem von Hans Küng hergestellt.[31] Aber auch Hans Jonas'
„Prinzip Verantwortung", das in den vorangehenden Kapiteln bereits
ausführlich behandelt wurde, ist als Projekt eines Weltethos zu verstehen.[32] Während allerdings Jonas eine universalgültige Ethik entwirft,
die aus reinen Vernunftgründen einsehbar sein soll, behauptet Küng,
daß ein Ethos für die Gesamtmenschheit ohne religiöse Fundierung
nicht möglich sei. Seine grundlegende, von uns bereits im 1. Kapitel
diskutierte These lautet daher: „Kein Überleben ohne Weltethos. Kein
Weltfriede ohne Religionsfriede. Kein Religionsfriede ohne Religions-
dialog."[33] Ohne die Religion gegen die Vernunft ausspielen zu wollen,
setzt Küng seine Hoffnung stärker als Jonas auf die Religion. Genauer
gesagt sind es die großen Weltreligionen, welche in den Dialog treten
und den Grund für ein Weltethos globaler Verantwortung legen sollen.
Denn wenn auch die menschliche Vernunft im Sinne von Hans Jonas
in der Lage sei, ein solches Ethos autonom zu formulieren, so könne
doch einzig die Religion dem geforderten Menschheitsethos die nötige
Autorität verleihen, damit es auch tatsächlich befolgt werde.[34] Dabei
argumentiert Küng aller Religionskritik zum Trotz mit dem Hinweis
auf Erscheinungsformen neuer Religiosität selbst innerhalb der säkularisierten westlichen Gesellschaften, daß das Bedürfnis nach Religion
eine anthropologische Konstante sei, so daß die Menschen der Gegenwart für die ethischen Werte der großen Religionen durchaus empfäng-
lich seien.
Unbeschadet der vorhandenen Unvereinbarkeiten und einander
widerstreitenden Exklusivitätsansprüche glaubt Küng in ethischen

---

[31] Siehe *H. Küng*, Projekt Weltethos, München 1990.
[32] Vgl. oben S. 70ff.89ff.
[33] H. Küng, a.a.O. (Anm. 31), S. 13.
[34] Vgl. H. Küng, a.a.O. (Anm. 31), S. 75ff.

Grundfragen zwischen den Weltreligionen Konvergenzen beobachten
zu können. Wie wir uns im vorigen Kapitel am Beispiel der Menschenrechte verdeutlicht haben, wird Küngs Versuch, die ethischen Systeme
aller Religionen auf wenige Grundregeln zurückzuführen, allerdings
weder den vorhandenen religiösen Divergenzen noch der Komplexität
globaler Probleme und gesellschaftlicher Probleme gerecht, die sich als
extrem friedensgefährdend erweisen. Wir sahen schon, wie stark beispielsweise zwischen Christentum und Islam die religiösen und kulturell bedingten Auffassungen über die Grundrechte des Menschen di-
vergieren können. Das Gespräch mit dem Islam zeigt aber auch, wie
unterschiedlich die Auffassungen der Religionen von Krieg und Frieden sein können. Gezielte Versuche, den Islam als „Praxis des Friedens"
zu propagieren[35] werden durch eine fundamentalistische Auffassung
vom *gihad* und die Revitalisierung vormoderner islamischer Wertvorstellungen kontrastiert.[36]

Abwegig und letztlich autoritär aber ist Küngs Vorstellung, daß Kon-
ferenzen von Religionsführern zu Einigungen in Fragen der Ethik führen könnten, welche dann von den Gläubigen zu befolgen wären und
so zur Befriedung der Welt beitrügen. Diese Vorstellung überschätzt die
politische Rolle der Religionen und konkret der 1970 gegründeten
„Weltkonferenz der Religionen für den Frieden".[37] So beachtlich die
Bemühungen der Religionen heute auch sein mögen, ihren Beitrag zur
Förderung des Friedens zu leisten, so wenig darf doch übersehen werden, daß die Religionen in Geschichte und Gegenwart keineswegs nur
die Initiatoren, sondern immer auch der Anlaß für Befriedungsprozesse
gewesen sind.[38] Zweifellos können die Religionsgemeinschaften einiges

---

[35] Siehe z.B. *M.S. Abdullah*, Der Islam und die Probleme der Gegenwart, EvMiss
1974, S. 27–46, hier S. 32.

[36] Siehe dazu u.a. *M. Tworuschka*, Revitalisierung islamischer Wertvorstellungen in
modernen arabischen Staatsverfassungen, in: *G. Stephenson* (Hg.), Der Religionswandel
unserer Zeit im Spiegel der Religionswissenschaft, Darmstadt 1976, S. 152–167; *M.
Fitzgerald/A.Th. Khoury/W. Wanzura*, Renaissance des Islam, Graz/Wien/Köln 1980;
W.M. Watt/M. Marmura, Der Islam, Bd. II: Politische Entwicklungen und theologische
Konzepte (Die Religionen der Menschheit 25/2), Stuttgart 1985.

[37] Siehe auch *H. Küng/K.-J. Kuschel*, Erklärung zum Weltethos. Die Deklaration des
Parlaments der Weltreligionen, München 1993; *dies.*, Weltfrieden durch Religionsfrieden. Antworten aus den Weltreligionen, München 1993; *H. Küng* (Hg.), Ja zum Weltethos. Perspektiven für die Suche nach Orientierung, München 1995.

[38] Zur Einstellung der verschiedenen Religionen zu Krieg und Frieden siehe *F. Bammel*, Die Religionen der Welt und der Friede auf Erden, München 1957; *H.-W. Gensichen*, Art. Frieden I. Religionsgeschichtlich, TRE 11, (s. Anm. 9), S. 599–605.

zur Versöhnung der Völker beitragen. Andererseits aber ist der Friede zwischen den konkurrierenden Religionen immer auch ein wichtiges Ziel politischer Bemühungen und rechtsstaatlicher Gesetzgebung, so daß sich die These Küngs auch umkehren läßt: „Kein Religionsfriede ohne politischen Frieden!"

Das Grundproblem jeder globalen Verantwortungsethik ist aber, wie wir schon in den vorigen Kapiteln festgestellt haben, die Frage nach ihrem Subjekt. Max Weber, welcher die Unterscheidung zwischen Verantwortungsethik und Gesinnungsethik eingeführt hat, hatte den einzelnen Politiker als Verantwortungsträger vor Augen.[39] Ein Weltethos aber, dessen Handlungsziel in nichts geringerem als dem Überleben der gesamten Menschheit besteht, bleibt merkwürdig subjektlos.[40] Die Menschheit ist eine abstrakte Idee. Kollektivsubjekte treten allenfalls in Gestalt von Einzelgesellschaften auf. Die Bildung eines weltumspannenden Kollektivsubjekts aber ist, wie das Beispiel der UNO zeigt, bislang nicht überzeugend gelungen. Auch der Dialog der Religionen bietet hierfür aus den genannten Gründen keine erfolgversprechende Strategie.

Hieraus ist nicht die Obsoletheit jeglicher Ethik oder die Sinnlosigkeit transkultureller und interreligiöser Verständigungsbemühungen in Fragen der Zukunftssicherung abzuleiten. Aber die Rolle der Ethik ebenso wie diejenige der Religionen im Bereich von Politik und Ökonomie, auch auf dem Gebiet der Friedenssicherung, muß realistischer bewertet werden, als es in der Diskussion um Konzepte eines Weltethos zumeist geschieht. Das bedeutet nun nicht nur, daß der Beitrag der Ethik zur Sicherung des Weltfriedens nicht überschätzt werden darf, sondern auch, daß die Zielperspektiven der Friedenssicherung selbst auf ein realistisches Maß reduziert werden müssen. Solche Bescheidung der Handlungsziele dient gerade nicht der Minimierung der Verantwortung, sondern genau umgekehrt der Ermöglichung ihrer konkreten Wahrnehmung. Nur eine zumutbare Verantwortung ist dann auch Menschen zuzumuten und von ihnen zu erwarten. Welche theologischen Gesichtspunkte hierbei von Bedeutung sein könnten, soll nun erörtert werden.

---

[39] Vgl. *M. Weber*, Politik als Beruf (1919), in: *ders.*, Gesammelte politische Schriften, 2. erw. Aufl., hg. v. J. Winckelmann, Tübingen 1958, S. 493–548.
[40] Vgl. oben S. 105ff.

4. Christliche Friedensethik und globale Verantwortung

Nicht nur ein utopischer Begriff des Weltfriedens, sondern überhaupt die radikale Ethisierung christlicher Glaubensgehalte in der nachaufklärerischen Moderne ist angesichts ihrer ambivalenten Folgen zu problematisieren. Denn die Konsequenz der neuzeitlichen Autonomie ist nicht etwa nur eine Zunahme an Freiheit, sondern zugleich eine Zunahme von Kontingenzen. Die Depotenzierung des christlichen Schöpfergottes, dessen Providenz einst das Ende des antiken Schicksalsglaubens bedeutet hatte, führt in der Moderne zur Wiederkehr des Schicksals in Gestalt der Unverfügbarkeit sowohl der Vorgaben als auch der Folgen menschlichen Handelns. Nicht ewa nur die erfolglose, sondern gerade die erfolgreiche Machensplanung plant sich, zumindest teilweise, um den intendierten Erfolg. Das Gutgemeinte wird darum nicht das Gute; „das absolute Verfügen etabliert das Unverfügbare; die Resultate kompromittieren die Intentionen; und die absolute Weltverbesserung gerät zur Weltkonfusion"[41].

Angesichts dieser neuzeitlichen Entwicklung könnte ein wichtiger Beitrag der Theologie zur friedensethischen Debatte vor allen materialethischen Erwägungen in der Sensibilisierung für die Folgen der Depotenzierung des christlichen Schöpfergottes bestehen. Gerade die globalen ökologischen und sicherheitspolitischen Gefahren unserer Zeit könnten Anlaß bieten, über den ethischen Sinn des überlieferten Schöpfungsglaubens nachzudenken. So problematisch wie die im Grunde anmaßende Transformation des dogmatischen Lehrstücks von der Bewahrung der Schöpfung zu einer ethischen Forderung an die Menschheit erscheint auch die Verlagerung der providentiellen Sicherung des Weltfriedens von Gott auf den Menschen. Weder gibt es eine theologisch begründbare supranaturalistische Überlebensgarantie für die menschliche Gattung, noch ist eine solche der Menschheit selbst abzuverlangen. Die Folgen eines – womöglich noch apokalyptisch aufgeladenen – Handlungszwangs könnten gerade auf dem Gebiet der Friedenssicherung fatal sein. Das gilt keineswegs nur für die Option eines radikalen Pazifismus oder die Zielvorstellungen des sogenannten Konziliaren Prozesses für Gerechtigkeit, Frieden und die Bewahrung

---

[41] *O. Marquard*, Ende des Schicksals? Einige Bemerkungen über die Unvermeidlichkeit des Unverfügbaren, in: *ders.*, Abschied vom Prinzipiellen. Philosophische Studien, Stuttgart 1981, S. 67–90, hier S. 81.

der Schöpfung[42], sondern auch für die Umstellung militärischer Strategien von der Verteidigung bzw. Friedenssicherung auf die Friedensschaffung mit militärischen Mitteln.

Der Sinn des christlichen Schöpfungsglaubens besteht letztlich in der humanen Selbstbegrenzung unseres Handelns, auch in Fragen von Krieg und Frieden. Die biblische Rede vom Schöpfer verweist auf Gegebenheiten, die unser Handeln wohl in Anspruch nehmen muß, die ihm aber immer schon vorausliegen und somit jeden Handlungssinn transzendieren. Das Ganze steht niemals unmittelbar zur Disposition, weder die Welt noch der Weltfrieden. Indem der christliche Schöpfungsglaube die konstitutiven Grenzen unseres Handelns und damit auch jeder Ethik thematisiert, dient er gerade nicht der Entlastung vom heute bestehenden Verantwortungsdruck, sondern „genau umgekehrt einer Steigerung reflektierter Verantwortung"[43]. Reflektierte Verantwortung aber verhält sich kritisch gegenüber jedem Machbarkeitsglauben.

Zur Kritik am Machbarkeitsglauben leitet überdies die christliche Sündenlehre an. Ebenso wenig wie die Schöpfungslehre zielt sie darauf ab, dem Handeln des Menschen als solchem Grenzen zu setzen. Sie kann nicht gegen das neuzeitliche Autonomieverständnis ausgespielt werden, sondern leitet dazu an, kritisch nach den Motiven unseres Handelns zu fragen. Daß das gut Gemeinte noch lange nicht das Gute wird, liegt nach christlichem Verständnis nicht einfach an der Komplexität der zu lösenden Probleme, sondern auch daran, daß unsere Handlungsmotive keineswegs so lauter sind, wie wir nicht nur vorgeben, sondern sogar selbst glauben. Wie die Schöpfungslehre leitet auch die christliche Sündenlehre zur humanen Selbstbeschränkung an, insofern sie jeden Meliorismus zum Scheitern verurteilt sieht.

Das gilt nun auch für die Fragen der Sicherheitspolitik und des künftigen Verständnisses von Friedenssicherung. Das während der politischen Auseinandersetzungen um die atomare Hochrüstung gegen die Friedensbewegung vorgebrachten Argument, sie hänge einer utopischen Friedenshoffnung an, ist analog auf heute diskutierte Konzepte der weltweiten Durchsetzung der Menschenrechte gegebenenfalls mit militärischen Mitteln, d.h. auf die neue Doktrin eines Interventionis-

---

[42] Zu den Anfängen des Konziliaren Prozesses siehe vor allem *C.F. v. Weizsäcker*, Die Zeit drängt. Eine Weltversammlung der Christen für Gerechtigkeit, Frieden und die Bewahrung der Schöpfung, München 1986.
[43] F.-W. Graf, a.a.O. (Anm. 20), S. 222.

*z.B.
Irak!*

mus anzuwenden, der unter dem Begriff der humanitären Intervention militärische Operationen zur Durchsetzung der Menschenrechte befürwortet. Der Schutz der Menschenrechte ist zweifellos ein unaufgebbarer Grundwert der Völkergemeinschaft. Doch an die Stelle eines überzogenen Friedensbegriffs darf nicht eine Ideologie der Menschenrechte treten.

Es geht nicht darum, das moralische Recht der Forderung nach militärischen Interventionen zugunsten von Menschen, genauer gesagt von ganzen Menschengruppen, die an Leib und Leben bedroht sind, in jedem Fall zu bestreiten, wohl aber um die Vermeidung einer Remilitarisierung der internationalen Friedenspolitik.[44] Der unpräzise Begriff der humanitären Intervention darf nicht darüber hinwegtäuschen, daß es sich um militärische Aktionen handelt, deren Ziele, nicht aber deren Mittel humanitär sind. Es wäre daher äußerst fragwürdig, etwa den Kampfeinsatz von Bundeswehreinheiten außerhalb des NATO-Gebietes ausgerechnet mit der Beispielerzählung Jesu vom barmherzigen Samariter christlich rechtfertigen zu wollen.[45] Zwar leitet uns diese Erzählung dazu an, in der zu einem Dorf gewordenen Welt auch den fernen Nächsten und seine Not wahrzunehmen. Das Gebot der Nächstenliebe endet nicht an den Grenzen unseres Nahbereiches. Doch handelt Jesu Gleichnis gerade nicht vom Problem legitimer Gewaltanwendung, sondern vielmehr von der Linderung der Folgen illegitimer Gewalt. So sehr es nach allgemeiner ethischer Überzeugung wie auch aus christlicher Sicht geboten ist, Menschen, deren Leben in Gefahr ist, gegen ihre Bedränger beizustehen, so fragwürdig ist es, mit dem Argument der Nothilfe den Krieg wieder zu einem legitimen Mittel der Politik zu erklären.

Die Menschenrechte sind ein Grundwert der internationalen Völkergemeinschaft, den es zu verteidigen und zu stärken gilt. Sie sind aber auch gegen ihren ideologischen Mißbrauch zu schützen. Einer neuen Form der Kreuzzugsmentalität gilt es ebenso entgegenzutreten wie der in letzter Zeit häufiger anzutreffenden Argumentation, nach welcher jede Notlage der Zivilbevölkerung z.B. in Bürgerkriegsgebieten zu einer Bedrohung des Weltfriedens erklärt wird, die ein militärisches Eingreifen der internationalen Staatengemeinschaft oder in ihrem Namen rechtfertigt. Soll die Idee der Menschenrechte, deren Durchsetzung

---

[44] Zum folgenden vgl. auch H.-R. Reuter, a.a.O. (Anm. 7), S. 87ff.
[45] Vgl. Lk 10,25–37.

ohnehin schwierig genug ist, nicht völlig desavouiert werden, so ist mit ihr gerade im Konfliktfall äußerst behutsam umzugehen.

Zweifellos kann die Staatengemeinschaft nicht tatenlos zuschauen, wenn Menschen Opfer eines Massenmordes werden. Für diesen Fall läßt sich am ehesten der Einsatz militärischer Gewalt unter Mißachtung staatlicher Souveränität rechtfertigen, vorausgesetzt, daß flankierende Maßnahmen zur Eingrenzung der militärischen Auseinandersetzung getroffen werden. Im übrigen aber darf der Schutz der Menschenrechte nicht leichtfertig gegen das Prinzip des Selbstbestimmungsrechtes der Völker ausgespielt werden. Denn die Menschenrechtsdebatte zeigt, daß ihr Anspruch auf universale Geltung nur dann gegen den Verdacht geschützt ist, es handle sich lediglich um die Fortsetzung der ehemaligen Kolonialpolitik des Westens mit anderen Mitteln, wenn ihre Akzeptanz nicht gegen die kulturellen und religiösen Traditionen anderer Gesellschaften erzwungen wird. Ferner haben sich diejenigen, welche nicht unmittelbar in einem gewaltsamen Konflikt involviert sind, vor der paternalistischen Mißachtung des Subsidiaritätsprinzips zu hüten. Seine Mißachtung wird nämlich, sofern sie Schule macht, zur Destabilisierung und zur Erhöhung der Kriegsgefahr führen. Sie unterläuft letzten Endes den Freiheitsgedanken und die ethische Forderung, die Freiheit und das Selbstbestimmungsrecht anderer zu achten.

Fragwürdig sind aber auch die gegenwärtigen Tendenzen zur Erweiterung des Sicherheitsbegriffs, die beispielsweise in den verteidigungspolitischen Richtlinien des deutschen Verteidigungsministers vom November 1992 erkennbar werden.[46] Abgesehen von der verfassungsrechtlichen Frage, ob ein derart erweiterter Sicherheitsbegriff, wie er in diesen Richtlinien vertreten wird, mit dem gesetzlichen Auftrag der Bundeswehr ausschließlich zur Verteidigung der Bundesrepublik Deutschland, mit dem Eid der Soldaten sowie mit der allgemeinen Wehrpflicht vereinbar ist, ist es abzulehnen, wenn Selbstbehauptungsinteressen, z.B. auf dem Rohstoffmarkt und im Welthandel ideologisch verschleiert werden und im Blick auf den möglichen Einsatz militärischer Mittel bedenkenlos von friedenserhaltenden oder friedensschaffenden Maßnahmen gesprochen wird, wo es sich schlicht um kriegerische Auseinandersetzungen handelt. Auch nach dem Ende des Ost-West-Konfliktes ändert sich nichts an der in diesem Jahrhundert

---

[46] Vgl. *Der Bundesminister der Verteidigung*, Verteidigungspolitische Richtlinien, Bonn, 26.11.1992.

unter großen Opfern gewonnenen Einsicht, daß Krieg kein Mittel der Politik ist, sondern allemal deren Scheitern bedeutet.

Kritisch ist aber auch mit dem Begriff der *globalen Verantwortung* umzugehen. Aus der theologischen Einsicht in die Begrenztheit menschlicher Verantwortung folgt eine humane Selbstbegrenzung auch auf dem Gebiet der Friedenspolitik. Ebenso problematisch wie ein prinzipieller Pazifismus sind militärpolitische Allmachtsphantasien. Wohl sind wir heute auch im Weltmaßstab für das Ganze, nicht aber für alles verantwortlich. Es ist nicht unbedingt Ausdruck eines gewachsenen Verantwortungsbewußtseins, wenn die Zunahme an weltpolitischer Verantwortung kurzschlüssig mit der moralischen Pflicht zur Erweiterung des Bundeswehrauftrags gleichgesetzt wird. Tatsächlich besteht verfassungsgemäß keine völkerrechtliche Verpflichtung, welche die Bundesrepublik Deutschland zum militärischen Einsatz der Bundeswehr außerhalb ihres Verteidigungsauftrags zwingen würde. In Anbetracht der ohnehin bestehenden Ambivalenzen militärischer Interventionen und angesichts der ernüchternden Resultate internationaler Bemühungen zur Befriedung Somalias oder des Balkankonfliktes sollten die europäischen Staaten militärpolitische Zurückhaltung üben, vor allem was Militäraktionen außerhalb Europas betrifft, und stattdessen ein umfassenderes Konzept von Friedenspolitik entwickeln und in glaubwürdige Politik umsetzen. Die bitteren Erfahrungen aus den regionalen Konflikten, die nach 1989 ausgebrochen sind, haben gezeigt, daß blutige Auseinandersetzungen in keinem Fall den Konfliktausgang entscheiden, daß andererseits die Möglichkeiten zur Verhütung und friedlichen Beilegung von Konflikten noch längst nicht ausgeschöpft sind. Es zeigt sich, daß heute weniger die Fähigkeit zur Früherkennung von Konflikten, wohl aber die Bereitschaft zum frühen, rechtzeitigen Eingreifen mit friedlichen Mitteln unterentwickelt ist.[47]

Zum christlichen Glauben gehört allemal eine gute Portion Skepsis, sowohl gegenüber jedem moralischen Enthusiasmus, als auch gegenüber einem übersteigerten Sicherheitsdenken, welche beide in einer Art von Omnipotenz- und Ubiquitätswahn für alles und jedes Verantwortung übernehmen wollen.[48] Jeder Utopie einer neuen Weltordnung wie

---

[47] Vgl. *W. Höynck*, Das unversöhnte Europa, in: Auf dem Weg nach Graz. Versöhnung – Grundbegriff christlichen Glaubens und Handens, hg. v. ÖRK in Österreich, Wien 1997, S. 34–45, hier S. 40ff.

[48] Vgl. auch *O. Bayer*, Evangelische Sozialethik als Verantwortungsethik, in: *ders.*, Freiheit als Antwort. Zur theologischen Ethik, Tübingen 1995, S. 183–196, hier S. 195f.

auch jeder Form von Friedensrhetorik ist aus christlicher Sicht kritisch zu begegnen. Die Verhinderung eines erneuten Weltkrieges zählt allerdings zu den Grundbedingungen des Überlebens in der technologischen Zivilisation. Darum ist der Ausbau einer internationalen Friedensordnung geboten, welche Instrumentarien zur Durchsetzung des Rechtes und zur Konfliktlösung einschließt. Doch im umfassenden Sinne des Wortes ist Frieden von Menschen nicht zu schaffen und weder zu erzwingen noch zu garantieren. Er bleibt eine die Grenzen des Machbaren transzendierende Gabe. Zur humanen Selbstbegrenzung im Sinne des christlichen Glaubens gehört es darum auch, nicht nur der ideologischen Überfrachtung des Friedensbegriffs, sondern auch seiner politischen Banalisierung entgegenzuwirken.

5. Literatur

Anders, G.: Die atomare Drohung. Radikale Überlegungen, München 1983

Bäumler, Chr.: Art. Friedenserziehung, EKL[3] I, Göttingen 1986, Sp. 1384–1386

Bammel, F.: Die Religionen der Welt und der Friede auf Erden, München 1957

Galtung, J.: Strukturelle Gewalt, Reinbek 1975

Gensichen, H.-W. u.a.: Art. Frieden I-V, TRE 11, Berlin/New York 1983, S. 599–646

Haeckel, E.: Art. Friedensforschung, EStL[3] I, Stuttgart 1987, Sp. 1012–1014

Hertz, A.: Die Friedensaufgabe der Gegenwart I. Die Lehre vom „gerechten Krieg" als ethischer Kompromiß, in: ders. u.a (Hg.), Handbuch der christlichen Ethik, 2. Aufl., Bd. 3, Freiburg/Gütersloh 1993, S. 425–453

Höynck, W.: Das unversöhnte Europa, in: Auf dem Weg nach Graz. Versöhnung – Grundbegriff christlichen Glaubens und Handelns, hg. v. ÖRK in Österreich, Wien 1997, S. 34–45

Honecker, M.: Die Diskussion um den Frieden 1981–1983, ThR 49, 1984, S. 372–411

Hoppe, Th.: Friedenspolitik mit militärischen Mitteln, Köln 1986

Howe, G. (Hg.): Atomzeitalter – Krieg und Frieden, Witten/Berlin 1959, S. 225–235

Huber, W./Reuter, H.-R.: Friedensethik, Stuttgart 1989

Huntington, S.P.: Kampf der Kulturen. Die Neugestaltung der Weltpolitik im 21. Jahrhundert, München/Wien 1996

Jonas, H.: Das Prinzip Verantwortung. Versuch einer Ethik für die technologische Zivilisation, Frankfurt a.M. 1979

Kant, I.: Zum ewigen Frieden. Ein philosophischer Entwurf (1795), in: ders., Werke, hg. v. W. Weischedel, Bd.VI, Darmstadt 1983, S. 191–251

Korff, W.: Die Friedensaufgabe der Gegenwart III. Grundsätze einer christlichen Friedensethik, in: A. Hertz u.a. (Hg.), Handbuch der christlichen Ethik, 2. Aufl., Bd. 3, Freiburg/Gütersloh 1993, S. 478–507

Kröger, M.: Theologische Klärung unseres Friedensverhaltens. Eine Zweireichelehre für den Frieden, Stuttgart 1984

Küchenhoff, E.: Art. Friedensbewegung, EStL[3] I, Stuttgart 1987, Sp. 1007–1012

Küng, H.: Projekt Weltethos, München 1990

Küng, H. (Hg.): Ja zum Weltethos. Perspektiven für die Suche nach Orientierung, München 1995.

Küng, H./Kuschel, K.-J.: Erklärung zum Weltethos. Die Deklaration des Parlaments der Weltreligionen, München 1993

–:Weltfrieden durch Religionsfrieden. Antworten aus den Weltreligionen, München 1993

Kunst, H.: Martin Luther und der Krieg. Eine historische Betrachtung, Stuttgart 1968.

Moltmann, B.: Art. Friedensbewegung, EKL[3] I, Göttingen 1986, Sp. 1382–1384

Planer-Friedrich, G. (Hg.): Frieden und Gerechtigkeit. Auf dem Weg zu einer ökumenischen Friedensethik, München 1989

Raumer, K. v.: Ewiger Friede, Friedensrufe und Friedenspläne seit der Renaissance, Freiburg/München 1953

Rausch, W.W.: Soldat für den Frieden! Ethik gegen den Krieg in einer veränderten Welt, LM 35, 1996, H. 7, S.24–27

Reuter, H.-R.: Friedensethik nach dem Ende des Ost-West-Konflikts, ZEE 38, 1994, S. 81–99

Schritte auf dem Weg des Friedens – Orientierungspunkte für Friedensethik und Friedenspolitik (EKD-Texte 48), Hannover 1994

Schwerdtfeger, J./Lienemann, W.: Art. Frieden, EKL[3] I, Göttingen 1986, Sp. 1372–1382

Solms, F.: Art. Friedensforschung, EKL[3] I, Göttingen 1986, Sp. 1386–1389

Steinweg, R, (Hg.): Der gerechte Krieg: Christentum, Islam, Marxismus, Frankfurt a.M. 1980

Sternberger, D.: Begriff des Politischen. Der Friede als der Grund und das Merkmal und die Norm des Politischen, Frankfurt a.M. 1961

Stolz, F. (Hg.): Religion zu Krieg und Frieden, Zürich 1986

Wasmuth, U.C. (Hg.): Friedensforschung. Eine Handlungsorientierung zwischen Politik und Wissenschaft, Darmstadt 1991

Weizsäcker, C.F. v.: Bedingungen des Friedens, Göttingen 1963

–: Wege in der Gefahr. Eine Studie über Wirtschaft, Gesellschaft und Kriegsverhütung, München 1976

–: Der bedrohte Friede, München/Wien 1976

–: Die Zeit drängt. Eine Weltversammlung der Christen für Gerechtigkeit, Frieden und die Bewahrung der Schöpfung, München 1986

Wilkens, E.: Art. Frieden, EStL[3] I, Stuttgart 1987, Sp. 999–1007

8. KAPITEL

Medizin und Menschenwürde

Ethische Probleme der Biomedizin und medizinischen Genetik

Nach den beiden Kapiteln aus dem Bereich der Rechtsethik und politischen Ethik befaßt sich das folgende Kapitel mit dem Themenfeld der medizinischen Ethik. Es werden insbesondere die Probleme diskutiert, welche sich in der modernen Medizin durch den Einsatz der Gentechnik in Therapie und Diagnostik sowie in der Reproduktionsmedizin ergeben. Die dabei entstehende Menschenrechtsproblematik behandeln wir anhand der Menschenrechtskonvention des Europarates zur Biomedizin.

1. Fortschritt ohne Grenzen?

Darf die Medizin, was sie kann? Diese Frage stellt sich heute mit zunehmender Dringlichkeit. Die Fortschritte in der Grundlagenforschung und bei der Entwicklung technischer Verfahren haben die diagnostischen und therapeutischen Möglichkeiten der Medizin enorm erweitert. Weitere Fortschritte sind zu erwarten. Das gilt insbesondere für den Bereich der sogenannten Biomedizin, also der diagnostischen und therapeutischen Nutzung der Kenntnisse der Humangenetik. Die Erweiterung medizinischer Handlungsfelder erzeugt freilich auch neue ethische Konflikte.

Es geht nicht nur um die Frage, wie im Einzelfall eine verantwortliche Entscheidung für oder gegen therapeutische Maßnahmen oder deren Beendigung getroffen werden kann. Der medizinische Fortschritt im allgemeinen wie derjenige der Biomedizin im besonderen wirft die Grundsatzfrage nach Sinn und Ziel der Medizin überhaupt auf. Hinter der Frage, ob die Medizin darf, was sie kann, verbirgt sich die Frage nach ihrem Wozu.

Der medizinische Fortschritt nötigt uns, individuell wie gesellschaftlich unser Verständnis von Krankheit und Gesundheit zu überdenken. Bevor sich die Frage, was wir auf medizinischem Gebiet tun und lassen dürfen, im Einzelfall beantworten läßt, ist die grundlegende Frage zu stellen: Was ist der Mensch? Und was bedeuten für ihn Gesundheit, Krankheit oder Behinderung?

Die moderne Medizin verdankt ihre Erfolge ihrer Anbindung an die Naturwissenschaften und deren mechanistische Sicht des Lebens. Sie hat zur Konsequenz, daß die Krankheit vom Patienten abgespalten und ihre Behandlung als rein technische Aufgabe betrachtet wird. Nicht der kranke Mensch als eine Person mit Leib und Seele, sondern die von ihm abgespaltene Krankheit, verstanden als Defekt eines Organismus bzw. eines einzelnen Organs, ist üblicherweise das Objekt medizinischen Handelns. Damit war die moderne Medizin bislang überaus erfolgreich. Doch der Preis für ihre Erfolge ist hoch. Der Patient als Subjekt bleibt auf der Strecke.

Wo sich Zweifel am humanen Nutzen neuer medizinischer Technologien melden, gelangt wieder zu Bewußtsein, daß die Medizin – anders als etwa die Biologie – keine reine Naturwissenschaft, sondern eine Handlungswissenschaft ist, deren Zielsetzungen in anthropologischen und moralischen Werthaltungen begründet sind. Krankheit und Gesundheit wie auch von Krankheit zu unterscheidende Behinderung sind keine rein biologisch oder physiologisch definierbaren Tatbestände, sondern abhängig vom subjektiven Empfinden der Betroffenen und letztlich eine soziale Konstruktion. Daher läßt sich auch das Ziel medizinischen Handelns, nämlich die Wiederherstellung oder Erhaltung von Gesundheit und die Linderung von Leiden, nur sehr bedingt in biologischen Kategorien aussagen und auf technischem Wege erreichen.

Im Unterschied zu einer krankenorientierten, patientenzentrierten Medizin steht eine krankheitsorientierte Medizin in der Gefahr, daß der medizinisch-technologische Fortschritt zum Selbstzweck wird. Gemacht wird, was machbar ist und zudem einen ökonomischen Gewinn verspricht. Hinter der Verselbständigung medizinischen Fortschritts steht aber auch ein utopischer Gesundheitsbegriff, der in der Gesellschaft um sich greift und durch den medizinischen Fortschritt genährt wird. Nach der bekannten Definition der Weltgesundheitsorganisation (WHO) ist Gesundheit „der Zustand vollständigen körperlichen, geistigen und sozialen Wohlbefindens und nicht nur das Freisein von Krankheit und Gebrechen"[1]. Zwar ist es zu begrüßen, wenn ein erwei-

---

[1] Zitiert nach *U. Eibach*, Heilung für den ganzen Menschen? Ganzheitliches Denken als Herausforderung von Theologie und Kirche, Neukirchen-Vluyn 1991, S. 20.

terter Gesundheitsbegriff auch die psychische und soziale Dimension des Menschseins einbezieht. Die Gesundheitsdefinition der WHO setzt jedoch Gesundheit mit Glück und Heil gleich, so daß das Gesundheitsverlangen latent religiöse Züge annimmt. Eine Gesellschaft, welche einem derart utopischen Gesundheitsbegriff verpflichtet ist, ist „auf das Ziel hin geplant und organisiert, den Schmerz zu beseitigen, die Krankheit auszutilgen und den Tod zu bekämpfen. Das sind neue Ziele – und Ziele, die nie zuvor Leitlinien sozialen Lebens waren."[2] Die Kehrseite eines utopischen Gesundheitsbegriffs besteht darin, daß jede Beeinträchtigung des Wohlbefindens als Verhinderung des Glücks, als Einschränkung sinnhaften Lebens und somit ausschließlich negativ bewertet wird.

Ein solches religiös aufgeladenes Gesundheitsideal zeitigt über kurz oder lang inhumane Folgen. Daher ist die Einsicht zurückzugewinnen, daß menschliches Leben wesenhaft fragmentarisch und unvollkommen ist und daß auch Behinderungen und Leiden zu einem sinnerfüllten Leben dazugehören.[3] Diese Erkenntnis entspricht der christlichen Anthropologie, welche den Menschen im Lichte der Lebens- und Leidensgeschichte Jesu von Nazareth als Geschöpf Gottes versteht. Die christliche Sicht des Menschen schließt auch die Unterscheidung von Heil und Heilung ein, auch wenn beide aufeinander bezogen sind.[4] Das bedeutet, daß medizinisches Handeln von allen offenen oder geheimen soteriologischen Ansprüchen zu entlasten ist. Heil ist keine sinnvolle therapeutische Zielsetzung, weder im Sinne einer fragwürdigen Ganzheitlichkeit noch im Sinne eines Meliorismus, welcher die Medizin in den Dienst einer technischen Vervollkommnung der menschlichen Gattung stellt. Die Heilkunst darf nicht zur Heilslehre überhöht werden.

Gemäß dem biblischen Schöpfungsglauben sind das Handeln Gottes und dasjenige des Menschen aufeinander bezogen, jedoch kategorial unterschieden. Dies bedeutet nun aber für die Ethik, daß dem Handeln des Menschen im allgemeinen wie auf dem Gebiet der Medizin nicht a priori klar angebbare Grenzen gezogen sind. Die Grenzen zulässigen Handelns müssen vielmehr von Fall zu Fall neu bestimmt werden. Durch die Unterscheidung von Schöpfer und Geschöpf scheint es

---

[2] *I. Illich*, Die Enteignung der Gesundheit – Medical Nemesis, Reinbek 1975, S. 95.

[3] Vgl. *H. Luther*, Leben als Fragment, WzM 43, 1991, S. 262–273.

[4] Vgl. *U. Körtner*, Dimensionen von Heil und Heilung, EthMed 8, 1996, S. 27–42.

auf den ersten Blick Gebiete zu geben, in denen menschliche Eingriffe strikt untersagt sind. Faktisch aber ist der Mensch dazu verurteilt, selbst in die Bereiche von Geburt und Tod einzugreifen. Mit dem medizinischen Fortschritt ist uns an den Grenzen des Lebens eine Verantwortung zugewachsen, aus der wir uns nicht durch willkürliche Selbstbegrenzung davonstehlen können, auch nicht unter Hinweis auf vermeintlich christliche Grundwahrheiten. Wohl gibt es eine menschliche Grundpassivität, ohne die der Mensch nicht menschlich wäre. Dazu gehört, daß er geboren wird und daß er sterben muß.[5] Aber die Einsicht in unsere Grundpassivität oder schlechthinnige Abhängigkeit von Gott ist ethisch in einer spannungsvollen Dialektik von Widerstand und Ergebung zu bewähren. Sie darf keinesfalls dazu mißbraucht werden, die Verantwortung Gott zuzuschieben, wo sie uns in Wahrheit selbst übertragen ist. Gerade das haben wir vor Gott zu erkennen. Und dementsprechend müssen wir immer wieder neu fragen, wie wir eingedenk des Geschenkcharakters menschlichen Lebens verantwortlich mit den zu Gebote stehenden medizinischen und technischen Möglichkeiten umgehen.

Wird nach christlichem Verständnis zwischen Heil und Heilung unterschieden und der fragmentarische Charakter unseres Menschseins anerkannt, so bedeutet Gesundheit allerdings nicht die Abwesenheit jeglicher Beeinträchtigung unseres Wohlbefindens, sondern die Fähigkeit zum Leben, welche die Fähigkeit zum Leiden und zum Umgang mit Störungen biologischer, psychischer und sozialer Natur einschließt. Wer utopische Zielsetzungen heutiger Medizin kritisieren will, muß freilich selbstkritisch die eigenen Ansprüche gegenüber der Gesellschaft und ihrem Gesundheitssystem überdenken.

2. Biomedizin und Menschenrechte

Die rasanten Fortschritte auf dem Gebiet der Biomedizin erfordern nicht nur einen umfassenden ethischen Diskurs über ihre allgemeinen Ziele und ihren konkreten Nutzen, sondern auch rechtliche Regelungen. Sollen gesetzliche Regelungen wirksamen Schutz bieten, können sie heutzutage nicht mehr allein auf der nationalstaatlichen Ebene getroffen werden. Die Biomedizin ist politisch, juristisch und ethisch ein

---

[5] Vgl. *E. Jüngel*, Tod, Gütersloh ²1983, S. 116.

gesamteuropäisches Problem. Im Zentrum steht die Frage, wie die neuen Möglichkeiten, welche der Medizin durch die Gentechnik eröffnet werden, ausschließlich zum Wohle der Menschen genutzt werden können. Es stellt sich zugleich das Problem, wie der Mißbrauch der neuen medizinischen Technologie wirksam zu verhindern ist. Mit anderen Worten besteht die Aufgabe, den Schutz der Menschenrechte auf dem Gebiet der Biomedizin zu gewährleisten.

Ihr stellt sich das 1996 von der parlamentarischen Versammlung und dem Ministerkomitee des Europarates verabschiedete „Übereinkommen zum Schutz der Menschenrechte und der Menschenwürde im Hinblick auf die Anwendung von Biologie und Medizin", kurz „Übereinkommen über Menschenrechte und Biomedizin", „Menschenrechtskonvention zur Biomedizin" oder auch einfach „Biomedizin-Konvention" genannt.[6] So begrüßenswert der Versuch des Europarates ist, zumindest für den europäischen Bereich – wohlgemerkt über die Grenzen der Europäischen Union hinaus! – die Menschenrechte im Bereich der Biomedizin wirksam zu schützen, so strittig ist, ob das gesteckte Ziel auch tatsächlich mit der vorliegenden Konvention erreicht wird. Sowohl in Österreich als auch in Deutschland erheben sich große Bedenken gegen das Dokument.[7] Beide Staaten haben während der Beratungsphase wichtige Gesichtspunkte geltend machen und für Verbesserungen des Textes sorgen können. Dennoch bleiben rechtliche und ethische Bedenken, welche dazu geführt haben, daß Österreich und Deutschland die Konvention bislangweder unterzeichnet noch ratifiziert haben. Das rechtspolitische Für und Wider der Konvention aber ist nicht von ethischen Fragen ablösbar. Sie sollen im folgenden beleuchtet werden.

---

[6] Der Text der Konvention wird im folgenden nach der mir als Typoskript vorliegenden zweisprachigen Fassung (englisch und französisch) „Convention for the Protection of Human Rights and Dignity of the Human Being with Regard to the Application of Biology and Medicine" (European Treaties Series – No. 164; Oviedo 4.IV.1997) sowie der vom österreichischen Bundeskanzleramt zur Verfügung gestellten deutschen Übersetzung zitiert.

[7] Zur Diskussion in Deutschland siehe u.a. *M. Wunder*, Angriff auf die Menschenwürde. Bioethik widerspricht den christlichen Grundwerten, EK 29, 1996, S. 571–574.

3. Der Inhalt der Menschenrechtskonvention
zur Biomedizin

Die Menschenrechtskonvention zur Biomedizin (im folgenden MRB abgekürzt) unterstreicht in der *Präambel* die „Notwendigkeit, menschliche Lebewesen in ihrer Individualität und als Teil der Menschheit zu achten", sowie die Wichtigkeit, „ihre Würde zu gewährleisten". Sie geht einerseits davon aus, „daß die Fortschritte in Biologie und Medizin zum Wohl der heutigen und der künftigen Generationen zu nutzen sind", ist sich aber auf der anderen Seite bewußt, „daß der Mißbrauch von Biologie und Medizin zu Handlungen führen kann, welche die Menschenwürde gefährden". In 14 Kapiteln behandelt die MRB nun Fragen der modernen Biomedizin.

Kapitel I formuliert allgemeine Bestimmungen. Das oberste Ziel der MRB ist der Schutz der Würde und der Identität aller menschlichen Lebewesen, die Wahrung der Integrität des Menschen und sein Schutz vor Diskriminierung, sowie die Wahrung der Grundrechte und Grundfreiheiten im Hinblick auf die Anwendung von Biologie und Medizin (Art. 1). Dem Interesse und dem Wohl des einzelnen menschlichen Lebewesens wird Vorrang gegenüber dem bloßen Interesse der Gesellschaft oder der Wissenschaft eingeräumt (Art. 2). Auch für die Biomedizin gilt der Grundsatz, daß alle Menschen ein Recht auf gleichen Zugang zur Gesundheitsversorgung haben (Art. 3), wobei jede Intervention im Gesundheitsbereich, einschließlich der Forschung, nach den einschlägigen Rechtsvorschriften, Berufspflichten und Verhaltensregeln erfolgen muß, worunter z.B. die sogenannte Helsinki-Tokio-Deklaration über Humanexperimente in der Medizin zu rechnen ist.[8]

Kapitel II behandelt das Problem der Einwilligung zu medizinischen Interventionen. Die allgemeine Regel des sogenannten „informed consent", d.h. der freiwilligen und jederzeit widerrufbaren Einwilligung nach vorheriger angemessener Aufklärung wird in Art. 5 festgeschrieben. Weiter regelt die MRB den Schutz einwilligungsunfähiger Personen (Art. 6), den Schutz von Personen mit psychischer Störung (Art. 7), Ausnahmemöglichkeiten in Notfallsituationen (Art. 8), sowie die Berücksichtigung von Wünschen, die ein nicht äußerungsfähiger Patient zu einem früheren Zeitpunkt geäußert hat (Art. 9).

---

[8] Der Text der Deklaration findet sich bei *H.-M. Sass* (Hg.), Medizin und Ethik, Stuttgart 1989, S. 366–371.

Kapitel III besteht aus einem einzigen Artikel (Art. 10), der den Schutz der Privatsphäre und das Recht auf Auskunft behandelt.

Kapitel IV befaßt sich mit Menschenrechtsfragen im Zusammenhang der Humangenetik. Art. 11 verbietet jede Form von Diskriminierung einer Person wegen ihres genetischen Erbes. Art. 12 legt Grenzen für die Zulässigkeit sogenannter prädiktiver genetischer Untersuchungen fest. In der medizinischen Genetik unterscheidet man zwischen prädiktiver und symptomatischer Diagnostik. Unter symptomatischer Genanalyse verstehen wir Untersuchungen, die an manifest erkrankten Personen vorgenommen werden und therapiebezogen sind. Unter einer prädiktiven Genanalyse ist dagegen die genetische Untersuchung von gesunden Menschen zu verstehen, bei denen der Verdacht besteht, daß sie zu einem späteren Zeitpunkt an einer genetisch bedingten Krankheit erkranken könnten. Art. 13 der MRB behandelt die Frage der Gentherapie. Grundsätzlich ist zwischen einer somatischen Gentherapie und einer Keimbahntherapie zu unterscheiden. Während der genetische Eingriff bei der somatischen Gentherapie auf Körperzellen des Patienten beschränkt bleibt, wird bei der Keimbahntherapie das Genom der Keimbahnzellen verändert, so daß der Eingriff die Nachkommen betrifft, möglicherweise mit ungewollten gravierenden und irreversiblen Nebenwirkungen. Im Unterschied zur somatischen Gentherapie wird daher die Keimbahntherapie in Art. 13 der MRB untersagt. Art. 14 verbietet die Geschlechtswahl mit Ausnahme von schweren geschlechtsgebundenen Erbkrankheiten. Hier ist offenbar an die Präimplantationsdiagnostik gedacht, d.h. an die Genanalyse bei in vitro fertilisierten (im Reagenzglas gezeugten) Embryonen vor ihrem Transfer in den mütterlichen Uterus. Derzeit ist diese Untersuchungsmethode in Deutschland und Österreich verboten.

Kapitel V behandelt Fragen der medizinischen Forschung. Art. 15 stellt die allgemeine Regel auf: „Vorbehaltlich dieses Übereinkommens und der sonstigen Rechtsvorschriften zum Schutz menschlicher Lebewesen ist wissenschaftliche Forschung im Bereich von Biologie und Medizin frei." Art. 16 regelt den Schutz von Personen bei Forschungsvorhaben auf der Basis des informed consent. Art. 17 enthält Schutzbestimmungen für Forschungsvorhaben bei einwilligungsunfähigen Personen. Art. 18 behandelt das Problem der Forschung an Embryonen in vitro.

Kapitel VI befaßt sich mit Fragen der Organ- und Gewebsentnahme von lebenden Spendern zu Transplantationszwecken. Art. 19 stellt allgemeine Regeln auf, Art. 20 behandelt den Schutz einwilligungsunfähiger Personen.

Kapitel VII verbietet die Kommerzialisierung des menschlichen Körpers. Art. 21 legt fest: „Der menschliche Körper und Teile davon dürfen als solche nicht zur Erzielung eines finanziellen Gewinns verwendet werden." Die Verwendung menschlicher Körperteile oder Gewebe ist nur in engen Grenzen zulässig (Art. 22).

Kapitel VIII enthält Regelungen für den Fall, daß Bestimmungen des Übereinkommens verletzt werden (Art. 23–25). *Kapitel IX* regelt das Verhältnis der MRB zu anderen Bestimmungen (Art. 26–27). *Kapitel X* sieht ausdrücklich die öffentliche Diskussion über die in der MRB behandelten Themen und Grundsatzfragen sowie regelmäßige Konsultationen über ihre möglichen Anwendungen vor (Art. 28). *Kapitel XI* enthält Bestimmungen zur Auslegung des Übereinkomenns und über Folgemaßnahmen (Art. 29–30). *Kapitel XII* legt fest, daß zur Weiterentwicklung der in der MRB formulierten Grundsätze Zusatzprotokolle erarbeitet werden sollen, damit die MRB mit der fortschreitenden Entwicklung der Biomedizin Schritt halten kann (Art. 31). Ein erstes Zusatzprotokoll liegt inzwischen zum Verbot des reproduktiven Klonens von Menschen vor. *Kapitel XIII* stellt Verfahrensregeln für mögliche Änderungen des Übereinkommens auf (Art. 32). Ausdrücklich ist eine regelmäßige Überprüfung des Abkommens im Blick darauf, inwieweit es mit der wissenschaftlichen Entwicklung Schritt hält, d.h. ein sogenanntes Monitoring, vorgesehen (Art. 32 [4]). *Kapitel XIV* enthält eine Reihe von Schlußbestimmungen, welche die Unterzeichnung, die Ratifikation und das Inkrafttreten der MRB betreffen (Art. 33–38). Unter anderem ist vorgesehen, daß jeder Staat und die Europäische Gemeinschaft bei der Unterzeichung des Übereinkommens bezüglich einzelner Vorschriften der MRB einen Vorbehalt machen können (Art. 36).

4. Die Biomedizin-Konvention in der ethischen Diskussion

Die MRB sucht einen Interessenausgleich herzustellen zwischen dem Schutz der individuellen Würde und Rechte des Menschen (Art. 1) und der Freiheit biologischer und medizinischer Forschung (Art. 15). Zwar wird in Art. 2 erklärt, das Interesse und das Wohl „jeder Form menschlichen Lebens" habe Vorrang gegenüber „dem bloßen Interesse der Gesellschaft oder der Wissenschaft", doch erheben sich Bedenken, ob dieser Vorrang in der MRB auch tatsächlich durchgängig sichergestellt wird. Die Kritik richtet sich vor allem auf drei Bereiche: Embryonenforschung, Genanalysen und Forschung an nicht einwilligungsfähigen Personen. Die MRB wirft aber darüber hinaus eine Reihe von bioethischen bzw. medizinethischen Grundsatzfragen auf.

4.1 Der Begriff „Bioethik"

Solche Grundsatzfragen werden bereits durch den Titel der Konvention berührt. Dieser lautete ursprünglich nämlich „Bioethik-Konvention" und wurde erst bei der endgültigen Fassung vom Juni 1996 in „Menschenrechtskonvention zur Biomedizin" geändert. Was aber ist überhaupt unter Bioethik zu verstehen? Dem Begriff nach befaßt sich die Bioethik mit der Aufgabe des Menschen, mit jeglichem Leben, nicht nur dem menschlichen, verantwortlich umzugehen. Auf welcher moralischen Grundlage dies geschehen soll, ist freilich ebenso umstritten wie die Frage, ob und inwiefern zwischen menschlichem und nichtmenschlichem Leben eine ethische Wertedifferenz besteht.[9] So gibt es bioethische Ansätze, welche den Gedanken einer besonderen Würde des Menschen, die ihn von Tieren und Pflanzen unterscheiden würde, ablehnen und als „Speziezismus" (Peter Singer, Helga Kuhse) kritisieren.[10] Demnach käme dem Menschen nicht als solchem, sondern nur, sofern er bestimmte Eigenschaften wie Selbstbewußtsein, Selbstkontrolle, Gedächtnis, Kommunikationsfähigkeit aufweist, das Recht auf den besonderen Schutz seiner Person zu, wie umgekehrt Tiere, sofern sie eine gewisse Stufe des Bewußtseins und der Leidensfähigkeit erreichen, den gleichen oder sogar umfassenderen Lebensschutz verdienten wie z.B. auch Embryonen, Schwerstbehinderte oder Todkranke im Finalstadium.

Kritiker der Konvention sollten allerdings anerkennen, daß der Name der Konvention in der Endfassung geändert worden ist. Unbegründet ist die Befürchtung, es handele sich um einen bloßen Etikettenschwindel. Tatsächlich handelt es sich nicht nur vom Titel, sondern auch vom Inhalt her um eine *Menschenrechts*-, nicht um eine *Ethik*konvention, d.h. um eine völkerrechtliche Kodifizierung von Rechten, nicht von Ethik. Streng genommen wäre eine Bioethikkonvention oh-

---

[9] Zum Spektrum der gegenwärtig diskutierten Ansätze einer Bioethik vgl. auch *B. Irrgang*, Christliche Umweltethik. Eine Einführung (UTB 1671), München/Basel 1992, S. 50–73.

[10] Vgl. *P. Singer*, Praktische Ethik. Neuausgabe, Stuttgart 1994, bes. S. 82ff; *H. Kuhse*, Die „Heiligkeit des Lebens" in der Medizin. Eine philosophische Kritik, Erlangen 1994.

nehin unsinnig. Denn Moral und Ethik lassen sich nicht rechtlich kodifizieren, so gewiß das Recht als Transformation von Moral in der modernen Gesellschaft anzusehen ist. Doch zur modernen Rechtsentwicklung gehört gerade die Unterscheidung bzw. Ausdifferenzierung von Recht und Moral.

Eine umfassende Bioethik hätte auch den Umgang mit Pflanzen und Tieren einzubeziehen. Das ist in der vorliegenden Konvention offenkundig nicht der Fall. Es geht also tatsächlich um eine Konvention zu Fragen der *medizinischen* Ethik. Allerdings fällt auf, daß wichtige medizinethische Fragen wie z.B. die Verantwortung für die Menschenrechte der Sterbenden, die Palliativmedizn und das Problem der Euthanasie, das Hirntodkriterium, aber auch die Probleme der Reproduktionsmedizin, der pränatalen Medizin und der Neonatologie (Neugeborenen-Heilkunde) gar nicht angesprochen werden. Die MRB behandelt ihren Gegenstand also nur unvollständig.

Fragt man nun aber nach dem Subjekt der durch die MRB zu schützenden Menschenrechte bzw. nach den schutzwürdigen Objekten derselben, so stößt man gleich in Art. 1 auf sprachliche Unklarheiten. Nach der deutschen Fassung sollen „die Würde und die Identität aller menschlichen Lebewesen" geschützt und „jedem Menschen ohne Diskriminierung die Wahrung der Unversehrtheit sowie ihrer sonstigen Grundrechte und Grundfreiheiten im Hinblick auf die Anwendung von Biologie und Medizin" gewährleistet werden. Die englische Fassung spricht dagegen von „human beings", also von Menschen, sowie von „everyone" als Subjekten der MRB. Und eine ältere amtliche Übersetzung gab „all human beings" mit „jeder Form menschlichen Lebens" wieder. Art. 5 dagegen verwendet im englischen wie im deutschen Text den Begriff der „Person". Bereits an der verwendeten Terminologie entzündet sich der Streit: Wer ist Mensch im Sinne der Menschenrechte bzw. der MRB. Nur die Geborenen? Auch die Ungeborenen? Und wenn ja, ab welchem Zeitpunkt ihres Lebens?

4.2 Was ist der Mensch?

Reproduktionsmedizin und medizinische Genetik machen es unerläßlich, über das grundlegende Verständnis von Menschsein und Menschenwürde nachzudenken. Nach biblischer Tradition besteht die Würde des Menschen in seiner Gottebenbildlichkeit. Worin aber besteht diese, und was macht entsprechend die Würde des Menschen aus?

Offenbar besteht sie gerade darin, diese Frage stellen zu können, d.h. aber in unserer Fähigkeit und Pflicht zur moralischen Verantwortung. Nach allem, was wir wissen, ist Moral eine spezifisch menschliche Eigenschaft, die uns vom Tier unterscheidet. Tiere haben in unterschiedlichen Graden Bewußtsein, höhere Gattungen möglicherweise sogar ein rudimentäres Selbstbewußtsein, jedoch keine Moral. Sie zeigen bestenfalls moralanaloge Verhaltensweisen.[11] Moral ist ein intersubjektives und damit spezifisch menschliches Phänomen. In ihm ist der Unterschied zwischen Wert und Würde begründet, den I. Kant in seiner „Grundlegung zur Metaphysik der Sitten" folgendermaßen beschrieben hat: „Im Reich der Zwecke hat alles entweder einen Preis oder eine Würde. Was einen Preis hat, an dessen Stelle kann auch etwas anderes, als Äquivalent gesetzt werden; was dagegen über allen Preis erhaben ist, mithin kein Äquivalent verstattet, das hat eine Würde."[12] Aufgrund seiner Moralität hat das menschliche Dasein einen „Zweck an sich selbst"[13]. Auch wenn wir partiell über andere Menschen verfügen oder über uns verfügen lassen, so ist es doch mit der Würde des Menschen unvereinbar, ihn völlig zu verzwecken und zum Mittel zu degradieren, das der Erreichung anderer Zwecke dient, die nicht dem Betroffenen selbst zugute kommen. Ist Moralität ein intersubjektives Phänomen, so widerspricht es ihrem Wesen, den Mitmenschen als moralfähiges Wesen zu negieren oder zu zerstören, weil mit dem Mitmenschen sich das moralische Subjekt selbst verneinen bzw. aufheben würde.

Für die Anwendung gentechnischer Verfahren in Diagnostik und Therapie lassen sich aus diesen anthropologischen Überlegungen einige ethische Grundsätze ableiten. Wie in der Medizin im allgemeinen, so ist auch besonders im Bereich der medizinischen Genetik dafür Sorge zu tragen, daß die Würde des Menschen im Sinne seiner moralfähigen Personalität und seiner Selbstzwecklichkeit nicht angetastet wird. Niemand darf daher wegen seines genetischen Erbes diskriminiert werden. Das gilt nicht nur für manifeste Erbkrankheiten, sondern auch für das weite Feld genetischer Dispositionen. Insbesondere verbietet sich die Geschlechtswahl im Rahmen der Reproduktionsmedizin. Zum Schutz der Menschenwürde gehört auch der besondere Schutz von Daten, die im Rahmen genetischer Untersuchungen erhoben werden.

---

[11] Vgl. *W. Wickler*, Die Biologie der Zehn Gebote, München 1971.

[12] *I. Kant*, Werke in sechs Bänden, hg. v. W. Weischedel, Bd. IV, Darmstadt ⁵1983, S. 68.

[13] A.a.O. (Anm. 12), S. 59.

Solche Untersuchungen wie auch die Durchführung von Gentherapien – welche ja noch in den Anfängen stecken – bedürfen der freiwilligen Zustimmung des Patienten nach vorheriger Aufklärung (informed consent). Niemand darf zu Genanalysen gezwungen werden, weil es ein Recht auf Nichtwissen gibt, freilich auch ein Recht auf Wissen selbst dort, wo Therapiemöglichkeiten fehlen. Das Prinzip der Freiwilligkeit gilt insbesondere für Untersuchungen zu Forschungszwecken, deren Ergebnisse den Probanten nicht unmittelbar zugute kommen. Nichtzustimmungsfähige Personen bedürfen in Therapie und Forschung des besonderen Schutzes, wobei zu fragen ist, ob in ihrem Fall überhaupt Forschungen erlaubt sein sollen, von denen sie selbst keinen unmittelbaren Nutzen haben. Und schließlich sind alle medizinischen Interventionen abzulehnen, welche den Menschen in seinem oben beschriebenen Grundwesen verändern bzw. zu seinem Verschwinden führen. Praktisch bedeutet dies, daß man aus ethischer Sicht grundsätzlich die Entwicklung von Verfahren der somatischen Gentherapie befürworten kann, beim derzeitigen Wissensstand aber nicht Verfahren der Keimbahntherapie, durch welche nicht nur ein schwere Krankheiten auslösender Gendefekt behoben, sondern ein Mensch in seiner Gesamtheit verändert würde und die veränderten Merkmale mit unabsehbaren Folgen auf künftige Generationen übertragen würden. Allerdings ist auch bei der somatischen Gentherapie nicht auszuschließen, daß sie unerwünschte genetische Veränderungen als Nebenfolge hat, die auch vererbbar sein könnten. Der allgemeine medizinethische Grundsatz des Nicht-Schaden-Dürfens (nil nocere) zwingt gerade auf dem Gebiet der Genetik zu besonders umsichtiger Risikoabschätzung, die auch künftige Generationen einbezieht.

Hinsichtlich der *Menschenwürde* ergeben sich besondere Probleme im Bereich der Reproduktionsmedizin. Am Beginn – aber auch am Ende – menschlichen Lebens stellt sich mit besonderer Dringlichkeit die Frage nach den Grenzen seiner Schutzwürdigkeit. Um diese Frage zu beantworten, bedarf es ethischer Kriterien, die sich nicht naturwissenschaftlich herleiten lassen. Wir haben nämlich zu unterscheiden zwischen menschlichem Leben als einer biologischen Kategorie und dem Leben eines Menschen, der im moralischen und juristischen Sinne als Person, d.h. als Träger von Rechten und Pflichten zu behandeln und zu schützen ist.

4.2.1 Menschenwürde am Beginn menschlichen Lebens

Theologische Ethiker argumentieren zugunsten des Personstatus von Embyronen meist mit dem sogenannten Potentialitätsargument. Kritiker, insbesondere Vertreter einer utilitaristischen Ethik machen dagegen geltend, daß menschlich-personales Leben, d.h. ein zur Kommunikation und Moralität fähiges Individuum empirisch nachweisbar nicht schon mit der Verschmelzung einer menschlichen Eizelle mit einer menschlichen Samenzelle gegeben sei.[14] Nun ist einzuräumen, daß sich der moralische Status des beginnenden menschlichen Lebens nicht aufgrund biologischer Kriterien definieren läßt, sind doch Personalität und Moralität nicht genetisch festgelegt.[15] Insofern ist es zumindest problematisch, von einer potentiellen Personalität schon im Stadium der befruchteten Eizelle zu sprechen. Denn diese entwickelt sich nicht zwangsläufig zu einer Person, sondern erst aufgrund äußerer Einflüsse und Wechselwirkungen im weiteren Verlauf der ontogenetischen Entwicklung. Außerdem kann sich der Präembryo zu Zwillingen oder Mehrlingen entwickeln, die dann je eine Person für sich sind. Daher argumentiert B. Irrgang, das ethisch relevante Kriterium für den Schutz des werdenden menschlichen Lebens sei „nicht die Person, sondern die Entwicklung einer leib-seelischen Einheit eines Menschen, der sich zur Person entwickeln kann. Personalität ist [...] ein Zuschreibungsbegriff und Interpretationskonstrukt und daher auch nicht genetisch fixiert."[16]

Zumindest der letzte Satz entspricht durchaus der biblischen Tradition. Ihr zufolge wird der Mensch dadurch zur Person, daß Gott ihn bei seinem Namen ruft und somit als Du personifiziert.[17] Die biblische

---

[14] Zum Problem des Personbegriffs in der medizinischen Ethik siehe *G. Rager* (Hg.), Beginn, Personalität und Würde des Menschen (Grenzfragen 23), Freiburg/München ²1998; *H. Kreß*, in: *ders./W.E. Müller*, Verantwortungsethik heute. Grundlagen und Konkretionen einer Ethik der Person, Stuttgart 1998, S. 152ff.166ff.

[15] Zum angesprochenen Problem siehe auch *C. Kaminsky*, Embyronen, Ethik und Verantwortung (Philos. Untersuchungen 5), Tübingen 1998; *M. Junker-Kenny*, Der moralische Status des Embryos, Conc 34, 1998, S. 157–167.

[16] *B. Irrgang*, Grundriß der medizinischen Ethik (UTB 1821), München/Basel 1995, S. 223. Problematisch scheint mir allerdings Irrgangs Ausgangsthese zu sein, daß man Person niemals potentiell, sondern immer nur aktual sein kann (ebd.). Gerade weil Personalität ein Zuschreibungsbegriff ist und nicht als isolierbare Eigenschaft eines Individuums, sondern als intersubjektive Realität verstanden werden muß, ist sie, wie ich im folgenden zeige, in gewisser Weise immer potentiell. Das gilt auch für Erwachsene, die andernfalls im Zustand des Schlafes oder der Bewußtlosigkeit nicht als Personen zu gelten hätten.

[17] Vgl. *K. Barth*, Die Kirchliche Dogmatik II/1, Zollikon-Zürich 1948, S. 305.

Anthropologie führt uns nun aber zu der Einsicht, daß die Entwicklung eines Individuums zur Person nur möglich ist, wenn dieses bereits zuvorkommend als solches angesehen und behandelt wird. Gerade weil Personalität ein Zuschreibungsbegriff ist, hat das sogenannte Potentialitätsargument ein gewisses Wahrheitsrecht. Nur ist diese Potentialität nicht biologisch oder naturrechtlich zu behaupten, sondern als *Maxime des sozialen Verhaltens*, angefangen beim Verhältnis der Schwangeren zu dem in ihr heranwachsenden Kind – oder eben auch des Mediziners zu einem in vitro gezeugten Embryo. Im übrigen ist festzustellen, daß auch utilitaristische Ethiker, welche für einen vorgeburtlichen Lebensschutz eintreten, nicht ohne Potentialitätsargumente, wenn auch in einer abgeschwächten Form, auskommen.[18] Insofern er als Bezeichnung einer biologischen Anlage mißverstanden werden könnte, sollte man aber den Potentialitätsbegriff vielleicht besser vermeiden und stattdessen von der *Transzendentalität* des Personseins sprechen.

Vor dem Hintergrund unserer bisherigen Ausführungen muß nun freilich der Begriff der Zuschreibung präzisiert werden. Personalität ist keine willkürliche Zuschreibung, sondern sie zeigt sich uns als wahrnehmbares Phänomen in zwischenmenschlicher Kommunikation. Wo uns Personalität als Kommunikationsphänomen begegnet, ist sie nicht das Produkt unserer Zuschreibung, sondern kann nur *anerkannt* werden. Das anerkannte Personsein *äußert* sich in zwischenmenschlicher Kommunikation (notabene: verbal wie nonverbal!), *ohne in dieser vollständig aufzugehen*. Andernfalls würde die Wirklichkeit menschlicher *Freiheit* bestritten. Auch darum legt sich der Begriff der Transzendentalität des Personseins nahe.[19] Wird nun Embryonen der Personstatus zugeschrieben, so handelt es sich nicht um einen willkürlichen Vorgang, sondern um den Ausdruck einer *Erwartung*, und zwar um den Ausdruck einer durch die allgemeiner Erfahrung mit werdendem Leben und seiner späteren Entwicklung *begründete* Erwartung, die Erwartung, daß sich auch im Einzelfall das Phänomen transzentaler Personalität einstellen wird. Die Zuschreibung von Personalität ist eine Form der *proleptischen* Anerkennung. Das Wahrheitsmoment des Potentialitätsarguments liegt also darin, daß es eine begründete Erwar-

---

[18] So mit Recht *Chr. Frey*, Rechtfertigung, Recht und Pflicht als Bestimmungen menschlichen Lebens. Diskutiert anhand des Streites um das „Recht auf Kinder", in: *ders.*, Konfliktfelder des Lebens. Theologische Studien zur Bioethik, hg. u. eingel. von P. Dabrock u. W. Maaser, Göttingen 1998, S. 103–125, hier S. 113.
[19] Vgl. auch H. Kreß, a.a.O. (Anm. 14), S. 154ff.

tung formuliert, die z.B. bei Tieren nicht berechtigt ist. Mögen wir beispielsweise auch einen Hund wie eine Person betrachten und behandeln, so wird er sich doch nie zu einer Menschen analogen Person entwickeln. Eben darum verfangen die utilitaristische Kritik am Potentialitätsargument und der Speziezismusvorwurf nicht wirklich.

4.2.2 Menschenwürde am Ende menschlichen Lebens

Was für den Zusammenhang von Zuschreibung und Anerkennung für den Lebensanfang ausgeführt wurde, gilt entsprechend auch für das Lebensende. Wenn komatöse Patienten, wiewohl sie nicht mehr sprachlich kommunizieren können, bis zum Lebensende als Personen angesehen und entsprechend behandelt werden, so deshalb, weil damit die Transzendentalität ihres Personseins wie unseres eigenen Personseins anerkannt wird. Abgesehen davon, daß es bis zum Lebensende Möglichkeiten der nonverbalen Komunikation gibt, z.B. Streicheln oder andere Formen der sogenannten basalen Stimulation, auf die Patienten reagieren, ist auch am Lebensende anzuerkennen, daß sich das Personsein zwar in zwischenmenschlicher Kommunikation äußert, in der Kommunikation aber nicht aufgeht.

4.2.3 Menschenwürde und Gottebenbildlichkeit

Theologisch betrachtet ist die Bedingung der Personwerdung des Menschen die zuvorkommende Gnade Gottes, welche in der neutestamentlichen Botschaft von der bedingungslosen Rechtfertigung des Sünders ihre Zuspitzung erfährt. Darum hängt nun aber das Lebensrecht eines Menschen gerade nicht von bestimmten intellektuellen Fähigkeiten oder seiner körperlichen Verfassung ab. Theologisch folgt dies aus dem Zusammenhang, der zwischen Rechtfertigungslehre und Christologie besteht. Die christliche Anthropologie nimmt nicht an einer allgemeinen Idee des Menschen und seiner Idealgestalt, sondern am leidenden und gekreuzigten Christus Maß, der „keine Gestalt" hatte, „die uns gefallen hätte" (Jes 53,2). Erst von diesem Ansatz her ist in christlicher Perspektive die Gottebenbildlichkeit des Menschen, die im Rahmen der Schöpfungslehre ausgesagt wird, hinreichend zu bestimmen.

Daß aber Personalität und Moralität die Bestimmung des Menschen sind und seine Würde ausmachen, gilt für jedes menschliche Individuum unabhängig von seinen faktischen geistigen Fähigkeiten. Das mag auf den ersten Blick nicht einleuchten und wird heute von utilitaristisch argumentierenden Ethikern bestritten, welche vor allem der christlichen Ethik vorwerfen, einen unbegründeten Speziezismus bzw. Vitalismus zu vertreten.[20] Das Prinzip der Menschenwürde und ihrer Unantastbarkeit privilegiert jedoch nicht die menschliche Gattung als bloße biologische Spezies, sondern als jene Spezies, welche prinzipiell die Fähigkeit zu sittlichem Handeln hat. Als soziales Wesen partizipiert der einzelne Mensch am Wesen der Gattung, auch wenn er dieses nur fragmentarisch realisiert.[21] Personalität aber transzendiert jede biologische Beschreibbarkeit. Sie hat den Charakter des Geheimnisses. Und eben in dieser Geheimnishaftigkeit erblickt der christliche Glaube das Abbild der Geheimnishaftigkeit Gottes.

4.2.4 Medizinethische Konsequenzen

Die bloße physische Existenz werdenden, individuierten menschlichen Lebens ist also keine hinreichende, wohl aber eine notwendige Bedingung menschlicher Personalität. Diese Bedingung ist ihrerseits nicht schon mit der Befruchtung einer Eizelle gegeben, sondern darin erst potentiell angelegt. Die Erlangung organismischer Identität nach Ablauf der Phase, in der noch eine Mehrlingsbildung möglich ist, und die Einnistung des Embryos sind wichtige Etappen der individuellen Entwicklung. Strittig ist in der medizinethischen Diskussion, ab welchem Entwicklungsstadium vorgeburtliches menschliches Leben in welchem Ausmaß gesetzlich zu schützen ist. M.E. spricht die Möglichkeit der Mehrlingsbildung bzw. der Entartung zu einem Tumor im Stadium des totipotenten Embryos nicht gegen die strikte Schutzwürdigkeit menschlichen Lebens vom Beginn der Zeugung an. Das ethische Argument für oder gegen den Schutz des Embryos ist nicht negativ die Möglichkeit, daß die Schwangerschaft nicht zum Ziel führt, sondern positiv die Möglichkeit, daß dies geschieht. Mehrlingsbildung oder frühzeitiger Abort sind nicht auszuschließen, aber eben auch keineswegs die Regel. Um eben das Nichtwissen über die Entwicklungspotenzen einer befruchteten Eizelle begründet m.E. ihren Schutz gegen jede Invasion von außen vom ersten Moment an.

    Das bedeutet nun aber, daß dem Embryonenschutz auf dem Gebiet der Gentechnik und Biomedizin erhöhte Aufmerksamkeit zukommt.

---

[20] Vgl. P. Singer, a.a.o. (Anm. 10), S. 116ff; H. Kuhse, a.a.O. (Anm. 10), passim.

[21] Vgl. auch *M. u. R. Zimmermann*, Die ‚Heiligkeit des Lebens' in der Medizin. Eine Entgegnung, ZEE 41, 1997, S. 217–227, bes. S. 221.

Und zwar gilt dies für das Problem der Zulässigkeit von Forschung an Embyronen ebenso wie für die strittigen Fragen von pränataler (vorgeburtlicher) Diagnostik und Präimplantationsdiagnostik.[22]

4.3 Embyronenschutz und Embyronenforschung

Im europäischen Vergleich zeigt sich, daß die Frage des Embryonenschutzes und der Zulässigkeit von Forschung an Embryonen nicht einhellig geregelt ist. Der einschlägige Art. 18 der MRB erklärt lapidar: „Die Rechtsordnung hat einen angemessenen Schutz des Embyros zu gewährleisten, sofern sie Forschung an Embryonen zuläßt." Und weiter: „Die Erzeugung menschlicher Embyronen zu Forschungszwecken ist verboten." Nun ist Embryonenforschung in England und Frankreich wie in den USA zulässig, in Österreich und Deutschland dagegen verboten. Das österreichische Fortpflanzungsmedizingesetz von 1992 wie auch das deutsche Embryonenschutzgesetz gewähren dem vorgeburtlichen Leben, und zwar auch dem in vitro gezeugten, vom Frühstadium an rechtlichen Schutz und verbieten ausnahmslos die Verwertung eines künstlich erzeugten Embryos zu einem nicht seiner Erhaltung dienenden Zweck. Ein gesondertes Problem stellt allerdings die Aufbewahrung von überzähligen Embryonen dar, welche zum Zwecke der Fortpflanzung erzeugt wurden. Während z.B. in England und Frankreich eine Aufbewahrungsfrist von 5 Jahren, in Dänemark, Norwegen, Schweden und Österreich eine Aufbewahrungsfrist von 1 Jahr gilt, gibt es in Deutschland keine Fristbegrenzung. Die aktive Tötung überzähliger, kryokonservierter Embryonen, z.B. durch Auftauen, ist nach dem deutschen Embryonenschutzgesetz strafbar.

Das Problem, welcher rechtliche Status Embryonen, die in vitro gezeugt werden, zukommt, stellt sich in jedem Fall, auch dann, wenn die

---

[22] Die vorgeburtliche (pränatale) Diagnostik umfaßt ein breites Spektrum von Untersuchungsmethoden, wozu auch konventionelle Verfahren wie z.B. Röntgen, Ultraschall, Untersuchung der Herztöne gehören. Ethische Probleme wirft vor allem die Methode der sog. Amniozentese auf. Hierbei wird durch einen invasiven Eingriff Fruchtwasser gewonnen, aus dem sich Zellen des Fötus isolieren lassen, deren Chromosomen und Gene untersucht werden können. Die so gewonnenen Erkenntnisse können einerseits der Therapie dienen, andererseits aber auch zur Entscheidung für einen Schwangerschaftsabbruch führen. Von dieser Problematik abgesehen, stellt sich das Problem einer Güterabwägung zwischen dem mit der Amniozentese verbundenen Gesundheitsrisiko für den Fötus und der Wahrscheinlichkeit, daß eine bestimmte Erkrankung des Embryos tatsächlich vorliegt.

Zeugung zu Forschungszwecken wie auch ihr reproduktives Klonen verboten wird, wie es inzwischen ein Zusatzprotokoll zur MRB vorsieht. An dieser Stelle besteht eines der Kernprobleme der gesamten MRB. Denn die Frage des Embryonenschutzes berührt nicht allein die Aufbewahrung überzähliger Embryonen, sondern die gesamte biomedizinische Forschung auf dem Gebiet der Gentherapie wie auch der Genanalyse im Bereich der pränatalen Diagnostik.

Was die Präimplantationsdiagnostik betrifft, so spricht gegen ihre Zulassung, daß sie zur Durchbrechung des in Deutschland und Österreich gesetzlich verankerten Embryonenschutzes führt, und zwar schon allein deshalb, weil zum Zweck der Genanalyse totipotente Zellen verbraucht werden müssen, die alle geeignet sind, zu einem vollständigen Individuum heranzuwachsen. In diesem Fall wird also ein Embryo zu einem nicht seiner eigenen Erhaltung dienenden Zweck untersucht, was erst ab dem 8-Zellen-Stadium zulässig wäre, von dem an die zu untersuchenden Zellen nicht mehr totipotent sind. Außerdem dient die Genanalyse bei der Präimplantationsdiagnostik in keinem Fall therapeutischen Zwecken, sondern ausschließlich dem Zweck der Selektion. Hier wird nicht nur, wie in anderen Fällen von prädiktiver Genanalyse eine Diagnose gestellt, ohne daß eine Therapiemöglichkeit bestünde. Sondern im Fall der Präimplantationsdiagnose geschieht dies mit der erklärten Absicht, den Embryo bei Vorliegen eines Gendefektes zu vernichten.

Damit müssen sich nicht automatisch eugenische Ziele verbinden, jedoch sind solche nicht auszuschließen. Wir werfen an dieser Stelle wieder einen Blick auf die Biomedizin-Konvention des Europarates. Zwar untersagt Art. 14 der MRB die Geschlechtswahl bei der In-Vitro-Fertilisation. Jedoch ist zu fragen, ob der Art. 12 genügend Schutz gegen den eugenischen Mißbrauch der Präimplantationsdiagnostik bietet, welcher diese Untersuchungsmethode gar nicht ausdrücklich benennt, sondern recht pauschal von „Untersuchungen, die genetisch bedingte Krankheiten vorhersagen können", spricht, und vage erklärt, diese „dürfen nur für Gesundheitszwecke oder für gesundheitsbezogene wissenschaftliche Forschung und unter der Voraussetzung einer angemessenen genetischen Beratung vorgenommen werden." Auch wenn die Präimplantationsdiagnostik nicht im Rahmen öffentlicher Screening-Programme eingesetzt werden sollte, ist doch zu befürchten, daß ihre Anwendung der Vorstellung eines „Menschen nach Maß" in der Gesellschaft Vorschub leistet und zu tiefgreifenden Veränderungen in der Einstellung gegenüber Krankheit und Leiden wie konkret gegenüber Behinderten und ihren Angehörigen führt. Daher muß die Frage aufgeworfen werden, ob Präimplantationsdiagnostik lediglich eine vorverlegte Pränataldiagnostik ist oder ob sie nicht eine andere Handlungsqualität aufweist, insofern sie nämlich ausschließlich die Selektion menschlichen Lebens zum Ziel hat.

Dies wäre nur dann eindeutig nicht der Fall, wenn es irgendwann die Möglichkeit gentherapeutischer Eingriffe an Keimbahnzellen gäbe. Nun sind derartige Eingriffe bislang in Österreich und Deutschland strikt untersagt, wobei das Verbot vor allem mit dem unkalkulierbaren Risiko solcher Veränderungen für das Individuum wie für seine Nachkommen begründet wird. In Österreich besteht jedenfalls nach § 9 Abs. 2 des Fortpflanzungsmedizingesetzes sowie nach § 64 des Gentechnikgesetztes von 1994 ein klares Verbot der sogenannten Keimbahntherapie. Gegenüber dem knappen und klaren Wortlaut dieser gesetzlichen Bestimmungen fällt die gewundene Formulierung auf, mit welcher Art. 13 der MRB Eingriffe in die menschliche Keimbahn untersagt. Dort heißt es: „Ein Eingriff, der auf die Veränderung des menschlichen Genoms gerichtet ist, darf nur zu präventiven, diagnostischen oder therapeutischen Zwecken und nur dann vorgenommen werden, wenn er nicht darauf abzielt, eine Veränderung des Genoms von Nachkommen herbeizuführen." Eine präimplantative Gentherapie an Embryonen scheint mir durch diese Formulierung nicht grundsätzlich ausgeschlossen zu sein. Denn man könnte ja argumentieren, daß die Behebung eines Gendefektes bei ganz bestimmten monogenetischen Krankheiten ausschließlich zu therapeutischem Zwecke geschehe, weshalb die Veränderung des Genoms von Nachkommen nicht intendiert, sondern eine in Kauf genommene Nebenfolge sei. Es liegt jedenfalls auf der Hand, daß die Einführung der Präimplantationsdiagnostik eine neue Runde in der Diskussion über die Chancen und Risiken, die moralische Verwerflichkeit oder partielle Zulässigkeit der Keimbahntherapie eröffnen wird.

Die Präimplantationsdiagnostik verschärft außerdem die ohnehin schon bestehenden ethischen Probleme der In-Vitro-Fertilisation. Das römisch-katholische Lehramt lehnt deren Anwendung generell ab. Evangelische Ethik sieht zwar auch das Problem der überzähligen Embryonen, hält aber die Methode der In-Vitro-Fertilisation dann für zulässig, wenn das Elternpaar verheiratet ist und sein Kinderwunsch auf natürlichem Wege nicht in Erfüllung geht. Wird jedoch die In-Vitro-Fertilisation in Verbindung mit der Präimplantationsdiagnose bei Personen angewandt, die als Überträger einer Erbkrankheit in Frage kommen, so wird die medizinische Indikation der In-Vitro-Fetilisation grundlegend verändert. Zweck ihrer Anwendung ist nun nicht die Behandlung von Unfruchtbarkeit, sondern der Ausschluß eines bestimmten Schwangerschaftsrisikos vor dem Schwangerschaftsbeginn. D.h. aber, daß damit nicht nur die Präimplantationsdiagnostik, sondern auch die In-Vitro-Fertilisation dem Zweck der eugenischen Selektion dienstbar gemacht wird. Dagegen erheben sich schwere ethische Bedenken.

In Anbetracht solcher Einwände ist um so deutlicher darauf hinzuweisen, daß Kinderlosigkeit als solche keine Krankheit ist und daß der berechtigte Kinderwunsch nicht um jeden Preis erfüllt werden muß. Zunächst liegt darum der Schluß nahe, daß vom Risiko einer Erbkrankheit betroffenen Paaren entweder das Eingehen einer Risikoschwangerschaft oder aber, sofern sie dies nicht glauben verantworten zu können, der freiwillige Verzicht auf Kinder zuzumuten ist. Ein solcher Verzicht ist auf jeden Fall eine ethisch verantwortliche Entscheidung. Andererseits ist zu bedenken, daß Sterilität als solche zwar keine Krankheit, indirekt aber die Ursache von psychischem Leiden sein kann. Letzteres gilt auch dort, wo der Verzicht auf Kinder nicht als solcher gewollt ist, sondern das Resultat eines schwerwiegenden ethischen Konfliktes ist.

Wo solches Leiden besteht, bleibt zu fragen, ob die Anwendung der Präimplatationsdiagnostik tatsächlich in jedem Fall ethisch verwerflich ist und ihre Zulassung generell rechtlich verboten bleiben muß. Diese Frage läßt sich m.E. nicht einfach bejahen, sofern nämlich bedacht wird, daß eine Analogie zum Schwangerschaftskonflikt und zur ethischen Beurteilung des Schwangerschaftsabbruchs besteht, der an sich zwar nicht zu rechtfertigen ist, nach evangelischem Verständnis jedoch unter bestimmten Voraussetzungen als verantwortliche Entscheidung zu respektieren ist.

Im Fall der Präimplantationsdiagnostik besteht eine Analogie zum Problem der sogenannten embryopathischen Indikation. Nun ist in der Neufassung des § 218 StGB in Deutschland die embryopathische Indikation erfreulicherweise abgeschafft worden, de facto aber im Rahmen der sogenannten medizinischen Indikation nach wie vor zulässig, und zwar ohne Fristbegrenzung und ohne verbindliche Schwangerschaftskonfliktberatung nach § 218.[23] Die Neufassung des § 218 wirkt zwar

---

[23] Vgl. auch G. *Wolff*, Ethische Aspekte genetischer Diagnostik und Beratung, in:

dem Mißverständnis entgegen, behindertes Leben genieße weniger Lebensschutz als nichtbehindertes. Das Vorliegen einer Schädigung des Embryos kommt allerdings im Rahmen der sogenannten medizinischen Indikation insofern weiterhin zum Tragen, als aus Sicht der Mutter die Frage nach der physischen und psychischen Zumutbarkeit einer Schwangerschaft gestellt wird, wobei die Bewertung im wesentlichen durch die Schwangere selbst erfolgen muß. Wird nun aber einer Mutter bei Vorliegen eines embryopathischen Befundes de facto, wenn auch nur indirekt, die Möglichkeit eines straffreien Schwangerschaftsabbruchs eingeräumt, so läßt es sich im Rahmen der medizinischen Indikation auch rechtfertigen, die Tötung eines in vitro fertilisierten Embryos vor seinem Transfer und die mit einem späteren Schwangerschaftsabbruch verbundenen Risiken für die Mutter einer Güterabwägung zu unterziehen. Es ist also abzuwägen, ob einer Frau bzw. einem Elternpaar, das an sich zeugungsfähig ist und sich Kinder wünscht, aus Gründen des Embryonenschutzes, der nicht aufgehoben werden soll, nur der Weg in eine mit gesundheitlichen Risiken und Ängsten belastete Schwangerschaft offenstehen soll, d.h. ob es moralischer ist, unter Umständen später einen Schwangerschaftsabbruch straffrei zu stellen, als einen in vitro gezeugten Embryo nicht austragen zu lassen. Die Frage in dieser Weise stellen heißt anerkennen, daß sich betroffene Paare in einem schwerwiegenden ethischen Konflikt befinden, der demjenigen bei einer ungewollten oder medizinisch bedenklichen Schwangerschaft vergleichbar ist.

Dagegen könnte die Zulassung der Präimplantationsdiagnostik innerhalb eng gezogener Grenzen die Schwangerschaftsbereitschaft von Risikopersonen deutlich erhöhen.[24] Ob sich freilich enge Grenzen nicht nur ethisch, sondern vor allem gesetzlich klar ziehen lassen, steht derzeit nicht fest. Solange es für dieses Problem keine klare Lösung gibt, kann die Einführung der Präimplantationsdiagnostik ethisch nicht befürwortet werden. Doch selbst wenn diese neue Form der Diagnostik in eng gesteckten Grenzen zugelassen werden sollte, muß an dem Grundsatz festgehalten werden, daß die Initiative zu genetischer Beratung, pränataler Diagnose oder gar Präimplantationsdiagnostik keinesfalls von Außenstehenden, etwa dem Arzt, sondern einzig von den Be-

---

F. Haslinger (Hg.), Gen-ethik/Medizin und Tod (Kongreßband der Karwochenseminare der IMA 1996 und 1997), Wien o.J., S. 113–148, bes. S. 129ff (Lit!).

[24] Vgl. auch das gemeinsame Wort der Deutschen Bischofskonferenz und des Rates der EKD: *Wieviel Wissen tut uns gut?* Chancen und Risiken der voraussagenden Medizin (Gemeinsame Texte 11), 1997, S. 23ff.

troffenen ausgehen darf. Jede andere Praxis würde nicht nur der Autonomie der Ratsuchenden widersprechen, sondern ganz gewiß eine
Form der Eugenik darstellen, die aus christlicher Sicht abzulehnen ist.

Was aber die umstrittene Zulässigkeit von verbrauchenden Experi-
menten an in vitro fertilisierten Embryonen betrifft, so entsteht auch
hier ein ethisches Dilemma. Denn es ist eine Tatsache, daß im Bereich
der somatischen Gentherapie wie im Bereich der Diagnostik viele
Fortschritte nur aufgrund von Forschung an Embryonen erzielt werden. An dieser Stelle zeigt sich nochmals die aus österreichischer und
deutscher Sicht bestehende Problematik des bereits zitierten Art. 18 der
MRB, welcher eben die Embryonenforschung nicht grundsätzlich ausschließt. Wenn daher an der MRB in den beiden genannten Ländern
Kritik geübt wird, so muß freilich auch die selbstkritische Frage gestellt
werden, ob das Verbot der Embryonenforschung nicht zur Doppelmo-
ral führt. Praktiziert ein Land nicht eine doppelte Moral, wenn es einerseits ein Forschungsverbot erläßt, andererseits aber die Forschungsergebnisse nutzt, die in anderen Ländern erzielt werden? Aus unseren
früheren Überlegungen zum Personstatus und Lebensschutz von Embyronen folgt eindeutig ein Verbot der Embryonenforschung. Dieses
führt aber zu dem genannten ethischen Dilemma.

4.4 Probleme der genetischen Beratung

Ethische Fragen ergeben sich auch im Zusammenhang der genetischen
Beratung. Art. 12 der MRB sieht ja ausdrücklich vor, daß prädiktive
genetische Untersuchungen nicht ohne vorherige angemessene genetische Beratung vorgenommen werden dürfen. Der Form und Qualität
solcher Beratungsgespräche kommt in Zukunft verstärkte Bedeutung
zu, sind sie doch der praktische Ort, an welchem auf der individuellen
Ebene die medizinethische Urteilsbildung stattfindet. Diese ist deshalb
von besonderer Brisanz, weil die prädiktiven Diagnosemöglichkeiten –
nicht nur auf dem Gebiet der pränatalen Diagnostik – der therapeutischen Entwicklung weit vorausgeeilt sind. Grundsätzlich gilt in der
Medizin die Maxime, daß eine Diagnose nur gestellt werden soll, wenn
auch Therapiemöglichkeiten bestehen. Es gibt aber Erkrankungen wie
z.B. Chorea Huntington, deren Ausbruch sich inzwischen exakt vor-
aussagen läßt, ohne daß eine wirksame Therapie bestünde. Schon die
Frage, ob den Ratsuchenden das Wissen zugemutet werden soll, besser
gesagt: ob sie es sich selbst und anderen zumuten wollen, ist daher von
erheblichem ethischen Gewicht. Wieweit Beratungsgespräche tatsäch-

lich der ethischen Dimension medizinischer Entscheidungen Raum geben, ist allerdings die Frage.

Daß die Genetik in Medizin und Gesellschaft eugenische Denkansätze fördert, ist eine von vielen Menschen geteilte Befürchtung, die keineswegs unbegründet ist. Der Begriff der Eugenik sollte in medizinethischen Debatten allerdings sorgsam verwendet und nicht polemisch mißbraucht werden. Er steht zunächst für staatliche Programme zur vermeintlichen Verbesserung der Volksgesundheit bzw. des Genpools der Gesamtbevölkerung. Wo individuelle Schwangerschaftskonfliktberatung gesucht wird, sollte man nicht leichtfertig von Eugenik sprechen. Etwas anderes ist es, wenn staatliche Screening-Programme propagiert werden, welche Abtreibungen zum Ziel haben oder billigend in Kauf nehmen. Der Begriff der embryopathischen Indikation ist daher kritisch auf seine möglichen eugenischen Implikationen hin zu befragen. Auch ist zu beachten, daß es Wechselwirkungen zwischen der individuellen Ebene genetischer Beratung und ihrem gesellschaftlichen Kontext gibt. Im Ergebnis begünstigen sie zweifellos einen Wertewandel, der in der Gesellschaft ein eugenisches Klima schafft, ohne daß der Staat eigens eugenische Programme auflegen müßte.

Nun gibt es allerdings äußerst schwerwiegende genetische Defekte, die zur Folge haben, daß Neugeborene nicht lebensfähig sind, und im Einzelfall zur Entscheidung für einen Schwangerschaftsabbruch führen können. Das ethische Urteil wird an dieser Stelle auch aus christlicher Sicht zurückhaltend sein. Doch ist es unter keinen Umständen akzeptabel, wenn z.B. Föten abgetrieben werden, bei denen der Faktor BRCR 1 diagnostiziert wird. Hinsichtlich dieses Brustkrebsfaktors sollten Ärzte von einer prädiktiven Genanalyse überhaupt abraten und Abstand nehmen. Auch sind in diesem Fall Screening-Programme nicht zu befürworten. Gerade auf dem Gebiet der Krebstherapie ist in den kommenden Jahrzehnten mit weiteren Fortschritten zu rechnen, so daß die Feststellung einer Disposition keine definitive Prognose über den Verlauf einer möglichen Erkrankung erlaubt. Generell rechtfertigen vage Verdachtsmomente noch lange nicht die Durchführung einer Genanalyse, zumal wenn nicht einmal eine präzise medizinische Problemstellung formuliert worden ist. Außerdem ist zu bedenken, daß viele Erkrankungen möglicherweise genetische Faktoren haben, keineswegs aber monokausal und monogenetisch determiniert sind.[25] Bloße gene-

---

[25] Die Forschung geht derzeit von etwa 4.000 Erbkrankheiten aus, von denen heute gut 200 diagnostizierbar sind. Vgl. B. Irrgang, a.a.O. (Anm. 16), S. 232.

tische Dispositionen müssen noch nicht zum tatsächlichen Ausbruch einer Krankheit führen. Neben der genetischen Disposition spielen die individuelle Lebensweise und Umweltfaktoren eine Rolle.

Ein entscheidendes ethisches Kriterium für die Zulässigkeit von Genanalysen ist, ob und inwiefern sie im Einzelinteresse der Betroffen bzw. ihrer Angehörigen, im Fall der pränatalen Diagnostik *im Interesse des Kindes bzw. des Embryos* liegen.[26] Dieses liegt zweifellos vor, sofern die pränatale Diagnostik therapeutische Möglichkeiten eröffnet. Der Schwangerschaftsabbruch aber läßt sich ethisch allenfalls aus der Konfliktlage der Mutter, jedoch nicht durch das vermeintliche Interesse des Embryos rechtfertigen. Aus ethischer Sicht ist es daher problematisch, wenn z.B. in einem Positionspapier der deutschen Gesellschaft für Humangenetik allein auf die individuelle Entscheidung von Ratsuchenden abgestellt, die Beratung allein vom Arzt vorgenommen und keine Beratungsregelung vorgesehen wird, welche neben der Konfliktlage der Mutter ausdrücklich auch das Lebensrecht des Ungeborenen zur Geltung bringt.[27]

Im Sinne ihrer Autonomie, welche die persönliche Verantwortung für die eigene Lebensführung einschließt, ist allen Mitgliedern der Gesellschaft der Zugang nicht nur zur medizinischen Versorgung im allgemeinen, sondern speziell auch zur genetischen Beratung einzuräumen. Wie freilich der Einzelne die möglichen Konsequenzen des durch eine Genanalyse erworbenen Wissens für seine Lebensgeschichte und für mitbetroffene Dritte ethisch zu reflektieren hat, so ist der ethisch verantwortliche Umgang mit den Möglichkeiten der Humangenetik eine gesamtgesellschaftliche Aufgabe. So sehr die Freiheit des Einzelnen bei der Inanspruchnahme von Genanalyse und genetischer Beratung zu achten ist, so sehr muß zugleich allen Tendenzen entgegengewirkt werden, welche einer eugenischen Mentalität in der Gesellschaft Vorschub leisten und ein Klima der Diskriminierung gegenüber Behinderten und ihren Angehörigen erzeugen. Das ist nicht nur zu bedenken, wenn über Sinn und Zweck bestimmter Screening-Programme diskutiert wird, sondern ist zugleich ein drängendes Problem der medizinischen Ökonomie, beobachten wir doch Tendenzen im Gesundheitswesen, Risiken

---

[26] Vgl. *E. Hepburn*, Genetische Beratung: elterliche Autonomie oder Akzeptieren von Grenzen?, Conc 34, 1998, S. 149–157.

[27] *Positionspapier der Gesellschaft für Humangenetik e.V.*, Zeitschrift für medizinische Ethik 42, 1996, S. 326–338.

und finanzielle Belastungen zu individualisieren und die gesellschaftliche Verpflichtung zur Solidarität zu schwächen.

Insofern ist auch die allgemein akzeptierte Maxime, wonach die genetische Beratung nicht-direktiv zu erfolgen habe, genauer zu präzisieren. Sie verdient Zustimmung, insofern sie das Prinzip der Patientenautonomie umzusetzen versucht. Der aus der Psychotherapie stammenden Begriff der Nichtdirektivität[28] läßt sich aber nicht ohne weiteres auf die Gesprächssituation einer genetischen Beratung übertragen, in der Menschen nicht zu einem neuen Selbstverständnis und Selbstbewußtsein gelangen wollen, sondern ärztlichen Rat suchen, d.h. eine Handlungsempfehlung, über deren Befolgung sie freilich selbst entscheiden müssen.[29] Zwar ist das Selbstbestimmungsrecht der Ratsuchenden unbedingt zu achten. Doch ein Beratungsgespräch verläuft niemals ethisch neutral. Seine ethischen Implikationen auf seiten der Ratsuchenden wie der beratenden Genetiker müssen daher bewußt gemacht werden. Andernfalls besteht die Gefahr, daß der beratende Arzt wohl den Wissens- und Entscheidungsraum des Einzelnen erweitert, dieser dann aber völlig sich selbst und seinen ethischen Dilemmata überlassen bleibt. Die bloße Nachfrage nach prädiktiver Diagnostik ersetzt dann die Ethik.

Gerade die Diskussion über den Rechtsstatus des Embryos zeigt, daß es bei allem Respekt vor der individuellen Entscheidung immer auch um axiomatische Grundentscheidungen geht, die eine gesetzgeberische Einschränkung biomedizinischer Handlungsmöglichkeiten zur Folge haben müssen. Doch die nach wie vor im Hinblick auf den rechtlichen und moralischen Status von Embryonen herrschende Aporie wie auch der in der Gesellschaft herrschende Pluralismus moralischer Einstellungen macht es für den Gesetzgeber zunehmend schwieriger, eindeutige Regelungen zu finden. Die MRB kann auch als Ausdruck dieses Dilemmas gelesen werden.

---

[28] Vgl. *C. Rogers*, Die nichtdirektive Beratung, München 1972.

[29] Vgl. *S. Reiter-Theil*, Nichtdirektivität und Ethik in der genetischen Beratung, in: *E. Ratz* (Hg.), Zwischen Neutralität und Wertung. Zur Theorie und Praxis von Beratung in der Humangenetik, München 1995, S. 83–91; *dies.*, Ethische Fragen in der genetischen Beratung. Was leisten Konzepte wie „Nichtdirektivität" und „ethische Neutralität" für die Problemlösung?, Conc 34, 1998, S. 138–148.

4.5 Genanalyse bei Geborenen

Was Genanalysen bei Geborenen betrifft, so müssen wir grundsätzlich zwischen symptomatischer und prädiktiver Diagnostik unterscheiden. Für die therapiebezogene Diagnostik und die prädiktive Genanalyse wie auch für die medizinische Forschung gilt der Grundsatz des „informed consent". Die Einwilligung bei medizinischen Interventionen oder Versuchen am Menschen kann jederzeit widerrufen werden (vgl. Art. 5 und Art. 16 Nr. V der MRB). Art. 10 der MRB stellt überdies klar, daß jede Person das Recht auf Wahrung ihrer Privatsphäre in bezug auf Angaben über ihre Gesundheit hat. Allerdings fällt auf, daß die MRB dem Problem des Datenschutzes relativ geringe Aufmerksamkeit schenkt. Klare Vorschriften zu seiner Sicherstellung sucht man in der MRB vergebens. Der Art. 10 ist nicht einmal von der nach Art. 26 möglichen Einschränkung der in der MRB vorgesehenen Rechte und Schutzbestimmungen ausgenommen, welche für zulässig erklärt wird, „soweit sie durch die Rechtsordnung vorgesehen ist und eine Maßnahme darstellt, die in einer demokratischen Gesellschaft für die öffentliche Ruhe und Ordnung, zur Verhinderung von strafbaren Handlungen, zum Schutz der öffentlichen Gesundheit oder zum Schutz der Rechte anderer notwendig ist." Eine solche allgemeine Bestimmung läßt der nationalen Gesetzgebung bedenklich weite Handlungsspielräume.[30]

Für unzulässig wird die Diskriminierung von Personen wegen ihres genetischen Erbes erklärt. Art. 11 der MRB stellt fest: „Jede Form von Diskriminierung einer Person wegen ihres genetischen Erbes ist verboten." So begrüßenswert dieses Verbot ist, so schwach ist allerdings seine rechtliche Wirksamkeit. Die Formulierung erweckt den Eindruck, es werde ein einklagbares Individualrecht formuliert. Die MRB sieht aber gar nicht die Klage von Einzelpersonen vor. Art. 11 hat außerdem keine Entsprechung im Diskriminierungsverbot des Art. 14 der europäischen Menschenrechtskonvention. Um so wichtiger wäre es, hinsichtlich des Datenschutzes zu eindeutigen Regelungen zu kommen.

---

[30] Zu beachten sind allerdings das „Übereinkommen zum Schutz des Menschen bei der automatischen Verarbeitung personenbezogener Daten" (Europäische Datenschutzkonvention) vom 28.1.1981 (österreichisches BGBl 1988/317) und Art. 8 der Europäischen Menschenrechtskonvention (EMRK).

4.6 Forschung an einwilligungsunfähigen Personen

Ein besonderes Problem stellt der Schutz einwilligungsunfähiger Personen dar. Das gilt einerseits im Blick auf die an ihnen überhaupt zulässigen Handlungen, andererseits aber auch für die sinngemäße Anwendung des „informed consent" auf diesen Personenkreis.[31]

Medizinische Interventionen dürfen bei einwilligungsunfähigen Personen nur zu ihrem unmittelbaren Nutzen erfolgen (Art. 6 [1]). Bei Forschungsvorhaben müssen die Versuchsergebnisse aber nicht unbedingt dem einwilligungsfähigen Probanten zugute kommen. Forschungsexperimente sind nach Art. 17 (2) i grundsätzlich auch dann zulässig, wenn die möglichen Ergebnisse anderen Personen nützen können, „die derselben Altersgruppe angehören oder die an derselben Krankheit oder Störung leiden oder sich in demselben Zustand befinden." Erscheint die Ausweitung des Nutzens auf Personen derselben Altersgruppe als fragwürdig, so gilt dies auch für die Regelung des „informed consent" bei nicht einwilligungsfähigen Personen. Art. 6 regelt, daß solche Personen im Fall medizinischer Interventionen soweit als möglich in das Einwilligungsverfahren einzubeziehen sind. Die Entscheidung für oder gegen den Eingriff trifft letztlich der gesetzliche Vertreter oder eine von der Rechtsordnung dafür vorgesehene Behörde. Wie bei einwilligungsfähigen Personen kann die Einwilligung auch bei einwilligungsunfähigen Patienten „im wohlverstandenen Interesse der betroffenen Person jederzeit widerrufen werden" (Art. 6 [5] MRB). Es fällt auf, daß diese Widerrufsmöglichkeit bei Forschungsvorhaben nur für einwilligungsfähige Personen vorgesehen ist (Art. 16 v), nicht aber bei einwilligungsunfähigen Probanten. Ihre Widerspruchsmöglichkeit wird lediglich vor Beginn von Versuchen insoweit berücksichtigt, als neben der Einwilligung des gesetzlichen Vertreters vorauszusetzen ist, daß die betroffene Person nicht ablehnt (Art. 17 [1] v). Hier liegt eine Ungleichbehandlung vor, welche offenkundig das Ziel hat, den Zugriff der Forschung auf einwilligungsunfähige Testpersonen zu erleichtern. In der Praxis bedeutet dies eine erhebliche Erschwernis der Rücknahme einer einmal gegebenen Forschungszusage durch Dritte, möglicherwei-

---

[31] Das grundlegende internationale Dokument zur biomedizinischen Forschung am Menschen ist die sog. Helsinki-Tokio-Deklaration, beschlossen von der 29. Generalversammlung des Weltärztebundes 1975 in Tokio. Zum „informed consent" im Fall der Forschung an nicht voll geschäftsfähigen Personen siehe dort Abschnitt I, Nr. 11 (bei H.-M. Sass, a.a.O. [Anm. 8], S. 369).

se auch den längeren Verbleib solcher Probanten in Untersuchungsreihen, selbst wenn schon Protest oder Widerwille geäußert wurde.

Nun soll Forschung an einwilligungsunfähigen Personen, welche für diese nicht von unmittelbarem Nutzen ist, nach Art. 17 (2) ii nur erlaubt sein, wenn sie für die betroffene Person „nur ein minimales Risiko und eine minimale Belastung" mit sich bringt. Doch „Risiko" und „Belastung" sind dehnbare Wertbegriffe.[32] Und auch der quantitative Begriff des Minimalen ist äußerst relativ. Es steht daher zu befürchten, daß die MRB ihr Ziel, den Rechtsschutz des genannten Personenkreises zu gewährleisten, in der Praxis verfehlen wird. Ihre vagen Formulierungen könnten sich sogar dahingehend auswirken, daß entgegen der Bestimmung von Art. 2 Forschungsinteressen über den Schutz der Menschenwürde gestellt werden.

4.7 Transplantationsmedizin

Keineswegs umfassend behandelt die Biomedizin-Konvention des Europarates den Bereich der Transplantationsmedizin. Sie enthält lediglich Bestimmungen für die sogenannte Lebendspende. Art. 19 (1) legt fest: „Einer lebenden Person darf ein Organ oder Gewebe zu Transplantationszwecken nur zum therapeutischen Nutzen des Empfängers und nur dann entnommen werden, wenn weder ein geeignetes Organ oder Gewebe einer verstorbenen Person verfügbar ist noch eine alternative therapeutische Methode von vergleichbarer Wirksamkeit besteht." Medizinethische Fragen der Explantation und Transplantation von Organen Verstorbener werden nicht angesprochen. Unbeantwortet bleibt auch die Frage nach dem hinreichenden Kriterium zur Feststellung des eingetretenen Todes.[33] Nach heutigem Stand der Medizin und neuerdings auch der deutschen Gesetzgebung (Transplantationsgesetz von 1997) ist der Hirntod das sichere Todeszeichen. Abgesehen davon, daß dieses Kriterium in der interdisziplinären Diskussion wie auch in der Bevölkerung nach wie vor teilweise auf Widerspruch stößt, ist medizinisch umstritten, ob nur der sogenannte Ganzhirntod oder auch der Teilhirntod als hinreichendes Todeskriterium akzeptabel ist. Dieses Problem wird in der MRB bedauerlicherweise nicht angesprochen, so

---

[32] S. unten S. 259ff.
[33] S. dazu ausführlich *U. Körtner*, Bedenken, daß wir sterben müssen. Sterben und Tod in Theologie und medizinischer Ethik (BsR 1147), München 1996, Kap. II (S. 32ff) und die dortigen Literaturhinweise.

daß offen bleiben muß, wie groß der in Art. 19 (1) angesprochene Kreis „lebender Personen", bzw. was genau unter einer „verstorbenen Person" zu verstehen ist. Einmal mehr ist unklar, wie sich die Begriffe „Mensch" und „Person" zueinander verhalten.

Art. 21 verbietet die Kommerzialisierung des menschlichen Körpers und seiner Teile. Diese Zielsetzung der MRB ist äußerst begrüßenswert. Die gefundene Formulierung ist allerdings unpräzise. Was soll es genau heißen, daß der menschliche Körper und Teile davon „als solche" nicht zur Erzielung eines finanziellen Gewinns verwendet werden dürfen. Offensichtlich soll der Handel mit Organen verboten werden. Auch wenn das Organ selbst oder menschliches Gewebe als solches nicht als Ware behandelt werden darf, ist doch unbestreitbar und unvermeidbar, daß die Beschaffung von Teilen des menschlichen Körpers zu Transplantationszwecken ein Geschäftszweig der modernen Medizin ist. Welche Möglichkeiten der Kommerzialisierung genau will die MRB offenhalten? Es ist an dieser Stelle darauf hinzuweisen, daß im Zusammenhang mit der Biopatentrechtlinie der Europäischen Union, die lange umstritten war und mit einigen Verbesserungen 1998 in Kraft getreten ist[34], eine ähnliche Formulierung diskutiert, wegen unklarer Ausnahmemöglichkeiten jedoch schließlich abgelehnt wurde.

5. Schlußfolgerungen

Es stellt sich nun die Frage, ob die Ratifizierung der MRB in ethischer Hinsicht zu befürworten ist oder nicht. Für ihre Ratifizierung spricht das Argument, daß ein supranationales Rahmenabkommen allemal besser als gar keine rechtlichen Regelungen ist, weil andernfalls die Gefahr besteht, einer unkontrollierten Fortentwicklung der Biomedizin Tür und Tor zu öffnen, welche im Ergebnis zur Aushöhlung der Menschenrechte und ethischer Grundwerte führt. Außerdem muß für die Forscherinnen und Forscher in Medizin und Biologie eine gewisse Rechtssicherheit im Hinblick auf ihre Forschungsfreiheit gegeben werden. Zwar ist es aus österreichischer wie deutscher Sicht nicht befriedigend, daß in der entscheidenden Frage des Embryonenschutzes und des Verbots von Embryonenforschung kein europäischer Konsens erzielt werden konnte. Andererseits aber ist es ein positives Ergebnis der MRB, daß man sich für Europa wenigstens auf rechtliche und ethische

---

[34] Zur Biopatentrichtlinie der EU s.u. S. 269ff.

Mindeststandards geeinigt hat. Auch sei hervorgehoben, daß erstmals in einem Völkerrechtsdokument die Notwendigkeit anerkannt wird, Patientenwünsche, die zu einem früheren Zeitpunkt geäußert wurden, in dem Fall, daß der Patient zum Zeitpunkt eines medizinischen Eingriffs nicht kommunikations- und entscheidungsfähig ist, zu berücksichtigen. Als umfassende Regelung für die Berücksichtigungswürdigkeit sogenannter Patientenverfügungen ist Art. 9 der MRB allerdings unzureichend.

Den Argumenten zugunsten der Ratifizierung stehen freilich gewichtige Bedenken entgegen. Kritiker warnen davor, mit der MRB eine schiefe Ebene zu betreten, auf welcher es statt einer langfristigen Verbesserung ethischer Standards zu ihrer sukzessiven Verschlechterung unter dem Druck von Forschungs- und ökonomischen Interessen kommen könnte.[35]

Diese Gefahr ist allerdings nicht von der Hand zu weisen, wenn man einen Blick auf die UNESCO-Deklaration über das menschliche Genom und die Menschenrechte von 1997 wirft.[36] Hier zeigt sich, daß einmal gefundene Formulierungen übernommen werden. So findet sich in der UNESCO-Deklaration genau jene oben als problematisch bezeichnete Regelung der MRB wieder, nach welcher Forschungen an einwilligungsunfähigen Personen auch dann zulässig sind, wenn die Forschungsergebnisse nicht den Betroffenen, sondern lediglich Personen ihrer Altersgruppe zugute kommen (Art. 5 [e]). Darüber hinausgehend wird in Art. 12 der Deklaration die Freiheit der Forschung auch für solche Forschungsvorhaben geltend gemacht, welche nicht nur die Gesundheit einzelner, sondern der Menschheit als ganzer verbessern. Hier wird die Tendenz erkennbar, nicht etwa die Individuen, sondern die Gesellschaft als ganze zum therapeutischen Objekt zu erklären. Damit aber wird ein eindeutig eugenisches Gedankengut gefördert, welches die vermeintliche Verbesserung des Gen-Pools einer Population oder gar der gesamten Menschheit bzw. die Beseitigung von Behinderungen für ein denkbares und erstrebenswertes Ziel hält. Tatsächlich aber dürfen die Chancen genetischer Forschung nicht überschätzt werden. Gewiß sind auf dem Gebiet der medizinischen Genetik, d.h. der Diagnostik und der Gentherapie in den kommenden Jahrzehnten wei-

---

[35] Vgl. M. Wunder, a.a.O (Anm. 7), S. 573f.
[36] Der Text der Deklaration ist inzwischen als Broschüre veröffentlicht: *United Nations Educational, Scientific and Cultural Organisation*, Universal Declaration on the Human Genome and Human Rights, Paris (Dezember) 1997 (Vorwort von F. Mayor).

tere Fortschritte zu erwarten. Eine von Krankheit und jeglichem Leid befreite Menschheit bleibt aber weiterhin eine Utopie, deren Realisierungsversuche über kurz oder lang in die Barbarei münden.

Wer die Verbesserung der Menschheitsgesundheit verspricht, verleitet zu einer Anspruchshaltung, der zufolge Gesundheit im umfassenden Sinne des Wortes nicht etwa eine Gnade oder ein Glück, sondern ein einklagbares Recht ist. Die Sehnsucht nach Heil schlägt um in die Forderung des Rechtes auf Glück.[37] Das führt zu einer tiefgreifenden Veränderung der Sicht auf menschliches Leiden, welches nur mehr als das Nichtseinsollende erscheint, aber nicht mehr als eine zum Glück komplementäre Dimension gesunden Lebens gewürdigt und angenommen werden kann.[38] Von der kritisierten Forderung nach einem Recht auf Glück ist allerdings das Recht auf eine angemessene Gesundheitsvorsorge und medizinische Betreuung als einer Form der gesellschaftlichen Solidarität zu unterscheiden.[39]

An dieser Stelle sind neben der internationalen Staatengemeinschaft und Nichtregierungsorganisationen (NGOs) auch die Kirchen herausgefordert, eindeutig Stellung zu beziehen. Letztere haben aufgrund des christlichen Menschenbildes daran zu erinnern, daß die Unantastbarkeit der Menschenwürde ausnahmslos für alle Menschen gilt, Geborene wie Ungeborene, und zwar nicht nur für die sogenannten Gesunden, sondern auch für Behinderte, Kranke und Sterbende. Entscheidender Maßstab für die Menschlichkeit einer Gesellschaft ist, welches Maß an Solidarität sie den schwächsten ihrer Mitglieder und ihren Angehörigen entgegenbringt. Gegenwärtig beobachten wir in allen Bereichen der Gesellschaft eine Tendenz zur Entsolidarisierung. Das gilt auch für das Gesundheitssystem, in welchem ein utilitaristisches Kosten-Nutzen-Denken um sich greift, welches einerseits das Anspruchsdenken und andererseits Bestrebungen fördert, das ökonomische Risiko von Krankheit und Behinderung zu individualisieren. In solchen Zeiten ist es nicht zuletzt die Aufgabe der Kirchen, die Solidarität mit den Schwächsten in der Gesellschaft, in der Sprache der jüdisch-christ-

---

[37] Vgl. *D. Ritschl*, Gesundheit: Gnade oder Rechtsanspruch?; Diakonie 8, 1992, S. 77–80.

[38] Zur Kritik vgl. auch *U. Körtner*, Wie lange noch, wie lange? Über das Böse, Leid und Tod, Neukirchen-Vluyn 1998, S. 53–73; *ders.*, Heil und Heilung. Interdisziplinäre Aspekte von Krankheit und Gesundheit im Gespräch zwischen Medizin und Theologie, Journal für Anästhesie und Intensivmedizin 5, 1998, S. 105–108.

[39] Vgl. Art. 12 IPWSKR (Internationaler Pakt über wirtschaftliche, soziale und kulturelle Rechte).

lichen Tradition: den Geist der Nächstenliebe zu stärken. Sozialethische Postulate müssen freilich auf nationaler wie internationaler Ebene
in praktische Politik umgesetzt werden. Kirchen, Menschenrechtsgrup-
pen und andere NGOs geben im besten Fall Anstöße zu einer internationalen Kooperation der Staaten, um gemeinsam den möglichen Gefahren der ökonomischen und wissenschaftlichen Globalisierung auch
auf dem Gebiet medizinischer Forschung entgegenzuwirken.

6. Literatur

6.1 Gesamtdarstellungen

Amelung, E. (Hg.): Ethisches Denken in der Medizin. Ein Lehrbuch, Berlin
u.a. 1992

Beauchamp, T.L./Childress, J.F. (Hg.): Principles of Biomedical Ethics, Oxford [4]1994

Eibach, U.: Medizin und Menschenwürde. Ethische Probleme in der Medizin
aus christlicher Sicht, Wuppertal [5]1997

Eser, A./Lutteroni, M./Sporken, P. (Hg.): Lexikon Medizin, Ethik, Recht, Frei-
burg/Basel/Wien 1989

Frey, Chr.: Konfliktfelder des Lebens. Theologische Studien zur Bioethik, Göttingen 1998

Grewel, H.: Recht auf Leben. Drängende Fragen christlicher Ethik, Göttingen
1990

Harris, J.: Der Wert des Lebens. Eine Einführung in die medizinische Ethik,
hg. v. U.Wolf, Berlin 1995

Honnefelder, L./Rager, G. (Hg.): Ärztliches Urteilen und Handeln. Zur
Grundlegung einer medizinischen Ethik, Frankfurt/Leipzig 1994

Hübner, J.: Die neue Verantwortung für das Leben. Ethik im Zeitalter von
Gentechnologie und Umweltkrise, München 1986

Illhard, F.J.: Medizinische Ethik. Ein Arbeitsbuch, Berlin 1985

Irrgang, B.: Grundriß der medizinischen Ethik (UTB 1821), München/Basel
1995

Loewy, E.H.: Ethische Fragen in der Medizin, Wien/New York 1995

Mahlherbe, J.-F.: Medizinische Ethik, Würzburg 1990

Sass, H.-M. (Hg.): Medizin und Ethik, Stuttgart 1990

Sass, H.-M./Viefhues, H. (Hg.): Güterabwägung in der Medizin: ethische und
ärztliche Probleme, Berlin/Heidelberg/New York 1991

Schaefer, H.: Medizinische Ethik, Heidelberg 1983

Schockenhoff, E.: Ethik des Lebens. Ein theologischer Grundriß, Mainz 1993

6.2 Einzelthemen

Appel, B.: Der menschliche Körper im Patentrecht (Schriftenreihe zum gewerblichen Rechtsschutz, Bd. 93), Köln usw. 1996

Baumann-Hölzle, R./Bondolfi, A./Ruh, H. (Hg.): Genetische Testmöglichkeiten. Ethische und rechtliche Fragen, Frankfurt a.M./New York 1990

Bertazzoni, U./u.a. (Hg.): Human Embryos and Research. Proceedings of the European Bioethics Conference in Mainz, 7–9 November 1988, Frankfurt a.M./New York 1990

Bioethische Probleme. Moraltheologisches Jahrbuch 1, hg. v. V. Eid, Mainz 1989

Birch, Ch./Paul, A. (Hg.): Genetics and the Quality of Life, Oxford 1975

Böckle, F.: Probleme um den Lebensbeginn. II. Medizinisch-ethische Aspekte, in: Handbuch der christlichen Ethik, 2.Aufl., Bd. 2, Gütersloh 1993, S. 36–59

Böckle, F. u.a./Bundesministerium für Forschung u. Technologie (Hg.): Die Erforschung des menschlichen Genoms. Ethische und soziale Aspekte, Frankfurt a.M./New York 1991

Braun, V./Mieth, D./Steigleder, K.: Ethische und rechtliche Fragen der Gentechnologie und der Reproduktionsmedizin, München 1987

Daele, W.: Mensch nach Maß? Ethische Probleme der Genmanipulation und Gentherapie, München 1985

Düwell, M./Mieth, D. (Hg.): Ethik in der Humangenetik. Die neueren Entwicklungen der genetischen Frühdiagnostik aus ethischer Perspektive (Ethik in den Wissenschaften 10), Tübingen/Basel 1998

Dworkin, R.: Die Grenzen des Lebens. Abtreibung, Euthanasie und persönliche Freiheit, Reinbek 1994

Eibach, U.: Experimentierfeld: Werdendes Leben. Eine ethische Orientierung, Göttingen 1983

Ev. Akademie Hofgeismar (Hg.): Humangenetik. Medizinische, ethische, rechtliche Aspekte, München 1986

Gassen, H.G./Minol, K. (Hg.): Gentechnik. Einführung in Prinzipien und Methoden (UTB 1290), Stuttgart ⁴1996

Heginbotham, Ch.: The Rights of Mentally Ill People, London 1987

Honecker, M.: Genetische Eingriffe und Reproduktionsmedizin aus der Sicht theologischer Anthropologie, ZThK 84, 1987, S. 118–136

Huseboe, S./Klaschik, E.: Palliativmedizin. Praktische Einführung in Schmerztherapie, Ethik und Kommunikation, Berlin/Heidelberg/New York 1998

Klingmüller, W. (Hg.): Genforschung im Widerstreit, Stuttgart ²1986 (³1994)

Körtner, U.: Von Mäusen und Menschen. Zur Auseinandersetzung mit utilaristischen Ansätzen medizinischer Ethik, ZEE 39, 1995, S. 26–42

–: Reparaturversuche am Gehirn. Ethische Probleme bei der Transplantation von Hirngewebe, LM 34, 1995, H.10, S. 10–11

–: Bedenken, daß wir sterben müssen. Sterben und Tod in Theologie und medizinischer Ethik (BsR 1147), München 1996

–: Dimensionen von Heil und Heilung, EthMed 8, 1996, S. 27–42

–: Ethische Gesichtspunkte der Beziehung zwischen Arzt und Patient, Recht der Medizin 3, 1996, S. 43–45

–: Wie lange noch, wie lange? Über das Böse, Leid und Tod, Neukirchen-Vluyn 1998

Kuhse, H.: Die „Heiligkeit des Lebens" in der Medizin. Eine philosophische Kritik, Erlangen 1994

Larrick, J./Burck, K. (Hg.): Gene Therapy. Application of Molecular Biology, New York/Amsterdam/London 1991

Das Leben achten. Maßstäbe für Gentechnik und Fortpflanzungsmedizin. Beiträge aus der evangelischen Synode für Deutschland, Gütersloh 1988

Malcom, J.G.: Treatment Choices and Informed Consent, Springfield Ill. 1988

Murken, J./Stengel-Rutkowski, S. (Hg.): Pränatale Diagnostik, Stuttgart 1978

Reiter, J./Theile, U. (Hg.): Genetik und Moral. Beiträge zu einer Ethik des Ungeborenen, Mainz 1985

Schmitz, Ph.: Fortschritt ohne Grenzen? Christliche Ethik und technische Allmacht (QD 164), Freiburg/Basel/Wien 1997

Sass, H.-M./Viefhues, H. (Hg.): Güterabwägung in der Medizin: ethische und ärztliche Probleme, Berlin/Heidelberg/New York 1991

Schuller, A./Heim, N. (Hg.): Biomedizin: künstliche Befruchtung, Embryonenforschung und Gentechnologie, Reinbek 1990

Singer, P.: Praktische Ethik, Suttgart 1990, ²1994

van den Daele, W.: Mensch nach Maß? Ethische Probleme der Genmanipulation und Gentherapie, München 1985

Von der Würde werdenden Lebens. Extrakorporale Befruchtung, Fremdschwangerschaft und genetische Beratung. Eine Handreichung der EKD zur ethischen Urteilsbildung, hg. v. Kirchenamt der EKD (EKD Texte 11), Hannover 1985

Weißbuch Anfang und Ende menschlichen Lebens. Medizinischer Fortschritt und ärztliche Ethik, hg. v. Vorstand der Bundesärztekammer/Wissenschaftlicher Beitrag der Bundesärztekammer, Köln 1988

Wunder, M.: Angriff auf die Menschenwürde, EK 29, 1996, S. 571–574

Zimmermann, M.u.R: Die ‚Heiligkeit des Lebens' in der Medizin. Eine Entgegnung, ZEE 41, 1997, S. 217–227

9. Kapitel

Sexualität und Paarbeziehungen

Theologisch-ethische Gesichtspunkte von Ehe, nichtehelichen und homosexuellen Lebensgemeinschaften

Das folgende Kapitel soll in die Fragestellungen heutiger Sexualethik einführen, die eingebettet sind in den Themenbereich von Ehe und Familie. Gerade auf dem Gebiet der Sexualethik läßt sich zeigen, wie sehr die im 1. Kapitel dargestellten Dimensionen menschlichen Handelns und menschlicher Lebensführung miteinander verwoben sind.[1] Eben darum wird im folgenden die menschliche Sexualität nicht nur als individual- und personalethisches Problem behandelt, sondern in seinen sozialethischen Kontext gestellt. In diesem Zusammenhang soll auch die Frage der Homosexualität und der ethischen Beurteilung gleichgeschlechtlicher Lebensgemeinschaften behandelt werden. Die darüber in den Kirchen geführte Kontroverse berührt das Grundverständnis von menschlicher Sexualität und ihrer ethisch verantwortlichen Praxis, von Ehe und Familie. Um dieses, und nicht um Detailfragen einer Sexualethik geht es im folgenden Überblick.

1. Zur Aufgabenstellung heutiger Sexualethik

Die gesellschaftlichen Umwälzungen der vergangenen Jahrzehnte auf dem Gebiet der Sexualität und Geschlechterbeziehung sowie das Entstehen neuer Lebensformen stellen die Sexualethik wie die Sozialethik insgesamt vor neue Herausforderungen. Vor jeder materialethischen Diskussion ist es daher notwendig, sich Klarheit über die allgemeine Aufgabenstellung heutiger Sexualethik zu verschaffen.[2]

---

[1] S. oben S. 39ff.

[2] Vgl. *S. Keil*, Sexualität, Stuttgart 1966; *H. Thielicke*, Sex. Ethik der Geschlechtlichkeit, Tübingen 1966; *H. Ringeling*, Theologie und Sexualität, Gütersloh 1968; *W. Trillhaas*, Sexualethik, Göttingen ²1970; *T. Rendtorff*, Ethik, Bd. II (ThW 13,2), Stuttgart ²1991, S. 15–21.41–47.65–71.99–102.117–119.134–136; *M. Honecker*, Grund-

Die theologische Urteilsbildung in den Fragen heutiger Sexualethik bewegt sich wie alle Ethik im Spannungsfeld zwischen dem biblisch bezeugten Wort Gottes als Grund christlichen Glaubens und Handelns und der gegenwärtigen Situation des Menschen. Grundsätzlich ist dabei festzustellen, daß die Bibel, als Heilige Schrift gelesen, einerseits den Rang eines normativen Textes hat, andererseits aber nicht als unmittelbare Quelle theologischer Ethik beansprucht werden kann. Normierende Instanz ist die Schrift, soweit sie das Wort Gottes vergegenwärtigt, nicht aber im Sinne eines Gesetzbuches. Für die ethische Urteilsbildung haben die Schriften der Bibel den Rang einer *Quelle* und *exemplarische* Bedeutung. Zu den Quellen ethischer Urteilsbildung gehören aber auch Erfahrung und Vernunft. Theologische Ethik ist der Versuch eines durch das Zeugnis der Schrift geleiteten kritischen Umgangs mit vorgängiger Lebenserfahrung, der die Wahrnehmung von Verantwortung ermöglichen soll.

Zu den grundlegenden Voraussetzungen neuzeitlicher Ethik, mithin auch theologisch-ethischer Reflexion, gehören zum einen die Unterscheidung von Recht und Moral, zum anderen die Differenz von Privatsphäre und Öffentlichkeit. Beiden Unterscheidungen hat auch die Urteilsbildung in Fragen der Sexualethik Rechnung zu tragen. Die Probleme der Sexualethik sind an der Schnittstelle von Individual-, Personal- und Sozialethik angesiedelt. Außerdem überschneiden sich auf sexualethischem Gebiet moralische und juristische Aspekte. Nicht wenige der ethischen Konflikte resultieren gerade aus der Überschneidung der genannten Ebenen.

Sexualethische Urteilsbildung hat überdies eine ekklesiologische Dimension. Allgemein haben kirchliche Stellungnahmen zu sozialethischen Fragen stets mit zu bedenken, welches Selbstverständnis die Kirche als Glaubensgemeinschaft und als soziale Institution in ihrem Leben und Handeln leitet. Wie grundsätzlich bei allen ethischen Entscheidungen geht es auch bei kirchlichen Äußerungen zu Fragen der Sexualethik immer zugleich um die Stellung der Kirche zur übrigen Gesellschaft.[3] Es geht also um die Frage, ob sich die Kirche als Volkskirche oder als Minderheitenkirche versteht, ob sie – als Kirche für andere

---

riß der Sozialethik, Berlin/New York 1995, S. 151–229 (Kapitel III: Ehe, Familie, Sexualität).

[3] Vgl. *H. Ringeling*, Homosexualität als Frage kirchlichen Handelns, ZEE 38, 1994, S. 163–167; *T. Rendtorff*, Selbstbestimmung und Institution. Ethisch-theologische Implikationen der Kontroverse um ‚Homosexualität und Pfarrerberuf‘, ZEE 38, 1994, S. 190–202.

– Kirche für alle oder primär für Randgruppen sein will, ob sie ihren Ort *innerhalb* der Gesellschaft oder im betonten *Gegenüber* zur Gesellschaft bestimmt. Auch ist die ökumenische Dimension zu berücksichtigen (z.B. im Hinblick auf die kirchliche Stellung konfessionsverschiedener Ehepaare und die theologischen Grundlagen sog. ökumenischer Trauungen).

Die Einstellungen innerhalb unserer Gesellschaft zur Sexualität als solcher, zum Umgang mit der Sexualität und zu den Formen der Lebensführung und der Lebensgemeinschaften unterliegen einem tiefgreifenden Wandel. Die Veränderungen auf dem Gebiet von Sexualität, Ehe und Familie können nur dann angemessen theologisch reflektiert werden, wenn sie nicht sogleich abstrakt unter ethischen Gesichtspunkten betrachtet, sondern zunächst sozialgeschichtlich analysiert werden.[4] Zugleich ist die historische Bedingtheit und Begrenztheit der überkommenen christlichen Sexualmoral und Lehre von den Institutionen der Ehe, der Familie, der Arbeit und des Staates zu berücksichtigen.[5] Andernfalls werden historisch kontingente Realitäten mit der Unbedingtheit des Wortes Gottes verwechselt und durch ihre Sakralisierung dämonisiert.[6] Für die ökumenische Perspektive theologischer Ethik ist hierbei auch der Kulturvergleich relevant.[7]

Eines der Hauptprobleme heutiger Sexualethik besteht in der Frage, ob und unter welchen Voraussetzungen die Kirche zur Anerkennung nichtehelicher Lebensgemeinschaften bereit ist.[8] Die Debatte um die Anerkennung der Homosexualität als der Heterosexualität gleichrangige Form menschlicher Sexualität an sich zielt in letzter Konsequenz auf die Gleichrangigkeit homosexueller Partnerschaften mit der heterosexuellen Einehe, d.h. ebenfalls auf die Anerkennung nichtehelicher Le-

---

[4] Vgl. *H. Schelsky*, Soziologie der Sexualität, Hamburg [21]1977; *U. Beck/E. Beck-Gernsheim*, Das ganz normale Chaos der Liebe, Frankfurt a.M. 1990.

[5] Vgl. *C.H. Ratschow*/u.a., Art. Ehe/Eherecht/Ehescheidung I–IX, TRE 9, Berlin/New York 1982, S. 308–362.

[6] Vgl. *D. Schellong*, Die Krise der Ehe und die Weisheit der Theologie, in: *F.-W. Marquardt/D. Schellong/M. Weinrich* (Hg.), Einwürfe 1, München 1983, S. 14–89.

[7] Siehe z.B. *A. Hastings*, Christian Marriage in Africa, London 1973; *G. Völger/K. v. Welck* (Hg.), Die Braut. Geliebt, verkauft, getauscht, geraubt. Zur Rolle der Frau im Kulturvergleich, Köln 1985.

[8] Siehe dazu: Ehe und nichteheliche Lebensgemeinschaften. Positionen und Überlegungen aus der Evangelischen Kirche in Deutschland (EKD-Texte 12), Hannover 1985; *H. Ringeling*, Ethische Strukturprobleme der Geschlechter. II. Die nichtehelichen Lebensgemeinschaften: das Problem alternativer Wege zur Verbindlichkeit, in: Handbuch der Christlichen Ethik, Bd. 3, Gütersloh [2]1993, S. 298–316.

bensgemeinschaften. Zu bedenken ist freilich auch, daß nicht jeder Mensch, gleich ob hetero- oder homosexuell, überhaupt eine feste, auf Dauer angelegte Partnerschaft eingehen will. Diese Problematik ist gesondert zu behandeln und von der Frage zu unterscheiden, wie sich nichteheliche Lebensgemeinschaften zur Ehe als Rechtsinstitut und zur ethischen Norm lebenslanger Gemeinschaft verhalten, welche – unbeschadet der kirchlichen Anerkennung der Möglichkeit einer Scheidung – die kirchliche Auffassung der Ehe bestimmt.

Hinsichtlich des beschriebenen Problemkomplexes gilt es, die herkömmliche kirchliche Auffassung von der heterosexuellen Einehe als allein anerkannter Form der Paarbeziehung kritisch zu überdenken. Dabei geht es nicht darum, den besonderen Rang von Ehe und Familie überhaupt in Frage zu stellen, sondern darum, das Verständnis der Ehe im Kontext der heutigen Lebenswelt neu zu gewinnen.[9] Dies ist nur dann möglich, wenn die Faktizität der in unserem Kulturkreis geschichtlich gewachsenen Form der Ehe nicht mit ihrer Geltung verwechselt, die historisch bedingte Gestalt der bürgerlichen Ehe nicht kurzschlüssig aus der biblischen Tradition hergeleitet bzw. zum Zweck ihrer theologischen Legitimation in diese hineingelesen wird.

Als aporetisch erweist sich darum insbesondere eine Theologie der Ordnungen, welche auf unhistorische Weise soziale Strukturen und Institutionen zu Natur- bzw. Schöpfungsordnungen erklärt und dem naturalistischen Fehlschluß erliegt, daß vermeintlich naturwüchsige Seinsordnungen gottgegebene Sollensordnungen seien. Die metaphysische Annahme ewiger, unveränderlicher sozialer Ordnungen ist mit Paul Tillich als „Ursprungsmythos" nicht etwa nur philosophisch, sondern theologisch zu kritisieren. Gegen den Ansatz einer Theologie der (Schöpfungs)ordnungen ist einzuwenden, daß sie keine Kriterien dafür enthält, welche gesellschaftlichen Ordnungen göttliche Anweisungen sind und welche nicht. Ferner operiert sie mit einem ungeklärten Naturbegriff, welcher nicht bedenkt, daß in der Gesellschaft Natur immer nur kulturell überformt in Erscheinung tritt und nicht abstrakt als das Andere der Gesellschaft gesetzt werden kann. Der Gegensatz zwischen vermeintlichen Naturordnungen und gesellschaftlichen Ordnungen ist

---

[9] Zur Sichtweise der evangelischen Kirche(n) siehe *Kirchenkanzlei der EKD* (Hg.), Die Denkschriften der Evangelischen Kirche in Deutschland, Bd. 3: Ehe, Familie, Sexualität, Jugend, mit einer Einführung von E. Wilkens, Gütersloh 1981; *Kirchenamt der EKD* (Hg.), Gottes Gabe und persönliche Verantwortung. Zur ethischen Orientierung für das Zusammenleben in Ehe und Familie. Eine Stellungnahme der Kammer der EKD für Ehe und Familie, Gütersloh 1998.

daher relativ. Andererseits sind gesellschaftliche Ordnungen in hohem Maße wandelbar. Und schließlich muß ideologiekritisch auf den nationalistischen, rassistischen und machtpolitischen Mißbrauch des Ordnungsdenkens in der Vergangenheit hingewiesen werden.

Andererseits ist eine Ethik, mithin auch eine Sexualethik unzureichend, welche sich ausschließlich auf den Ansatz einer Situationsethik beschränkt. Die Sozialdimension menschlichen Lebens erfordert Strukturen und Institutionen, die zwar wandlungsfähig und gegebenenfalls durch andere Instituionen zu ersetzen sind, auf die aber grundsätzlich nicht verzichtet werden kann. Wo überkommene Institutionen verschwinden, entstehen funktionale Äquivalente. Der Sinn solcher Institutionen soll im folgenden über eine Analyse des Zusammenhangs von Geburtlichkeit und Sozialität der Menschen geklärt werden. Nicht über die Sexualität als solche, sondern über den anthropologischen Grundtatbestand, daß der Mensch wesenhaft ein geburtliches Wesen ist (Hanna Arendt), erschließen sich die Themenfelder heutiger Sexualethik.

2. Geburtlichkeit und Sexualität

Alle ethische Reflexion, auch die sozialethische und sexualethische hat die anthropologische Polarität von Freiheit und Schicksal (Paul Tillich) zu reflektieren.[10] Alles ethische Handeln basiert auf naturalen Voraussetzungen, die nicht beliebig, gleichwohl nicht an sich moralisch normativ sind, sondern zur ethisch begründeten Stellungnahme herausfordern. Zu diesen Vorgaben gehört grundlegend die „naturale Unbeliebigkeit der normativen Vernunft" (Wilhelm Korff, Franz Böckle), sodann aber auch unsere Endlichkeit, welche gleichermaßen in unserer Sterblichkeit wie unserer Geburtlichkeit besteht. Mit unserer Geburtlichkeit aber ist gegeben die biologische Differenz der Geschlechter und die naturale Unbeliebigkeit des jeweils eigenen biologischen Geschlechtes und die mit ihm gegebene Möglichkeit der Weitergabe des Lebens.

Mit der Geburtlichkeit des Menschen ist seine Sozialität gegeben. Wir können auch sagen, daß Kindschaft und mit ihr Elternschaft das „soziale Universale" (Martin Honecker)[11] sind. Kein Mensch existiert

---

[10] Vgl. *P. Tillich*, Systematische Theologie, Bd. I, Stuttgart ⁵1977, S. 214ff.
[11] A.a.O. (Anm. 2), S. 153.

ohne biologische Eltern, und kein Mensch kann ohne die Fürsorge anderer zu einem eigenständig lebensfähigen Wesen heranwachsen. Unsere Existenz ist nicht nur das Resultat von Zeugung, Schwangerschaft und Geburt, sondern auch unserer Pflege und Erziehung im Säuglings- und Kindesalter. Jeder Mensch ist am Beginn seines Lebens ein vollständig abhängiges Wesen. Der Zustand der Hilfsbedürftigkeit kann auch im späteren Verlauf des Lebens immer wieder eintreten, was bei vielen Menschen am Lebensende der Fall ist. Die mit der Geburtlichkeit gegebene Sozialität des Menschen ist die seinen jeweiligen Anfang und sein Ende übersteigende Folge der Generationen. Insofern kann man sagen, daß Familialität die Grundstruktur menschlicher Sozialität ist.

Familialität und Sexualität des Menschen gehören einerseits zusammen, sind andererseits aber voneinander zu unterscheiden. Mit der Geburtlichkeit gehört die Sexualität konstitutiv zur personalen Identität jedes Menschen. Sie beschränkt sich nicht auf die biologische Funktion der Fortpflanzungsfähigkeit, sondern ist eine Dimension ganzheitlichen Personseins in allen seinen Aspekten. Sexualität ist ein Form der Sprache, ein Medium personaler Kommunikation. Sie ist nicht einfach angeboren, sondern wird, aufgrund vorhandener Dispositionen, erlernt und so ein Teil der Person, die sich in interpersonaler Kommunikation bildet.[12] Sexualität hat daher unabhängig von ihrer sozialen Funktion für das Personsein des Menschen ihr eigenes Recht und ihren eigenen Wert, so gewiß andererseits jedes sexuelle Verhalten seinen Ort in sozialen und kulturellen Zusammenhängen hat. Mit der Würde der Person ist auch deren sexuelle Orientierung grundsätzlich zu achten. Daher ist jedem Menschen grundsätzlich eine seiner sexuellen Prägung gemäße Lebensweise zuzugestehen. Dies setzt freilich den verantwortlichen Umgang mit der eigenen Sexualität und derjenigen der Mitmenschen voraus. Insofern personale Lebensführung eine ethische Aufgabe ist, schließt sie die Integration der eigenen Sexualität im Verhältnis der Person zu sich selbst (Ebene der Individualethik) wie zu anderen Menschen (Ebene der Personalethik) ein. Nicht die sexuelle Prägung des Menschen als solche, die sich in der Ontogenese auf kompliziertem Wege herausbildet, sondern der verantwortliche Umgang mit ihr ist die Aufgabe sexualethischer Urteilsbildung. Das gilt für heterosexuelle, homosexuelle und bisexuelle Menschen in gleicher Weise. Grundlegendes

---

[12] Vgl. *H. Kentler* (Hg.), Die Menschlichkeit der Sexualität, München 1983; *ders.* (Hg.), Sexualwesen Mensch, München/Zürich 1988.

Kriterium für eine verantwortliche Haltung zur eigenen Sexualität ist nach christlichem Verständnis in jedem Fall das Doppelgebot der Liebe (Mt 22,37–39), welches die Achtung vor der Personwürde des anderen einschließt.

Insofern der Mensch seiner „Natur" nach ein personales und moralisches, d.h. zur personalen Verantwortung seines Tuns und Lassens bestimmtes Wesen ist, treten Geburtlichkeit, Sexualität und Familialität niemals an sich, sondern immer nur als kulturell gestaltet und moralisch reflektiert in Erscheinung. Die Ehe ist daher keine naturale Gegebenheit, sondern eine gesellschaftliche Institution mit Rechtscharakter. Institutionen sind auf Dauer angelegte und funktional bestimmte Lebensformen bzw. funktional zu bestimmende soziale Systeme. Ehe und Familie sind die ethische Lebensform, in welcher Geburtlichkeit und Familialität kulturell gestaltet werden. Die Ehe ist also keine naturale Gegebenheit, sondern die in jeder Gesellschaft anzutreffende Institution an der Schnittstelle von Geschlechterdifferenz und Elternschaft. Sie ist der gesellschaftliche Ort, an welchem das Verhältnis von Mann und Frau in Überschneidung mit dem Verhältnis von Eltern und Kindern dauerhaft lebbar wird. Im einzelnen kann die kulturelle Gestalt von Ehe und Familie erheblich variieren. Nicht nur das Zusammenleben von Mann und Frau, sondern auch dasjenige von Erwachsenen und Kindern ist heute erheblichen Veränderungen unterworfen. Inzwischen gibt es recht unterschiedliche Familienmuster, von der Einelternfamilie über die „Fortsetzungsfamilie" wiederverheirateter Geschiedener bis hin zu komplizierteren Formen der „Patchworkfamilie".[13] Jedoch ist keine Gesellschaft denkbar, in welcher sie nicht in irgendeiner Form vorkommen. Oder aber es werden funktionale Äquivalente geschaffen, die von vorgängigen Gestalten von Ehe und Familie abgeleitet werden.

---

[13] Vgl. *K. Lüscher/F. Schultheis/M. Wehrspaun* (Hg.), Die „postmoderne" Familie. Familiale Strategien und Familienpolitik in einer Übergangszeit, Konstanz 1988; *K. Ley/ C. Borer*, Und sie paaren sich wieder. Über Fortsetzungsfamilien, Tübingen 1992; *A.C. Bernstein*, Die Patchworkfamilie, Zürich 1990; *U. Rauchfleisch*, Alternative Familienformen. Eineltern, gleichgeschlechtliche Paare, Hausmänner, Göttingen 1997. Siehe auch das statistische Material bei *W. Hötzel*, Beitrag zur soziologischen Beschreibung der Wirklichkeit von Ehe und Familie, in: Kirchenamt der EKD (Hg.), Gottes Gabe und persönliche Verantwortung (s. Anm. 9), S. 97–112.

3. Familie, Ehe und nichteheliche Lebensgemeinschaften

Aus der beschriebenen Überschneidung des Zusammenlebens von Mann und Frau sowie Eltern und Kindern resultiert die Besonderheit der Ehe gegenüber anderen denkbaren Formen menschlichen Zusammenlebens. So betrachtet, erschöpft sich die Ehe nicht im dauerhaften Zusammenleben von Mann und Frau als solchem, sondern schließt im Grundsatz die von den Ehepartnern bejahte Möglichkeit der Elternschaft ein. Für das bloße Zusammenleben von Mann und Frau wären andernfalls auch andere Formen der Lebensgemeinschaft denkbar.[14] Der Sinn bzw. die gesellschaftliche Funktion der sozialen Institution Ehe läßt sich also weder über das Phänomen der Liebe noch über dasjenige der Sexualität hinreichend bestimmen. Liebe und Sexualität sind eine notwendige, keineswegs aber eine hinreichende Bedingung für das Eingehen und den Bestand einer Ehe. Deshalb greifen alle Versuche zu kurz, den Sinn der Ehe unter modernen gesellschaftlichen Bedingungen von einem romantischen Liebesbegriff aus bestimmen zu wollen. Solche Versuche verkennen nicht nur die soziale Funktion der Ehe, sondern führen auch zu einer emotionalen, für die Ehe nicht selten destruktiven Überforderung der Ehepartner.

Gegenüber der traditionellen Lehre von den Ehezwecken, zu welchen vor allem die Weitergabe des Lebens gerechnet wurde, hat die evangelische Sozialethik der letzten Jahrzehnte allerdings die These von der Ehe als Selbstzweck gestellt.[15] Diese These trägt nicht nur der Entwicklung auf dem Gebiet der Empfängnisverhütung und Familienplanung Rechnung, welche die Selbstzwecklichkeit menschlicher Sexualität ermöglicht. Sie hat auch an der biblischen Überlieferung Anhalt, welche davon spricht, daß Mann und Frau in der Liebesgemeinschaft zu einer neuen Einheit verbunden werden, deren Sinn nicht primär in der Fortpflanzung besteht, sondern im Zusammenleben und Füreinanderdasein als solchem (vgl. Gen 2,18.24).[16]

---

[14] Vgl. *G. Landwehr* (Hg.), Die nichteheliche Lebensgemeinschaft, Göttingen 1978.

[15] Vgl. z.B. *B. Wannenwetsch*, Die Freiheit der Ehe. Das Zusammenleben von Frau und Mann in der Wahrnehmung evangelischer Ethik (Evangelium und Ethik 2), Neukirchen-Vluyn 1993.

[16] Zur theologischen Sicht der Ehe in der neueren Diskusion vgl. *O. Bayer* (Hg.), Ehe. Zeit zur Antwort, Neukirchen-Vluyn 1988; *Th. Bovet*, Die Ehe. Ein Handbuch für Eheleute, Tübingen 1972; *G. Gaßmann* (Hg.), Ehe – Institution im Wandel, Hamburg 1979; *H.-J. Thilo*, Ehe ohne Norm? Eine evangelische Eheethik in Theorie und Praxis, 1978.

In der modernen Gesellschaft hat dieser Aspekt der Ehe zunehmend an Bedeutung gewonnen. Sie dient der Stabilisierung personaler Subjektivität und Identitätsbildung in der funktional ausdifferenzierten Gesellschaft, in welcher das Individuum in eine Vielzahl gesellschaftlicher Rollen zerfällt, deren Integration in einer kohärenten Biographie und Identität zunehmend schwieriger wird. Doch erschöpft sich darin nicht die gesellschaftliche Funktion der Ehe. Das gesellschaftliche Interesse an der Institutionalisierung und Privilegierung dieser spezifischen Form einer heterosexuellen Lebensgemeinschaft ist vielmehr darin begründet, daß sie offen für Nachkommenschaft ist. Die einseitige These von der Selbstzwecklichkeit der Ehe ist deshalb dahingehend zu korrigieren, daß die Offenheit für die Weitergabe des Lebens zu dieser spezifischen Form einer heterosexuellen Lebensgemeinschaft hinzugehört. Im Unterschied zur herkömmlichen Lehre von der Familiengründung als Zweck der Ehe sollte man jedoch besser von der Zuordnung von Ehe und Familie sprechen, um dem Aspekt der Eigenwertigkeit Rechnung zu tragen. Die Ehe hat also ihren Sinn und ihre besondere Würde auch dann, wenn sie kinderlos bleibt.

Nicht nur sozialwissenschaftlich-empirisch, sondern auch theologisch sind Ehe und Familie nicht als die einzig denkbare und akzeptable Form für das Zusammenleben von Mann und Frau, Erwachsenen und Kindern zu bestimmen, wohl aber als dessen exemplarischer Fall. Unter dem Aspekt der Überschneidung von Sexualität und Generationenfolge haben Ehe und Familie die Funktion sozialer Leitbilder. Die Leitbildfunktion der Ehe ist darin begründet, daß sie auf Freiwilligkeit, Gegenseitigkeit und Gleichberechtigung, d.h. auf Zuneigung und Liebe beruht, daß sie das ganze Leben der Ehepartner in all seinen Aspekten und nicht nur in Teilen der Lebensführung umfaßt, daß sie verbindlich geschlossen wird und auf unbestimmte Dauer angelegt ist[17], d.h. auf Treue beruht und Verläßlichkeit in allen Lebenslagen, auch in Krisenzeiten und bei Konflikten bietet, daß sie es ermöglicht, die Sexualität interpersonal in die gemeinsame Lebensführung zu integrieren, so daß sie einerseits das Leben bereichert, andererseits vor Destruktivität geschützt wird, und schließlich darin, daß sie einen Lebensraum für Kinder schafft, in welchem diese erwünscht sind und geborgen aufwachsen können.

---

[17] Das deutsche Wort „Ehe" ist mit dem Wort „Ewigkeit" verwandt und bedeutet „lange Dauer".

Aus der Sicht des christlichen Glaubens kann die soziale Institution der Ehe als ausgezeichnete Weise bestimmt werden, in welcher das Zusammenleben von Mann und Frau dem Willen Gottes entspricht. Theologisch unzureichend sind freilich sowohl eine schöpfungs- bzw. ordnungstheologische wie auch eine gebotstheologische Begründung. So argumentiert die jüngste Denkschrift der EKD zu Ehe und Familie: „Die Antwort der evangelischen Kirche auf die Frage: ,Warum heiraten?' ergibt sich verbindlich aus den gepredigten und geglaubten biblischen Texten zur Ehe, vor allem aus dem Wort Jesu Christi, des Herrn der Kirche, mit dem dieser sich auf die Schöpfungserzählung der biblischen Urgeschichte [...] bezieht."[18] M.a.W. wird aus Jesu Scheidungs-*verbot* und seiner schöpfungstheologischen Begründung in Mk 10,9 auf ein Heirats*gebot* geschlossen. Diese Argumentation ist allerdings formallogisch kurzschlüssig. Denn aus dem Verbot der Ehescheidung folgt logisch noch nicht, daß das Zusammenleben von Mann und Frau nur in der Ehe möglich ist.

Eine differenzierte Betrachtungsweise des biblischen Befundes ergibt, daß nicht direkt, sondern indirekt die Ehe in der Bibel als menschliche Möglichkeit der Lebensführung gesehen wird, die von Gott bejaht und gewollt ist, ohne daß dies für eine ganz bestimmte, kulturell bedingte Gestalt derselben gelten würde.[19] Die alttestamentlichen Schöpfungsberichte betrachten nicht nur die Sexualität in der engen Bedeutung des Fortpflanzungstriebes und der Fruchtbarkeit als Segen Gottes (Gen 1,28), sondern auch die Sexualität in ihrer weiteren Bedeutung, nämlich als elementare Kraft des Zueinander-Hingezogenseins von Mann und Frau, die mit dem Geschaffensein des Menschen gegeben und in ihm begründet ist (Gen 2,24). Dabei ist zu beachten, daß an den genannten Stellen nicht von der uns geläufigen, rechtlich ausgestalteten Institution der Ehe die Rede ist und Gen 2,24 nicht einmal primär die Fortpflanzung im Blick hat[20], sondern die lebensbestimmende und -verändernde Macht der Liebe[21], das Hingezogensein zu einem Menschen und die Anhänglichkeit, die sich in einer dauerhaften Lebensgemeinschaft verfestigen kann. Keinesfalls handelt es sich bei

---

[18] Gottes Gabe und persönliche Verantwortung (s. Anm. 9), S. 28.

[19] Vgl. auch *H. Ringeling*, Die biblische Begründung der Monogamie, ZEE 10, 1966, S. 81–102.

[20] So *G. v. Rad*, Das erste Buch Mose. Genesis (ATD 2/4), Göttingen [10]1976, S. 59; dagegen siehe *C. Westermann*, Genesis, 1. Teilbd.: Genesis 1–11 (BK I/1), Neukirchen-Vluyn [2]1976, S. 318.

[21] Vgl. auch Cant 8,6f.

Gen 2,4b–24 um eine Ätiologie von Ehe und Familie, sondern des Drangs der Geschlechter zueinander.[22] „Es ist vielmehr hervorzuheben, daß in der Institution der Ehe (ob nun Ein- oder Mehrehe), wie sie uns im AT begegnet, dieser Drang der Geschlechter zueinander nicht das einzige, meist nicht einmal das ausschlaggebende Element ist; im allgemeinen sind familiäre, soziale, wirtschaftliche Elemente bei dem Eheschließen bestimmend."[23] Gleichwohl wird man theologisch argumentieren können, daß nicht nur der sexuelle Drang der Geschlechter und personale Liebe, sondern indirekt auch die Institutionalisierung des Zusammenlebens von Mann und Frau nach biblischer Tradition dem Willen Gottes entspricht, insofern das Verbot des Ehebruchs[24], die alttestamentlichen ehe- und familienrechtlichen Bestimmungen[25] sowie das von Jesus unter Berufung auf Gen 2,24 eingeschärfte Scheidungsverbot[26] den Rechtscharakter einer förmlich eingegangenen Ehe voraussetzen und diese für besonders schutzwürdig erachten.

Allerdings stehen Sexualität und Ehe wie auch die Familie im Neuen Testament unter dem eschatologischem Vorbehalt[27], daß sie eine Gestalt der vergehenden Welt sind. Praktisch bedeutet dies, daß auch Ehelosigkeit und Enthaltsamkeit eine denkbare und der Ehe gleichwertige Lebensform für Christen sind. Entsprechend der von Claus Westermann vorgenommenen Unterscheidung zwischen dem Rettungshandeln und dem Segenshandeln Gottes in der Bibel ist zu sagen, daß Ehe und Familie in die Sphäre des Segenshandelns Gottes, nicht aber in die Sphäre seines Heilshandelns gehören.[28] Sie sind daher – mit Luther gesprochen – ein „weltlich Ding" und haben, entgegen römisch-katholischer Lehre, welche die Ehe zu den Sakramenten rechnet, keinen sakramentalen Charakter.

---

[22] G. v. Rad, a.a.O. (Anm. 20), S. 60 erklärt, „daß es in unserer Erzählung nicht um eine Rechtssitte, sondern um eine Naturgewalt geht".

[23] C. Westermann, a.a.O. (Anm. 20), S. 317f.

[24] Z.B. Ex 2,14; Lev 20,10; vgl. Mt 5,27–32.

[25] Vgl. Ex 22,16f; Lev 20,11–21; Dtn 22,13–30.

[26] Mk 10,7–12; vgl. I Kor 7,13, aber auch I Kor 6,6.

[27] Vgl. I Kor 7; Mk 12,18–24.

[28] Vgl. *C. Westermann*, Der Segen in der Bibel und im Handeln der Kirche, Gütersloh 1981. Zur Theologie des Segens siehe auch *M. Frettlöh*, Theologie des Segens. Biblische und dogmatische Wahrnehmungen, Gütersloh 1998; *D. Greiner*, Segen und Segnen. Eine systematisch-theologische Grundlegung, Stuttgart 1998; *A. Obermann*, An Gottes Segen ist alles gelegen. Eine Untersuchung zum Segen im Neuen Testament (BThSt 37), Neukirchen-Vluyn 1998.

In ihrer Gesamtheit sind die weiter oben genannten Elemente menschlichen Lebens nur in Ehe und Familie lebbar. Doch sollten die Kirchen anerkennen, daß sich wichtige Elemente von Ehe und Familie auch in anderen Formen des Zusammenlebens ethisch verantwortbar verwirklichen lassen. Sozialethisch beurteilt verdienen auch eheähnliche Lebensgemeinschaften Anerkennung, Achtung und Schutz, sofern sie in eheanaloger Weise ethisch begründet und verantwortlich gelebt werden. Vorauszusetzen ist der Wille zu dauerhaftem Zusammenleben, ganzheitliche personale Zuwendung und Treue. Ein nur unter innerem Vorbehalt eingegangenes Zusammenleben oder eine Beziehung mit wechselnden Sexualpartnern kann dagegen nicht als eheähnliche Partnerschaft gelten.

4. Homosexuelle Lebensführung

Die theologische Beurteilung der Homosexualität im allgemeinen, homosexueller Lebensgemeinschaften sowie der Zulässigkeit von Segnungsgottesdiensten für homosexuelle Paare ist heftig umstritten. Während die lutherische Kirche und die reformierten Kirchen in den Niederlanden und in einigen skandinavischen Ländern die Segnung gleichgeschlechtlicher Paare befürworten und die nordelbische Landessynode ihrem Beispiel gefolgt ist, haben zwei der drei nordelbischen Bischöfe ihr Veto gegen den Beschluß der nordelbischen Landessynode eingelegt. Auch der Rat der EKD, der in seiner Studie „Mit Spannungen leben" allenfalls eine Segnung homosexueller Paare im Bereich der Einzelseelsorge für zulässig hält[29], hat die Beschlußfassung in Nordelbien kritisiert. Die kirchliche Öffentlichkeit ist in dieser Frage nach wie vor tief gespalten. Die theologische Diskussion ist unter anderem deshalb so kompliziert, weil sich das Problem der Homosexualität nicht losgelöst von der Frage nach dem heutigen Verständnis von Ehe, ihrer Zuordnung zur Familie und zu nichtehelichen heterosexuellen Lebensgemeinschaften behandeln läßt.[30]

---

[29] Mit Spannungen leben. Eine Orientierung des Rates der EKD zum Thema „Homosexualität und Kirche, Hannover 1996.

[30] Zum gegenwärtigen Diskussionsstand siehe *W. Lienemann*, Churches and Homosexuality. An Overview of recent Official Church Statements on sexual Orientation, ER 50, 1998, S. 7–21; *B. Wannenwetsch*, Das „Natürliche" und die „Moral". Zur neueren Diskussion um die Homosexualität in der Kirche, ZEE 38, 1994, S. 168–189 (Lit.!).

Nach christlichem Verständnis ist die auf die Familie ausgerichtete Ehe Leitbild des Zusammenlebens auf der sozialen wie auf der personalen Ebene. Allerdings ist sie nur eine heterosexuell ausgerichteten Menschen gemäße Lebensform, unter Umständen auch für bisexuelle Menschen, sofern sie sich zum Verzicht auf das Ausleben ihrer homosexuellen Neigungen entschließen können. Bei Menschen, die eindeutig und unveränderlich homosexuell geprägt sind, liegt es auf der Hand, daß sie eine heterosexuelle Verbindung nicht eingehen können.[31] Das neutestamentliche Wort, wonach es nicht jedem gegeben ist, eine Ehe einzugehen (Mt 18,11), gilt sinngemäß auch für homosexuell geprägte Menschen. Wie für heterosexuelle Menschen gilt aber auch für sie, daß es ihre moralische Aufgabe ist, ihre Sexualität verantwortlich und im Geist der Liebe in ihr Personsein zu integrieren. Die traditionelle kirchliche Sexualethik hat die Auffassung vertreten, für homosexuelle Menschen bestehe die Alternative zu der ihnen nicht möglichen Ehe in der sexuellen Enthaltsamkeit. Sie wollte nicht anerkennen, daß es auch eine Homosexuellen gemäße Lebensform geben könnte, in denen diese das Glück einer dauerhaften Paarbeziehung erleben und ihre Sexualität – wie heterosexuelle Menschen auch – verantwortlich leben. Theologie und Kirche sollten m.E. jedoch die Möglichkeit anerkennen, daß homosexuelle Menschen auf ethisch verantwortliche und somit auch aus der Sicht des christlichen Glaubens zu billigende Weise eine dauerhafte gleichgeschlechtliche Lebensgemeinschaft eingehen, die sich an den Kriterien der heterosexuellen Einehe orientiert und auf analoge Weise durch Freiwilligkeit, Ganzheitlichkeit, Verbindlichkeit, Dauerhaftigkeit und Partnerschaftlichkeit bestimmt ist.[32] Es handelt sich dann um eine gegenüber der heterosexuellen Einehe eigenständige Lebensform, die sich gleichwohl am Leitbild der Ehe orientiert. Realistischerweise wird man aber davon ausgehen müssen, daß sich auch dann, wenn derartige Lebensgemeinschaften rechtlich anerkannt und gesellschaftlich

---

[31] Zur Homosexualität siehe grundlegend *F. Morgenthaler*, Homosexualität, Heterosexualität, Perversion, Frankfurt a.M. 1987; *U. Rauchfleisch*, Schwule, Lesben, Bisexuelle. Lebensweisen, Vorurteile, Einsichten, Göttingen 1994.

[32] Aus der inzwischen ausufernden Literatur zur theologischen Beurteilung der Homosexualität siehe u.a. *Th. Bovet* (Hg.), Probleme der Homophilie in medizinischer, theologischer und juristischer Sicht, Bern/Tübingen 1965; *W. Pratscher*, Homosexualität in der Bibel, Amt und Gemeinde 45, 1994, S. 13–22; *H.-G. Wiedemann*, Homosexuelle Liebe. Für eine Neuorientierung in der christlichen Ethik, Stuttgart ²1989; *H. Kreß*, in: *ders./W.E. Müller*, Verantwortungsethik heute. Grundlagen und Konkretionen einer Ethik der Person, Stuttgart 1998, S. 204ff.

nicht diskriminiert werden, nur eine Minderheit von Homosexuellen eine eheanaloge Lebensweise übernehmen werden.

Wird die Möglichkeit homosexueller Paarbeziehungen theologisch und kirchlich anerkannt, so bedeutet dies also nicht, die gesellschaftliche Leitbildfunktion der Ehe preiszugeben.[33] Bei genauerer Betrachtung ist die Leitbildfunktion von Ehe und Familie durch eine Umbewertung der Homosexualität gar nicht berührt, sondern wird im Gegenteil durch die Anerkennung homosexueller Paarbeziehungen sogar gestärkt. Allerdings gilt dies nur, sofern die Anerkennung homosexueller Lebensgemeinschaften mit der Menschenwürde der Person unabhängig von ihrer sexuellen Orientierung und mit der Verpflichtung der Gesellschaft zum Schutz der Achtung von Minderheiten begründet wird, nicht aber damit, daß Homosexualität als solche ein überindividuelles Gemeinschaftsgut, d.h. von gesamtgesellschaftlichem Interesse, wie die Heterosexualität ist, der aufgrund der Fortpflanzungsfähigkeit die Möglichkeit der Familienbildung inhärent ist. Was ihre soziale Funktion betrifft, liegen Ehe und Familie nicht auf derselben Ebene wie homosexuelle Paarbeziehungen. Dennoch können auch solche Paarbeziehungen eine soziale Funktion gewinnen, welche gesellschaftlich wünschenswert und darum auch förderungswürdig ist. Analog zur Ehe kann eine dauerhafte Lebensgemeinschaft für homosexuelle Menschen der wechselseitigen Stabilisierung ihrer Identität und Personalität dienen und zum Ort wechselseitiger Hilfe in allen Lebenslagen werden.

Aus den bisherigen Ausführungen folgt, daß die Institution der Ehe heterosexuellen Paaren vorbehalten bleiben sollte und aufgrund ihrer Zuordnung zur Familienbildung den besonderen staatlichen Schutz wie die kirchliche Wertschätzung verdient. Gleichwohl sind auch andere Formen des Zusammenlebens, sofern sie den genannten Kriterien entsprechen, anzuerkennen und rechtlich zu berücksichtigen. Es ist daher auch über Möglichkeiten nachzudenken, wie eine dauerhaft eingegangene homosexuelle Lebensgemeinschaft öffentlich gemacht und rechtlich anerkannt und z.B. beim Miet-, Versorgungs- und Erbrecht begünstigt werden kann. Diese sozialethische Frage ist vorrangig gegenüber der momentan heftig debattierten Frage der Sinnhaftigkeit und theologischen Zulässigkeit von Segnungsgottesdiensten für nichteheliche und homosexuelle Lebensgemeinschaften. Sozial- und sexual-

---

[33] Zum folgenden vgl. auch *T. Koch*, Ethische Überlegungen zu den Lebensgemeinschaften von Familie und Ehe, in: Kirchenamt der EKD (Hg.), Gottes Gabe und persönliche Verantwortung (s. Anm. 9), S. 113–124.

ethische Fragen lassen sich nicht auf dem Gebiet der Liturgik entscheiden. Gleichwohl ist auch über die liturgischen Konsequenzen sozialethischer Urteilsbildung zu diskutieren.

5. Zur Frage der Segnung unverheirateter oder homosexueller Paare

Für das liturgische Handeln der Kirche ergibt sich, daß es der besonderen Stellung und Schutzwürdigkeit von Ehe und Familie Ausdruck zu verleihen und Rechnung zu tragen hat. Dies geschieht durch die gottesdienstliche Feier der *Trauung*, in welcher nicht zwei einzelnen Menschen für ihren weiteren Lebensweg der Segen Gottes zugesprochen wird, sondern einem Paar, das eine überindividuelle Lebenseinheit bildet, die durch die zivile Eheschließung wie durch das gottesdienstliche Traubekenntnis verbindlich zum Ausdruck gebracht wird. Auch bittet das Paar, welches sich kirchlich trauen läßt, um Gottes Segen nicht auf unbestimmte Weise, sondern konkret für das gemeinschaftliche Bemühen, im Vertrauen auf Gott seine Beziehung im institutionellen Rahmen zu leben und auszugestalten, welches durch den öffentlichen Gottesdienst kirchlicherseits gutgeheißen und vor Gott anerkannt wird. Hierdurch unterscheidet sich die Trauung von sonstigen Segenshandlungen.

Das schließt aber nicht aus, daß es neben der Trauung anders geartete Segenshandlungen für Paare, und zwar heterosexuelle wie homosexuelle geben könnte. Grundsätzlich besteht der Sinn des Segens darin, daß es sich um die individuelle Zusage von Gottes Erhaltung der Schöpfung handelt. Der Gesegnete darf sich einbezogen wissen in das Erhaltungshandeln Gottes an seiner Schöpfung, d.h. in den umfassenden Segen Gottes, der auf seiner Schöpfung liegt, trotz ihrer Gebrochenheit infolge der menschlichen Sünde. Unter dem Segen Gottes zu stehen, bedeutet, daß die eigene Lebensführung nicht nur dem Gesegneten, sondern dem Leben insgesamt dienlich und förderlich ist. Die Reihe der sogenannten Kasualgottesdienste in der evangelischen Kirche ist daher durchaus erweiterbar.

Kasualgottesdienste nach Analogie der kirchlichen Trauung, d.h. also Gottesdienste mit *Öffentlichkeitscharakter*, lassen sich nach evangelischem Verständnis freilich nur dann theologisch rechtfertigen, wenn sie einen begründeten *Anlaß zu evangeliumsgemäßer öffentlicher Verkündigung* geben. Daß die bisherige Diskussion über öffentliche Segens-

handlungen für homosexuelle Paare den Aspekt der Wortverkündigung
vernachlässigt und sich einseitig auf den Segensakt konzentriert hat, ist
theologisch äußerst problematisch.[34] Bevor über öffentliche Segenshandlungen und deren liturgische Gestaltung diskutiert wird, ist die
Frage zu klären, welche evangeliumsgemäße Verheißung solcher Segen
hätte, die es in der Predigt zu verkündigen gälte. Aus den obigen Ausführungen folgt aber m.E., daß nicht nur die Ehe eine biblische Verheißung hat, sondern daß auch eheanaloge Lebensgemeinschaften an diesem Segen partizipieren können. Was von der Selbstzwecklichkeit der
Ehe gesagt wurde, gilt unter bestimmten Voraussetzungen analog auch
für andere Lebensgemeinschaften. Da es nach biblischem Zeugnis
nicht gut ist, daß der Mensch allein sei (Gen 2,18), kann auch auf einer
nichtehelichen, d.h. aber auch auf einer homosexuellen Lebensgemeinschaft der Segen Gottes liegen, so daß sie nicht nur für die Betroffenen,
sondern auch für ihre Umgebung zu einem Segen wird. Auch ihnen ist
dann zu bezeugen, daß eine christliche Lebensführung nicht nur unter
der Verheißung des göttlichen Segens steht, sondern stets vergebungs-
bedürftig ist, aber auf den Zuspruch des Evangeliums vertrauen darf,
aus welchem die Kraft zum Neubeginn erwächst. Öffentliche Segnungsgottesdienste für homosexuelle Paare sind also m.E. grundsätzlich zu befürworten, weil sie unter den genannten Voraussetzungen
einen begründeten Anlaß zu evangeliumsgemäßer öffentlicher Verkündigung geben, die im Segen ihren sichtbaren und sinnlich erfahrbaren
Ausdruck findet.

Ein entscheidendes Kriterium für die Befürwortung einer *öffentlichen* Segenshandlung im Einzelfall ist jedoch, ob es sich wirklich und
glaubhaft um eine *Lebens*gemeinschaft, d.h. um eine ganzheitlich und
auf unbefristete Dauer eingegangene Paarbeziehung handelt, die nicht
nur durch ein öffentliches Versprechen, sondern auch durch das freiwillige Eingehen rechtlicher Verpflichtungen, füreinander lebenslang
Sorge zu tragen, verbindlich gemacht wird. Andernfalls geriete das
Handeln der Kirche in Widerspruch zu seiner besonderen Wertschätzung der lebenslangen Einehe. Sofern einem nicht in der Ehe verbun-

---

[34] Die von mir entwickelte Argumentation unterscheidet sich erkennbar von derjenigen des Theologischen Ausschusses der Evangelischen Kirche im Rheinland. Siehe:
Sexualität und Lebensformen sowie Trauung und Segnung. Vorlage des Ständigen Ausschusses der EKiR an die Landessynode, Düsseldorf 1996. Zur Kritik an diesem Papier
siehe die „Stellungnahme von Mitgliedern des Professoren-Kollegiums der Ev.-Theol.
Fakultät der Universität Bonn zum Diskussionspapier ‚Sexualität und Lebensformen'
sowie ‚Trauung und Segnung'", 1996 (der Text liegt mir als Typoskript vor).

denen Paar der Segen erteilt werden soll, ist von den Betroffenen zu erwarten, daß sie auf glaubhafte Weise rechtlich klare Verhältnisse schaffen, in denen sich ihr Wille zum dauerhaften Zusammenleben bekundet.

Die an dieser Stelle klärungsbedürftigen kirchenrechtlichen Fragen müssen hier ebenso unerörtert bleiben wie die Frage der möglichen Gestalt einer liturgischen Ordnung. Ihre Klärung scheint mir allerdings eine unerläßliche Voraussetzung dafür zu sein, um öffentliche Segnungsgottesdienste als neue kirchliche Praxis zu etablieren. Auch ist die ökumenische Dimension der Entscheidungen von Einzelkirchen zu berücksichtigen.[35] Nun fallen Segenshandlungen grundsätzlich in das seelsorgerliche Ermessen kirchlicher Amtsträger. Somit steht homosexuellen Paaren derzeit schon die Möglichkeit einer nichtöffentlichen Segenshandlung offen. Nicht überzeugend ist jedoch, wie sich aus der bisherigen Argumentation ergibt, der von der EKD in ihrer Stellungnahme „Mit Spannungen leben" empfohlene Weg, die Segnung homosexueller Paare prinzipiell *ausschließlich* in der Sphäre des Privaten und der individuellen Seelsorge zuzulassen. Sofern die Möglichkeit einer christlich verantworteten homosexuellen Paarbeziehung anerkannt wird – und dies ist in der Handreichung der EKD im Prinzip der Fall! –, führt ein derartiger Vorschlag nicht nur zu inneren Widersprüchen in der theologischen Argumentation, sondern außerdem zu einer aus reformatorischer Sicht höchst problematischen Aufspaltung kirchlicher Segenspraxis.[36] Es war stets das Anliegen der Reformation, eine Abtrennung der Segenshandlungen vom Gottesdienst zu vermeiden und im gottesdienstlichen Segen die Zusammengehörigkeit von Gottesdienst und Lebensalltag zu unterstreichen. Dies sollte auch für homosexuelle Paarbeziehungen gelten, wenn sie den Charakter einer eheanalogen Verbindung haben und die Beteiligten den Willen bekunden, ihre Beziehung in Verantwortung vor Gott und im christlichen Vertrauen auf seine Gnade und Barmherzigkeit zu leben.

---

[35] Siehe dazu *P. Bürger*, Da war unser Mund voll Lachen. Befreiung für die Kirche und für Christen, die das gleiche Geschlecht lieben, hg. v. Arbeitskreis „Homosexualität und Alt-Katholische Kirche", Düsseldorf 1996 (mit Segensformularen aus dem europäischen Kontext).

[36] Vgl. auch *H. Kreß*, Im Prinzip Ja und Nein. Die EKD-Schrift zur Homosexualität hat keine klare Linie, EK 29, 1996, S. 292–293; ders., a.a.O. (Anm. 32), S. 208f.

6. Literatur

6.1 Sexualethik, Ehe und Familie allgemein

Barth, K.: Kirchliche Dogmatik III/4, Zollikon-Zürich 1951

Bainton, R.: Sex, Love and Marriage, London 1962

Bayer, O. (Hg.), Ehe. Zeit zur Anwort, Neukirchen-Vluyn1988

Bayer, O./u.a.: Zwei Kirchen – eine Moral?, Regensburg 1986

Beck, U./Beck-Gernsheim, E.: Das ganz normale Chaos der Liebe, Frankfurt a.M. 1990

Beintker, M.: Die Verbindlichkeit biblischer Aussagen für die ethische Entscheidungsfindung der Christen, in: W. Härle/R. Preul (Hg.), Marburger Jahrbuch Theologie (s.u.), S. 123–135

Berger, B./Berger, P.L.: In Verteidigung der bürgerlichen Familie, Frankfurt a.M. 1984

Böckle, F./Keil, S./Gründel, J./Ringeling, H./Faßnacht, D.: Ehe und Familie, in: A. Hertz u.a., Handbuch der christlichen Ethik, Bd.2, Gütersloh ²1978, S. 117–209

Bovet, Th.: Ehekunde, Tübingen 1961

–: Die Ehe. Ein Handbuch für Eheleute, Tübingen 1972

Christlicher Glaube in moderner Gesellschaft, Bd. 7: Ehe und Familie, Freiburg i.B. 1981

Dux, G.: Geschlecht und Gesellschaft. Warum wir lieben. Die romantische Liebe nach dem Verlust der Welt, Frankfurt a.M. 1994

Ehe und nichteheliche Lebensgemeinschaften. Positionen und Überlegungen aus der Evangelischen Kirche in Deutschland (EKD-Texte 12), Hannover 1985

Engelhardt, H. (Hg.): Die Kirchen und die Ehe, Frankfurt a.M. 1984

Die Denkschriften der EKD, Bd. 3: Ehe, Familie, Sexualität, Jugend, Gütersloh 1981; darin: Denkschrift zu Fragen der Sexualethik (1971), S. 139–209

Frisch, H.: Ehe? Eine Pastorin plädiert für neue Formen der Partnerschaft, Frankfurt a.M. 1987

Gaßmann, G. (Hg.): Ehe – Institution im Wandel, Hamburg 1979

Glendon, M.A.: State, Law and Family, New York 1977

Gollwitzer, H.: Das hohe Lied der Liebe, München ⁶1987

Gottes Gabe und persönliche Verantwortung. Zur ethischen Orientierung für das Zusammenleben in Ehe und Familie. Eine Stellungnahme der Kammer der EKD für Ehe und Familie, Gütersloh 1998

Gruber, H.-G.: Familie und christliche Ethik, Darmstadt 1995

Härle, W./Preul, R. (Hg.): Sexualität, Lebensformen, Liebe (Marburger Jahrbuch Theologie VII), Marburg 1995

Hastings, A.: Christian Marriage in Africa, London 1973

Ja zur Ehe. Gemeinsames Wort der Deutschen Bischofskonferenz und des Rates der EKD, Bonn/Hannover 1981

Kasper, W.: Zur Theologie der christliche Ehe, Mainz [2]1981

Kaufmann, F.-X.: Zukunft der Familie. Stabilität, Stabilitätsrisiken und Wandel der famlilialen Lebensformen sowie ihrer gesellschaftlichen und politischen Bedingungen, München 1990

Keil, S.: Sexualität, Stuttgart 1966

–: Art. Familie, TRE 11, Berlin/New York 1983, S. 1–23

Kentler, H. (Hg.): Die Menschlichkeit der Sexualität, München 1983

– (Hg.): Sexualwesen Mensch. Texte zur Erforschung der Sexualität, München/Zürich 1988

Landwehr, G. (Hg.), Die nichteheliche Lebensgemeinschaft, Göttingen 1978

Lehr, U.: Die Bedeutung der Familie im Sozialisationsprozeß, Stuttgart u.a. [2]1975 (zur angelsächsischen Forschungslage)

Lüthi, K.: Das hohe Lied der Bibel und seine Impulse für eine heutige Ethik der Geschlechter, ThZ 49, 1993, S. 97–114

Mieth, D.: Ehe als Entwurf. Zur Lebensform der Liebe, Mainz 1984

Pfürtner, S.H.: Kirche und Sexualität, Hamburg 1972

Ratschow, C.H./u.a.: Art. Ehe/Eherecht/Ehescheidung I-IX, TRE 9, Berlin/New York 1982, S. 308–362

Rauchfleisch, U.: Alternative Familienformen. Eineltern, gleichgeschlechtliche Paare, Hausmänner, Göttingen 1997

Reinisch, J.M./Beasley, R.C.: Der neue Kinsey Report. Sexualität heute, München 1991

Rendtorff, T.: Ethik, Bd. II (ThW 13,2), Stuttgart [2]1991, S. 15–21.41–47.65–71.99–102.117–119.134–136

Ringeling, H.: Theologie und Sexualität, Gütersloh 1968

–: Die biblische Begründung der Monogamie, ZEE 10, 1966, S. 81–102

–: Ethische Strukturprobleme der Geschlechter. II. Die nichtehelichen Lebensgemeinschaften: Das Problem alternativer Wege zur Verbindlichkeit, in: Handbuch der Christlichen Ethik, Bd. 3, Gütersloh 1982, aktualisierte Neuausgabe 1993, S. 298–316

Rohrbach, W.: Humane Sexualität, Neukirchen-Vluyn 1976

Rotter, H.: Spannungsfeld Ehe und Familie, München 1980

Schellong, D.: Die Krise der Ehe und die Weisheit der Theologie, in: F.-W. Marquardt/D. Schellong/ M. Weinrich (Hg.), Einwürfe 1, München 1983, S. 14–89

Schelsky, H.: Soziologie der Sexualität, Hamburg [21]1977

Stock, K.: Die Liebe und ihr Zeichen, in: W. Härle/R. Preul (Hg.), Sexualität, Lebensformen, Liebe (s.o.), S. 61–82

Thielicke, H.: Sex. Ethik der Geschlechtlichkeit, Tübingen 1966

–: Theologische Ethik, Bd. III, Tübingen [2]1968

Thilo, H.-J.: Ehe ohne Norm? Eine evangelische Ehe-Ethik in Theorie und Praxis, Göttingen 1978

Trillhaas, W.: Sexualethik, Göttingen [2]1970

Völger, G./Welck, K. v. (Hg.): Die Braut. Geliebt, verkauft, getauscht, geraubt. Zur Rolle der Frau im Kulturvergleich, Köln 1985

Wannenwetsch, B.: Die Freiheit der Ehe. Das Zusammenleben von Frau und Mann in der Wahrnehmung evangelischer Ethik (Evangelium und Ethik 2), Neukirchen-Vluyn 1993

Westermann, C.: Der Segen in der Bibel und im Handeln der Kirche, Gütersloh 1981

6.2 Homosexualität

Bovet, Th. (Hg.): Probleme der Homophilie in medizinischer, theologischer und juristischer Sicht, Bern/Tübingen 1965

– (Hg.): Sinnerfülltes Anders-Sein, Tübingen 1959

Coleman, J.: Die homosexuelle Revolution und die Hermeneutik, Conc 20, 1984, S. 228–237

Eibach, U.: Homosexualität und Kirche, ThBeitr 25, 1994, S. 192–211

Geest, H. v. d.: Liebe hat viele Gesichter. Verschwiegene und abgelehnte Formen der Sexualität in einer christlichen Sicht, Zürich 1990

Haacker, K.: Exegetische Gesichtspunkte zum Thema Homosexualität. Stellungnahme zum Arbeitspapier „homosexuelle Liebe" für rheinische Gemeinden und Kirchenkreise, ThBeitr 25, 1994, S. 173–191

Hanigen, I.P.: The Test Case for Christian Sexual Ethics, New York 1988

Kreß, H.: Im Prinzip Ja und Nein. Die EKD-Schrift zur Homosexualität hat keine klare Linie, EK 29, 1996, S. 292–293

Lauritsen, J.: Religiöse Wurzeln des Tabus der Homosexualität, Hamburg 1983

Lienemann, W.: Churches and Homosexuality. An Overview of Recent Official Church Statements on Sexual Orientation, ER 50, 1998, S. 7–21

McNeill, J.: The Church and the Homosexual, Boston Mass. 1976/1988

Mahoney, J.: The Church and the Homosexual. The Month – A Review for Christian Theology and World Affairs, London, May 1977

Mit Spannungen leben. Eine Orientierungshilfe des Rates der EKD zum Thema „Homosexualität und Kirche", Hannover 1996

Morgenthaler, F.: Homosexualität, Heterosexualität, Perversion, Frankfurt a.M. 1987

Pratscher, W.: Homosexualität in der Bibel, Amt und Gemeinde 45, 1994, S. 13–22

Puff, H. (Hg.): Lust, Angst und Provokation. Homosexualität in der Gesellschaft, Göttingen 1993

Rauchfleisch, U.: Schwule, Lesben, Bisexuelle. Lebensweisen, Vorurteile, Einsichten, Göttingen 1994

Rendtorff, T.: Homosexualität, in: A. Hertz u.a. (Hg.), Handbuch der christlich Ethik, Bd. II, aktualisierte Neuausgabe Gütersloh 1993, S. 177–195

–: Selbstbestimmung und Institution. Ethisch-theologische Implikationen der Kontroverse um ‚Homosexualität und Pfarrerberuf', ZEE 38, 1994, S. 190–202

Ringeling, H.: Homosexualität, Teil 1: Zum Ansatz der Problemstellung in der theologischen Ethik, ZEE 31, 1987, S. 6–35; Teil 2: Zur ethischen Urteilsfindung, ZEE 31, 1987, S. 82–102

–: Homosexualität. Erscheinung und Bewertung, in: ders., Christliche Ethik im Dialog. Beiträge zur Fundamental- und Lebensethik II, Bern 1991

–: Homosexualität als Frage kirchlichen Handelns, ZEE 38, 1994, S. 163–167

Sexualität und Lebensformen sowie Trauung und Segnung. Vorlage des Ständigen Theologischen Ausschusses der EKiR an die Landessynode, Düsseldorf 1996

Stellungnahme von Mitgliedern des Professoren-Kollegiums der Ev.-Theol. Fakultät der Universität Bonn zum Diskussionspapier „Sexualität und Lebensformen" sowie „Trauung und Segnung", 1996

Wannenwetsch, B.: Das „Natürliche und die Moral". Zur neueren Diskussion um die Homosexualität in der Kirche, ZEE 38, 1994, S. 168–189

Wiedemann, H.-G.: Homosexuelle Liebe. Für eine Neuorientierung in der christlichen Ethik, Stuttgart ²1989

10. Kapitel

Optimierung der Natur?

Chancen und Risiken der Gentechnik im Bereich der
Pflanzen- und Tierzucht sowie der Lebensmittelerzeugung

Das folgende Kapitel führt anhand des Beispiels der Gentechnik in Fragestellungen sowohl der Umweltethik als auch der Technikethik ein. Beide sind voneinander nicht zu trennen, das der Umgang mit der Natur in der modernen Gesellschaft weitgehend ein technischer ist. Das gilt nicht nur für die praktische Nutzung natürlicher Ressourcen in der Wirtschaft, sondern auch für die naturwissenschaftliche Grundlagenforschung. Naturwissenschaftliche Erkenntnis basiert auf dem Experiment, das ohne technische Mittel gar nicht durchführbar ist, die Natur aber von vornherein in einer technischen und zweckorientierten Perspektive in Erscheinung treten läßt. Infolgedessen läßt sich heute immer schwerer zwischen reiner Grundlagenforschung und anwendungsorientierter Forschung unterscheiden. Zwischen wissenschaftsethischen und wirtschaftsethischen Aspekten entstehen vielfältige Überschneidungen. Das gilt nicht nur für die Physik, sondern inzwischen auch für die Biologie, die infolge der Molekularbiologie und ihren praktischen Einsatzmöglichkeiten zur neuen Leitwissenschaft aufgestiegen ist. Die mit diesem Umstand verbundenen grundsätzlichen Fragen heutiger Wissenschaftsethik können hier nur exemplarisch behandelt werden. Der Einsatz der Gentechnik in der Medizin war schon im 8. Kapitel unser Thema. Nun wollen wir allgemeine ethische Kriterien zur Beurteilung gentechnischer Verfahren und ihres Einsatzes außerhalb der Medizin diskutieren.

1. Das Unbehagen an der Gentechnik

Neue Technologien bergen Chancen, aber auch Risiken. Einerseits wecken sie Erwartungen und Hoffnungen, andererseits Skepsis und bisweilen sogar massive Ängste. Das ist auch im Fall der Gentechnik nicht anders. Während die Anwendung gentechnischer Verfahren in der Tier- und Pflanzenzucht gerade dabei ist, die ohnehin schon industrialisierte Landwirtschaft zu revolutionieren, und während gentechnisch veränderte Lebensmittel den Weg in die Supermarktregale finden, wächst in breiten Teilen der Bevölkerung der Zweifel an ihrem Nutzen. Die Befürworter der Gentechnik werben für die neuen Produkte mit dem Hinweis auf ihre verbesserte Qualität und niedrigere Produktionskosten. Umweltschutzorganisationen dagegen warnen vor unkalkulierbaren Gefahren für die menschliche Gesundheit. Manche sehen sogar die Gefahr, daß die landwirtschaftliche Nutzung der Gentechnik das gesamte Ökosystem aus dem Gleichgewicht bringen könnte und fordern ein grundsätzliches Gentechnikverbot.

So fand beispielsweise vom 7.–14. April 1997 in Österreich ein Volksbegehren gegen den Einsatz der Gentechnik statt, das von mehr als 1.226 Millionen Stimmberechtigten unterzeichnet wurde. Die österreichische Regierung sieht sich nun mit folgenden Forderungen konfrontiert: 1. Ein gesetzlich verankertes Verbot der Produktion, des Imports sowie des Verkaufs gentechnisch veränderter Lebensmittel und Agrarprodukte, 2. das Verbot der Freisetzung gentechnisch veränderter Organismen (Pflanzen, Tiere, Mikroorganismen), 3. das gesetzlich verankerte Verbot der Patentierung von Lebewesen.

Das österreichische Beispiel veranschaulicht die grundsätzliche Problematik der Gentechnikdebatte. So notwendig einerseits eine fundierte Technikfolgenabschätzung und eine Intensivierung der öffentlichen Diskussion über die Nutzung neuer Technologien ist, so bedauerlich ist es andererseits, wenn die zu beobachtende Emotionalisierung der Debatte eine differenzierte Urteilsbildung verhindert. Das gilt nicht zuletzt für die ethische Seite des Problems.

Einerseits ist es zu begrüßen, wenn in der Gentechnikdebatte die Berücksichtigung ethischer Gesichtspunkte gefordert wird. Andererseits aber läßt sich beobachten, daß die öffentliche Diskussion auf fragwürdige Weise moralisiert wird. Man kann sich des Eindrucks nicht erwehren, daß die Berufung auf Ethik und Moral, insbesondere auf eine sogenannte Schöpfungsethik, nicht der Versachlichung, sondern im Gegenteil der Emotionalisierung der unstrittig notwendigen Debatte dient. Nicht wenige verwechseln Ethik mit moralischer Entrüstung und eine argumentativ begründete ethische Urteilsbildung mit der appellativen Formulierung eines allgemeinen Unbehagens an der Technik oder einer verständlichen Besorgnis.

Die ethischen Fragen, welche die Nutzung der Gentechnik im Bereich der Landwirtschaft und der Lebensmittelerzeugung aufwerfen, sind einerseits von den Problemen medizinischer Genetik zu unterscheiden. Andererseits ist eine strikte Trennung zwischen medizinischer und außermedizinischer Nutzung der Gentechnik schon heute nicht möglich und wird künftig noch schwieriger werden wird, wenn man nur an die Züchtung transgener (d.h. aufgrund gentechnischer Eingriffe artfremde Gene besitzender) Pflanzen und Tiere zur Erzeugung von pharmazeutischen Wirkstoffen oder von transgenen Tieren für sogenannte Xenotransplantationen (d.h. für die Implantation von tierischen Organen in einen Menschen) denkt.[1] Doch sollen derartige Fragestellungen an der Schnittstelle von medizinischer Ethik und Umweltethik ausgeklammert werden. Sie zeigen aber, wie eng die Probleme medizinischer Ethik mit denjenigen einer Tierethik verbunden sind, und zwar nicht nur in der Frage von Tierversuchen.[2]

Im folgenden soll gezeigt werden, daß sich ethisch wohl ein Verbot der Patentierung von Lebewesen, nicht aber ein generelles Verbot der landwirtschaftlichen und lebensmitteltechnischen Nutzung von Gentechnik begründen läßt. Anstelle genereller Verbote ist aus einer ethischen Sicht, wie sie hier vertreten wird, eine differenzierte Urteilsbildung und fallweise Güterabwägung zu fordern. Dafür bietet z.B. das 1994 in Österreich in Kraft getretene Gentechnikgesetz[3] (GTG) einen rechtlichen Rahmen. Es formuliert in § 3 eine Reihe von Prinzipien, welche bei der Entscheidung über die Zulässigkeit oder Unvertretbarkeit gentechnischer Verfahren zu beachten sind. Genannt werden: 1. das Vorsorgeprinzip, wonach Arbeiten mit gentechnisch veränderten Organismen und deren Freisetzung in die Umwelt nur zulässig sind, wenn dadurch nach dem Stand von Wissenschaft und Technik keine nachteiligen Folgen für die Sicherheit zu erwarten sind, 2. das Zu-

[1] Zum gegenwärtigen Forschungsstand auf dem Gebiet der Gentechnik siehe *H.G. Gassen/K. Minol* (Hg.), Gentechnik. Einführung in Prinzipien und Methoden (UTB 1290), Frankfurt a.M ⁴1996; *E. Heberle-Bors*, Herausforderung Gentechnik, Wien 1996. Aus der älteren Diskussion seien genannt: *R. Flöhl* (Hg.), Genforschung – Fluch oder Segen? Interdisziplinäre Stellungnahmen (Gentechnologie, Bd.3), München 1985; *W. Klingmüller* (Hg.), Genforschung im Widerstreit, Stuttgart ²1986.

[2] Die beispielsweise im Zusammenhang der Xenotransplantation aufzuwerfenden Fragen bedürfen einer gesonderten Erörterung, weil sie sich unabhängig von der Frage stellen, mit Hilfe welcher technischer Verfahren bzw. Züchtungsmethoden die Transplantate gewonnen werden.

[3] Österreichisches BGBl 158, 12.7.1994, Nr.510. Zur Rechtslage in Deutschland siehe *G. Hirsch*, Gentechnikgesetz (GenTG). Mit Gentechnik-Verordnungen. Kommentar von G. Hirsch/A. Schmidt-Didczuhn. Unter Mitarbeit von E.-L. Winnacher, München 1991. Für den internationalen Vergleich siehe *O. Hohmeyer*, Internationale Regulierung der Gentechnik. Praktische Erfahrungen in Japan, den USA und Europa (Technik, Wirtschaft u. Politik, Bd. 10), Heidelberg 1994.

kunftsprinzip, wonach der Forschung auf dem Gebiet der Gentechnik und der Umsetzung ihrer Ergebnisse unter Beachtung des Vorsorgeprinzips keine unangemessenen Beschränkungen aufzuerlegen sind, 3. das Stufenprinzip, wonach die allfällige Freisetzung gentechnisch veränderter Organismen unter ständiger Sicherheitskontrolle nur schrittweise erfolgen darf, 4. das demokratische Prinzip, wonach die Öffentlichkeit in die Vollziehung des Gentechnikgesetzes gemäß der gesetzlichen Bestimmungen einzubinden ist, um deren Information und Mitwirkung sicherzustellen, 5. das ethische Prinzip, wonach nicht nur im Bereich der Humanmedizin auf die Wahrung der Menschenwürde Bedacht zu nehmen, sondern auch der Verantwortung des Menschen für Tiere, Pflanzen und das gesamte Ökosystem Rechnung zu tragen ist. Diese Prinzipien sollen im folgenden unter ethischen Gesichtspunkten diskutiert werden.[4] Und zwar ist zu zeigen, daß es sich bei den übrigen im österreichischen GTG aufgeführten Prinzipien, die man wohl treffender als Maximen bezeichnen sollte, nicht um mit dem ethischen Prinzip konkurrierende Beurteilungskriterien handelt, sondern um Grundsätze, welches das ethische Prinzip konkretisieren.

2. Prinzipien und Maximen der Bioethik

2.1 Das Zukunftsprinzip

Wir erörtern zunächst das sogenannte *Zukunftsprinzip*. Gemeint ist die ethisch begründbare Verpflichtung zur Zukunftsvorsorge. Auf die Gentechnik angewandt umfaßt sie zwei grundlegende Zielbestimmungen: 1. den Schutz der Gesundheit des Menschen vor direkter und indirekter Schädigung sowie den Schutz der Umwelt vor schädlichen Auswirkungen durch gentechnisch veränderte Organismen, 2. die Förderung des Gemeinwohls. Soll der Einsatz der Gentechnik diesem Zweck dienen, so bedarf es freilich eines rechtlichen Rahmens für deren Erforschung, Entwicklung und Nutzung.[5] Sofern nun aufgrund der in Ländern wie Deutschland oder Österreich geltenden Rechtslage verantwortungsbewußt und kontrolliert mit der Gentechnik umgegangen wird, halte ich ihren Einsatz nicht nur in der Medizin, sondern auch in

---

[4] Zum folgenden vgl. auch *U. Körtner*, Genforschung aus theologischer Sicht. Thesen, Erziehen heute 39, 1989, H.4, S. 18–21.

[5] Vgl. z.B. im Österreichischen GTG § 1.

der Landwirtschaft und in der Lebensmittelproduktion prinzipiell für vertretbar. Aufgrund bestehender Risiken ist gleichwohl im Einzelfall über die zulässigen Grenzen ihrer Nutzung zu entscheiden. Das gilt freilich nicht nur für die Landwirtschaft und den Lebensmittelsektor, sondern auch für die pharmazeutische und medizinische Anwendung gentechnischer Methoden, welche nicht allein Gesundheitsrisiken bergen kann, sondern auch die Persönlichkeitsrechte von Patienten (z.B. das Recht auf Datenschutz) verletzen oder im Zusammenhang einer sogenannten prädiktiven Medizin unethischen Tendenzen der Eugenik Vorschub leisten kann. Davon abgesehen stellt sich das Problem des vertretbaren Risikos im Bereich der Landwirtschaft, wenn es um die Freisetzung bzw. Haltung gentechnisch veränderter Organismen (transgener Pflanzen und Tiere) geht, wie auch im Bereich der Lebensmittelproduktion, wenn gentechnisch (z.B. mit Hilfe gentechnisch hergestellter Zusatzstoffe) erzeugte und veränderte Produkte in die Nahrungskette gelangen (sog. novel food), nochmals anders als im Bereich der Humanmedizin und der Medikamentenherstellung.[6] Doch ist bei Abwägen des möglichen Nutzens und der denkbaren Gefahren ein generelles Verbot von Gentechnik im Bereich der Landwirtschaft und Lebensmittelproduktion – abgesehen von der Frage seiner politischen Durchsetzbarkeit – m.E. ethisch nicht zu begründen.

Umgekehrt läßt sich freilich ebensowenig einer generellen Befürwortung aller technisch denkbaren Anwendungen von Gentechnik das Wort reden. Zurückzuweisen ist jedenfalls die Argumentation mancher Befürworter der Gentechnik, welche geradezu eine Pflicht zur Anwendung der „grünen Gentechnologie" gegeben sehen, weil angeblich nur mit ihrer Hilfe die Ernährung der Weltbevölkerung zu sichern sei.[7] Solche Argumentationen verkennen die Komplexität des Hungerproblems und argumentieren ebenso kurzschlüssig wie seinerzeit die Befürworter der Atomenergie, welche deren Notwendigkeit mit dem steigenden Energiebedarf begründet haben. Im Vordergrund stehen vor allem wirtschaftliche Interessen und Verteilungswettkämpfe, die offen zu benennen und auch sozialethisch wie wirtschaftspolitisch ernstzunehmen

---

[6] Ein gesondertes Problem stellt die Verwendung gentechnisch veränderter Futtermittel in der Tierhaltung (novel feed) dar, über deren Kennzeichnung derzeit in der EU-Kommission verhandelt wird.

[7] Siehe dazu *K. Hahlbrock*, Kann unsere Erde die Menschen noch ernähren? Bevölkerungsexplosion, Umwelt, Gentechnik, München 1991; *K.M. Leisinger*, Gentechnik für die Dritte Welt? Hunger, Krankheit und Umweltkrise – eine moderne Technologie auf dem Prüfstand entwicklungspolitischer Tatsachen, Basel 1991.

sind. An sich jedoch steht weder ohne Gentechnik das Überleben der Menschheit auf dem Spiel, noch läßt sich umgekehrt nachweisen, daß die „grüne" Gentechnologie das gesamte Leben auf der Erde gefährde. In der Diskussion ist ferner zu beachten, daß es um die Anwendung der Gentechnik auf Nutztiere und Nutzpflanzen geht, die immer schon rein menschlichen Zwecken dienstbar gemacht worden sind. An der gentechnischen Veränderung anderer Lebensformen besteht weder ein gesellschaftliches noch ein ökonomisches Interesse. Daß durch die Anwendung der Gentechnik die gesamte Biosphäre auf ähnliche Weise bedroht sein könnte wie durch die Atomtechnologie, ist beim derzeitigen Kenntnisstand der Forschung nicht zu erkennen. Sofern die Gentechnik im Bereich der Landwirtschaft und Lebensmittelindustrie tatsächlich das Wohl der Menschheit fördert, ohne die Umwelt ernsthaft zu gefährden, scheint daher ihre Anwendung ethisch grundsätzlich vertretbar. Ob sie dies aber tut, ist nicht pauschal zu beantworten, sondern muß differenziert beurteilt werden.

Ein weiterer Gesichtspunkt tritt hinzu. Wie bei jeder Technikbewertung ist nämlich auch im Fall der Gentechnik zwischen Verfahren und Produkt zu unterscheiden. Entsprechend hat die ethische Urteilsbildung nicht nur die Handlungsziele, sondern auch die Handlungsweisen gentechnischer Anwendungsbereiche zu prüfen. Die Maxime, wonach der Zweck die Mittel heiligt, ist unmoralisch.

2.2 Risiko und Gefahr

Nun ist Gentechnik ein Teilgebiet der Technik überhaupt, ohne welche es keine menschliche Kultur gibt. Menschliches Leben ist kulturelles Leben, wobei wir unter Kultur die vom Menschen selbst gestaltete Lebenswelt, d.h. die als anthropomorphes Biotop vom Menschen genutzte und gestaltete Natur verstehen wollen. Gentechnik ist so besehen eine neue Form von Biotechnologie, die der Mensch seit Jahrtausenden entwickelt und angewendet hat. Allerdings darf das qualitativ Neue der Gentechnik nicht heruntergespielt werden.[8] Neu gegenüber herkömmlichen Methoden der Biotechnologie ist 1., daß das Genom von Tieren und Pflanzen noch gezielter als bisher gemäß menschlicher Zwecksetzung verändert wird und somit der ungerichtete und über lange Zeit-

---

[8] Vgl. dazu aus theologischer Sicht *T. Koch*, Das Risiko der Verantwortung in der Gentechnologie bei Pflanzen und Tieren, ZEE 33, 1989, S. 278–282; *B. Irrgang*, Christliche Umweltethik (UTB 1671), Basel 1992, S. 315ff.

räume verlaufende Prozeß der Evolution zielgerichtet und in hohem
Maße beschleunigt wird. Neu ist 2., daß die natürlichen Schranken
zwischen den Arten in höherem Maße als bisher durchbrochen werden
(transgene Organismen). Neu ist 3. die prinzipielle Ungewißheit der
Folgen der neuen Technologien für das regionale und globale Ökosystem, wobei es freilich zu beachten gilt, daß aufgrund koevolutiver Effekte die Folgen nicht unbedingt negativ sein müssen, sondern auch
positiv sein können.

Das Nicht-wissen-Können und die mit ihr verbundene Dialektik
von Risiko und Gefahr ist das ethische Grundproblem der Gentechnik.[9] Hierdurch wird die Anwendung des Zukunftsprinzips, also der
Maxime der Daseinsvorsorge und Förderung des Gemeinwohls, enorm
erschwert, wenn nicht überhaupt aporetisch. Mit N. Luhmann läßt
sich anstelle der herkömmlichen Gegenüberstellung von Risiko und
Sicherheit zwischen Risiko und Gefahr unterscheiden.[10] Während Gefahren handlungstranszendente Kontingenzen sind, handelt es sich bei
Risiken um die Folge menschlicher Handlungen. In seiner kulturellen
Entwicklung hat sich der Mensch stets darum bemüht, unkalkulierba-
re, natürliche Gefahren zu redizieren und in kalkulierbare Risiken zu
überführen. Doch in der komplexen Gesellschaft können Risiken, welche einzelne Entscheidungsträger einzugehen bereit sind, für andere,
die von ihren Entscheidungen betroffen sind, ohne selbst mitentschei-
den zu können, zu unkalkulierbaren Gefahren werden. Angesichts der
prinzipiellen Unvorhersehbarkeit aller denkbaren Folgen einzelner
Handlungen auf die ferne Zukunft ist nicht nur jedes Handeln, sondern auch jedes Nicht-Handeln risikoträchtig. Hieraus resultiert der
heute steigende Bedarf an Ethik. Die aus der Komplexität der Risiken
erwachsenden politischen und ökonomischen Konflikte lassen sich
nun aber nicht durch die Ethik in letzter Instanz entscheiden, weil auch
die ethische Urteilsbildung an Grenzen stößt bzw. in Aporien gerät. So
notwendig die ethische Urteilsbildung ist, so wenig kann sie ausschlie-
ßen, daß wir unter Umständen das Falsche tun oder unterlassen. Dennoch ist es möglich, allgemeine ethische Maximen aufzustellen, welche

---

[9] Zum ethischen Problem der Risikoabschätzung vgl. auch *H. Ruh*, Ethik und Risiko. Literaturbericht, ZEE 34, 1990, S. 198–205.
[10] Siehe *N. Luhmann*, Soziologie des Risikos, Berlin/New York 1991. Zur Theorie
des Risikos siehe auch *O. Rammstedt*, Art. Risiko, HWP 8, Basel 1992, Sp.1045–1050;
N. Rescher, Risk. A Philosophical Introduction to the Theory of Risk Evaluation and
Management, Washington/D.C. 1983.

für die Urteilsbildung im Bereich der Gentechnik von Bedeutung sind.[11]

2.3 Gentechnik und Güterabwägung

Ethisch legitim ist die allgemeine Zielsetzung, das Wohl des Menschen zu fördern. Zu diesem Zweck ist es grundsätzlich zu rechtfertigen, die Qualität von Nutztieren, Nutzpflanzen oder Lebensmitteln zu verbessern, d.h. z.B. ihren Ertrag zu steigern, ihre Widerstandskraft gegen Krankheiten zu erhöhen, ihre Anpassungsfähigkeit an regionale klimatische oder Bodenverhältnisse zu verbessern. Auch die Senkung des Verbrauchs an Ressourcen (Energie, Ausgangsmaterial, Wasser und Chemikalien), die Reduktion des Einsatzes von Chemie in der Landwirtschaft sowie die Senkung der Produktionskosten und der Erhalt der ökonomischen Wettbewerbsfähigkeit sind grundsätzlich zu befürworten. All diese Effekte können durch den Einsatz von Gentechnik erzielt werden. Doch kann die Frage, ob und inwiefern diese Effekte das Gemeinwohl fördern und somit die Nutzung der Gentechnik nicht nur ökonomisch, sondern auch ethisch vertretbar ist, nur mittels einer komplexen Güterabwägung beantwortet werden, welche wirtschaftliche, sozial- und strukturpolitische, gesundheitspolitische und ökologische Gesichtspunkte berücksichtigt.

Nun ist der Begriff des Gemeinwohls ebenso wie der des guten bzw. des besseren Lebens in hohem Maße unbestimmt. Der Begriff des Guten ist nicht identisch mit dem Begriff des Nutzens. Kurzfristiger ökonomischer Nutzen ist noch lange nicht das für den Menschen Gute. Außerdem darf das Wohl des Menschen nicht auf Kosten der Umwelt gefördert werden, weil dies nicht nur langfristig das Überleben der Menschheit gefährdet, sondern auch dem heute in der Ethik vertretenen Gedanken der Eigenwertigkeit von Pflanzen und Tieren widerspricht. Die Förderung des Menschenwohls hat auch das Wohl der Umwelt zu beachten. Die Einführung der Gentechnik treibt die Industrialisierung der Landwirtschaft weiter voran. Mit ihr sind möglicherweise nicht nur ökologisch, sondern auch sozial negative Folgen verbunden. Kritiker der Gentechnik befürchten nicht nur eine Zunahme der Gefährdung der bestehenden Artenvielfalt und die Zerstörung der

---

[11] Aus der Fülle der inzwischen zum Thema vorliegenden ethischen Literatur sei hier nur genannt: *J. Hübner*, Die neue Verantwortung für das Leben. Ethik im Zeitalter von Gentechnologie und Umweltkrise, München 1986.

letzten Ressourcen an Wildpflanzen, sondern auch die Gefährdung familiärer und mittelständischer Unternehmensstrukturen, wie sie z.B. gerade in der österreichischen Landwirtschaft bestehen, zugunsten transnationaler Monopolbildungen. Auch rein sozialethisch läßt sich die Frage nach dem Wohl des Menschen also nicht pauschal beantworten. Jede neue Technologie hat Nutznießer und Verlierer. Sie führt zum Beispiel zu Veränderungen in der Wirtschaftsstruktur, etwa im Bereich der Landwirtschaft, und somit auch auf dem Arbeitsmarkt. Neben der Umweltverträglichkeit ist darum auch die Sozialverträglichkeit neuer Technologien, in unserem Fall der „grünen" Gentechnik zu prüfen.

2.4 Maximen zur Beurteilung der Gentechnik

Eine *erste Maxime* zur ethischen Beurteilung der landwirtschaftlichen und lebensmitteltechnischen Nutzung der Gentechnik ist nun der aus der Medizin bekannte Grundsatz: „nil nocere" (nicht schaden). Ihm entspricht das z.B. im österreichischen Gentechnikgesetz genannte *Vorsorgeprinzip*. Es bedeutet zunächst, daß die Gesundheitsrisiken zu evaluieren sind, welche entweder für diejenigen bestehen können, die mit gentechnischen Verfahren umgehen, oder aber – z.B. im Fall der gentechnischen Veränderung von Lebensmitteln – für die Nutzer gentechnischer Produkte bestehen können. Die Anwendung des Vorsorgeprinzips kann sich freilich nicht nur auf den Ausschluß von Gesundheitsgefährdungen beschränken. Die Beförderung des Gemeinwohls hat sich in einem ganz umfassenden Sinne an der Handlungsmaxime des „nil nocere" zu orientieren.

Eine *zweite Maxime* besteht darin, daß das menschliche Handeln und Wirtschaften die *Eigenwertigkeit nichtmenschlicher Lebewesen*, und zwar sowohl der Individuen wie der Gattungen zu achten hat.[12] Allerdings sollte in diesem Zusammenhang nicht vorschnell mit dem theologischen Begriff der Schöpfung bzw. Geschöpflichkeit argumentiert werden. Davon wird noch zu reden sein. Jedenfalls setzt sich in der ethischen Debatte zunehmend die Einsicht durch, daß nicht nur dem

---

[12] Einführend siehe *E. Starke*, Art. Tier, Tierethik, EKL³ IV, Göttingen 1996, Sp. 887–893; *A. Krebs* (Hg.), Naturethik. Grundtexte der gegenwärtigen tier- und ökoethischen Diskussion (stw 1262), Frankfurt a.M. 1997, sowie den Literaturbericht von *H. Ruh*, Tierrechte – neue Fragen der Tierethik, in: ZEE 33 (1989), S. 59–71. Siehe ferner *G.M. Teutsch*, Mensch und Tier. Lexikon der Tierschutzethik. Göttingen 1987; *U. Wolf*, Das Tier in der Moral. Frankfurt a. M. 1990; *J.-C. Wolf*, Tierethik. Neue Perspektiven für Menschen und Tiere, Freiburg (Schweiz) 1992.

Menschen, sondern auch anderen Lebewesen in gewissem Maße eine Selbstzwecklichkeit zuzubilligen ist, so daß über den traditionellen Tierschutzgedanken auch die Frage von Tierrechten zu erörtern ist, welche über das bloße Recht auf die Vermeidung unnötigen tierischen Leidens hinausgeht. Wieweit auch im Hinblick auf Pflanzen von einer Eigenwertigkeit zu sprechen ist, und vollends, wie es um das Prinzip der Eigenwertigkeit im mikrobiologischen Bereich steht, ist freilich eine umstrittene Frage. Man wird aber argumentieren können, daß die Erhaltung und Förderung der bestehenden Artenvielfalt eine Maxime der Bioethik ist.

Gemäß dem Grundsatz der Eigenwertigkeit nichtmenschlicher Lebewesen ist nun die Maxime des „nil nocere" auch auf die von gentechnischen Manipulationen betroffenen Lebewesen, jedenfalls auf leidensfähige Tiere anzuwenden. Nicht allein die Gesundheit des Menschen, sondern auch diejenige der Nutztiere ist zu schützen. Abzulehnen sind daher gentechnische Veränderungen vorhandener Tierarten, wenn der angestrebte Nutzen für den Menschen (z.B. ein höherer Fleisch- oder Milchertrag) mit Beeinträchtigungen der Gesundheit oder Lebensqualität der Tiere erkauft wird.

Als *dritte Handlungsmaxime* läßt sich der *Grundsatz der Beweislastumkehr* aufstellen. Die Beweislast für die Förderung des Allgemeinwohls gemäß dem „nil nocere" hat demnach der Veränderer.[13] Nicht die Skeptiker, sondern die Befürworter neuer Technologien stehen also unter Begründungszwang. Denn alles Planen und Handeln des Menschen muß vom Bestehenden oder Gegebenen ausgehen, welches das geschichtlich bzw. in der Evolution Bewährte ist. Priorität gegenüber jeder Veränderung hat darum die Achtung und Schonung des Gegebenen. Praktisch folgt hieraus, daß die bestehende Artenvielfalt zu schützen ist und gentechnische Eingriffe in die Umwelt, welche die Artenvielfalt gefährden, zu unterlassen sind. Allerdings ist der naturalistische Fehlschluß zu vermeiden, wonach aus dem Sein des Bestehenden ein moralisches Sollen abzuleiten wäre. Moralisch ist zwischen Faktizität und Geltung zu unterscheiden. Der naturalistische Fehlschluß widerspricht aber auch der Dynamik der Evolution als eines offenen Prozesses. Man wird daher auch die Züchtung transgener Pflanzen und Tiere nicht grundsätzlich als ethisch verwerflich beurteilen können, die Zielsetzungen transgener Züchtungen jedoch in jedem Einzelfall einer

---

[13] Zur grundsätzlichen Bedeutung dieses Prinzips vgl. *O. Marquard*, Abschied vom Prinzipiellen. Philosophische Studien, Stuttgart 1981, S. 17f.

genauen ethischen Prüfung unterziehen müssen. So ist m. E. beispielsweise die Züchtung ertragreicherer oder in ihren Eigenschaften verbes-
serter Pflanzensorten anders zu beurteilen als diejenige herbizidresistenter (d.h. gegen Unkrautvernichtungsmittel unempfindlicher)
Sorten, die Züchtung herbizidresistenter Pflanzen wiederum anders zu
beurteilen als diejenige insektenresistenter Sorten, die Züchtung transgener Tiere für Organtransplantationen anders als die Züchtung von
Tieren, deren transgene Milch für die Medikamentenproduktion geeignet ist.

Keine stichhaltige Handlungsmaxime ist allerdings das von Kriti-
kern der Gentechnik gern verwendete Argument der *Unverfügbarkeit
des Lebens*, bei welchem es sich um eine säkulare Variante des religiösen
Schöpfungsglaubens handelt.[14] So gewiß der Schöpfungsglaube im
Sinne der jüdisch-christlichen Tradition eine orientierende Funktion
auch für die Ethik hat, so wenig lassen sich aus ihm unmittelbare
Handlungsanweisungen ableiten. Im Sinne der biblischen Tradition ist
die Schöpfung der anthropomorphe, d.h. aber kulturell gestaltbare Lebensraum des Menschen, wie umgekehrt der Mensch Mitgestalter der
Schöpfung ist. Anders gesagt: die biblische Tradition heißt es gut, daß
der Mensch nicht nur Produkt, sondern Faktor der Evolution ist. Wenn
sich der Mensch als Geschöpf Gottes und seine Umwelt als Schöpfung
Gottes versteht, so ist dies von ethischer Relevanz, insofern bei allem
Planen und Handeln des Menschen die Frage nach seinem Wesen und
dem Sinn seines Tuns aufgeworfen wird. Einzelne Handlungszwecke
aber sind vom Sinn der gesamten Lebensführung nochmals zu unterscheiden. Der Schöpfungsglaube ist eine spezifische Antwort auf die
Frage nach dem Sinn menschlicher Lebensführung, nicht aber auf die
Frage nach einzelnen Handlungszwecken.

Bei der Rede von der Unverfügbarkeit menschlichen Lebens handelt
es sich nun um die Umkehr des naturalistischen Fehlschlusses. Verwechselt dieser Seinsaussagen mit Sollenssätzen, so wird in diesem Fall
ein moralischer Appell in die Form einer beschreibenden Aussage ge-

---

[14] Siehe z.B. die Erklärung der Konferenz der Umweltbeauftragten in den evangelischen Kirchenkreisen Bayerns vom 30.1.1993. Der Text ist abgedruckt in LM 35,
1996, H.1, S. 23. Zur Haltung der evangelischen Kirche vgl. *Kirchenamt der EKD*
(Hg.), Einverständnis mit der Schöpfung. Ein Beitrag zur ethischen Urteilsbildung im
Blick auf die Gentechnik und ihre Anwendung bei Mikroorganismen, Pflanzen und
Tieren, Gütersloh 1991. Inzwischen ist zu dieser Studie ein Anhang veröffentlicht worden (1997), der auf die ethische Diskussion und die Entwicklung der Gentechnik seit
1991 eingeht.

kleidet, eine Sollens-Aussage in die Form einer Seinsaussage gebracht. Doch ist gegen die verdeckte Sollens-Aussage, daß es unmoralisch sei, über das eigene wie über fremdes Leben zu verfügen, mit E. Amelung einzuwenden: „Wenn es eine Schöpfungsordnung gibt, dann ist es der Verfügungszusammenhang."[15] Unser Leben ist so beschaffen, daß wir ständig über anderes Leben verfügen müssen. Die Frage lautet daher nicht, ob wir dies tun sollen, sondern wie wir es ethisch begründet tun können, so daß z.B. nicht der Zweck die Mittel heiligt und nicht nur die Würde des Menschen, sondern auch die Eigenwertigkeit z.B. von Tieren geachtet wird.

Die Rede von der Unverfügbarkeit des Lebens hat in der säkularen Gesellschaft offensichtlich die Funktion, daran zu erinnern, daß der Mensch eine naturale Basis hat, die er nicht zerstören darf, weil sein eigenes Leben an sie gebunden ist. Theologisch ist allerdings zu kritisieren, wenn die Abhängigkeit des Menschen von der Natur mit jener von ihr kategorial verschiedenen schlechthinnigen Abhängigkeit von Gott verwechselt wird, welche die biblische Rede von der Schöpfung zum Ausdruck bringt.[16] Sofern aber jeder Mensch, um selbst leben zu können, über anderes Leben verfügen muß, ist der biblische Schöpfungsauftrag, über die Schöpfung zu herrschen, sie zu bebauen und zu bewahren (vgl. Gen 1,27; 2,15), gewissermaßen demokratisiert. Dem christlichen Schöpfungsglauben entspricht daher grundsätzlich der Ansatz einer Verantwortungsethik, welche die Verantwortung auf dem Gebiet der Bioethik als Verantwortung aller Mitglieder der Gesellschaft begreift und als politische Konsequenz die Forderung nach größtmöglicher Partizipation aller an den anstehenden Entscheidungsprozessen hat.

---

[15] *E. Amelung*, Die Verantwortung der Wissenschaft für das Leben, in: *W. Klingmüller* (Hg.), Genforschung im Widerstreit, Stuttgart ²1986, S. 11–22, hier S. 22.

[16] Vgl. *F. Schleiermacher*, Der christliche Glaube nach den Grundsätzen der evangelischen Kirche im Zusammenhange dargestellt, hg. v. M. Redeker, Berlin 1960, § 4 (Bd. 1, S. 23ff).

3. Folgerungen für die Nutzung der Gentechnik und ihre Begrenzung

3.1 Demokratieprinzip

Rechtlich und politisch folgt aus unseren verantwortungsethischen Überlegungen das z.B. im österreichischen Gentechnikgesetz formulierte *Demokratieprinzip*. Es besagt, daß alle Bürgerinnen und Bürger an Entscheidungen über den Einsatz der Gentechnik in höchstmöglichem Maße zu beteiligen sind. Ethisch vertretbare Lösungen können nur im Sinne einer *Diskursethik* ausgehandelt werden. Allerdings ist festzustellen, daß die Verfahrensweisen eines rationalen Diskurses sowohl von Befürwortern wie Gegnern der Gentechnik immer wieder torpediert werden. Auch die Rolle der Ethik ist ambivalent. Statt das Verantwortungsbewußtsein zu schärfen und zur Besonnenheit anzuhalten, führt die Einbringung moralischer Argumente nicht selten zur Verhärtung der Fronten und zur Verschärfung des Konflikts. Moralische Entrüstung ist nicht mit einem rationalen ethischen Diskurs zu verwechseln. So wenig es angeht, wenn Befürworter der Gentechnik ökonomische Interessen verschleiern oder Gefahren verharmlosen, so wenig ist es zu akzeptieren, wenn Gegner der Gentechnik einen wirklichen Dialog durch Immunisierungsstrategien verweigern. So sehr die Beweislast bei der Güterabwägung zunächst auf Seiten der Befürworter der Gentechnik liegt, so sehr haben sie Anspruch auf eine faire Überprüfung ihrer Argumente, wozu es gehört, daß auch die Gegenargumente der Skeptiker einer rationalen und kritischen Prüfung zu unterziehen sind. In diesem Zusammenhang sind die Rolle der Medien und die in ihnen, aber auch in der Politik geübte Praxis der Instrumentalisierung von Experten kritisch zu beleuchten.[17]

Dem Demokratieprinzip ist nicht nur durch Partizipationsmöglichkeiten an der politischen Willensbildung, sondern auch durch den Schutz der Wahlfreiheit des Konsumenten Rechnung zu tragen. Neben der umfassenden Information aller Bürger über gentechnische Verfahren und Anwendungsmöglichkeiten ist eine umfassende *Kennzeichnungspflicht* für gentechnische Produkte zu fordern, weil die Wahrnehmung der demokratisierten Verantwortung für den Umgang mit dem eigenen wie fremden Leben nicht allein im Bereich der politischen Wil-

---

[17] Vgl. *H.M. Kepplinger/S.Chr. Ehmig/Chr. Ahlheim*, Gentechnik im Widerstreit. Zum Verhältnis von Wissenschaft und Journalismus, Frankfurt a. M./New York 1991.

lensbildung, sondern auch in der persönlichen Lebensführung, d.h. aber auch der Ernährungsweise und den Kaufgewohnheiten stattfindet. Prinzipiell muß dem Konsumenten die Entscheidungsfreiheit nicht nur über das Produkt, sondern auch über das zu seiner Herstellung angewandte Verfahren eingeräumt werden. Wo in der Praxis der Lebensmittelerzeugung die zumutbaren Grenzen der Informationspflicht des Produzenten liegen, ist im einzelnen zu diskutieren.

Gemäß dem Demokratieprinzip ist nun auch das schon angesprochene *Vorsorgeprinzip* näher zu bestimmen. Die Maximen der Schadensvermeidung, der Eigenwertigkeit aller Lebensformen sowie der Beweislastregel, nach welcher die Beweislast der Veränderer trägt, sind verantwortungsethisch dahin zu präzisieren, daß nicht nur der einzelne Anwender der Gentechnik, sondern auch die Gesellschaft als Ganze die Verantwortung für die möglichen Folgen gentechnischer Verfahren zu übernehmen hat. Es stellt sich mit anderen Worten das Problem der *Umwelthaftung*, und zwar keineswegs nur im Bereich der Gentechnik. Aus dieser allgemeinen Überlegung ist konkret die Forderung nach einem Umwelthaftungsgesetz abzuleiten. Dieses müßte regeln, daß Firmen, die mit gentechnisch veränderten Organismen arbeiten, für etwaige Umweltschäden unabhängig vom zwingenden Nachweis ihres Verschuldens haften. Nicht nur die allfällige Freisetzung gentechnisch veränderter Organismen, sondern auch Freisetzungsversuche können m.E. vor einer gesetzlichen Klärung der Haftungsfragen ethisch nicht befürwortet werden.

3.2 Stufenprinzip

Entsprechend der von uns formulierten allgemeinen ethischen Grundsätze ist nun auch die Frage der ethischen Zulässigkeit der Freisetzung gentechnisch veränderter Organismen zu diskutieren. Sie ist fallweise anhand des sogenannten *Stufenprinzips* zu entscheiden, welche dem unterschiedlichen Risiko von Freisetzungen Rechnung trägt. Zu unterscheiden ist nämlich zwischen Makroorganismen und Mikroorganismen sowie zwischen rückholbaren und nicht rückholbaren Lebewesen. Im Unterschied zu größeren Nutztieren wie Rindern, Schweinen oder Schafen sind beispielsweise gentechnisch veränderte Fische oder Bienen, von Mikroorganismen zu schweigen, nicht rückholbar. Ferner muß die mögliche Auswirkung der Freisetzung gentechnisch veränderter Makroorganismen auf das sie umgebende Biotop abgeklärt werden. So ist fallweise zu überprüfen, welche unerwünschten Veränderungen von herbizid- oder insektizidresistenten Nutzpflanzen bei anderen Pflanzen oder bei der Bodenflora hervorgerufen werden können.

Statt eines generellen Freisetzungsverbotes ist m.E. jedoch umgekehrt die Intensivierung einer breit angelegten biotechnologischen Risikoforschung zu fordern. Eine umfassende Begleitforschung zur biologischen Sicherheit wird allerdings ohne Freisetzungsversuche grundsätzlich nicht möglich sein. Gemäß dem Stufenprinzip sind vorab die Risiken solcher Versuche auszuloten. Eine solche Risikoabschätzung mag fallweise dazu führen, Freisetzungsversuche zu untersagen. Die pauschale Behauptung unkalkulierbarer Risiken, mit welcher Gegner der Gentechnik nicht allein die Anwendung, sondern schon jede Risikoforschung zu verhindern versuchen, ist jedoch nach derzeitigem Kenntnisstand – wie beispielsweise aus dem Abschlußbericht der deutschen Enquete-Kommission „Chancen und Risiken der Gentechnologie" hervorgeht[18] – nicht stichhaltig. Allerdings ist zu fordern, daß die europäische Risikoforschung umfassender ausgelegt wird als beispielsweise in den USA, wo bislang die größte Zahl an Freisetzungsversuchen durchgeführt worden ist. Außerdem ist sicherzustellen, daß für jedes einzelne Produkt, insbesondere bei der Freisetzung gentechnisch veränderter Pflanzen eine getrennte Risikoabschätzung vorgenommen wird.

Grundsätzlich sollte die Freisetzung von gentechnisch veränderten Organismen restriktiv gehandhabt werden. Größte Bedenken erheben sich gegen die Freisetzung gentechnisch veränderter Mikroorganismen, die etwa im Bereich des Umweltschutzes zum Einsatz kommen könnten. Hier fehlt es überhaupt an den zur Technikfolgenabschätzung erforderlichen Grundlagen, da die Mikroflora des Bodens bislang nur zu einem ganz geringen Teil erforscht ist. Im Lebensmittelsektor hat sich die Risikoforschung mit möglichen Gefahren für die Gesundheit der Konsumenten, vor allem mit dem Risiko möglicher Allergene zu befassen.

3.3 Gentechnik und biologischer Landbau

Sowenig ein generelles Gentechnikverbot in der Landwirtschaft und im Lebensmittelsektor ethisch begründbar ist, sowenig kann entsprechend der bisherigen Überlegungen zur Schadensvermeidung, zur Beweislast des Veränderers und zur Achtung und Schonung des Gegebenen die

---

[18] Vgl. *H. Mohr*, Angst vor den Folgen. Warum die Diskussion über die Gentechnik versachlicht werden muß, EK 29, 1996, S. 567–569.

einseitige Förderung der Gentechnik befürwortet werden. Vielmehr sind auch *alternative Technologien und Produktionsweisen*, insbesondere der biologische Landbau zu fördern. Ob sich gentechnische Verfahren mit den Grundsätzen des biologischen Landbaus vereinbaren lassen, wird von Agrarwissenschaftlern kontrovers beurteilt. Immerhin ist zu bedenken, daß auch der biologische Landbau mit Kulturpflanzen arbeitet, die das Ergebnis langer Zuchtprozesse sind. Andererseits besteht die Gefahr, daß durch den extensiven Einsatz der Gentechnik zum Zwecke der Ertragssteigerung die Überbewirtschaftung von fruchtbarem Boden, durch die weltweit Flächen verlorengehen, forciert wird. Maßnahmen zur Förderung der Schonung der Böden und alternativer Landwirtschaftsweisen sind freilich eine wirtschafts- und ordnungspolitische Frage, die nicht auf dem Weg einer ethischen Beurteilung gentechnischer Verfahren als solcher entschieden werden kann.

4. Zur Frage der Patentierung gentechnischer Erfindungen

Bestehen unter den genannten Voraussetzungen keine prinzipiellen ethischen Bedenken gegen die begrenzte Anwendung gentechnischer Verfahren im Bereich der Landwirtschaft und der Nahrungsmittelproduktion, so stellt die Frage des Rechtsschutzes für gentechnische Erfindungen ein gesondertes Problem dar. Ethische Einwände werden vor allem gegen die Ausweitung des Patentrechts auf Lebewesen erhoben.[19]

Grundsätzlich handelt es sich bei einem Patent um ein Abwehrrecht. Es berechtigt also seinen Inhaber nicht, die patentierte Erfindung anzuwenden, sondern verleiht ihm lediglich das Recht, Dritten deren Verwertung zu industriellen und gewerblichen Zwecken zu untersagen. Allerdings gilt im Patentrecht der sogenannte Erschöpfungsgrundsatz, der besagt, daß sich das Patent mit dem In-Verkehr-Bringen des patentierten Gegenstandes erschöpft. So überträgt sich beispielsweise das Patent für einen Küchenmixer nicht auf die geschlagene Sahne. Das Patentrecht unterscheidet Sach-, Verfahrens und Verwendungspaten-

---

[19] Vgl. dazu den Anhang zur EKD-Studie „Einverständnis mit der Schöpfung" (s. Anm. 13), sowie die Beiträge von *Chr. Then*, Von Menschen und Mäusen. Gründe gegen eine Patentierung von Lebewesen, LM 35, 1996, H.1, S. 20–22; *R. Henning*, Christen gegen Chimären, LM 35, 1996, H.1, S. 22–24; *R. Lassek*, Transgene Kirchenmäuse, LM 35, 1996, H.1, S. 24–25.

te.[20] *Sachpatente* bzw. Stoff- oder Produktpatente umfassen räumlich faßbare Gegenstände. Sie regeln, daß ausschließlich der Patentinhaber für eine bestimmte Zeit seine patentierte Erfindung nutzen darf. Er allein darf sie herstellen, anbieten, in Verkehr bringen und gebrauchen. *Verfahrenspatente* gewähren dem Patentinhaber ein Ausschlußrecht nur für ein bestimmtes Verfahren. Solche Patente können grundsätzlich keine natürlich vorkommenden biologischen Phänomene betreffen, umfassen allerdings die unmittelbaren Erzeugnisse des patentierten Verfahrens. Eine Untergruppe der Verfahrenspatente sind die *Verwendungspatente*, durch die nicht Herstellungs- sondern Anwendungsverfahren rechtlich geschützt werden.

Das europäische Patentrecht kennt einige Ausnahmen von der Patentierbarkeit. Sie gelten für Erfindungen, deren Veröffentlichung gegen die öffentliche Ordnung oder die guten Sitten verstoßen würde[21], für Verfahren zur chirurgischen und therapeutischen Behandlung des menschlichen oder tierischen Körpers und entsprechende Verfahren der Diagnostik, sowie für Pflanzen, Tiere und im wesentlichen biologische Verfahren zur Züchtung von Pflanzen und Tieren.

Juristisch wie ethisch unstrittig ist der Patentschutz für gentechnische Verfahren, wozu auch die Patentierung von für das jeweilige Verfahren benötigten gentechnisch veränderten Mikroorganismen gehören kann (vgl. das Budapester Abkommen von 1977). Problematisch ist jedoch, daß die Entwicklung auf dem Gebiet der Gentechnik die Grenze zwischen Mikrobiologie und Makrobiologie immer mehr durchlöchert.

Es fragt sich auch, wie im Bereich der Gentechnik die für das Patentrecht grundlegende Unterscheidung zwischen Erfindung und Entdeckung sichergestellt werden kann. Gentechnische Züchtungen operieren lediglich mit in der Natur vorhandenen Genen, erfinden oder stellen aber keine bis dahin unbekannten Gene her. Sicherzustellen ist aber auch der bereits angesprochene Erschöpfungsgrundsatz. Anders als anorganische Stoffe und Gegenstände, wie z.B. Toaster oder Autos, haben Organismen die Eigenschaft, sich zu vermehren.

Inzwischen hat die Europäische Union eine Patentrichtlinie für biotechnologische Erfindungen verabschiedet. Wir beschränken uns auf die aus ethischer Sicht wichtigsten Punkte dieser Richtlinie. Von der

---

[20] Vgl. *R. Potz*, Rechtsethische Aspekte der Patentierung von Lebewesen, AKV-Informationen Nr.5/1997, S. 9–17, hier S. 11ff.

[21] Europäisches Patentrechtübereinkommen (EPÜ), Art. 53a.

Patentierung ausgeschlossen ist der menschliche Körper in allen Phasen seiner Entstehung und Entwicklung einschließlich der Keimzellen. Ausgeschlossen sind auch bloße *Entdeckungen* eines seiner Bestandteile oder seiner Produkte einschließlich der Sequenz oder Teilsequenz eines menschlichen Gens, *nicht* jedoch *Erfindungen*, die derartige Bestandteile betreffen. Zwar stellt ein einfacher DNA-Abschnitt ohne Angabe einer biologischen Funktion keine patentierbare Erfindung dar, da er keine Lehre zum technischen Handeln enthält. Sehr wohl kann aber die Sequenz oder Teilsequenz eines Gens Gegenstand einer patentierbaren Erfindung sein, wenn alle für ein Patent erforderlichen Voraussetzungen erfüllt sind, nämlich Neuheit, Erfindungshöhe und gewerbliche Anwendbarkeit. Gefordert wird allerdings die Zustimmung (informed consent) der Person, bei der eine Entnahme vorgenommen wurde. Verboten wird auch die Patentierung von Methoden zur Keimbahnintervention und zum Klonen von Menschen.

Nach wie vor sind auch Pflanzen*sorten* und Tier*rassen* von der Patentierbarkeit ausgeschlossen. Patentierbar sind nun aber Erfindungen, deren Gegenstand Pflanzen oder Tiere sind, wenn die Anwendung der Erfindung technisch nicht auf eine Pflanzensorte oder Tierrasse beschränkt ist. Der vorgesehen Patentschutz erstreckt sich nicht auf das „biologische Material", das durch generative oder vegetative Vermehrung von biologischem Material gewonnen wird, sofern die Vermehrung notwendigerweise das Ergebnis der Verwendung ist und nicht zur Weiterzüchtung verwendet wird.

Diese Regelung berührt das sogenannte Züchterprivileg, welches Züchtern die Weiterzüchtung mit den von anderen gezüchteten Pflanzen oder Tieren erlaubt. Zwar sind als Analogon sogenannte Zwangslizenzen vorgesehen. Doch ist zu vermuten, daß ein System von Zwangslizenzen für kleinere Zuchtbetriebe, die sich in einem Verfahren gegen große Unternehmen wohl nur schwer werden durchsetzen können, wirtschaftliche Nachteile bringen. Grundsätzlich stellt sich die Frage nach einer Abgrenzung zum klassischen Sortenschutzrecht.

In der Praxis zeigt sich, daß das herkömmliche Patentrecht mit seiner Unterscheidung von Sachpatenten, Verfahrenspatenten und Verwendungspatenten – ein neuer Typus sind die Product-by-Process-Patente – durch die regelungsbedürftigen Entwicklungen der Gentechnik überfordert ist. Statt das Patentrecht zu überdehnen, wäre es besser, für den Bereich der Gentechnik ein eigenes Schutzrecht zu entwickeln. Im Bereich der Pflanzenzucht ist der bestehende Sortenschutz, welcher die Freiheit der Forschung und Entwicklung durch das Züchter- und das

Forschungsprivileg sicherstellt, grundsätzlich nach wie vor ein ausreichendes Rechtsinstrument. Zu bemängeln ist jedoch, daß bis heute kein eigenständiges Tierrassenschutzgesetz existiert. Hier müßte ein eigenes Schutzrecht geschaffen werden.

Ethisch fragwürdig ist die Patentierung naturidenter Teile des menschlichen Körpers, welche den Schutz der Menschenwürde erheblich beeinträchtigen würde. Sachpatente sollten daher im humanen Bereich untersagt werden. Das gilt aber nicht für Verfahrens- und Verwendungspatente.

Was aber den tierischen und pflanzlichen Bereich betrifft, so muß folgende grundsätzliche Überlegung angestellt werden: Während das Potential menschlichen Erfindungsreichtums prinzipiell unbegrenzt ist, handelt es sich beim Genpool um eine knappe Ressource. Hier entsteht weltweit ein Problem der Verteilungsgerechtigkeit. An pflanzlichen Genen reiche Länder des Südens sind ökonomisch betrachtet häufig arm. Bislang konnten sich Biotechnologie-Unternehmen des reichen Nordens beim Sammeln von genetischem Material im Süden frei bedienen. Es besteht die Gefahr, daß durch die Ausdehnung des Patenrechtes auf genetisches Material die ökonomische Ungerechtigkeit zwischen Norden und Süden vergrößert wird. Daher ist zu überlegen, wie die armen Länder des Südens künftig gerechter am Gewinn, der mit Hilfe neuer Erfindungen erwirtschaftet wird, beteiligt werden. Ein weiteres Problem stellt der rechtliche Schutz traditionellen Wissens von einheimischen Bevölkerungen über Pflanzen und deren Wirkweisen dar. Die betreffenden Völker nutzen dieses Wissen, ohne im naturwissenschaftlichen und patentrechtlichen Sinne eine „technische Lehre" zu kennen. Es besteht daher die Gefahr, daß die Patentierung gentechnischer Lehren auf traditionelle Anwendungen ausgedehnt werden, was einer Enteignung geistigen Eigentums gleichkäme. Grundlage für die weitere Diskussion sind das „Abkommen zum Schutz geistiger Eigentumsrechte" (TRIPS-Abkommen)[22] sowie die 1992 in Rio de Janeiro unterzeichnete „Konvention über Biologische Vielfalt". Befürworter des Biopatentrechtes erhoffen sich von ihm einen verbesserten Technologietransfer zwischen den Ländern des Nordens und denjenigen des Südens. Kritiker verweisen dagegen darauf, daß die meisten der von Entwicklungsländern an ausländische Firmen erteilten Patente nicht zum Aufbau von Produktionsstätten dieser Fir-

---

[22] TRIPS ist die Abkürzung für „Agreement on Trade-Related Aspects of Intellectual Property Rights".

men in den betroffenen Ländern geführt haben. Ferner ist der Schutz traditionellen Wissens einheimischer Bevölkerungen, der unter dem Stichwort „Farmer's Rights" diskutiert wird, in den bisherigen Abkommen zum Schutz geistigen Eigentums nicht vorgesehen.

Das Beispiel der Gentechnik zeigt, daß dem Patentrecht ethische Grenzen gezogen werden müssen. Wie das Europäische Patentrechtsübereinkommen nimmt auch die Biopatentrechtlinie der EU Erfindungen, deren Verwertung gegen die öffentliche Ordnung oder die guten Sitten verstoßen würde, von der Patentierbarkeit aus (Art. 9). Was die guten Sitten sind, sagt das Patentrecht freilich nicht, da es ihm nicht möglich ist, die ethischen Grenzen der Patentierbarkeit selbst zu ziehen. Das ist vielmehr die Aufgabe des ethischen Diskurses in der Gesellschaft und somit eine Frage nach ihrer Kultur und ihren Werten.

5. Literatur

Altner, G.: Leben auf Bestellung? Das gefährliche Dilemma der Gentechnologie, Freiburg/Wien 1988
–: Naturvergessenheit. Grundlagen einer umfassenden Bioethik, Darmstadt 1991
–: Über Leben. Von der Kraft der Furcht, Düsseldorf 1992
–: Die Überlebenskrise in der Gegenwart. Ansätze zum Dialog mit der Natur in Naturwissenschaft und Theologie, Darmstadt 1988
Altner, G. (Hg.): Ökologische Theologie. Perspektiven zur Orientierung, Stuttgart 1989
Attfield, R.: The Ethics of Environmental Concern, New York 1983
Auer, A.: Umweltethik. Ein theologischer Beitrag zur ökologischen Diskussion, Düsseldorf 1984
Bayertz, K.(Hg.): Ökologische Ethik, München/Zürich 1988
Bioethik in den USA. Methoden, Themen, Positionen. Mit besonderer Berücksichtigung der Problemstellung in der BRD, hg. v. H.-M. Sass, Berlin u.a. 1988
Bioethische Probleme. Moraltheologisches Jahrbuch 1, hg. v. V. Eid, Mainz 1989
Birnbacher, D. (Hg.): Ökologie und Ethik, Stuttgart ²1986
Bondolfi, A. (Hg.): Mensch und Tier. Ethische Dimensionen ihres Verhältnisses, Freiburg (Schweiz) 1995
Chargaff, E.: Über das Lebendige. Ausgewählte Essays, Stuttgart 1993
Demmer, K.: Leben in Menschenhand. Grundprobleme der Bioethik, Freiburg i.B. 1987

Einverständnis mit der Schöpfung. Ein Beitrag zur ethischen Urteilsbildung im Blick auf die Gentechnik und ihre Anwendung bei Mikroorganismen, Pflanzen und Tieren, hg. v. Kirchenamt der EKD, Gütersloh 1991

Flöhl, R. (Hg.): Genforschung – Fluch oder Segen? (Gentechnologie, Chancen und Risiken, Bd. 3), München 1985

Frey, Chr.: Konfliktfelder des Lebens. Theologische Studien zur Bioethik, Göttingen 1998

Gassen, H.G./Minol, K (Hg.): Gentechnik. Einführung in Prinzipien und Methoden (UTB 1290), Stuttgart ⁴1996

Hardegg, W./Preiser, G. (Hg.): Tierversuche und medizinische Ethik. Beiträge zu einem Heidelberger Symposium, Hildesheim 1986

Heberle-Bors, E.: Herausforderung Gentechnik, Wien 1996

Henning, R.: Christen gegen Chimären. Patentiertes Leben, LM 35, 1996, H. 1, S. 22–24

Holzhey, H./Leyvraz, J.-P. (Hg.): Der Wert des Lebens. Bioethik in der Diskussion, Bern 1991

Hübner, J.: Die neue Verantwortung für das Leben. Ethik im Zeitalter von Gentechnologie und Umweltkrise, München 1986

Irrgang, B.: Christliche Umweltethik. Eine Einführung (UTB 1671), München/Basel 1992

Kattmann, U.: Biologie und Verantwortung. Ethische Orientierungen (Vorlagen, NF 9), Hannover 1990

Klingmüller, W. (Hg.): Genforschung im Widerstreit, Stuttgart ²1986 (³1994)

Koch, C.: Ende der Natürlichkeit. Eine Streitschrift zu Bio-Technik und Bio-Moral, München/Wien 1994

Koch, T.: Das Risiko der Verantwortung in der Gentechnologie bei Pflanzen und Tieren, ZEE 33, 1989, S. 278–282

Körtner, U.: Solange die Erde steht. Schöpfungsglaube in der Risikogesellschaft (Mensch – Natur – Technik, Bd. 2), Hannover 1997

Kohlmann, U.: Überwindung des Anthropozentrismus durch Gleichheit alles Lebendigen? Zur Kritik der „Animal-Liberation-Ethik", ZPhF 49, 1995, S. 15–35

Krebs, A. (Hg.): Naturethik. Grundtexte der gegenwärtigen tier- und ökoethischen Diskussion (stw 1262), Frankfurt a.M. 1997

Krolzik, U.: Umweltkrise. Folge des Christentums?, Stuttgart 1979

Kuhse, H.: Die „Heiligkeit des Lebens" in der Medizin. Eine philosophische Kritik, Erlangen 1994

Lassek, R.: Transgene Kirchenmäuse, LM 35, 1996, H.1, S. 24–25

Das Leben achten. Maßstäbe für Gentechnik und Fortpflanzungsmedizin. Beiträge aus der evangelischen Synode für Deutschland, Gütersloh 1988

Lembeck, F.: Alternativen zum Tierversuch, Stuttgart 1988

Lexikon der Bioethik, hg. v. W. Korff u.a., 3 Bde., Gütersloh 1998

Löw, R.: Leben aus dem Labor. Gentechnologie und Verantwortung – Biologie und Moral, München 1985

Löw, R. (Hg.): Bioethik. Philosophisch-theologische Beiträge zu einem brisanten Thema, Köln 1990

Markl, H.: Evolution, Genetik und menschliches Verhalten, München/Zürich 1986

Müller, A.: Ethische Aspekte der Erzeugung und Haltung transgener Nutztiere, Stuttgart 1995

Mohr, H.: Angst vor den Folgen. Warum die Diskussion über die Gentechnik versachlicht werden muß, EK 29, 1996, S. 567–569

–: Natur und Moral. Ethik in der Biologie, Darmstadt 1987

Nida-Rümelin, J./von der Pfordten, D. (Hg.): Ökologische Ethik und Rechtstheorie (Studien zur Rechtsphilosophie und Rechtstheorie, Bd. 10), Baden-Baden 1995

Ott, K.: Ökologie und Ethik. Ein Versuch praktischer Philosophie (Ethik in den Wissenschaften 4), Tübingen/Basel ²1994

Patentierte Lebewesen? Mit Beiträgen von G. Virt, D. Mieth, R. Potz und P. Ruckenbauer (AKV-Informationen 5/97)

Petri, H./Liening, H. (Hg.): Menschen – Tiere – Pflanzen. Werden Tiere und Pflanzen als Mitgeschöpfe beachtet? (Schriftenreihe Praktische Psychologie, Bd. 18), Bochum 1995

Pfordten, D. von der: Ökologische Ethik. Zur Rechtfertigung menschlichen Verhaltens gegenüber der Natur (re 567), Reinbek 1996

Rifkin, J.: Genesis zwei. Biotechnik – Schöpfung nach Maß, Reinbek 1986

Ringeling, H.: Leben im Anspruch der Schöpfung. Beiträge zur Fundamental- und Lebensethik, Freiburg (Schweiz) 1988

Ruh, H.: Tierrechte – neue Fragen der Tierethik, ZEE 33, 1989, S. 59–71

Schell, Th. v.: Die Freisetzung gentechnisch veränderter Mikroorganismen. Ein Versuch interdisziplinärer Urteilsbildung (Ethik in den Wissenschaften 6), Tübingen/Basel 1994

Schlitt, M.: Umweltethik. Philosophisch-ethische Reflexionen – Theologische Grundlagen – Kriterien, Paderborn 1992

Schmitz, Ph.: Fortschritt ohne Grenzen? Christliche Ethik und technische Allmacht (QD 164), Freiburg/Basel/Wien 1997

Schockenhoff, E.: Ethik des Lebens. Ein theologischer Grundriß, Mainz 1993

Schweitzer, A.: Kultur und Ethik. Sonderausgabe mit Einschluß von Verfall und Wiederaufbau der Kultur, München 1960

Sill, B. (Hg.): Bio- und Gentechnologie in der Tierzucht. Ethische Grund- und Grenzfragen im interdisziplinären Dialog, Stuttgart 1996

Singer, P.: Praktische Ethik. Suttgart ²1994

Teutsch, G.M.: Lexikon der Umweltethik, Göttingen/Düsseldorf 1985

–: Mensch und Tier. Lexikon der Tierschutzethik, Göttingen 1987

–: Das Tier als Objekt. Streitfragen zur Ethik des Tierschutzes, Frankfurt a.M. 1989

Then, Chr.: Von Menschen und Mäusen. Gründe gegen eine Patentierung von Lebewesen, LM 35, 1996, H.1, S. 20–22

Wils, J.-P.: Anthropologie und Ethik. Biologische, sozialwissenschaftliche und philosophische Überlegungen (Ethik in den Wissenschaften 9), Tübingen/Basel 1997

Wilson, E.O.: Der Wert der Vielfalt. Die Bedrohung des Artenreichtums und das Überleben des Menschen, München 1995

Wolf, J.-C.: Tierethik. Neue Perspektiven für Menschen und Tiere, Freiburg (Schweiz) 1992

Wolf, U.: Das Tier in der Moral, Frankfurt a.M. 1990

11. Kapitel

Arbeit, Brot und Spiele

Ökonomie und soziale Menschenrechte

1. Wirtschaftliche, soziale und kulturelle Menschenrechte

So wie wir schon bislang über die Menschenrechte den Zugang zu Themengebieten der Sozialethik suchten, wollen wir uns im folgenden auch den Grundfragen der Wirtschaftsethik und einer Ethik der Kultur über den Menschenrechtsgedanken nähern. Über die Idee der Menschenrechte suchen wir zwischen theologischer Ethik und materialer Sozialethik zu vermitteln, ohne damit jedoch zu unterstellen, daß es sich bei den Menschenrechten um eine vollständige Ethik handelt. Im Gegenteil wurde bereits im 6. Kapitel auf die notwendige Differenz zwischen Recht und Moral, und zwar auch mit theologischen Gründen, hingewiesen.[1] Die Menschenrechte „geben keine Antwort auf die Frage nach dem Sinn des Lebens, Leidens und Sterbens. Sie enthalten keine umfassenden Weisungen für die rechte Lebensführung als Individuum und in der Gemeinschaft. Sie bieten keine Riten und Symbole, durch die Menschen – über die politisch-rechtliche Gleichberechtigung hinaus – einander Achtung bezeugen und Verbundenheit oder auch Differenz zum Ausdruck bringen können."[2] Als kodifizierte Grundrechte, die gleichermaßen begründungsoffen wie begründungsbedürftig sind, bezeichnen die Menschenrechte aber eine mittlere Ebene zwischen Ethik und Recht. Das gilt auch für die Bereiche der Wirtschaft und der Kultur.

Grundsätzlich unterscheidet man zwischen individuellen und sozialen Menschenrechten. Während es sich bei den individuellen Menschenrechten um sogenannte *Abwehrrechte* handelt, welche die Freiheit des Einzelnen vor unzulässigen Einschränkungen durch den Staat

---

[1] Siehe S. 152ff.

[2] *H. Bielefeldt*, Philosophie der Menschenrechte. Grundlagen eines weltweiten Freiheitsethos, Darmstadt 1998, S. 147.

schützen sollen, sind die sozialen Menschenrechte als *Teilhaberechte* zu verstehen, welche Verpflichtungen des Staates gegenüber seinen Bürgern formulieren. Ein rechtsdogmatisches Hauptproblem der Menschenrechte ist freilich die Zuordnung von individuellen und wirtschaftlich-sozialen Menschenrechten. In *der Allgemeinen Erklärung der Menschenrechte* von 1948 finden sich beide Formen von Menschenrechten nebeneinander. Im Dezember 1966 verabschiedeten die Vereinten Nationen aber zwei getrennte Internationale Pakte, deren erster die bürgerlichen und politischen Rechte, deren zweiter die wirtschaftlichen, sozialen und kulturellen Rechte zum Gegenstand hat.

Im Anschluß an die Allgemeine Erklärung der Menschenrechte formuliert der *Internationale Pakt über wirtschaftliche, soziale und kulturelle Rechte* (IPWSKR) die Erkenntnis, daß „das Ideal vom freien Menschen, der frei von Furcht und Not lebt, nur verwirklicht werden kann, wenn Verhältnisse geschaffen werden, in denen jeder seine wirtschaftlichen, sozialen und kulturellen Rechte ebenso wie seine bürgerlichen und politischen Rechte genießen kann"[3]. Im einzelnen formuliert der IPWSKR unter Anerkennung des Rechtes der Völker auf Selbstbestimmung und freie Verfügung über ihre natürlichen Ressourcen (Teil I) folgende Rechte: das Recht auf Arbeit, das Recht auf gerechte und günstige Arbeitsbedingungen, das Recht auf Gewerkschaftsbildung und das Streikrecht, das Recht auf soziale Sicherheit, insbesondere für Ehe und Familie, für die Mütter, für Kinder und Jugendliche, das Recht auf angemessenen Lebensstandard einschließlich ausreichender Ernährung, Bekleidung und Unterbringung, das Recht des Schutzes vor Hunger, das Recht eines jeden auf das für ihn erreichbare Höchstmaß an körperlicher und geistiger Gesundheit und medizinischer Versorgung, das Recht auf Bildung, das Recht auf Teilnahme am kulturellen Leben, das Recht der Teilhabe am wissenschaftlichen Fortschritt, das Recht auf Schutz geistigen Eigentums, d.h. den Schutz von Urheberrechten. Diese Rechte werden auf europäischer Ebene durch die bereits 1961 vom Europarat verabschiedete *Europäische Sozialcharta* garantiert. In ihr verpflichten sich die Unterzeichnerstaaten vertraglich, „mit allen zweckdienlichen Mitteln staatlicher und zwischenstaatlicher Art eine Politik zu verfolgen, die darauf abzielt, geeignete Voraussetzungen zu schaffen, damit die tatsächliche Ausübung" der genannten Rechte und Grundsätze „gewahrt ist"[4].

---

[3] IPWSKR, Präambel.
[4] Europäische Sozialcharta, Teil I.

Die europäische Sozialcharta wie auch der IPWSKR zeigen, daß der Gedanke sozialer und kultureller Menschenrechte eine soziale und kulturelle Fürsorgepflicht des Staates und letztlich die Idee eines *Sozialstaates* impliziert. Treten soziale neben die klassischen individuellen Menschenrechte, so hat dies nicht nur auf das Staatsverständnis, sondern auch auf die Wirtschaftsform erhebliche Auswirkungen. Dabei zeigt sich, daß die aus dem Grundwert der Freiheit abgeleiteten individuellen Menschenrechte zu den sozialen Menschenrechten, die aus den Ideen der Gleichheit und der Solidarität folgen, in Spannung stehen. Einerseits widerspricht die Idee eines ausgebauten Sozialstaats und einer ihm entsprechenden sozialen Marktwirtschaft klassischen Liberalismuskonzepten wie auch neoliberalen Ordnungsvorstellungen. Andererseits wird die kapitalistische Marktwirtschaft, auch wenn sie sozialstaatlich modifiziert wird, von sozialistischen Gesellschaftstheorien prinzipiell abgelehnt. Während also für klassisch liberale Gesellschafts- und Wirtschaftstheorien die sozialen Menschenrechte und aus ihr abgeleitete Verpflichtungen des Staates ein Problem darstellen, postulieren sozialistische Gesellschaftstheorien den Primat der sozialen Menschenrechte, durch den die individuellen Freiheitsrechte eingeschränkt werden. Nicht nur die sozialen, sondern auch die individuellen Menschenrechte werden in diesem Fall prinzipiell als Teilhaberechte verstanden, für deren Gewährung der sozialistische Staat verantwortlich ist. Erst in der wirklichen Gemeinschaft wird nämlich nach Karl Marx die persönliche Freiheit möglich, weil die Individuen ihre Freiheit erst in und durch ihre Vergesellschaftung erlangen.

Exemplarisch läßt sich der fundamentale Unterschied in der Begründung sozialer Menschenrechte durch einen Vergleich der Verfassungen der Bundesrepublik Deutschland und der ehemaligen DDR verdeutlichen. Während das bundesdeutsche Grundgesetz jedem Deutschen das Recht zusichert, „Beruf, Arbeitsplatz und Ausbildungsstätte frei zu wählen"[5], und eine zwangsweise Arbeitsverpflichtung ausschließt, stellte die Verfassung der DDR fest, daß das Recht auf Arbeit mit der Pflicht zur Arbeit eine Einheit bilde und daß die freie Wahl des Arbeitsplatzes durch gesellschaftliche Erfordernisse und die persönliche Qualifikation eingeschränkt werde.[6] Wird also das Recht auf Arbeit in der

---

[5] Grundgesetz der Bundesrepublik Deutschland, Art. 12.

[6] Verfassung der DDR, Art. 24 (in der Fassung vom 9. April 1968). Zum Ganzen vgl. auch *M. Honecker*, Das Recht des Menschen. Einführung in die evangelische Sozialethik, Gütersloh 1978, S. 75ff.

Verfassung der DDR durch die Pflicht zur Arbeit und die kollektive
Planwirtschaft relativiert, so ist es bis heute, auch nach dem Ende der
DDR und der deutschen Vereinigung 1990, nicht gelungen, das Recht
auf Arbeit als solches ausdrücklich im deutschen Grundgesetz zu verankern. Dieses garantiert nach wie vor lediglich das Recht auf freie Be-
rufswahl und freie Wahl des Arbeitsplatzes.

Die Diskussion der verfassungsrechtlichen Fragen setzt allerdings die
systematische Verhältnisbestimmung von wirtschaftlich-sozialen und
individuellen Menschenrechten voraus. Entgegen einer kollektivistischen Gesellschaftstheorie, handele es sich nun um eine sozialistische
oder eine Theorie „asiatischer Werte", sei im folgenden die These vertreten, daß der Mensch seine individuelle Freiheit in der Gesellschaft
nicht erst erlangt, sondern realisiert. Der Staat aber hat die Freiheit des
Einzelnen, die mit seiner Menschenwürde verbunden ist, nicht zu
gewähren, sondern anzuerkennen. Wie schon im 6. Kapitel gezeigt
wurde, ist die Freiheit des Einzelnen allerdings nicht im Sinne unmittelbarer Selbstbehauptung zu verstehen, soll sie nicht in einen Selbstwiderspruch geraten. Vielmehr kann die Freiheit des Einzelnen nur dann
realisiert werden, wenn sie die Freiheit des anderen einschließt. Die
Erwartung, daß meine eigene Freiheit anerkannt wird, ist nur dann
begründet, wenn ich meinerseits den anderen und seine Freiheit anzuerkennen bereit bin. Daher dürfen die individuellen Menschenrechte
nicht auf ein vermeintlich natürliches Recht der Individuen zurückgeführt werden, sondern sind als Realisierung wechselseitiger Anerkennung zu verstehen. So gewiß politisch-bürgerliche und soziale Menschenrechte zueinander in Spannung treten können, sind sie doch als
gleichursprünglich zu denken. Denn die wechselseitige Anerkennung
impliziert die Notwendigkeit, einander gerecht zu werden, d.h. aber die
Forderung sozialer Gerechtigkeit. Es ist daher schlüssig, wenn Art. 1
der Allgemeinen Erklärung der Menschenrechte fordert, daß alle Menschen, frei und gleich an Würde und Rechten geboren, einander „im
Geiste der Brüderlichkeit" begegnen sollen.

Das elementarste Menschenrecht aber ist das *Recht auf Leben*. Art. 2
der Universalen Menschenrechtsdeklaration erklärt: „Jeder Mensch hat
das Recht auf Leben, Freiheit und Sicherheit der Person." Die sozialen
Menschenrechte, insbesondere das Recht auf Nahrung, auf Arbeit, auf
angemessene Unterbringung und Gesundheitsversorgung, sind nun
aber nichts anderes als Konkretionen des Rechtes auf Leben. Zwar werden die sozialen Menschenrechte als Teilhaberechte von den klassischen individuellen Abwehrrechten unterschieden. Doch zeigt sich bei

genauerem Hinsehen, daß sich die Teilhaberechte ihrerseits als Abwehrrechte interpretieren lassen, nämlich als konkrete Bestimmungen zum Schutz des Rechtes auf Leben unter den realen Bedingungen einer modernen, hochgradig ausdifferenzierten Gesellschaft. Das elementare Bedürfnis nach Nahrung, Frischwasser und gesunder Luft läßt sich in einer modernen, bevölkerungsreichen Industrie- und Dienstleistungsgesellschaft nicht nach dem Selbstversorgerprinzip befriedigen, ist doch nicht unmittelbar die Natur, sondern die menschliche Kultur der Lebensraum des Individuums. Aber auch in einer agrarischen Gesellschaft läßt sich das Recht auf Nahrung nicht unmittelbar vom Einzelnen verwirklichen, weil Landwirtschaft einen angemessenen Anteil am Boden oder Zugang zu seiner gemeinschaftlichen Bewirtschaftung voraussetzt. Es bestätigt sich also, daß wirtschaftliche und soziale Teilhaberechte in erster Linie als Fortentwicklung klassischer Abwehrrechte zu verstehen sind.

Auch die sogenannten *kulturellen Menschenrechte* können aus dem elementaren Recht auf Leben abgeleitet werden. Denn es entspricht nicht nur der biblischen Überlieferung, sondern auch der allgemein menschlichen Erfahrung, daß der Mensch nicht vom Brot allein lebt. Schon die Herrscher des antiken Rom wußten, daß es ein Gebot politischer Klugheit ist, nicht allein für Brot, sondern für „Brot und Spiele" zu sorgen. Selbst noch in ihrer Perversion als Maxime des politischen Machterhalts bringt die Formel eine anthropologische Grundeinsicht zum Ausdruck, wonach nämlich das Spiel ein menschliches Grundphänomen ist. Der Mensch, der sich selbst als Homo sapiens bezeichnet, ist seinem Wesen nach ebenso ein Homo ludens. Im Spiel hat, wie der Kulturhistoriker Johan Huizinga gezeigt hat, alle Kultur ihren Ursprung.[7] Auch Weisheit und Wissenschaft haben einen Bezug zum Spiel. Wo sie als reine Zweckrationalität in Erscheinung treten, handelt es sich um defizitäre Erscheinungsformen derselben.

Kulturelle Menschenrechte konkretisieren das Recht auf Leben, das mehr bedeutet als nur das Recht auf physisches Überleben, sondern das Recht auf *menschenwürdiges* Leben meint. Zur Würde des Menschen aber gehört die Entfaltung seiner Persönlichkeit, seiner geistigen und künstlerischen Fähigkeiten, und nicht zuletzt das Recht auf Religion. Das Recht auf Religionsfreiheit wird nämlich unzureichend bestimmt, wenn man es lediglich als individuelles Abwehrrecht interpretiert, sei es

---

[7] Siehe *J. Huizinga*, Homo Ludens. Vom Ursprung der Kultur im Spiel (rde 21), Reinbek 1981.

negativ, daß niemand zur Zugehörigkeit zu einer Religion oder Ausübung derselben gezwungen werden darf, sei es positiv, daß der Staat
die individuelle Religionsausübung zu schützen hat. Zur Religionsfreiheit gehört vielmehr konstitutiv auch das Recht der religiösen Gemein-
schaftsbildung, ist Religion doch von Hause aus ein Gemeinschafts-
phänomen. Wir werden allerdings noch im Schlußabschnitt dieses
Kapitels zu erörtern haben, welche Spannungen zwischen individuellen
Freiheitsrechten und kulturellen Menschenrechten auftreten können.
Unter Berufung auf kulturelle Menschenrechte kann gelegentlich einer
Einschränkung der individuellen Freiheitsrechte das Wort geredet werden. In diesem Zusammenhang werden wir nochmals einen kritischen
Blick auf die Multikulturalitätsdebatte werfen müssen, die uns schon
im Zusammenhang des modernen Pluralismus der Ethiken und der
allgemeinen Begründungsproblematik der Menschenrechte im 3. und
6. Kapitel beschäftigt hat.

Wie sehr sich bürgerlich-politische, wirtschaftlich-soziale und kulturelle Menschenrechte überschneiden, kann man am *Recht auf Bildung*
ersehen. Der IPWSKR führt das Recht auf Bildung unter deN sozialen
und kulturellen Menschenrechten auf. Nach Art. 13 soll Bildung „auf
die volle Entfaltung der menschlichen Persönlichkeit und des Bewußtseins ihrer Würde gerichtet sein" und die Achtung vor den Menschenrechten und Grundfreiheiten stärken. Außerdem soll es die Bildung
dem Einzelnen ermöglichen, „eine nützliche Rolle in einer freien Gesellschaft zu spielen". Und schließlich soll Bildung Toleranz und Völ-
kerverständigung sowie die Erhaltung des Friedens fördern. Bildung
muß aber auch im Zusammenhang mit dem Recht auf Arbeit gesehen
werden. Denn der Zugang zum Arbeitsmarkt hängt in hochentwickel-
ten Gesellschaften immer mehr von einer qualifizierten Schulbildung
und beruflichen Ausbildung, ebenso von fortgesetzter Weiterbildung
ab.

Nun ist die Frage zu diskutieren, in welcher Weise wirtschaftliche,
soziale und kulturelle Menschenrechte auf wirksame Weise gesetzlich
verankert werden können. Wie wir schon sahen, hat z.B. das *Recht auf
Arbeit* bis heute keine Aufnahme in das Grundgesetz der Bundesrepublik Deutschland gefunden, und dies, obwohl das Recht auf Arbeit in
Zeiten struktureller Massenarbeitslosigkeit von ganz entscheidender
gesellschaftlicher und politischer Bedeutung ist. Denn nicht nur die
persönliche Existenzsicherung, sondern auch die Finanzierung des So-
zialversicherungswesens ist im marktwirtschaftlichen Sozialstaat an die
Erwerbsarbeit gekoppelt. Wir wollen an dieser Stelle noch nicht allge-

meine anthropologische und sozialethische Überlegungen über den Sinn der Arbeit für das Menschsein anstellen. Das soll erst im nächsten Kapitel geschehen. Hier geht es zunächst um den menschenrechtlichen Aspekt der Arbeit in Verbindung mit dem Recht auf Leben und Existenzsicherung.

Gegen die Aufnahme des Rechtes auf Arbeit in die Verfassung oder deren Grundrechtskatalog wird eingewandt, daß dieses Recht als individuelles Sozialrecht unter marktwirtschaftlichen Bedingungen beim Staat gar nicht einklagbar ist, da dieser Vollbeschäftigung gar nicht garantieren kann. Der Staat hat allenfalls die Möglichkeit, wirtschaftspolitisch für geeignete Rahmenbedingungen zu sorgen, unter denen sich Vollbeschäftigung erreichen läßt. Unmittelbar ist dies aber die Aufgabe der Tarifpartner, d.h. der Unternehmen und der Gewerkschaften. Ein gesetzlich verankertes Recht auf Arbeit, so die Kritiker, hätte darum lediglich deklaratorischen Charakter.

Dagegen läßt sich allerdings einwenden, daß die Sicherung des Rechtes auf Arbeit auch unter marktwirtschaftlichen Bedingungen eine vorrangige *Staatszielbestimmung* ist. Zwar kann der Staat das Recht auf Arbeit nicht direkt durchsetzen. Sehr wohl aber hat er indirekt eine Verantwortung für seine Verwirklichung. So verpflichten sich die Unterzeichnerstaaten der Europäischen Sozialcharta, die das Recht auf Arbeit ausdrücklich enthält, zu einer staatlichen und zwischenstaatlichen Politik, die darauf abzielt, für die Verwirklichung sozialer Menschenrechte geeignete Voraussetzungen zu schaffen. Unter den Bedingungen einer sozialen Marktwirtschaft erscheint es sinnvoll, das Recht auf Arbeit zwar nicht als individuell einklagbares Grundrecht zu kodifizieren, jedoch als Staatszielbestimmung in der Verfassung ausdrücklich zu verankern. Auf diese Weise wird der Staat zumindest zu angemessener Arbeitsmarktvorsorge und -pflege verpflichtet.

In pragmatischer Hinsicht läßt sich eine abgestufte Verankerung der individuellen und der wirtschaftlich-sozialen Menschenrechte in der Verfassung durchaus begründen. Für die Begrenzung der Zahl der verfassungsmäßig garantierten Grundrechte spricht, daß der besondere Grundrechtsschutz durch inflationäre Ausdehnung des *Grundrechtskatalogs* eher geschwächt als gestärkt wird. Außerdem ist es sinnvoll, dem Sozialstaat unter den konkreten, wechselvollen Bedingungen einer modernen Marktwirtschaft einen größeren Gestaltungsspielraum einzuräumen als im Fall der politischen und geistigen Freiheitsrechte. Sofern aber zwischen Grundrechtskatalog und Staatszielbestimmungen unterschieden wird, handelt es sich in Wahrheit nicht um eine Hierarchisierung zwischen individuellen und sozialen Menschenrechten, die wir als gleichursprünglich beschrieben haben, sondern lediglich „um eine Differenz *im Modus rechtlicher Gewährleistung* einer umfassenden Freiheitsordnung"[8]. Schließlich ist auch der Schutz der klassischen Freiheits- und Abwehrrechte von Maßnahmen, z.B. der Einrichtung und Erhaltung eines funktionierenden Gerichtswesens abhängig. Umgekehrt dürfen soziale Menschenrechte nicht derart mißverstanden werden, als stehe es im Belieben des Staates, sie zu gewährleisten oder zu entziehen, wenngleich ihre Realisierung durch den Staat deutlich schwieriger als diejenige individueller Freiheitsrechte ist. Erscheint es also sinnvoll, für die politische und rechtliche Gewährleistung von Menschenrechten unterschiedliche Modi beizubehalten, so müssen die politischen, bürgerlichen, wirtschaftlichen, sozialen und kulturellen Menschenrechte doch als spannungsvolle Einheit begriffen werden.

2. Probleme heutiger Wirtschaftsethik

2.1 Wirtschaft und Wirtschaftsethik

Im vorigen Abschnitt wurden die wirtschaftlich-sozialen Menschenrechte als Ausgestaltung des Rechtes auf Leben, Freiheit und Sicherheit unter den realen Bedingungen der modernen Gesellschaft und ihres Wirtschaftslebens interpretiert. Unter dem Begriff der *Wirtschaft* wollen wir die *Gesamtheit aller Tätigkeiten* verstehen, *die den materiellen Lebensunterhalt der Menschen sichern sollen.*[9] Diese Tätigkeiten sind vonnöten, weil der Mensch naturgemäß ein Mängelwesen ist, dessen Bedürfnisse nach Nahrung, Wohnung, Kleidung neben weiteren nachgeordneten materiellen Bedürfnissen ständig neu befriedigt werden müssen. Je höher der Grad an Vergesellschaftung des Menschen ist, desto wichtiger wird das Wirtschaften als Form des gemeinschaftlichen Handelns. In dieses Handeln ist auch die Natur einbezogen, deren Ressourcen zur Befriedigung materieller Bedürfnisse erschlossen und genutzt werden. Wie wir bereits sahen, erschließt sich der Sinn sozialer Menschenrechte unter anderem durch die Einsicht, daß die menschliche Lebenswelt in der heutigen Zeit immer schon eine gesellschaftlich

---

[8] H. Bielefeldt, a.a.O. (Anm. 2), S. 101.

[9] Vgl. *G. Meckenstock*, Wirtschaftsethik, Berlin/New York 1997, S. 5. Zum folgenden siehe dort S. 4ff.

bearbeitete und kulturell überformte ist. Das gilt auch für den Bereich der sogenannten Natur.

In einer komplexen Gesellschaft geschieht die materielle Bedürfnisbefriedigung nicht nach dem Prinzip der Selbstversorgung, sondern durch die gemeinschaftliche Herstellung und den Tausch von Gütern. Getauscht wird nicht nur, was unmittelbar gebraucht oder verbraucht werden soll, sondern auch Güter, die für weitere Tauschgeschäfte verwendbar sind. Damit ist der Weg zur Erwerbswirtschaft und schließlich zur Geldwirtschaft beschritten, bei der ein neues Medium eingeführt wird, welches das direkte Tauschgeschäft durch das indirekte Tauschgeschäft ablöst.

Zu den Grundbedingungen des Wirtschaftens gehört sodann der Umstand, daß die Güter, mit denen die materiellen Bedürfnisse des Menschen befriedigt werden sollen, relativ knapp sind. Die Güterknappheit steigt, je mehr Selbständigkeit die Einzelnen gegenüber der Gesellschaft erlangen und je mehr die Rechte und Handlungsspielräume anderer eingeschränkt werden. In einer Gesellschaft, die nicht mehr räumlich expandieren und also neue Quellen an Grundbesitz und natürlichen Ressourcen erschließen kann, müssen die Tauschbeziehungen immer intensiver werden. Gleichzeitig nimmt die Arbeitsteiligkeit zu. Eine *arbeitsteilige* Gesellschaft ist vollständig kommerzialisiert. In ihr sind alle Mitglieder Wirtschaftssubjekte, sei es als arbeitsteilige Produzenten, sei es als Händler und Zwischenhändler, sei es als Geldhändler, sei es als Konsumenten. Dabei nehmen alle Mitglieder der Gesellschaft mehrere Rollen gleichzeitig ein. Sie sind sowohl Produzenten als auch Konsumenten, Dienstleistungsnehmer und Dienstleistungsanbieter.

Die Gesellschaft der Moderne zeichnet sich durch wenigstens *zwei Haupttendenzen* aus. Zum einen überschreitet die Wirtschaft die Grenzen einer lokalen Gesellschaft oder eines Nationalstaates. Das wirtschaftliche Handeln wird global. Arbeitsteilige Produktion, Waren- und Geldströme bewegen sich über alle Kontinente hinweg. Zum anderen bildet die moderne Gesellschaft Teilsysteme aus, die relativ selbständig gegenüber den anderen funktionieren und eine Eigendynamik entwickeln. So kommt es beispielsweise nicht nur zu einer relativen Emanzipation der Wirtschaft von der Politik, sondern auch zur Entwicklung von Subsystemen des Systems „Wirtschaft". Die eigenständigen Systeme werden allerdings nicht autark, sondern agieren in einem komplexem Spiel wechselseitiger Kommunikation.

Die Wissenschaft von den Gesetzmäßigkeiten wirtschaftlichen Handelns ist die *Ökonomie*. Die Wirtschaft wird aber auch zum Reflexionsgegenstand der Ethik erhoben. *Wirtschaftsethik* ist freilich nur dann eine sinnvolle Disziplin der Ethik, wenn ökonomische Prozesse nicht ausschließlich als quasi naturgesetzlich ablaufende Mechanismen verstanden, sondern mit Gründen als Resultat verantwortlicher Entscheidungen und somit moralisch beurteilbarer Handlungen zu betrachten sind. Wirtschaftsethik geht von der Prämisse aus, daß die Wirtschaft „kein vollständig determinierter Funktionszusammenhang, sondern ein höchst verschlungenes Interaktionsfeld mannigfaltiger Wirtschaftssubjekte" ist, „die ihr wirksames Handeln verantwortlich gestalten müssen"[10].

So unhaltbar die These von der völligen Eigengesetzlichkeit der Wirtschaft ist, so fragwürdig ist andererseits die Forderung, daß sich wirtschaftliche Entscheidungen unmittelbar an ethischen Normen zu orientieren haben. „Die Aufgabe einer Wirtschaftsethik ist vielmehr die Verbindung von Sachgerechtem und Menschengerechtem."[11] Sie verknüpft daher eine deskriptive Problemanalyse mit einer normativen Wertung.

Arthur Rich unterscheidet zwei Ebenen wirtschaftsethischer Urteilsbildung.[12] Auf der einen wird nach der *Produktion* von Gütern gefragt, auf der anderen nach der *Verteilung* des Produzierten.[13] Der zentrale ethische Begriff ist auf beiden Ebenen derjenige der Gerechtigkeit, wobei Rich den Begriff der gesellschaftlichen Gerechtigkeit zu den Kriterien des *Menschengerechten*, welches dasjenige des *Umweltgerechten* notwendigerweise einschließt[14], und des *Sachgemäßen* in Beziehung setzt.[15]

Entsprechend der Unterscheidung zwischen *Volkswirtschaft* und *Betriebswirtschaft* lassen sich auch eine allgemeine Wirtschaftsethik und eine Unternehmensethik voneinander unterscheiden. Die Wirtschaftsethik der vergangenen beiden Jahrzehnte hat ihren Blick zunehmend auf die Unternehmungen als Subjekte des wirtschaftlichen Handelns gerichtet. Wir werden uns im folgenden allerdings auf Grundfragen der allgemeinen Wirtschaftsethik beschränken.

---

[10] G. Meckenstock, a.a.O. (Anm. 9), S. 4.

[11] *M. Honecker*, Grundriß der Sozialethik, Berlin/New York 1995, S. 432.

[12] Vgl. *A. Rich*, Wirtschaftsethik, Bd. I, Gütersloh 1984; Bd. II, Gütersloh 1990.

[13] Vgl. A. Rich, a.a.O. (Anm. 12), Bd. II, S. 28.132.

[14] A.a.O. (Anm. 12), Bd. II, S. 20.

[15] A.a.O. (Anm. 12), Bd. I, S. 172ff (Kapitel 7).

2.2 Wirtschaftsordnungen

Vor Einzelfragen des Wirtschaftens und der Güterverteilung steht diejenige nach der grundlegenden Wirtschaftsordnung. Mit A. Rich können wir uns diesem Grundproblem nähern, indem wir im Anschluß an P.A. Samuelson drei Grundfragen der Wirtschaftsordnung formulieren: 1. *Was* soll hergestellt werden und in welcher Menge?, 2. *Wie* soll produziert werden?, 3. *Für wen* soll produziert werden?[16] Diese Fragen betreffen nicht allein die ökonomische Sachgerechtigkeit, sondern haben ethische Implikationen. Denn ihre Beantwortung hängt in hohem Maße von Wertentscheidungen ab.

Betrachtet man nun die denkbaren Modelle einer Wirtschaftsordnung, so lassen sich zwei Grundformen angeben: einerseits das System der *dezentralen freien Marktwirtschaft*, andererseits das System der *Zentralen Planwirtschaft*.[17] Ethisch betrachtet ist die Marktwirtschaft in erster Linie der Idee der Freiheit, die Planwirtschaft der Idee der Solidarität verpflichtet. Nach Rich sind beide Werte unaufgebbar, können aber nur dann menschengerecht sein, „wenn sie sich relational verstehen und so gegenseitig relativieren, mithin jeglicher Absolutsetzung widerstehen."[18] Die ethische Beurteilung der beiden zur Diskussion stehenden Wirtschaftsordnungen hat zu berücksichtigen, daß es in der Praxis weder eine absolut freie Marktwirtschaft, noch eine rein zentralgebundene Verwaltungswirtschaft gibt. Tatsächlich besteht eine Tendenz zur Relativierung der beiden Grundsysteme, die nicht nur auf der Linie des Menschengerechten, sondern auch derjenigen des Sachgemäßen liegt.

Freilich ist keine Synthese zwischen beiden Systemen denkbar. „Man hat sich also für das eine oder andere zu entscheiden. Und das bedeutet, daß die gemeinte Relativierung bzw. Modifizierung auf der Basis des einen oder des andern Grundsystems zu erfolgen hat."[19] Unter Berücksichtigung der Kriterien des Menschengerechten wie des Sachgemäßen ergibt sich, daß die Zentralverwaltungswirtschaft nicht marktmodifizierbar und somit auch nicht relativierbar ist, wohingegen eine Markt-

---

[16] A. Rich, a.a.O. (Anm. 12), Bd. I, S. 132. Vgl. *P.A. Samuelson*, Volkswirtschaftslehre, Bd. I, Köln ⁴1969, S. 35f.

[17] „Ob der Korporativismus als drittes fundamentales Koordinatensystem gelten kann, ist fraglich" (A. Rich, a.a.O. [Anm. 12], Bd. II, S. 255). Zur theoretischen Begründung der Dualismus möglicher Grundsysteme siehe *W. Eucken*, Grundsätze der Wirtschaftspolitik, hg. v. E. Eucken-Erdsiek u. K.P. Hensel (UTB 1572), Tübingen ⁶1990.

[18] A.a.O. (Anm. 12), Bd. II, S. 256.

[19] A. Rich, a.a.O. (Anm. 12), Bd. II, S. 257.

wirtschaft durchaus mit Elementen einer Planwirtschaft vereinbar ist, sofern „der Markt mit seinen dezentral planenden Unternehmen und Haushalten seinen konstitutiven Rang behält und sich die global-makroökonomische Planung auf eine subsidiär-ergänzende Funktion beschränkt"[20]. Erweist sich also das System der Zentralverwaltungswirtschaft im Unterschied zum System der Marktwirtschaft als nicht wirklich relativierbar, kann die ordnungspolitische Option nach Rich prinzipiell nur zugunsten der Marktwirtschaft ausfallen.[21] Damit ist freilich noch keine Entscheidung für eine konkrete Gestalt der Marktwirtschaft gefallen. Nur soviel wird man sagen können, daß die Marktwirtschaft sowohl dem Grundwert der Freiheit als auch demjenigen der Solidarität verpflichtet sein muß, d.h. in irgendeiner Form eine sozialstaatliche Komponente haben muß. In der Praxis aber kann auch das System einer sozialen Marktwirtschaft sehr unterschiedlich ausgestaltet werden.

Die grundsätzliche Option für das Modell einer *sozialen Marktwirtschaft* setzt freilich voraus, daß sich der Grundwert der Freiheit mit demjenigen der Solidarität bzw. der Gerechtigkeit tatsächlich in Einklang bringen läßt. Wie wir schon bei der Bestimmung des Verhältnisses von bürgerlich-politischen und wirtschaftlich-sozialen Menschenrechten sahen, kommt es zwischen der Freiheit auf der einen und Solidarität und Gleichheit auf der anderen Seite regelmäßig zu Konflikten. Das gilt auch für die Marktwirtschaft, die nicht nur bestehende *Ungleichheiten* in Kauf nimmt, sondern solche sogar fördert. Zwar sind im demokratischen Rechtsstaat vor dem Gesetz alle Menschen gleich, doch bestehen unter marktwirtschaftlichen Bedingungen wirtschaftliche und soziale Ungleichheiten. Sollen diese nicht mit dem Verweis auf das Recht des Stärkeren gerechtfertigt werden, das wir schon als mögliche Konsequenz einer individualistischen Begründung der Menschenrechte verworfen haben, drängt sich die Frage auf, ob sich wirtschaftliche und gesellschaftliche Ungleichheiten überhaupt ethisch rechtfertigen lassen.

---

[20] A.a.O. (Anm. 12), Bd. II, S. 257f.

[21] Auch die ökonomische Theorie O. Šiks weist letztlich keinen dritten Weg zwischen Planwirtschaft und Marktwirtschaft, sondern entwirft das Modell einer human reformierten Marktwirtschaft. Siehe O. *Šik*, Der dritte Weg. Die marxistisch-leninistische Theorie und die moderne Industriegesellschaft, Hamburg 1972; *ders.*, Ein Wirtschaftssystem der Zukunft, Berlin/Heidelberg/New York/Tokyo 1985; *ders.*, Wirtschaftssysteme. Vergleiche – Theorie – Kritik, Berlin/Heidelberg/New York/ Tokyo 1987.

Nun kann ökonomisch argumentiert werden, daß Ungleichheiten wie z.B. Einkommensunterschiede, den notwendigen Anreiz zu wirtschaftlicher Leistung geben, Einheitslöhne dagegen die Leistungsbereitschaft hemmen und sich daher gesamtwirtschaftlich und gesellschaftlich negativ auswirken. Eine solche Argumentation setzt allerdings voraus, daß die mit Ungleichheiten verbundenen Privilegien sozialpflichtig sind und ein notwendiges Maß nicht überschreiten dürfen.[22] Genau darauf zielt nun die Theorie der *Gerechtigkeit* ab, die J. Rawls aufgestellt hat und die von A. Rich übernommen wird.[23] Rawls formuliert den Grundsatz: „Soziale und wirtschaftliche Ungleichheiten sind so zu gestalten, daß (a) vernünftigerweise zu erwarten ist, daß sie zu jedermanns Vorteil dienen, und (b) sie mit Positionen und Ämtern verbunden sind, die jedem offen stehen."[24] Folgt man dieser Theorie, so lassen sich Freiheit, Gleichheit und Solidarität derart zueinander in Beziehung setzen, daß wirtschaftliche und soziale Ungleichheiten um der Solidarität willen als ethische Gestaltungsaufgabe begriffen werden. Diese Gestaltungsaufgabe kann freilich nur dann gelöst werden, wenn der Wert der Solidarität gegen sich verselbständigende Freiheitsinteressen zur Geltung gebracht und immer wieder aufs Neue durchgesetzt wird. Das ist eine beständige Herausforderung der sozialen Marktwirtschaft.

2.3 Herausforderungen der sozialen Marktwirtschaft

Betrachten wir nun konkret das Wirtschaftssystem in den Mitgliedsstaaten der Europäischen Union, insbesondere in der Bundesrepublik Deutschland, so sehen wir die soziale Marktwirtschaft und den Sozialstaat großen Belastungen ausgesetzt, welche den sozialen Frieden ernst-

---

[22] Siehe auch *Leistung und Wettbewerb*. Sozialethische Überlegungen zur Frage des Leistungsprinzips und der Wettbewerbsgesellschaft, hg. v. der EKD, Gütersloh 1978.

[23] Zum Verhältnis eines sozialethischen und eines theologischen Begriffs von Gerechtigkeit siehe auch *W. Härle*, „Suum cuique". Gerechtigkeit als sozialethischer und theologischer Grundbegriff, ZEE 41, 1997, S. 303–312.

[24] *J. Rawls*, Eine Theorie der Gerechtigkeit, Frankfurt a.M. ⁹1996, S. 81. Vgl. auch *O. Höffe* (Hg.), Über John Rawls' Theorie der Gerechtigkeit, Frankfurt a.M. 1977. Zu weiteren Theorien der Gerechtigkeit siehe *H. Ruh*, Gerechtigkeitstheorien, in: *A. Wildermuth/A. Jäger* (Hg.), Gerechtigkeit. Themen der Sozialethik, Tübingen 1981, S. 55–69; *M. Walzer*, Sphären der Gerechtigkeit. Ein Plädoyer für Pluralität und Gleichheit, Frankfurt a.M. 1992; *M.J. Sandel*, Liberalism and the Limits of Justice, Cambridge Mass. 1982; *O. Höffe*, Politische Gerechtigkeit. Grundlegung einer kritischen Philosophie von Recht und Staat, Frankfurt a.M. 1987.

haft gefährden und die Frage nach der Zukunftsfähigkeit des bestehenden Wirtschaftssystems aufwerfen. Wir wollen uns die drängenden Probleme und wirtschaftsethischen Herausforderungen anhand des gemeinsamen Wortes zur wirtschaftlichen und sozialen Lage in Deutschland vergegenwärtigen, das der Rat der Evangelischen Kirche in Deutschland und die katholische Deutsche Bischofskonferenz nach einem längeren Konsultationsprozeß im Februar 1998 veröffentlicht haben.[25]

Das gemeinsame Wort der Kirchen zeichnet das Bild einer Gesellschaft im Umbruch, der ausgelöst wird durch Rationalisierungsprozesse, den europäischen Integrationsprozeß sowie die sogenannte Globalisierung, d.h. die fortschreitende Internationalisierung der Güter- und Kapitalmärkte. Außerdem besteht nach wie vor ein großer, eher noch zunehmender Bedarf im Bereich des Umweltschutzes und einer sogenannten nachhaltigen Wirtschaft, welche beim Verbrauch von natürlichen Ressourcen das Schicksal künftiger Generationen berücksichtigt. Das zentrale Problem des Sozialstaates und der sozialen Marktwirtschaft ist die langanhaltende, nicht konjunkturell, sondern strukturell bedingte Massenarbeitslosigkeit, hängen doch die Existenzsicherung, die Teilhabe am gesellschaftlich erwirtschafteten Wohlstand und auch die Finanzierung des Sozialstaates ganz wesentlich von der Erwerbsarbeit ab. In der Folge ist in einer Wohlstandsgesellschaft wie der deutschen eine neue Armut zu verzeichnen, wobei Familien zu den besonders Benachteiligten gehören. Ein besonderes Problem der deutschen Gesellschaft sind die Folgen der deutschen Vereinigung 1990 und die nach wie vor bestehende Ungleichheit der Lebensverhältnisse in West- und Ostdeutschland.

Wie die Verfasser des gemeinsamen Wortes der Kirchen feststellen, beruhte die Verwirklichung der sozialen Marktwirtschaft im Westen Deutschlands nach 1945 auf mindestens vier Voraussetzungen, die in dieser Form heute nicht mehr gegeben sind: 1. „Der die Vollbeschäftigung gewährleistende Kreislauf von wachsenden Unternehmenserträgen, produktivitätssteigernden Investitionen, steigenden Löhnen und

---

[25] *Rat der EKD/Katholische Deutsche Bischofskonferenz*, Für eine Zukunft in Solidarität und Gerechtigkeit. Gemeinsames Wort zur wirtschaftlichen und sozialen Lage in Deutschland, epd Nr. 11/97. Zum vorangegangenen Konsultationsprozeß sowie zur kritischen Analyse des Abschlußtextes siehe die Beiträge von *Th. Strohm u.a.* in ZEE 39, 1995, S. 92ff, sowie von *R. Blum u.a.* in ZEE 41, 1997, S. 252ff. Zur Haltung der EKD siehe auch deren Denkschrift *Gemeinwohl und Eigennutz*. Wirtschaftliches Handeln in Verantwortung für die Zukunft, Gütersloh 1991.

wachsender Massenkaufkraft funktioniert nicht mehr wie in den ersten Jahrzehnten der Bundesrepublik Deutschland. [...] das Verhältnis von Kapital und Arbeit hat sich zu Lasten des Faktors Arbeit verschoben"[26]. 2. „Die Sozialordnung zu Beginn der Bundesrepublik Deutschland ging noch von einer Familienstruktur aus, in der nur ein Partner erwerbstätig ist. Dementsprechend wurde dauerhafte Vollzeiterwerbstätigkeit nur für das männliche Geschlecht vorausgesetzt"[27]. 3. „Die Soziale Marktwirtschaft im Westen Deutschlands war in starkem Maße nationalstaatlich geprägt."[28] 4. „Das extensive Wachstum der Volkswirtschaft hat zu einer Erhöhung des Energieverbrauchs und der Umweltbelastung geführt."[29]

In dieser Situation fordern die Kirchen eine grundlegende Reform der sozialen Marktwirtschaft und des Sozialstaates. Sie erinnern daran, daß die Qualität der sozialen Sicherung und das Leistungsvermögen der Volkswirtschaft einander bedingen und fordern eine „strukturelle und moralische Erneuerung" der sozialen Marktwirtschaft.[30] In der sozialen Sicherung spreche zwar nichts für einen Systemwechsel, doch seien Reformen unerläßlich. Eine beträchtliche Schwäche des derzeitigen Systems sozialer Sicherung liegt nämlich in der vorrangigen Bindung an das Erwerbseinkommen. Auch ergeben sich erhebliche Probleme aus dem Altersaufbau der Bevölkerung, der dazu führt, daß eine immer geringer werdende Zahl an Erwerbstätigen das Sozialsystem für eine immer größer werdende Zahl von Anspruchsberechtigten finanzieren muß. Als vordringliche Aufgabe der Wirtschafts- und Sozialpolitik wird der Abbau der Massenarbeitslosigkeit bezeichnet. Neben der Schaffung neuer Arbeitsplätze sind auch andere Arbeitszeitmodelle und Modelle der Teilzeitarbeit zu entwickeln. Sodann ist über das Gerechtigkeitsprinzip des Sozialstaates neu nachzudenken. „Der soziale Ausgleich ist ein integraler Bestandteil des Konzepts der Sozialen Marktwirtschaft."[31] Daran ist zu erinnern, wenn angesichts steigender Kosten im Sozialwesen nur einer „Verschlankung des Sozialstaates" das Wort geredet wird, ohne die Frage der Einkommensverteilung anzusprechen. Gehört aber der soziale Ausgleich zu den Staatszielen des Sozialstaates, so entspricht es seinem Gerechtigkeitsprinzip, die Stärkeren zugunsten

---

[26] A.a.O. (Anm. 25), Nr.145.
[27] Ebd.
[28] Ebd.
[29] A.a.O. (Anm. 25), Nr.145.
[30] A.a.O. (Anm. 25), S. 4 (These 3; im Original kursiv).
[31] A.a.O. (Anm. 25), Nr.22.

der Schwächeren zu belasten. Konkret wird angeregt, neben einem re-
gelmäßigen Armutsbericht auch einen Reichtumsbericht zu erstellen
und die Sozialpflichtigkeit des Eigentums nicht nur für das laufende
Einkommen, sondern auch für vorhandenes Vermögen einzufordern.[32]
Allerdings soll der Sozialstaat nach Ansicht der Kirchen so weiterentwickelt werden, „daß die staatlich gewährleistete Versorgung durch
mehr Eigenverantwortung und Verantwortung der kleinen sozialen
Einheiten gestützt wird. Es bedarf einer ihn tragenden und ergänzen-
den Sozialkultur."[33] Das impliziert u.a. die öffentliche Anerkennung
ehrenamtlicher Tätigkeit.[34] Und schließlich wird an die soziale Verantwortung nicht nur im binnenstaatlichen Bereich, sondern auch global
erinnert. In einer enger zusammenrückenden und vielfältig vernetzten
Welt sind Solidarität und Gerechtigkeit unteilbar.[35] Eine konstruktive
Entwicklungspolitik, welche die wirtschaftliche und soziale Entwicklung der ärmeren Länder wirkungsvoll fördert, ist nicht ohne die Bereitschaft zu echter Solidarität und d.h. auch zum Teilen möglich. Sie
entspricht aber durchaus der Klugheit und wohlverstandenen Eigenin-
teressen, weil sie die Ursachen der globalen Migrationsbewegungen bekämpft und Teil einer vorausschauenden Friedenspolitik ist. Zur Verwirklichung weltweiter Gerechtigkeit und Solidarität gehört außerdem
die Förderung des Umweltschutzes und einer verantwortungsbewuß-
ten, nachhaltigen Bewirtschaftung natürlicher Ressourcen.[36] Das Modell der sozialen Marktwirtschaft sei daher in Richtung auf eine ökolo-
gisch-soziale Marktwirtschaft weiterzuentwickeln.[37]

Als wesentlich erachten es die beiden Kirchen, daß das Menschenrecht auf Arbeit gestärkt, gleichzeitig aber auch ein neues Arbeitsverständnis entwickelt wird. Zwar werde auch in der Zukunft für die meisten Menschen vor allem die Erwerbsarbeit den Zugang zu eigener
Lebensvorsorge und zur Teilhabe am gesellschaftlichen Leben schaffen.

---

[32] A.a.O. (Anm. 25), Nr.219f.
[33] A.a.O. (Anm. 25), S. 7 (These 7; im Original kursiv).
[34] A.a.O. (Anm. 25), Nr.222.
[35] A.a.O. (Anm. 25), S. 8 (These 9)
[36] Vgl. a.a.O. (Anm. 25), Nr.224–232.
[37] A.a.O. (Anm. 25), Nr.142–150. Zum Verhältnis von Ökonomie und Ökologie
siehe auch *H.-Chr. Binswanger* (Hg.), Wege aus der Wohlstandsfalle. Der NAWU-Report. Strategien gegen Arbeitslosigkeit und Umweltkrise, Frankfurt a.M. 1979; *J. Weimann*, Umweltökonomik. Eine theorieorientierte Einführung, Berlin/Heidelberg
²1991; *U. Hampicke*, Ökologische Ökonomie. Individuum und Natur in der Neoklassik, Opladen 1992; *L. Wicke*, Umweltökonomie. Eine praxisorientierte Einführung,
München ⁴1993.

„In einer solchen Gesellschaft wird der Anspruch der Menschen auf Lebens- und Beteiligungschancen zu einem Menschenrecht auf Arbeit."[38] Dieses Menschenrecht sei „unmittelbarer Ausdruck der Menschenwürde"[39]. Doch sei andererseits aus christlicher Sicht daran zu erinnern, daß menschliche Arbeit nicht notwendigerweise Erwerbsarbeit ist. „Unter dem Einfluß der Industrialisierung hat sich das Leitbild von Arbeit allerdings auf Erwerbsarbeit verengt. Je mehr jedoch die mit dem technischen Fortschritt einhergehende Steigerung der Arbeitsproduktivität ein Wirtschaftswachstum bei gleichzeitiger Verringerung der Arbeitsplätze ermöglicht, desto fragwürdiger wird die Verengung des Arbeitsbegriffs auf Erwerbsarbeit."[40]

Wir werden uns diesem Problem im folgenden Kapitel ausführlicher widmen, und zwar in Verbindung mit dem Schutz des Sonntags, dessen Umfang inzwischen wirtschaftspolitisch zur Disposition steht. Die beiden Kirchen stellen in ihrem gemeinsamen Wort zur wirtschaftlichen und sozialen Lage in Deutschland fest, der Sonntag sei ein „unersetzliches Gut der Sozialkultur"[41], für deren Erneuerung sie ja eintreten. Apodiktisch erklären sie, der Sonntag sei unbeschadet seines religiösen Inhalts „ein wichtiges kulturelles Gut, das nicht zur Disposition gestellt werden darf"[42]. Doch ist zu bezweifeln, daß sich für den Schutz des Sonntags, genauer gesagt der sonntäglichen Arbeitsruhe, mit dem vagen Hinweis auf eine „Kultur des Erbarmens" argumentieren läßt. Das Problem ist vielmehr im weiteren Kontext der Freizeit und Freizeitgesellschaft zu diskutieren. Dementsprechend werden wir den ethischen Sinn der Arbeit im Zusammenhang mit der Frage nach den Grenzen des Wirtschaftens als bestimmendem Faktor des gesellschaftlichen Lebens behandeln.

Deutlicher als im Sozialwort der Kirchen ist darauf aufmerksam zu machen, daß wir es nicht nur mit einer Krise des Sozial*staates*, sondern der *Wirtschaftsordnung* sozialer Marktwirtschaft zu tun haben. Zwar fordern die Kirchen eingangs eine strukturelle und moralische Erneuerung der sozialen Marktwirtschaft, d.h. der Wirtschaftsordnung, doch befaßt sich ihr Sozialwort im weiteren Verlauf vornehmlich mit der Reform des Sozialstaates. Darin besteht eine Verengung der wirt-

---

[38] A.a.O. (Anm. 25), Nr.151.
[39] Ebd.
[40] A.a.O. (Anm. 25), Nr.152.
[41] A.a.O. (Anm. 25), Nr.223.
[42] Ebd.

schaftsethischen Fragestellung. Die Krise der sozialen Marktwirtschaft beschränkt sich freilich nicht auf wirtschaftsimmanente Strukturprobleme, sondern ist auch eine Krise der kulturellen und ethischen Voraussetzungen wirtschaftlichen Handelns.

Wie nach einem vielzitierten Wort E.-W. Böckenfördes der demokratische Rechtsstaat, so lebt auch die soziale Marktwirtschaft von Voraussetzungen, die sie selbst nicht schaffen und garantieren kann. Zu diesen Voraussetzungen gehören nicht nur die Werte der *Solidarität* und der *Gerechtigkeit*, sondern auch derjenige der *Freiheit*.[43] Die Freiheit ist nicht nur im Sinne der Solidarität zu beschränken, sondern andererseits auch zu fördern. Das gilt freilich nur von der Freiheit, die sich nicht als unmittelbarer Wille zur Selbstbehauptung realisiert, sondern sich als Geschehen wechselseitiger Anerkennung versteht. Gegenwärtig beobachten wir jedoch, daß der Wert der Freiheit neoliberal und individualistisch umgewertet wird. Um solchen Tendenzen wirkungsvoll begegnen zu können, ist ganz offensichtlich der *Gemeinsinn* gesellschaftlich zu stärken bzw. neu zu entwickeln. Gerade hier sind die Kirchen gefordert, die mit Recht eine „Kultur des Erbarmens" einklagen.[44] Eine solche Kultur des Erbarmens wird unzureichend bestimmt, wenn man sie lediglich als Korrektur negativer Auswüchse der Marktwirtschaft begreift. Die Dimension des Sozialen ist keine humane Zutat der sogenannten sozialen Marktwirtschaft, sondern ein grundlegendes Element derselben, das heute freilich zunehmend zurückgedrängt wird.[45] Angesichts dieser bedenklichen Entwicklung ist die Ausbildung einer „Zivil- oder Bürgergesellschaft" vorrangige Aufgabe aller gesellschaftlichen Kräfte. Die kontrovers diskutierte Frage, wie tauglich im einzelnen die im 5. Teil des Sozialwortes der Kirchen unterbreiteten praktischen sozialpolitischen Vorschläge sind, ist demgegenüber von nachgeordneter Wichtigkeit und soll hier nicht weiter behandelt werden.[46]

---

[43] Zum folgenden vgl. *M. Honecker*, Sozioökonomischer Supermarkt und kirchliche Angebote, ZEE 41, 1997, S. 263–271, bes. S. 268ff.

[44] A.a.O. (Anm. 25), Nr.13.

[45] Zu den theoretischen Grundlagen der sozialen Marktwirtschaft in Deutschland siehe vor allem *A. Müller-Armack*, Genealogie der Sozialen Marktwirtschaft. Frühschriften und weiterführende Konzepte, Bern/Stuttgart 1974; *ders.*, Wirtschaftsordnung und Wirtschaftspolitik. Studien und Konzepte zur Sozialen Marktwirtschaft und zur Europäischen Integration, Freiburg i.Br. 1966; *F. Pilz*, Das System der Sozialen Marktwirtschaft. Politisch-ökonomische Grundlegung der Konzepte, Prinzipien und Strategien (UTB 330), München ²1981

[46] Vgl. dazu die Beiträge von R. Blum u.a. in ZEE 41,1997, S. 252ff

Um die Entwicklung und Förderung einer entsprechenden Kultur von Gemeinsinn und Verantwortungsbewußtsein geht es dem Ansatz einer *Verantwortungsethik*, wie sie in diesem Lehrbuch vertreten wird. Daß alles Handeln, auch im Bereich der Wirtschaft, eine soziale Dimension hat, heißt nicht, daß das Individuum und seine ökonomische Verantwortung bedeutungslos werden. Im I. Hauptteil, der sich mit den Grundlagen heutiger Sozialethik befaßte, wurde im Gegenteil gezeigt, daß Politik und Gesellschaft auf das Vorhandensein bzw. die Wiedergewinnung sich verantwortlich wissender moralischer Subjekte angewiesen sind. Es geht aber nicht allein darum, die Möglichkeiten verantwortlicher Lebensführung auf der individuellen Ebene auszuloten, sondern um die Förderung einer *sozialen Kultur der Verantwortung*. Was Theologie und Kirche dazu beitragen können, wurde im Grundlagenteil von der Rechtfertigungslehre aus dargelegt.

Die kulturelle Einbindung der Ökonomie ist nun aber sowohl auf regionaler wie auf globaler Ebene vor dem Hintergrund des kulturellen Pluralismus zu diskutieren. Damit kommen wir auf das Problem der kulturellen Menschenrechte zurück. Von ihnen ausgehend sollen im folgenden einige Hauptprobleme einer Ethik der Kultur angesprochen werden, soweit sie im Zusammenhang mit wirtschaftsethischen Fragen stehen.

3. Kultur als Thema der Sozialethik

Der Begriff der Kultur verlangt schon im Zusammenhang der sogenannten kulturellen Menschenrechte eine Klärung. Man kann einen engeren von einem weiteren Gebrauch des Begriffes unterscheiden.[47] Im *engeren* Sinne versteht man unter *Kultur* eines der *funktionsspezifischen Subsysteme der Gesellschaft*, nämlich das Gebiet des Musischen, der Künste, der Festgebräuche, des Kultischen, der Religion und vielleicht auch heute noch das Gebiet der Wissenschaft. Einem solchen Sprachgebrauch entspricht die Unterscheidung von Kultur und *Zivilisation*. Ein *weiter gefaßter Kulturbegriff* setzt beide Termini allerdings synonym. Spricht man beispielsweise von der Kultur der Ägypter oder

---

[47] Vgl. *E. Herms*, Die Theologie als Wissenschaft und die Theologischen Fakultäten an der Universität, in: *J. Henkys/B. Weyel* (Hg.), Einheit und Kontext. Praktisch-theologische Theoriebildung und Lehre im gesellschaftlichen Umfeld (FS P.C. Bloth), Würzburg 1996, S. 155–185, hier S. 155.

der Kultur des Mittelalters, so meint man „eine Gesamtgestalt des menschlichen Zusammenlebens", die „Ausdruck eines Gesamtethos" ist.[48] Wir verwenden den Kulturbegriff in diesem weiteren Sinne, wenn wir im folgenden nochmals das Problem der Pluralität der Kulturen und der Multikulturalität einzelner Gesellschaften aufgreifen, das uns schon in früheren Kapiteln beschäftigt hat.

Die *Multikulturalismusdebatte* erweckt gelegentlich den Anschein, als bestehe ein Widerspruch zwischen der Idee universaler Menschenrechte und dem Wert kultureller Identität.[49] Allerdings handelt es sich um ein Mißverständnis des universalen Geltungsanspruchs der Menschenrechte, wenn man unterstellt, aus ihnen solle eine einzige Sozial- oder Kulturform abgeleitet werden. Sie sind vielmehr mit einer Vielzahl von konkreten Sozialformen kompatibel. Die Universalität der Menschenrechte darf nicht mit der Uniformität einer globalen Einheitskultur verwechselt werden. „Der menschenrechtliche Universalismus steht deshalb zwar nicht in abstraktem Gegensatz, wohl aber in kritischer Spannung zur geschichtlichen Besonderheit eines gewachsenen sozialen Ethos."[50]

Problematisch ist es freilich, wenn die kulturelle Identität nicht nur für das Individuum, sondern auch für eine Gemeinschaft, sei es eine Religion, sei es ein Volk in Anspruch genommen wird. Tritt neben das individuelle Recht ein vermeintlich kollektives Recht auf kulturelle Identität, so führt dies im Zweifelsfall zur Relativierung und Beschneidung individueller Menschenrechte im Namen vermeintlich kollektiver Menschenrechte. Eine solche Argumentationsweise, die sich beispielsweise auf die islamische Scharia, vermeintlich „asiatische Werte" oder ein sogenanntes Recht der Völker auf eigenständige Entwicklung beruft, dient in der politischen Praxis zumeist nur dazu, undemokratische Verhältnisse menschenrechtlich zu bemänteln.

Ideologiekritisch müssen daher auch Begriffe wie „Ethnozentrismus" oder „Eurozentrismus" betrachtet werden. Daß ein westlicher Standpunkt häufig genug unreflektiert vertreten wird und auch mit einer vorurteilsvollen Sicht anderer kultureller Traditionen verbunden sein kann, soll gar nicht bestritten werden. Doch ein Begriff von Multikulturalität, der sich an *romantischen Konzepten* von Volkskultur oder Nation wie demjenigen Herders oder an Kulturtheorien vom Schlage der-

---

[48] E. Herms, a.a.O. (Anm. 47), S. 155.

[49] Zum folgenden vgl. H. Bielefeldt, a.a.O. (Anm.2), S. 170ff; *A. Finkielkraut*, Die Niederlage des Denkens, Reinbek 1989.

[50] H. Bielefeldt, a.a.O. (Anm. 2), S. 171.

jenigen Oswald Spenglers orientiert, verkennt die tatsächlichen Verhältnisse in der modernen Welt. Diese ist gekennzeichnet von einem spannungsvollen Verhältnis zwischen gewachsenen regionalen Kulturen und einer weltweit dominierenden euro-amerikanischen Kultur, in deren Einflußbereich heute auch die Angehörigen anderer Kulturen leben. Wer die Universalität der Menschenrechte unter Verweis auf vermeintliche Menschenrechte in Zweifel zieht, deren Rechtssubjekte nicht die Individuen, sondern Kollektive sein sollen, redet keineswegs einer Kritik der Moderne, sondern lediglich einer halbierten Moderne das Wort. Die *halbierte Moderne* besteht darin, daß die betroffenen Menschen zwar der modernen Marktwirtschaft und technologisch-wissenschaftlichen Kultur zugehören, jedoch nicht den notwendigen Schutz von Menschenrechten genießen, die gerade das Ziel haben, die inhumanen Folgen einer ungezügelten Ökonomie und Technokratie zu bekämpfen. Ob es uns paßt oder nicht, die euro-amerikanische Kultur ist aus historischen Gründen zum Schicksal der Menschheit geworden. Es geht nicht darum, die geschichtliche Entwicklung, konkret das Zeitalter des Kolonialismus und Imperialismus nachträglich unter Berufung auf eine fragwürdige Fortschrittsidee moralisch zu rechtfertigen, sondern darum, die entstandene globale kulturelle Lage verantwortungsethisch anzunehmen und zu gestalten. Eben dazu gehört aber der globale Einsatz für die ungeteilte Geltung der Menschenrechte, weil ohne diese die historisch gewordene euro-amerikanische Weltkultur ihr moralisches Fundament verlöre.

Ein aus romantischen Traditionen gespeister Begriff von Multikulturalität bleibt demgegenüber aporetisch und führt letztlich zur Negation des Individuums. Aporetisch ist es, wenn im Namen kollektiver kultureller Menschenrechte gleichzeitig die allgemeine Kommunikation und die nicht übertragbare Verschiedenheit gefeiert wird.[51] Einzuräumen ist, daß in der Logik der Kolonialisierung kein Raum für das kollektive Subjekt war. Jedoch ist in der kollektivistischen Identitätslogik kein Platz für das Individuum.[52] Kulturelle Rechte degenerieren in diesem Fall zu einem freiheitsfeindlichen kulturellen „Artenschutz".[53]

Im Kontext des Menschenrechtsdenkens kann der kulturellen Identität eines Individuums wie einer Gruppe sehr wohl Raum geschaffen

---

[51] Vgl. A. Finkielkraut, a.a.O. (Anm. 49), S. 99.

[52] A.Finkielkraut, a.a.O. (Anm. 49), S. 75.

[53] Vgl. *J. Habermas*, Anerkennungskämpfe im demokratischen Rechtsstaat, in: *A. Gutmann/Ch. Taylor* (Hg.), Multikulturalismus und die Politik der Anerkennung, Frankfurt a.M. 1993, S. 147–196, hier S. 173.

werden, ohne daß die Freiheit des Individuums in Frage gestellt wird. Voraussetzung ist aber, daß die kulturelle Identität nur indirekt zum Gegenstand rechtlicher Garantien gemacht wird. „Nicht die konkrete Gestalt einer historisch geronnenen Kultur, sondern allein die *freiheitlichen Voraussetzungen* für die Wahrung – das heißt aber auch: für Entwicklung und Veränderung – kultureller Identitäten bilden den Schutzbereich kultureller Menschenrechte."[54] Indirekt können also auch Kulturen einen Anspruch auf politische Anerkennung erheben, sofern sich ihr humaner Gehalt im ethischen und politischen Diskurs ausweisen läßt. Unmittelbar aber müssen die Individuen Träger der kulturellen Menschenrechte bleiben, sollen diese nicht in ihrem Bestand gefährdet werden.

4. Literatur

4.1 Wirtschaftswissenschaften

Binswanger, H.-Chr. (Hg.): Wege aus der Wohlstandsfalle. Der NAWU-Report. Strategien gegen Arbeitslosigkeit und Umweltkrise, Frankfurt a.M. 1979

Binswanger, H.-Chr./Frisch, H. u.a.: Arbeit ohne Umweltzerstörung. Strategien einer neuen Wirtschaftspolitik, Frankfurt a.M. 1983

Binswanger, H.-Chr./Bonus, H./Timmermann, M.: Wirtschaft und Umwelt. Möglichkeiten einer ökologieverträglichen Wirtschaftspolitik, Stuttgart 1981

Eucken, W.: Grundsätze der Wirtschaftspolitik (UTB 1572), Tübingen [6]1990

Friedman, M.: Kapitalismus und Freiheit, Stuttgart 1971

Hampicke, U.: Ökologische Ökonomie. Individuum und Natur in der Neoklassik, Opladen 1992

Hanusch, H./Kuhn, Th.: Einführung in die Volkswirtschaftslehre, Berlin [3]1994

Hardes, H.-D./Rahmeyer, F./Schmid, A.: Volkswirtschaftslehre. Eine problemorientierte Einführung (UTB 737), Tübingen [17]1990

Hunt, E.K./Sherman, H.J.: Volkswirtschaftslehre. Einführung aus traditioneller und kritischer Sicht, 2 Bde., Frankfurt a.M./New York 1993

Keynes, J.M.: Allgemeine Theorie der Beschäftigung, des Zinses und des Geldes, Berlin [7]1994

Külp, B.: Verteilung. Theorie und Praxis (UTB 308), Stuttgart [3]1994

---

[54] H. Bielefeldt, a.a.O. (Anm. 2), S. 173.

Müller-Armack, A.: Genealogie der Sozialen Marktwirtschaft. Frühschriften und weiterführende Konzepte, Bern/Stuttgart 1974

–: Wirtschaftsordnung und Wirtschaftspolitik. Studien und Konzepte zur Sozialen Marktwirtschaft und zur Europäischen Integration, Freiburg i.Br. 1966

Nohlen, D./Nuscheler, F. (Hg.): Handbuch der Dritten Welt, Bd.I: Grundprobleme, Theorien, Strategien, Bonn 1992

Pilz, F.: Das System der sozialen Marktwirtschaft. Politisch-ökonomische Grundlegung der Konzepte, Prinzipien und Strategien (UTB 330), München [2]1981

Samuelson, P.A./Nordhaus, W.D.: Macroeconomics, New York [15]1995

–: Microeconomics, with assistance of M.J. Mandel, New York [15]1995

Siebert, H.: Einführung in die Volkswirtschaftslehre, Stuttgart [11]1992

Šik, O.: Der dritte Weg. Die marxistisch-leninistische Theorie und die moderne Indudstriegesellschaft, Hamburg 1972

–: Ein Wirtschaftssystem der Zukunft, Berlin/Heidelberg/New York/Tokyo 1985

–: Wirtschaftssysteme. Vergleiche – Theorie – Kritik, Berlin/Heidelberg/New York/Tokyo 1987

Starbatty, J. (Hg.): Klassiker des ökonomischen Denkens, 2 Bde., München 1989

Weimann, J.: Umweltökonomik. Eine theorieorientierte Einführung, Berlin/Heidelberg [2]1991

Wicke, L.: Umweltökonomie. Eine praxisorientierte Einführung, München [4]1993

4.2 Wirtschaftsethik

Arruda, M. (Hg.): Ecumenism and a New World Order, Genf 1980

Bedford-Strohm, H.: Vorrang für die Armen, Gütersloh 1993

Böckle, F.: Aktuelle Probleme der Wirtschaftsethik, hg. v. K. Homann, Berlin 1992

Brakelmann, G./Jähnichen, T. (Hg.): Die protestantischen Wurzeln der sozialen Marktwirktschaft. Ein Quellenband, Gütersloh 1994

Dietze, C. v.: Nationalökonomie und Theologie, Tübingen/Stuttgart 1947

Enderle, G.: Wirtschaftsethik in den USA. Beiträge und Berichte der Forschungsstelle für Wirtschaftsethik an der Hochschule für Wirtschafts- und Sozialwissenschaften St.Gallen, St.Gallen 1983

–: Wirtschaftsethik im Werden, Stuttgart 1988

Enderle, G. (Hg.): Ethik und Wirtschaftswissenschaft, Berlin 1985

Dahm, K.-W.: Unternehmensbezogene Ethikvermittlung. Literaturbericht: Zur neueren Entwicklung der Wirtschaftsethik, ZEE 33, 1989, S. 212–147

Dahm, K.-W. (Hg.): Sozialethische Kristallisationen. Studien zur verantwortlichen Gesellschaft (Entwürfe 4), Münster 1997

Duchrow:, U.: Alternativen zur kapitalistischen Weltwirtschaft. Biblische Erinnerungen und politische Ansätze zur Überwindung einer lebensbedrohlichen Ökonomie, Gütersloh/Mainz 1994

–: Weltwirtschaft heute – ein Feld für bekennende Kirche?, Gütersloh ²1987.

Furger, F.: Moral oder Kapital? Grundlagen der Wirtschaftsethik, Zürich 1992

Gemeinwohl und Eigennutz. Wirtschaftliches Handeln in Verantwortung für die Zukunft. Eine Denkschrift der EKD, Gütersloh 1991

Hengsbach, F.: Wirtschaftsethik. Aufbruch – Konflikte – Perspektiven, Freiburg/Basel/Wien ²1993

Herms, E. (Hg.): Theologische Aspekte der Wirtschaftsethik, 7 Bde. (Loccumer Protokolle), Loccum 1986–1991

Homann, K./Blome-Drees, F.: Wirtschafts- und Unternehmensethik (UTB 1721), Göttingen 1992

Honecker, M.: Das Recht des Menschen. Einführung in die evangelische Sozialethik, Gütersloh 1978

Jäger, A.: Diakonie als christliches Unternehmen. Theologische Wirtschaftsethik im Kontext diakonischer Unternehmenspolitik, Gütersloh ³1990

Jöstingmeier, B.: Zur Unternehmensethik international tätiger Unternehmungen, Göttingen 1994

Kirchenamt der EKD (Hg.): Gemeinwohl und Eigennutz. Wirtschaftliches Handeln in Verantwortung für die Zukunft. Eine Denkschrift der EKD, Gütersloh 1991

Klöcker, M./Tworuschka, U. (Hg.): Ethik der Religionen. Lehre und Leben; Bd.2: Arbeit, München/Göttingen 1985; Bd.4: Besitz und Armut, München/Göttingen 1986

Körtner,U.: Christentum und Wirtschaftswelt. Notizen zum Verhältnis von Calvinismus und Kapitalismus, in: ders., Reformiert und ökumenisch. Brennpunkte reformierter Theologie in Geschichte und Gegenwart (STS 7), Innsbruck 1998, S. 80–97

Koslowski, P.: Prinzipien der ethischen Ökonomie. Grundlegung der Wirtschaftsethik und der auf die Ökonomie bezogenen Ethik, Tübingen 1988

Lefringhausen, K.: Wirtschaftsethik im Dialog, Stuttgart 1989

Leistung und Wettbewerb. Sozialethische Überlegungen zur Frage des Leistungsprinzips und der Wettbewerbsgesellschaft, hg. v. der EKD, Gütersloh 1978

Lexikon der Wirtschaftsethik, hg. v. G. Enderle u.a., Freiburg/Basel/Wien 1993

McCoy, Ch.S.: Management of Values, Marshfield/Ma. 1985

Meckenstock, G.: Wirtschaftsethik, Berlin/New York 1997

Meeks, M.D.: God the Economist, Augsburg/Mo. 1989

Molitor, B.: Wirtschaftsethik, München 1989

Müller, E./Diefenbacher, H.: Wirtschaft und Ethik. Eine kommentierte Bibliographie, Heidelberg 1992

Mulholland, C.: Ecumenical Reflections on Political Economy, Genf 1988

Nell-Breuning, O. v.: Wirtschaft und Gesellschaft, 3 Bde., Freiburg 1956–1960

Nutzinger, H.G. (Hg.): Wirtschaft und Ethik, Wiesbaden 1991

ÖRK (Hg.): Der christliche Glaube und die heutige Weltwirtschaft, Genf 1992

Prien, H.-J.: Luthers Wirtschaftsethik, Göttingen 1992

Rat der EKD/Kath. Deutsche Bischofskonferenz: Für eine Zukunft in Solidarität und Gerechtigkeit. Gemeinsames Wort zur wirtschaftlichen und sozialen Lage in Deutschland, epd-Dokumentation Nr.11/1997

Rawls, J.: Eine Theorie der Gerechtigkeit, Frankfurt a.M. [8]1994

Rich, A.: Wirtschaftsethik, 2 Bde., Gütersloh 1984/1990

Steinmann, H./Löhr, A. (Hg.): Unternehmensethik, Stuttgart 1989

–: Grundlagen der Unternehmensethik, Stuttgart 1992

Stübinger, E.: Wirtschaftsethik und Unternehmensethik. Literaturbericht, ZEE 40, 1996, S. 148–161.226–244

Ulrich, P.: Wirtschaftsethik und ökonomische Rationalität. Zur Grundlegung einer Vernunftethik des Wirtschaftens, St.Gallen 1987

Ulrich, P. (Hg.): Auf der Suche nach einer modernen Wirtschaftsethik. Grundlagen und Anwendungen, Bern 1991

van der Bent, A.: Churches Speak out on Economic Issues, Genf 1990

Wagner, F.: Geld oder Gott? Zur Geldbestimmtheit der kulturellen und religiösen Lebenswelt, Stuttgart 1985

Weber, H.: Theologie – Gesellschaft – Wirtschaft. Die Sozial- und Wirtschaftsethik in der evangelischen Theologie der Gegenwart, Göttingen 1970

Wieland, J. (Hg.): Wirtschaftsethik und Theorie der Gesellschaft (stw 1053), Frankfurt a.M. 1993

Wildermuth, A./Jäger, A. (Hg.): Gerechtigkeit. Themen der Sozialethik, Tübingen 1981

Wünsch, G.: Evangelische Wirtschaftsethik, Tübingen 1927

Wolf, E.: Sozialethik. Theologische Grundfragen, hg. v. Th. Strohm, Göttingen 1975

Zwischen Wachstum und Lebensqualität. Wirtschaftsethische Fragen angesichts der Krisen wirtschaftlichen Wachstums, hg. vom Sozialwissenschaftlichen Institut der EKD, München 1980

4.3 Ethik der Kultur

Bühl, W.L.: Kulturwandel. Für eine dynamische Kultursoziologie, Darmstadt 1987

Cohn-Bendit, D./Schmid, Th. (Hg.): Heimat Babylon. Das Wagnis der multikulturellen Demokratie, Hamburg 1992

Frey, Chr.: Brauchen wir einen neuen Kulturprotestantismus?, ZEE 34, 1990, S. 3–6

Finkielkraut, A.: Die Niederlage des Denkens, Reinbek 1989

Graf, F.-W.: Kulturprotestantismus. Zur Begriffsgeschichte einer theologiepolitischen Chiffre, ABG 28, 1984, S.214–268

–: Bedingungen der Toleranz. Protestantismus und multikulturelle Gesellschaft, LM 29, 1990, H. 1, S.10–13

Grözinger, A.: Theologie und Kultur. Praktisch-theologische Bemerkungen zu einem komplexen Thema, ThPr 24, 1989, S.201–213

Gutmann, A./Taylor, Ch.(Hg.): Multikulturalismus und die Politik der Anerkennung, Frankfurt a.M. 1993

Huizinga, J.: Homo Ludens. Vom Ursprung der Kultur im Spiel (rde 21), Reinbek 1981

Interkulturelle Begegnung und religiöse Vergewisserung: GlLern 11, 1996, H. 1, mit Beiträgen von U. Schoen u.a.

Kerber, W. (Hg.): Säkularisierung und Wertewandel. Analysen und Überlegungen zur gesellschaftlichen Situation in Europa, München 1986

Klöcker, M./Tworuschka, U.: Miteinander – was sonst? Multikulturelle Gesellschaft im Brennpunkt, Wien 1990

Körtner, U.: Versöhnte Verschiedenheit. Ökumenische Theologie im Zeichen des Kreuzes, Bielefeld 1996

Korsch, D.: Religion mit Stil. Protestantismus in der Kulturwende, Tübingen 1997

Koslowski, P.: Die postmoderne Kultur. Gesellschaftlich-kulturelle Konsequenzen der technischen Entwicklung (Schriftenreihe des Bundeskanzleramtes 2), München 1987

Müller, H.M. (Hg.): Kulturprotestantismus. Beiträge zu einer Gestalt des modernen Christentums, Gütersloh 1992

Müller, W.E.: Albert Schweitzers Kulturphilosophie im Horizont säkularer Ethik, Berlin/New York 1993

Religion, Religiosität und christlicher Glaube, hg. im Auftrag der VELKD und der Arnoldshainer Konferenz, Gütersloh 1991

Schäffter, O. (Hg.): Das Fremde. Erfahrungsmöglichkeiten zwischen Faszination und Bedrohung, Opladen 1991

Schulze, G.: Die Erlebnisgesellschaft. Kultursoziologie der Gegenwart, Frankfurt a.M./New York 1992

Sundermeier, Th.: Den Fremden verstehen. Eine praktische Hermeneutik, Göttingen 1996

Sundermeier, Th. (Hg.): Die Begegnung mit dem Anderen. Plädoyers für eine interkulturelle Hermeneutik, Gütersloh 1991

Welsch, W.: Postmoderne – Pluralität als ethischer und politischer Wert, Köln 1988

Ziegert, R. (Hg.): Protestantismus als Kultur, Bielefeld 1991

12. Kapitel

Wirtschaft ohne Grenzen?

Der ethische Sinn des Sonntags

Wie die Rechtfertigungslehre die Grenzen des Ethischen markiert und seine transmoralischen Voraussetzungen thematisiert, so soll im folgenden aus theologischer Sicht die Frage nach den Grenzen der Ökonomie gestellt werden. Deren religiöses Symbol aber ist die Arbeitsruhe am Sonntag. Der Sinn der Arbeit soll gerade dadurch herausgestellt werden, daß wir über den Sinn ihrer Begrenzung nachdenken.

1. Gottesdienst im Alltag der Welt – zum protestantischen Arbeits- und Berufsethos

Bislang wurde der Begriff der Arbeit nur unter seinem menschenrechtlichen Gesichtspunkt behandelt. Allerdings war im Zusammenhang mit dem Problem der strukturellen Massenarbeitslosigkeit im vorigen Kapitel schon davon die Rede, daß der herrschende Begriff der Arbeit, der in der industriellen Gesellschaft einseitig im Sinne der Erwerbsarbeit bestimmt wird, kritisch zu überdenken ist. War bislang vom *Recht* auf Arbeit die Rede, so ist nun nach ihrem humanen *Sinn* zu fragen.[1]

Arbeit ist einerseits ein menschliches Grundphänomen, das über die bloße Existenzsicherung hinausgeht. In seiner Arbeit will sich der Mensch selbst verwirklichen, so gewiß das Tätigsein dem Menschen wesentlich ist.[2] Allerdings muß kritisch gefragt werden, ob die menschliche Existenz ausschließlich im Tätigsein besteht, wie die neuzeitliche

---

[1] Zum folgenden vgl. *M. Honecker*, Grundriß der Sozialethik, Berlin/New York 1995, S. 445ff; *H.-D. Preuß u.a.*, Art. Arbeit I–VIII, TRE 3, Berlin/New York 1978, S. 613–669; *J. Moltmann* (Hg.), Recht auf Arbeit – Sinn der Arbeit, München 1979; *Chr. Gremmels*, Art. Arbeit, EKL³ I, Göttingen 1986, Sp. 237–244; *G. Kehrer u.a.*, Art. Arbeit I–IV, RGG⁴ I, Tübingen 1998, Sp. 678–687.

[2] Vgl. *H. Arendt*, Vita activa oder vom tätigen Leben, Neuausgabe München ⁶1992.

Anthropologie und selbst Entwürfe theologischer Anthropologie im 20. Jahrhundert überzeugt sind.[3] Dabei wird übersehen, daß neben der Arbeit auch die Muße, neben der vita activa auch die vita contemplativa ihr Recht hat. Sodann kann das Phänomen Arbeit nicht abstrakt betrachtet werden. Um den ethischen Sinn der Arbeit zu erfassen, ist stets nach ihren kulturellen und sozialen Bedingungen, d.h. nach den konkreten Arbeitsverhältnissen zu fragen.[4] Unter modernen Bedingungen läßt sich zumindest zwischen Arbeit als tätigem Leben an sich, Arbeit als Erwerbsarbeit, zwischen körperlicher und geistiger Arbeit, zwischen selbständiger und unselbständiger Arbeit unterscheiden, wobei sich in der Neuzeit eine durchgängige Ökonomisierung des Arbeitsbegriffs vollzogen hat.

1.1 Arbeit nach biblischem Verständnis

Fragen wir nun nach der christlichen Sichtweise menschlicher Arbeit, so ist Zurückhaltung gegenüber einer Theologie der Arbeit angebracht, welche sozialethische Auffassungen, die sich im Laufe der Kirchengeschichte herausgebildet haben, unmittelbar aus der biblischen Überlieferung ableiten oder durch Überinterpretation in ihre Texte eintragen will. Bei genauerem Hinsehen zeigt sich, daß Arbeit im Alten Testament kein besonders wichtiges Thema ist. Daß menschliche Arbeit als Wesenszug der Gottebenbildlichkeit betrachtet würde, läßt sich nicht nachweisen, sondern muß als Überinterpretation der einschlägigen

---

[3] So z.B. *K. Barth*, KD II/2, S. 572.594. Vgl. KD III/2, S. 108ff.216. Kritisch dazu *E. Jüngel*, Evangelium und Gesetz. Zugleich zum Verhältnis von Dogmatik und Ethik, in: *ders.*, Barth-Studien, Zürich/Gütersloh 1982, S. 108–209, hier S. 202ff. Selbst die „Besinnlichkeit" ist nach Barth „innere Arbeit" und somit Tätigsein (KD III/4, S. 627). Allerdings unterscheidet Barth zwischen Besinnlichkeit und Beschaulichkeit (ebd.) und deutet das Gebot der Sabbatruhe als heilsame Begrenzung der Arbeit durch Gott, der sie dem Menschen andererseits gebietet (KD III/4, S. 633). Barth scheut sich auch nicht, der „Zerstreuung" einen positiven Wert beizumessen, solange der Mensch sich nicht selbst zerstreut im Sinne seines Selbstverlustes (KD III/4, S. 636ff). Doch bleibt Barth skeptisch gegenüber dem Nichtstun. Muße ist für ihn eher ein Nicht-Tun dessen, was man üblicherweise als Arbeit zu verrichten hat (KD III/4, S. 637), d.h. aber ein Etwas-anderes-Tun, das freilich bei einem weiter gefaßten Begriff von Arbeit im Sinne der vita activa unter der Hand selbst wieder zur Arbeit werden kann.

[4] Siehe u.a. *H. Mogge/U. Schmidt/R. Weiser* (Hg.), Arbeitsethik und Arbeitswirklichkeit. Ein Beitrag zur ethischen Theoriebildung (SWI Studien 5), Frankfurt a.M. 1984; *U. Beck u.a.*, Soziologie der Arbeit und der Berufe. Grundlagen, Problemfelder, Forschungsergebnisse, Reinbek 1980; *O. Giarini/M. Liedtke*, Wie wir arbeiten werden. Der neue Bericht an den Club of Rome, 1998.

Texte der Bibel zurückgewiesen werden. Abgesehen von den programmatischen Aussagen in Gen 1 und 2 findet man im Alten Testament nirgendwo eine Wesensbestimmung menschlicher Arbeit. Arbeit ist wohl ein Gebot oder Mandat Gottes, nicht aber, wie es in späterer Zeit vor allem der Protestantismus gesehen hat, „Gottesdienst" im Alltag der Welt[5] oder „Reich-Gottes-Arbeit", wie der Kulturprotestantismus des 19. Jahrhunderts meinte. Nach alttestamentlicher Sicht geschieht die Arbeit um ihrer selbst willen. Sie hat keine soteriologische Funktion, sondern dient schlicht dem Lebensunterhalt und der Bedarfsdeckkung der Gemeinschaft. Körperliche Arbeit wird gegenüber geistiger Tätigkeit keinesfalls abgewertet. Aber so positiv die Arbeit auch gewürdigt werden kann, so sehr ist sie doch nach alttestamentlicher Auffassung auch ein Erleiden.

Das Neue Testament schließt an alttestamentliche und jüdische Arbeitsauffassungen an. Arbeit wird also positiv bewertet. Paulus hat ein Handwerk ausgeübt und fordert die Christen zu beständiger Arbeit auf.[6] Gleichwohl kann vor den Gefahren der Sorge und des Besitzstrebens gewarnt werden. Der Sinn des Lebens besteht nicht in endloser Arbeit, sein Ziel ist vielmehr der Eingang in das Reich Gottes, für dessen ewigen Frieden der irdische Sabbat als Vorschein dient.[7]

1.2 Arbeit in kirchengeschichtlicher Interpretation

Ansätze zu einer christlichen Arbeitsethik finden sich bei Augustin, vor allem in seiner Schrift über das Mönchtum. Augustin betrachtet die Arbeit als göttliches Gebot. Sie dient dem standesgemäßen Lebensunterhalt. Ihre Last aber wird als Mittel der Selbstvervollkommnung gedeutet. Vom 5. bis zum 15. Jahrhundert hat sich die Einstellung zur Arbeit im mittelalterlichen Christentum erheblich gewandelt. Anfangs wird die Arbeit als Buße aufgefaßt und durchaus geringgeschätzt, später jedoch unter dem Einfluß der karolingischen Renaissance aufgewertet. Im Spätmittelalter wird zwar der Müßiggang verurteilt, gleichzeitig aber die körperliche gegenüber der geistigen Arbeit stark abgewertet. Die christliche Bewertung der Arbeit im Mittelalter wird in starkem Maße durch das Mönchtum bestimmt. Dessen Arbeitsauffassung bleibt ambivalent. Einerseits wird Arbeit bejaht und als Form der Buße bzw. der Askese gedeutet. Andererseits wird die *vita activa* geringer ge-

---

[5] Vgl. Röm 12,1.
[6] I Thess 4,11f.
[7] Vgl. Hebr 3,7–4,11.

schätzt als die *vita contemplativa*. Für diese Abstufung beruft man sich auf die Erzählung von Maria und Martha in Lk 10,38–42.

Zu einer völligen Neubewertung der Arbeit kommt es in der *Reformation*. Luther teilt zunächst den asketisch-monastischen Arbeitsbegriff. Doch seine reformatorische Erkenntnis von der bedingungslosen Rechtfertigung des Sünders allein durch den Glauben führt zu einer neuen Sichtweise des menschlichen Werkes und damit auch der Arbeit. Wie das Werk hat auch die Arbeit keine soteriologische Funktion mehr. Mit ihr werden weder Verdienste erworben noch wird mit ihr Buße geleistet, sondern sie ist als Frucht des Glaubens ein gottwohlgefälliges, gutes Werk. Luther behält zwar die Unterscheidung von vita activa und vita contemplativa bei, kennt jedoch keine Rangordnung mehr zwischen beiden. Die Unterscheidung von vita activa und vita contemplativa hat bei Luther lediglich den Sinn, die Arbeit nicht zum Selbstzweck werden zu lassen. Deren ethischer Sinn besteht nach Luther darin, vor Müßiggang zu bewahren, Nahrung zu erwerben und dem Mitmenschen zu dienen. Durch Arbeit wird aber weder das Existenzrecht des Menschen begründet, noch hängt sein Leben ausschließlich von seinem eigenen Tun ab. Dem Rechtfertigungsglauben entspricht stattdessen die Maxime: „Nicht auff eigen erbeit und thun sich verlassen, Sondern erbeiten und thun und doch alles von Gott allein gewarten."[8] Im Kleinen Katechismus werden darum die Früchte menschlicher Arbeit Gott zugeschrieben: „Ich gläube, daß mich Gott geschaffen hat sampt allen Kreaturn, mit Leib und Seel, Augen, Ohren und alle Gelieder, Vernunft und alle Sinne gegeben hat und noch erhält, dazu Kleider und Schuch, Essen und Trinken, Haus und Hofe, Weib und Kind, Acker, Viehe und alle Güter, mit aller Notdurft und Nahrung dies Leibs und Lebens reichlich und täglich versorget, wider alle Fährlichkeit beschirmet und für allem Ubel behüt und bewahret, und das alles aus lauter väterlicher, göttlicher Güte und Barmherzigkeit ohn alle mein Verdienst und Wirdigkeit, des alles ich ihm zu danken und zu loben und dafür zu dienen und gehorsam zu sein schüldig bin; das ist gewißlich wahr."[9]

Wenn die Arbeit zum alltäglichen Werk erklärt wird, so hat sie bei Luther doch eine theologische Begründung. Sie ist Gottesdienst im Alltag der Welt bzw. im Dienst am Nächsten. Das monastische Verständnis von Berufung und Arbeit wird entgrenzt und unter Berufung auf

---

[8] *M. Luther*, WA 31/1, 437, 12–14.
[9] BSLK, S. 511.

Paulus[10] neu begründet.[11] Nicht nur einige wenige, sondern alle Christen sind von Gott in einen besonderen Stand berufen. Nicht nur wird die Legitimität eines besonderen Standes der Ordensleute bestritten, sondern alle Arbeit wird als vor Gott gleichwertig angesehen. Daß es unterschiedliche Arbeiten gibt, ist lediglich in der Zweckmäßigkeit funktionaler Differenzierungen begründet. Da sich jeder Mensch in einen besonderen Stand berufen wissen darf, ist seine Arbeit Berufsarbeit. Eine vergleichbare Sichtweise entwickeln auch Zwingli und Calvin.

In den folgenden Jahrhunderten wird das protestantische Berufsethos jedoch zunehmend von seiner theologischen Begründung gelöst, im Puritanismus zunächst noch auf problematische Weise überhöht durch die Vorstellung, daß beruflicher Erfolg ein Hinweis auf die persönliche Erwählung sei, so daß rastlose Arbeit zur „selffulfilling prophecy" mutiert.[12] Die Neuzeit betrachtet Arbeit nicht mehr bloß als Gottes Gebot, durch eigene Tätigkeit die grundlegenden Lebensbedürfnisse zu befriedigen, sondern als Mittel zur Selbstverwirklichung und Weltgestaltung.

Erst spät reagiert die theologische Ethik auf die Umbrüche der Arbeitswelt, die sich mit der Industrialisierung vollziehen. Lange Zeit wird die anstehende Thematik noch unter den Begriffen des Berufes oder des Standes abgehandelt. Erst im 20. Jahrhundert findet der moderne Arbeitsbegriff Eingang in die Theologie.[13] Theologisch ist nicht nur zu den radikal veränderten Arbeitsverhältnissen einer hochgradig arbeitsteiligen Industriegesellschaft, sondern auch zu neuen Sinngebungen menschlicher Arbeit Stellung zu nehmen. Im Bürgertum und Liberalismus des 19. Jahrhunderts wird Arbeit weithin zur modernen Religion, die den Sinn des Lebens begründet. Im Anschluß an Hegel deutet Marx die Arbeit als Selbsterzeugung des Menschen.[14] Arbeit

---

[10] Vgl. I Kor 7,17ff.

[11] Vgl. auch *O. Bayer*, Freiheit als Antwort. Zur theologischen Ethik, Tübingen 1995, S. 116ff.153ff.

[12] Siehe dazu vor allem *M. Weber*, Die protestantische Ethik, 2 Bde., hg. v. J. Winckelmann, Gütersloh ⁶1981/³1978. Vgl. auch *U. Körtner*, Christentum und Wirtschaftswelt. Notizen zum Verhältnis von Calvinismus und Kapitalismus, in: *ders.*, Reformiert und ökumenisch. Brennpunkte reformierter Theologie in Geschichte und Gegenwart (STS 7), Innsbruck 1998, S. 80–97.

[13] Zur Begriffsgeschichte siehe *W. Conze*, Art. Arbeit, GGB 1, Stuttgart 1972, S. 154–215.

[14] Marx, Engels Werke (MEW), ErgBd. I, Berlin 1968, S. 546.574.

macht das Wesen des Menschen aus, muß aber auf revolutionäre Weise
von den bestehenden Verhältnissen befreit werden, in denen unselb-
ständige Lohnarbeit eine Form der Entfremdung darstellt. Die Kehrseite sowohl des bürgerlich-liberalen wie des marxistischen Arbeitsethos
ist freilich, daß Arbeitslosigkeit mit Sinnlosigkeit des Daseins gleichgesetzt wird.[15]

1.3 Heutiges Verständnis von Arbeit

Die theologische Ethik steht heute vor einer doppelten Aufgabe. Einerseits muß sie ein theologisches Verständnis von Arbeit entwickeln, welches sich mit den modernen Arbeitsverhältnissen vermitteln läßt, ohne
diese direkt biblisch oder ordnungstheologisch zu begründen. Gerade
die Theologie kann freilich dazu beitragen, den herrschenden Arbeitsbegriff zu überdenken, der Arbeit mit Erwerbsarbeit gleichsetzt. Diese
Gleichsetzung hat in Zeiten struktureller Massenarbeitslosigkeit nicht
nur ökonomisch und sozialstaatlich negative Konsequenzen. Sie führt
zudem die Menschen, die von der Erwerbsarbeit ausgeschlossen sind,
in eine tiefe Sinnkrise, die mit gesellschaftlicher Isolation und Abwer-
tung einhergeht. Zum anderen gilt es die Ambivalenz tatsächlicher Arbeitsbedingungen in der modernen Industrie- und Dienstleistungsgesellschaft nicht nur wirtschaftsethisch, sondern auch theologisch zu
analysieren. In der Arbeit kann sich der Mensch gleichermaßen verwirklichen wie verlieren. Diese Zweideutigkeit und die Grundwider-
sprüche der modernen Arbeitsgesellschaft hängen mit jener Wirklichkeit zusammen, welche theologisch Sünde genannt wird. Sie sind
keineswegs naturgegeben, sondern die Folge menschlichen Tuns und
gesellschaftlichen Handelns. Andererseits geht es nicht an, physisch
und psychisch belastende Arbeitsbedingungen kurzschlüssig unter Berufung auf Gen 3,17f für gottgewollt zu erklären. Vielmehr gehört es
zum Auftrag des christlichen Glaubens, sich fortgesetzt für die Huma-

---

[15] Zum Problem der Massenarbeitslosigkeit siehe u.a. *M. Jahoda*, Wieviel Arbeit
braucht der Mensch? Arbeit und Arbeitslosigkeit im 20. Jahrhundert, Weinheim/Basel
1983; *K.E. Wenke* (Hg.), Ökonomie und Ethik. Die Herausforderung der Arbeitslosigkeit (SWI-Studienhefte 4), Frankfurt a.M. 1984; *Solidargemeinschaft von Arbeitenden
und Arbeitslosen.* Sozialethische Probleme der Arbeit. Eine Studie der Kammer der EKD
für soziale Ordnung, Gütersloh 1982; *W. Franz*, Arbeitsmarktökonomik, [2]1991; *H. Siebert*, Geht den Deutschen die Arbeit aus?, München 1994.

nisierung der modernen Arbeitswelt einzusetzen.[16] Wesentliche Elemente ihrer Humanisierung sind aber die gerechte Verteilung wie auch die Begrenzung der Arbeit.

So gewiß sich der Mensch in seiner Arbeit, verstanden als umfassendes Tätigsein, *verwirklicht*, so gewiß *erzeugt* er nicht sich selbst. Und der Sinn seines Lebens geht nicht in seinem Tätigsein auf. Vielmehr gehört auch eine grundlegende *Rezeptivität* wesenhaft zum Menschsein, die sich nicht nur in seinem Geborensein und seiner Sterblichkeit, sondern vor allem in seiner *Liebesfähigkeit* zeigt.[17] Die Erfahrung erfüllter Liebe besteht im Geliebt*werden*, das durch das eigene Lieben nicht begründet, sondern erwidert wird. Zwar will die Liebe tätig werden, und Arbeit kann theologisch als Gestalt der Nächstenliebe gedeutet werden. Doch geht die Liebe nicht in der Arbeit auf. Vor allem kann sie nicht durch Arbeit erzeugt oder verdient werden. Eben dies ist die wesentliche Einsicht, welche sich aus der paulinisch-reformatorischen Rechtfertigungslehre für das Verständnis menschlicher Arbeit ergibt.

2. Der Sonntag als Thema der Ethik

Inwiefern ist nun der Sonntag selbst ein Thema der Ethik? Zur Antwort könnte man spontan auf das dritte Gebot – nach alttestamentlicher Zählung das vierte – verweisen: „Gedenke des Sabbats: Halte ihn heilig! Sechs Tage darfst du schaffen und jede Arbeit tun. Der siebte Tag ist ein Ruhetag, dem Herrn, deinem Gott geweiht. An ihm darfst du keine Arbeit tun" (Ex 20,8–9). Die Wiederholung des Dekalogs in Dtn 5,12–14 unterstreicht, daß Gott die Heiligung des Sabbats „zur Pflicht gemacht" habe. Martin Luther modifiziert das alttestamentliche Gebot im christlichen Kontext: „Du sollst den Feiertag heiligen" (Kleiner Katechismus 1529)[18]. Auch wenn die evangelische Kirche nicht, das alttestamentliche Sabbatgebot adaptierend, von einer *Sonntagspflicht* wie die römisch-katholische Kirche spricht, handelt es sich auch für sie

---

[16] Vgl. *G. Brakelmann*, Art. Arbeit VIII. Humanisierung der industriellen Arbeitswelt, TRE 3, Berlin/New York 1978, S. 657–669; *A. Rich/E. Ulich* (Hg.), Arbeit und Humanität, Königstein 1978.

[17] Vgl. *E. Jüngel*, Tod, Gütersloh ²1983, S. 116; *U. Körtner*, Solange die Erde steht. Schöpfungsglaube in der Risikogesellschaft (Mensch – Natur – Technik 2), Hannover 1997, S. 83ff.

[18] BSLK, S. 508.

beim Gebot der *Sonntagsheiligung* um einen Sollens-Satz, d.h. um eine ethische Forderung. Insofern ist die Einhaltung und Gestaltung des Sonntags auch aus evangelischer Perspektive ein Thema der Ethik, und zwar nicht nur der Individualethik, die sich mit unserer persönlichen Lebensführung befaßt, sondern zugleich der Sozialethik.[19] Die Frage des Wochen- und Lebensrhythmus' von Ruhe und Arbeit betrifft nicht nur das Individuum und seine privaten Bedürfnisse, sondern das gesamte Wirtschaftsleben, den einzelnen Betrieb wie das ganze Wirtschaftssystem.

Die heute zur Disposition gestellte Zukunft des Sonntags als einer gesellschaftlichen Institution berührt nicht allein wirtschaftsethische und ordnungspolitische Fragen. Sie reicht hinein in den Bereich der Menschenrechte, insofern der gesetzliche Schutz des Sonntags das Grundrecht der Religionsfreiheit berührt. Die Heiligung bzw. die Feier des Sonntags mag soziologisch betrachtet heute eine Angelegenheit der individuellen Freizeitgestaltung sein. Tatsächlich aber stellt sich die Frage nach dem verfassungsrechtlichen Schutz einer gesellschaftlichen Institution, welche nicht nur die private und gemeinschaftliche Religionsausübung ermöglicht, sondern auch ganz allgemein, wie es in den entsprechenden gesetzlichen Bestimmungen heißt, „der Arbeitsruhe und der seelischen Erhebung" dienen soll.[20]

Nun hat die Forderung nach dem Schutz des Sonntags einschließlich der *sonntäglichen Arbeitsruhe* ökonomische Gesichtspunkte zu berücksichtigen. So gewiß der Sonntag – wie schon der jüdische Sabbat – um des Menschen willen da ist und nicht umgekehrt (vgl. Mk 2,27–28), so wenig hat sich der Mensch ungefragt dem Diktat der Ökonomie zu beugen. Zweifellos muß die wirtschafts- und sozialpolitische Gesetzgebung den heutigen Erfordernissen der global verflochtenen Wirtschaft Rechnung tragen. Andernfalls würde sie fahrlässig das Gemeinwohl und die wirtschaftliche Existenz des Einzelnen aufs Spiel setzen. Insofern wäre es töricht, vor globalen Veränderungen die Augen zu verschließen und kurzfristige Besitzstandswahrung zur obersten Maxime der Sozialpolitik zu erklären. Die dem entgegengehaltene These von der sogenannten Globalisierung[21] wird aber in der gegenwärtigen Dis-

---

[19] Zur Sozialgeschichte siehe *F. Heckmann*, Arbeitszeit und Sonntagsruhe. Stellungnahmen zur Sonntagsarbeit als Beitrag kirchlicher Sozialkritik im 19. Jahrhundert, Essen 1987.

[20] Art. 140 des Grundgesetzes der Bundesrepublik Deutschland. Er übernimmt die Bestimmung aus Art. 139 der Weimarer Verfassung.

[21] Einführend siehe *U. Steger* (Hg.), Globalisierung der Wirtschaft. Konsequenzen

kussion häufig viel zu undifferenziert und pauschal ins Feld geführt.[22] Sie dient nicht selten als politisches Druckmittel, um aus kurzsichtigem Profitstreben bisherige Elemente des Sozialstaats oder der Umweltpolitik zur Disposition zu stellen.[23] So wird gelegentlich auch dort auf der lokalen oder regionalen Ebene des Wirtschaftslebens, wo die Globalisierung ökonomisch gar keine Rolle spielt, mit der Globalisierungsthese argumentiert.

Das Ausmaß internationaler wirtschaftlicher Verflechtung ist in den verschiedenen Produktions- und Handelszweigen unterschiedlich hoch. Es macht daher einen Unterschied, ob jemand in der Landwirtschaft tätig ist, wo von jeher auch am Sonntag gearbeitet werden muß, in bestimmten Industriezweigen, wo die Produktionsweise einen Schichtbetrieb auch am Sonntag erfordert, im Dienstleistungsbereich, im Gesundheitswesen, bei Feuerwehr, Polizei oder Armee, oder ob jemand z.B. im Einzelhandel arbeitet, der nicht etwa unter dem Druck der Globalisierung, sondern unter demjenigen der Kundenwünsche nach flexibleren Ladenöffnungszeiten oder unter Konkurrenzdruck in bestimmten Grenzregionen steht. Manche wirtschaftlichen Probleme haben in der Tat ein globales Ausmaß, manche aber lediglich ein lokales, regionales oder auch branchenspezifisches. Hier gilt es zu unterscheiden und sich vor Pauschalargumenten pro und contra Sonntagsarbeit zu hüten.

Nun gerät der Schutz des Sonntags nicht nur unter den Druck sogenannter ökonomischer Sachzwänge, sondern er wird auch durch einen Wandel der allgemeinen Einstellung zur Kirche in Frage gestellt. Vertreter der Industrie weisen zu Recht darauf hin, daß die Aushöhlung der sonntäglichen Arbeitsruhe nicht allein von der Industrie, sondern auch von der Gesamtbevölkerung zu verantworten sei, insofern viele Arbeitnehmer von sich aus bereit seien, auf den arbeitsfreien Sonntag

---

für Arbeit, Technik und Umwelt, Berlin 1996; *H. Büttner/P. Hampe* (Hg.), Die Globalisierung der Finanzmärkte. Auswirkungen auf den Standort Deutschland (Tutzinger Schriften zur Politik 4), Mainz 1997; *J. Flecker/G. Schienstock*, Globalisierung, Konzernstrukturen und Konvergenz der Arbeitsorganisation, Wien 1997; *M. Dammeyer/Chr. Koellreuter*, Die Globalisierung der Wirtschaft als Herausforderung für die Regionen Europas (Basler Schriften zur europ. Integration 26), Basel 1997.

[22] Vgl. *D. Cohen*, Fehldiagnose Globalisierung. Die Neuverteilung des Wohlstandes nach der dritten industriellen Revolution, Frankfurt a.M. 1998; *K. v. Dohnanyi*, Im Joch des Profits. Eine deutsche Antwort auf die Globalisierung, Stuttgart 1997.

[23] Vgl. *K.S. Althaler* (Hg.), Primat der Ökonomie? Über Handlungsspielräume sozialer Politik im Zeichen der Globalisierung, Marburg 1997; *E.U. v. Weizsäcker*, Erdpolitik. Ökologische Realpolitik als Antwort auf die Globalisierung, Darmstadt ⁵1997.

zugunsten von Freizeitausgleich an Werktagen zu verzichten, weil der
Sonntag als religiöser Feiertag für sie keine Bedeutung mehr habe.

Neben dem konfessionellen Religionsunterricht an staatlichen Schu-
len ist der Sonntag eine der letzten öffentlichen Institutionen des an-
sonsten völlig privatisierten Christentums in der säkularen Gesellschaft. Nun gerät auch diese Institution in den Sog der Säkularisierung,
weil die traditionelle Kirchlichkeit bzw. Religiosität in starkem Maße
abgenommen hat und weiter abnimmt. Wir sind Zeitzeugen eines ungeahnten Traditionsabbruchs nicht nur außerhalb, sondern auch innerhalb der Kirchen. Insofern ist die Infragestellung des Sonntags auch ein
binnenkirchliches Problem, und zwar ein ökumenisches, von welchem
alle Kirchen gemeinsam betroffen sind. Entgegen der These vom gänz-
lichen Absterben der Religion ist zwar eine neue Religiosität zu verzeichnen, aber sie boomt außerhalb der verfaßten Kirche, z.B. auf kom-
merziell organisierten Esoterikmessen und im Buchhandel, nicht aber
in den christlichen Gemeinden. Gewiß hat die religionssoziologische
Analyse zwischen Stadt und Land sowie zwischen den Konfessionen zu
differenzieren. Insgesamt aber sind alle Kirchen vom Traditionsab-
bruch betroffen, welcher unter anderem dazu führt, daß die individuelle Bereitschaft zum Verzicht auf den arbeitsfreien Sonntag wächst.

Zweifellos bangen heute viele Arbeitnehmer um ihren Arbeitsplatz
und sind schon aus ökonomischen Zwängen eher bereit, dem Druck
von Unternehmensleitungen nachzugeben, die um der Profitabilität
willen *neue Arbeitszeitmodelle* einführen wollen. Die Bereitschaft, den
arbeitsfreien Sonntag zu opfern hängt aber ebenso mit der zeitgenössischen Individualitätskultur zusammen, mit dem Bedürfnis nach größe-
rer Selbstbestimmung, auch was die Verfügungsfreiheit über die eigene
Lebenszeit betrifft. Dieses Verlangen steht auch hinter der Forderung
nach flexibleren Ladenöffnungszeiten an Sonntagen. Wie das deutsche
Beispiel zeigt, führt die Liberalisierung der Ladenöffnungszeiten keineswegs, wie immer wieder behauptet wurde, zur Schaffung neuer Arbeitsplätze im Handel. Im Gegenteil hat es in Deutschland trotz eines
neuen Ladenschlußgesetzes in manchen Bereichen einen Abbau an Ar-
beitsplätzen gegeben. Es ist von daher kritisch zu fragen, mit welcher
Begründung das bisherige Recht der im Handel tätigen Angestellten
und ihrer Familien auf den arbeitsfreien Sonntag den Interessen der
Konsumenten geopfert werden soll. Die eigene Freiheit kann nicht bestehen, wenn sie nicht auch die Freiheit des anderen achtet, konkret:
der Angestellten im Einzelhandel, die zum Verzicht auf den arbeitsfrei-
en Sonntag mehr oder weniger stark genötigt werden sollen.

Die Kirchen sind jedenfalls dadurch herausgefordert, daß die religiöse Fundierung des Sonntags und der sonntäglichen Arbeitsruhe deutliche Risse zeigt. Es ist deshalb heute in der öffentlichen Diskussion die genuin religiöse Bedeutung des Sonntags in Erinnerung zu rufen. Sodann aber ist zu fragen, wie sich in einer säkularen Gesellschaft theologisch und ethisch für die Beibehaltung des Sonntags und den gesetzlichen Schutz des Sonntags argumentieren läßt.[24]

3. Zum geschichtlichen Ursprung des Sonntags und der sonntäglichen Arbeitsruhe

Für die im folgenden entwickelte Argumentation ist von Bedeutung, daß *der historische Ursprung* des Sonntags nicht im jüdischen Sabbat, sondern in der Feier der Auferweckung Jesu von Nazareth von den Toten liegt.[25] Der Sonntag, nach jüdischer Zählung der erste Tag der Woche, gilt als Tag der Auferstehung Christi. Recht bald fand die wöchentliche Ostererinnerung im christlichen Gemeindeleben ihren Platz als feststehenden Tag (status dies).[26] Er wurde zu dem zentralen Versammlungstag der Gemeinde, zum Freudentag, an welchem das Herrenmahl gefeiert, an dem stehend gebetet und nicht gefastet wurde. Während im östlichen Christentum die österliche Bedeutung des Sonntags im Vordergrund stand, galt er im Westen später auch als Schöpfungstag[27] und Tag der Ausgießung des Heiligen Geistes. Die Bezeugung der Auferstehung Christi trat dagegen in der westlichen Sonntagsliturgie in späterer Zeit in den Hintergrund.

Weder im Osten noch im Westen wurde die Feier des Sonntags jedoch in den ersten Jahrhunderten mit dem alttestamentlichen Sabbatgebot begründet. Der Umstand, daß der Sabbat in der Ostkirche ab

---

[24] Vgl. *Unsere Verantwortung für den Sonntag*. Gemeinsame Erklärung des Rates der Evangelischen Kirche in Deutschland und der Deutschen Bischofskonferenz, Bonn 1988; *A.M. Altermatt/Th.A. Schnitker* (Hg.), Der Sonntag. Anspruch – Wirklichkeit – Gestalt, Freiburg/Würzburg 1986; *J. Wilke* (Hg.), Mehr als ein Weekend? Der Sonntag in der Diskussion, Paderborn 1989.

[25] Zum folgenden vgl. auch *E. Hertzsch*, Art. Sonntag, RGG[3] VI, Tübingen 1962, Sp.140–142; *Th.A. Schnitker*, Art. Sonntag, EKL[3] IV, Göttingen 1996, Sp.287–289; *W. Rordorf*, Der Sonntag, Geschichte des Ruhe- und Gottesdiensttages im älteren Christentum, Zürich 1962; *ders.*, Sabbat und Sonntag in der alten Kirche, Zürich 1972.

[26] Vgl. Pliniusbrief X,96.

[27] Justin, Apol. 67.

Ende des 4. Jahrhunderts vielerorts *neben dem Sonntag* als Schöpfungstag begangen wurde, verdeutlicht gerade, daß der Sonntag selbst keineswegs als Ersatz des Sabbats verstanden wurde. Erst unter Konstantin dem Großen wurde das Sabbatgebot auf den Sonntag angewendet. 321 n.Chr. wurde der Sonntag zum gesetzlichen Ruhetag erklärt, was zunächst nur bedeutete, daß am Sonntag Gerichtsverhandlungen und Urteilsvollstreckungen untersagt waren. Später folgte das Verbot der Sklavenarbeit am Sonntag. In germanischer Zeit kam das Verbot schwerer Arbeit auch für die „Freien" hinzu und wurde durch entsprechende Strafgesetze gegen sogenannte Sabbatschänder flankiert.

Auch die reformatorische Theologie weiß zwischen Sabbat und Sonntag zu unterscheiden. Luther übertrug zwar das Sabbatgebot in seinen Katechismen auf den Sonntag, gab aber das Wort Sabbat mit „Feiertag" wieder. Gleiches geschah im Heidelberger Katechismus (1563. Das Verbot der Sonntagsarbeit aber bleibt bei Luther wie im Heidelberger Katechismus unerwähnt. Die Confessio Augustana (1530) lehnt in Artikel XXVIII die katholische Auffassung von der Sonntagspflicht ausdrücklich ab.[28] Wer aus dem alttestamentlichen Sabbatgebot eine Sonntagspflicht ableiten wolle, deren Einhaltung für heilsnotwendig erklärt werde, der sei im Irrtum. „Denn die Heilige Schrift hat den Sabbat abgetan und lehrt, daß alle Zeremonien des alten Gesetzes nach Eröffnung des Evangeliums mögen nachgelassen werden" (CA XXVIII,59). Der Sonntag sei nicht von Gott gefordert, sondern lediglich dazu eingerichtet worden, damit sich die Christengemeinde zu einer gemeinsamen Zeit zum Gottesdienst versammeln könne. Daß man dazu nicht den Sabbat, sondern den darauffolgenden Tag gewählt habe, sei gerade deshalb geschehen, „damit die Leute ein Exempel hätten der christlichen Freiheit, daß man wüßte, daß weder die Haltung des Sabbats noch eines anderen Tages vonnöten sei" (CA XXVIII,60). Später konnte allerdings auch Melanchthon, der Hauptverfasser der Confessio Augustana, die Mißachtung der Sonntagsruhe mit der Sabbatschändung (vgl. Num 15,31ff) gleichsetzen. Der reformierte Puritanismus entwickelte strenge Vorschriften zur Einhaltung der Sonntagsruhe, welche denen der pharisäischen Tradition des Judentums gleichkamen. Der Pietismus im 18. Jahrhundert wollte die Einhaltung einer strikten Sonntagsruhe durch strenge Polizeiverordnungen erzwingen. Die aufkommende Industrialisierung im 18. und 19.

---

[28] BSLK, S. 130.

Jahrhundert sollte dann aber viele Menschen aus ökonomischen Gründen zur Sonntagsarbeit zwingen.

Der arbeitsfreie Sonntag mußte durch die moderne Sozialgesetzgebung neu errungen werden.[29] Das arbeitsfreie Wochenende ist ohnehin erst eine Frucht des ökonomischen Aufschwungs nach dem Zweiten Weltkrieg. Der arbeitsfreie Samstag hat zweifellos keine religiöse Begründung, sondern ist ganz einfach auf die Steigerung des allgemeinen Wohlstands und eine leistungsstarke Wirtschaft zurückzuführen. Wenn es heute zu strukturellen Veränderungen am Arbeitsmarkt kommt, sind diese zwar sozialethisch kritisch zu beleuchten. Das berechtigte Anliegen des Arbeitnehmerschutzes ist aber nicht unmittelbar mit dem Schutz des Sonntags gleichzusetzen. Auch zeigt der internationale Vergleich, daß unbeschadet einer christlichen Tradition die Regelung der Arbeitszeiten und die Sonntagsgesetzgebung unterschiedlich gestaltet werden kann.

4. Die Bedeutung des Sonntags in evangelischer Sicht

Wie nach reformatorischem Verständnis der Unterschied zwischen dem Heiligen und dem Profanen durch Christus aufgehoben ist, so besteht, wie unser Blick auf die Confessio Augustana gezeigt hat, auch kein qualitativer Unterschied zwischen kultischem Sonntag und profanem Alltag. Der sonntägliche Gottesdienst ist gemäß Röm 12,1–2 eingebettet in den Gottesdienst der Christen im Alltag der Welt. Es sei aber daran erinnert, daß auch Thomas von Aquin die Beibehaltung der jüdischen 7-Tage-Woche nicht mit dem Zwang des göttlichen Gesetzes, sondern mit dem Hinweis auf die Anordnung der Kirche und der überkommenen Gewohnheit der Christenheit begründete. Theologische Einwände gegen den von der Französischen Revolution eingeführten 10-Tage-Zyklus wie gegen die nach der Russischen Revolution eingeführte 5-Tage-Woche bestehen aus evangelischer Sicht nicht in prinzipieller Hinsicht, sondern lediglich gegen die mit beiden Zeitmodellen verbundene antichristliche Einstellung. Die – letztlich gescheiterte – Einführung eines neuen Kalenders und die Abkehr von der 7-Tage-Woche war der gewaltsame Versuch, mit dem Christentum zu brechen.

---

[29] Vgl. *H. W. Surkau*, Art. Sonntagsruhe, RGG³ VI, Tübingen 1962, Sp.142–144.

Die Arbeitszeitorganisation ist aus evangelischer Sicht zunächst eine *wirtschaftsethische* Frage, bei welcher zwischen ökonomischer Sachgerechtigkeit und Menschengerechtigkeit, d.h. den Interessen der Arbeitnehmer zu vermitteln ist. Zur Menschengerechtigkeit des Wirtschaftens gehört freilich auch die Respektierung der Religionsfreiheit. Diese ist dann tangiert, wenn die Arbeitsgesetze eines Landes die Einhaltung religiöser Feiertage, z.B. des wöchentlichen Sonntags, erheblich beeinträchtigen oder gar unmöglich machen.

Der Begriff der *Religionsfreiheit* ist auf doppelte Weise zu bestimmen. Die *negative* Religionsfreiheit besagt, daß niemand gegen seinen Willen zur Mitgliedschaft in einer Religionsgemeinschaft oder zur Ausübung einer Religion gezwungen werden darf. Die *positive* Religionsfreiheit aber besteht darin, daß umgekehrt auch niemand aufgrund seines religiösen Bekenntnisses benachteiligt werden und weder an der Mitgliedschaft in einer Religionsgemeinschaft noch an der Praxis seiner Religion gehindert werden darf. Zwar ist der demokratische Rechtsstaat weltanschaulich und religiös neutral. Diese Neutralität aber schließt die Garantie der Religionsfreiheit als Menschenrecht sowohl in ihrer negativen wie in ihrer positiven Bedeutung ein. Zum Schutz der Religionsfreiheit gehört in unserem Kulturkreis nun ganz grundlegend der staatliche Schutz des Sonntags. Die entsprechenden Gesetze zwingen niemanden, den Sonntag religiös zu begehen und z.B. den Gottesdienst zu besuchen. Sie sorgen lediglich dafür, daß diejenigen, die sich aktiv zur Kirche halten, an der für ihren Glauben wesentlichen Feier des Sonntags nicht gehindert werden.

Solcher Rechtsschutz der Religionsfreiheit ist vom alttestamentlichen Sabbatgebot theologisch zu unterscheiden. In diesem Zusammenhang muß daran erinnert werden, daß der Sabbat seine zentrale Stellung im Judentum erst in nachexilischer Zeit gewonnen hat. Die Einhaltung des Sabbats und der strikten Arbeitsruhe dienten nach dem babylonischen Exil als Unterscheidungsmerkmal gegenüber der heidnischen Umwelt und waren somit ein Bekenntnisakt Israels. In der Erfahrung des Exils und der Rückkehr hat der Sabbat seinen religionsgeschichtlichen Ursprung, nicht etwa in anthropologischen Überlegungen zur Zweckmäßigkeit des 7-Tage-Rhythmus. Dabei konnte Israel an altorientalische kosmologische Traditionen anknüpfen. Doch das Spezifikum des nachexilischen Sabbat liegt in seiner Verknüpfung mit der Heils- und Befreiungsgeschichte Israels.

Im Alten Testament finden sich zwei verschiedene Begründungen für das Sabbatgebot. In Ex 20,8–11 wird es mit dem Verweis auf Gottes

7-Tage-Werk bei der Schöpfung begründet. Weil Gott selbst am siebten Tage ruhte, soll auch der Israelit am siebten Tag der Woche alle Arbeit ruhen lassen, ist doch der Mensch das Ebenbild des Schöpfers. An diesen Gedanken knüpft die jüdische Vorstellung vom großen Sabbat an, der in der Endzeit anbrechen wird. Eine andere Begründung des Sabbatgebotes findet sich in Dtn 5,13–15. Es wird dort mit der Erinnerung an Israels Sklavenzeit und seiner Befreiung aus Ägypten begründet. Dementsprechend soll nicht nur der freie Israelit, sondern es sollen auch sein Vieh, sein Gesinde und auch die Fremdlinge, d.h. die in Israel ansässigen Angehörigen fremder Völker, am Sabbat von jeder Arbeit befreit sein. So wird der Sabbat zum Symbol der von Gott geschenkten Freiheit.

In beiden Fällen, sowohl bei der Herleitung des Sabbats aus dem Schöpfungsgeschehen als auch bei der Erinnerung an den Exodus, ist der Sabbat ein Verweis auf die *Würde des Menschen*, die ihm als Ebenbild Gottes zukommt. Auch wenn der Sonntag historisch und theologisch nicht vom Sabbat abzuleiten ist, ist die kirchliche Tradition, welche das Sabbatgebot auf den wöchentlichen Sonntag übertragen hat, insofern sachgemäß, als auch die Auferweckung Jesu von den Toten als Akt der Befreiung, nämlich als Befreiung des Menschen von Sünde, Schuld und Tod verstanden werden muß. Das im Neuen Testament bezeugte Heilsgeschehen ist die göttliche Befreiung des Menschen aus seiner selbst verschuldeten Unfreiheit, durch welche er seine verlorene Würde als Ebenbild Gottes zurückgewinnt. Aus der Sicht des christlichen Glaubens ist der Sonntag als erster Tag der erneuerten Schöpfung nicht nur die wöchentliche Feier der Auferstehung Christi, sondern gleichzeitig das Symbol für die unverdiente, zugleich aber unantastbare Würde des Menschen. Darin liegt m.E. eine wichtige Bedeutung des Sonntags auch im säkularen Staat, der sich zur Einhaltung der Menschenrechte ausdrücklich verpflichtet. Näherhin gemahnt das Sabbatgebot auch im christlichen Kontext, den Menschen vor ausbeuterischen Arbeitsverhältnissen zu schützen, und ist als Absage an einen Leistungsfanatismus zu verstehen, bei welchem Menschen bis zum Umfallen arbeiten und das Letzte aus sich herausholen.

Der jüdische Sabbat wie der christliche Sonntag verdeutlichen, daß der Sinn menschlichen Lebens nicht allein in der Arbeit besteht. Gerade im Recht auf Freiheit von der Arbeit kommt die Würde des Menschen nach biblischem Verständnis zum Ausdruck. In biblischer Perspektive ist Freizeit allerdings mehr als die bloße Ruhepause, die zur Regeneration der Arbeitskraft dient. Die freie Zeit, welche dem Menschen eingeräumt wird, hat ihren eigenen Wert. Modern gesprochen könnte man aus dem Sabbatgebot geradezu das *Recht auf Freizeit* ableiten. Das Sabbatgebot wirft freilich sogleich die Frage auf, wie die freie Zeit sinnvoll und der Würde des Menschen gemäß zu nutzen ist. Er stellt uns wie die Einrichtung des Sonntags vor die grundlegende Frage nach unserem *Verhältnis zur Zeit überhaupt.* Was stelle ich mit meiner Zeit an, mit jedem Tag meines Lebens, mit der Wochenzeit, mit meiner Lebenszeit? Welches Verhältnis hat unsere moderne Leistungsgesellschaft zur Zeit?

5. Sonntagsheiligung und Freizeitethos

Es zeigt sich also, daß eine Ethik des Sonntags nicht nur ein bestimmtes Verständnis von Arbeit einschließt, sondern in den weiteren Kontext einer *Ethik der Freizeit* und des Freizeitverhaltens zu stellen ist.[30] Angesichts der Zunahme an Freizeit wie struktureller Veränderungen am Arbeitsmarkt handelt es sich hierbei um eine wichtige Frage heutiger Sozialethik. Sie nötigt zu einer grundlegenden Unterscheidung, nämlich zur Unterscheidung von *Freizeit* und *Muße.* Eine wichtige ethische Funktion des Sabbatgebotes in der heutigen Zeit besteht darin, daß es dazu anleitet, den nahezu in Vergessenheit geratenen Wert der Muße wiederzuentdecken. In einer Epoche der Unrast und Umtriebigkeit gilt es, nicht nur die Langsamkeit, sondern auch die Muße neu zu entdekken. Es ist eine Ironie der Geschichte, daß ausgerechnet der Schwiegersohn von Karl Marx, Paul Lafargue, 1883 in einer gleichnamigen Schrift nicht etwa das Recht auf Arbeit, sondern das Recht auf Faulheit eingeklagt hat.[31] Lafargue meinte mit Faulheit nicht das gelangweilte Nichtstun oder Totschlagen der Zeit, sondern eben die Muße, welche in der kapitalistischen Gesellschaft, aber auch in der Theorie des Marxismus gänzlich verloren zu gehen droht.

Die heute gesellschaftlich übliche Freizeitgestaltung hat dagegen nur sehr bedingt etwas mit Muße zu tun. Zunächst ist die Freizeit in forma-

---

[30] Vgl. auch *A. Hertz,* Perspektiven christlicher Ethik zur Freizeitproblematik und zu Fragen der Muße, in: *ders. u.a.* (Hg.), Handbuch der christlichen Ethik, Bd. 2, Freiburg/Gütersloh 1978, S. 382–396; *Chr. Gremmels,* Art. Freizeit, TRE 11, Berlin/New York 1983, S. 572–578; *H.-W. Prahl,* Art. Freizeit, EKL³ I, Göttingen 1986, Sp.1367–1369.

[31] Vgl. *E. Benz,* Das Recht auf Faulheit oder Die friedliche Beendigung des Klassenkampfes, Frankfurt a.M./Berlin/Wien 1983.

ler Hinsicht als jene Zeit zu bestimmen, in der man keiner Erwerbsarbeit nachgeht. Das heißt aber nicht, daß die Freizeit darum schon arbeitsfreie Zeit wäre. Zum einen wird die Freizeit durchaus zum Arbeiten genutzt. So manche liegengebliebene Arbeit wird nach Feierabend oder am Wochenende erledigt. Auch der ganze Bereich der Familienarbeit, Kindererziehung und Haushaltsführung, aber auch die Pflege kranker Angehöriger, gehört in die Freizeit. Und schließlich hat sich neben der Erwerbsarbeit ein beachtlicher sekundärer und tertiärer Arbeitsmarkt herausgebildet, der vom Nebenjob bis zur Nachbarschaftshilfe und zur ehrenamtlichen Tätigkeit in Vereinen und Kirchengemeinden reicht. (Nebenbei bemerkt ist angesichts sinkender Einnahmen nicht nur die künftige Bedeutung, sondern auch die Wertschätzung und Bewertung ehrenamtlicher Tätigkeit in der Kirche neu zu diskutieren.)

Zum anderen ist die Freizeit im Sinne der Erholung ein wichtiger Wirtschaftsfaktor. Er reicht vom Gaststättengewerbe und der Unterhaltungsindustrie über alle Sparten der Kultur und der Tourismusbranche bis zu den verschiedenen Segmenten von Sportartikeln und sonstigem Zubehör für diverse Hobbies. Und schließlich trägt das individuelle Freizeitverhalten nicht selten Züge der Arbeit. Freie Tage werden für strapaziöse Kurzurlaube und Freizeitaktivitäten genutzt, in denen der Leistungs- und Konkurrenzdruck am Arbeitsplatz seine nahtlose Fortsetzung findet. Bezeichnenderweise sprechen wir nicht nur im Wirtschaftsleben, sondern auch im Freizeitbereich von Unternehmungen. Die Standardfrage am Wochenende lautet: Was wollen wir diesmal unternehmen? Und der Terminkalender ist am Wochenende meist genauso verplant wie an den Werktagen. Freizeitaktivitäten, die wiederum kostspielig sein können, dienen keineswegs nur und vielleicht nicht einmal in erster Linie der Erholung, sondern haben die Funktion von Statussymbolen genau wie viele Produkte, die wir kaufen und die uns Ansehen und den Genuß von Lebenswerten verheißen. Mit unseren Freizeitaktivitäten und dem, was wir uns am Wochenende oder um Urlaub leisten können, konkurrieren wir genauso wie mit teuren Automarken und Designermode. Nicht Muße und Erholung, sondern Erlebnisurlaub oder Aktivurlaub ist „angesagt". Die Arbeitswut des Menschen von heute findet in seinen Freizeitaktivitäten ihre subtile Verlängerung. Wochentags hantiert er mit Maschinen und Computern, in der Freizeit mit Photokamera und Videorecorder. Zugleich verbirgt sich hinter aller Hyperaktivität die unausgesprochene Angst vor der Langeweile.

Angesichts der skizzierten Verhältnisse ist heute zu fragen, wie sich eine *Kultur der Freizeit* entwickeln läßt, welche Angst vor der Langeweile nicht mit Hektik und Kurzweiligkeit zu zerstreuen versucht und der *Muße* neuen Raum schafft. Muße bedeutet zunächst, ganz einfach Zeit zu haben. Wie in der Arbeitswelt betrachten wir dagegen auch in der Freizeit die Zeit gewöhnlicher Weise als knappes Gut, das nie in ausreichendem Maße zur Verfügung steht und unterwerfen auch die freie Zeit einer strengen Zeitökonomie. Muße aber resultiert aus der Entdeckung der Langsamkeit, aus der Einsicht, genügend Zeit zu haben, die uns niemand stehlen kann außer uns selbst. Vom Totschlagen der Zeit unterscheidet sich die Muße dadurch, daß das Nichtstun nicht als Langeweile, sondern gerade als intensive Zeiterfahrung positiv erlebt wird. Der Müßiggang braucht nicht unbedingt im Nichtstun zu bestehen. Aber wie das Nichtstun als Wohltat erlebt werden kann, so gehört zum müßigen Tun, daß es aus einer inneren Ruhe geschieht. Muße besteht überhaupt ganz wesentlich darin, daß der Mensch vom Tätigsein zur Ruhe kommt. Die Muße umfaßt die äußere wie die innere Ruhe und Sammlung des Menschen. Sie ist das genaue Gegenteil von Zerstreuung. Während sich der Mensch in der Zerstreuung verliert, gewinnt er sich in der Muße neu.

Etymologisch hängt das Wort „Muße" mit der Vokabel „Maß" zusammen. Muße ist die mir zugemessene, mir zur freien Verfügung stehende Zeit. Biblisch betrachtet ist der Sabbat der Inbegriff solcher Muße. Er erinnert an die biblische Einsicht, daß unsere Zeit von Gott zugemessen wird. In Ps 31,16 heißt es: „Meine Zeit steht in deinen Händen." Wer so betet, weiß und vergewissert sich dessen, daß er überhaupt Zeit hat, wogegen wir zumeist davon überzeugt sind, eigentlich gar keine Zeit und für nichts und niemanden ausreichend Zeit zu haben. Die Muße, zu welcher der jüdische Sabbat wie der christliche Sonntag anleiten wollen, ist nichts anderes als die Einübung in die biblische Weisheit, daß der Mensch Zeit – und zwar endliche Zeit! – hat und daß ihm diese Zeit von Gott zugemessen wird.

Von hier aus kann sich auch der Sinn des altertümlichen Wortes „Heiligung" neu erschließen. Was heißt es, den Sabbat bzw. den Sonntag zu heiligen? Von Johann Baptist Metz stammt der einprägsame Satz, die kürzeste Formel für Religion sei Unterbrechung.[32] Der Einbruch des göttlichen Heils unterbricht den Lebenszusammenhang der unerlö-

---

[32] *J.B. Metz*, Glaube in Geschichte und Gesellschaft. Studien zu einer praktischen Fundamentaltheologie, Mainz [4]1984, S. 150.

sten Welt, die schlechte Unendlichkeit des Immer-weiter-so. Exemplarisch geschieht solche Unterbrechung an jedem Sonntag. Hier wird der Einbruch des Heils leibhaftig erfahrbar. Insofern kommt dem Sonntag eine wichtige Rolle bei der Entwicklung einer Kultur der Muße zu.

Der Sinn des Sonntags wird völlig verkannt, wenn er negativ als *Verbot* der Arbeit bestimmt wird. So kann nur denken, wer allein in der Arbeit den Sinn seines Lebens sieht. Dann aber gerät der positive Wert der *Ruhe* völlig aus dem Blick. Nicht negativ als Arbeits*verbot*, sondern positiv als Arbeits*ruhe* ist die Wohltat des Sonntags – wie übrigens auch des jüdischen Sabbats und seiner religiösen Vorschriften – zu bestimmen. Der Sonntag muß also als *heilsame*, nicht etwa als störende Unterbrechung alltäglicher Arbeitszwänge begriffen werden. In diesem Sinne kommt ihm eine wesentliche Bedeutung nicht nur für unsere Sicht der Arbeit, sondern auch für eine zeitgemäße Ethik der Freizeit zu.[33]

6. Theologische Argumente für die sonntägliche Arbeitsruhe

Abschließend seien nochmals die wichtigsten Argumente für den Schutz der sonntäglichen Arbeitsruhe zusammengefaßt.[34] Wie schon deutlich wurde, ist die Begehung, besser gesagt die Feier des Sonntags, von der auf den ganzen Tag ausgedehnten Arbeitsruhe zunächst sachlich zu unterscheiden. Insofern die Feier des Sonntags nicht unmittelbar aus dem alttestamentlichen Sabbatgebot abzuleiten ist, ist ein striktes Arbeitsverbot am Sonntag theologisch nicht zu begründen. Nicht nur der Sabbat, sondern auch der Sonntag ist um des Menschen willen da, nicht etwa umgekehrt. Zugespitzt heißt es sogar in Mk 2,28, der Sohn des Menschen, d.h. Christus, sei ein Herr über den Sabbat. An dieser Freiheit Christi partizipieren auch die Christen.

Wenn schon das Sabbatgebot in der christlichen Tradition in modifizierter Form auf den Sonntag übertragen wird, so gleichermaßen die ethische Konsequenz, die sich daraus ergibt, daß Jesus einerseits den Sabbat gehalten, andererseits aber auch die jüdischen Sabbatvorschriften um des Menschen willen fallweise übertreten hat. Gleichwohl ist

---

[33] Vgl. auch *W. Fahlbusch/H. Przybylski/W. Schröter*, Arbeit ist nicht alles. Versuch zu einer Ethik der Zukunft, Bochum 1987.

[34] Aus der theologischen Diskussion siehe u.a. *O. Bayer*, Von der Würde des Sonntags, in: ders., a.a.O. (Anm. 11), S. 47–54.

der Sinn der Arbeitsruhe zunächst positiv zu bestimmen, nämlich als Anerkennung der Würde des Menschen, als Ermöglichung der Muße und als Ausfluß der wöchentlichen Osterfeier, die sich über den Gottesdienst der Gemeinde hinaus auf den ganzen Tag ausdehnt. Wenn trotzdem unter bestimmten Voraussetzungen theologischerseits Sonntagsarbeit akzeptiert werden kann, ist jedoch kritisch zu fragen, welche Formen der Sonntagsarbeit dem Sinn des Sonntags zuwiderlaufen. Sozialethisch ist zu überlegen, wie die Arbeitszeit auch bei zunehmender Flexibilisierung so organisiert werden kann, daß der Sinn des Sonntags nicht verlorengeht. In diesem Rahmen aber haben wir die christliche Freiheit, um der betroffenen Menschen willen heutigen ökonomischen Sachzwängen Rechnung zu tragen. Freilich ist allen Versuchen zu widerstehen, solche Sachzwänge aus bloßem Gewinnstreben lediglich vorzuschützen. Ebensowenig darf der Wunsch des Konsumenten nach einem höchstmöglichen Grad an individueller Freiheit seines Konsumverhaltens zum obersten Gebot gemacht werden.

Der gesetzliche Schutz des Sonntags ist zunächst im religiösen Charakter dieses Tages begründet. Andererseits werden die Kirchen für die Beibehaltung dieses Schutzes in der säkularen Gesellschaft nur soweit überzeugend eintreten können, als sie Argumente aufbieten, die auch jenen einleuchten, welche selbst keine enge Bindung an die Kirche mehr haben. Ich möchte die wichtigsten Argumente nochmals zusammenstellen:

1. Der gesetzliche Schutz der Sonntagsruhe ist eine Konkretion des Menschenrechts auf Religionsfreiheit. Wohl kann in einer freiheitlichen Gesellschaft niemand zur Feier des Sonntags gezwungen werden (negative Bestimmung der Religionsfreiheit). Aber umgekehrt hat diese Gesellschaft dafür zu sorgen, daß jene, welche diesen Tag als religiösen Feiertag begehen wollen, an diesem grundlegenden Element ihres Glaubenslebens nicht gehindert werden (positive Bestimmung der Religionsfreiheit). Es mag sein, daß Arbeitszeitgesetze aus ökonomisch zwingenden Gründen flexibilisiert werden müssen. Der Flexibilisierung sind jedoch durch das Grundrecht der Religionsfreiheit Grenzen gesetzt.

2. Die Arbeitsruhe zu einer festen Tageszeit ist eine notwendige Voraussetzung dafür, daß die ganze christliche Gemeinde gemeinsam Gottesdienst feiern kann. Nun ist nicht zu bestreiten, daß immer nur ein gewisser Teil der Gemeinde tatsächlich den Gottesdienst besucht. Ent-

scheidend ist aber, daß die *Möglichkeit* zur Teilnahme an jedem Sonntag *allen* offenstehen muß. Diejenigen, welche den Gottesdienst feiern, tun dies immer auch stellvertretend für jene, die – aus welchen Gründen auch immer – nicht zum Gottesdienst kommen. Die leeren Kirchenbänke am Sonntagmorgen, die so häufig beklagt werden, sind nicht einseitig als Indiz des kirchlichen Niedergangs, sondern mit gleichem Recht positiv als Symbol der allen offenstehenden Möglichkeit zur Teilnahme am Leben der Gemeinde zu deuten.

3. Für die Christen hat der Sonntag den Charakter eines Feiertages. Im Rhythmus der Woche erinnert er analog zum Rhythmus des Kirchenjahres an die Auferstehung Christi als Grunddatum des christlichen Glaubens. Die Arbeitsruhe am Sonntag gehört daher zum Zeichencharakter, den der Sonntag für die Christen hat.

4. Dieser Zeichencharakter ist in den Kulturbestand der europäischen Völker eingegangen und sollte auch von der säkularen Gesellschaft nicht ohne Not übersehen werden. Der Sonntag kann auch von denjenigen, welche ihn nicht gottesdienstlich begehen wollen, als Hinweis auf die grundlegende, jedoch allezeit gefährdete Würde des Menschen verstanden werden. Er sollte wahrgenommen werden als Anfrage an das in unserer Gesellschaft vorherrschende Menschenbild, an unser Arbeitsverständnis und Freizeitverhalten, überhaupt an unsere Einstellung zur Zeit und zum Leben. Er sollte geschützt werden als Korrektiv zur Zweckrationalität unseres modernen Wirtschaftslebens. Das Ziel aller Arbeitsorganisation muß einerseits die Förderung des Gemeinwohls, nicht nur der Gewinnmaximierung einzelner, zugleich aber die Befreiung des Menschen vom Zwang entfremdeter Arbeit oder doch zumindest deren Einschränkung auf das notwendige Maß sein. An diese soziale Verpflichtung erinnert der wöchentliche Ruhetag.

5. Der Sonntag ist eine soziale Institution. Menschliches Leben ist immer Zusammenleben. Niemand bringt sich allein auf die Welt, und keiner kann dauerhaft ohne Gemeinschaft leben. Die Flexibilisierung der Arbeitszeit führt zu einer neuen Individualitätskultur, die einerseits als Gewinn an persönlicher Freiheit, andererseits aber auch als fortschreitende Vereinzelung und Vereinsamung erlebt wird. Sie bietet dem Einzelnen neue Möglichkeiten, die Erwerbsarbeit seinen individuellen Lebensbedürfnissen anzupassen. Sie eröffnet auch neue Möglichkeiten, die Chancen und Lasten von Beruf und Familienarbeit, von Karriere

und Kindererziehung in der Ehe gerechter zu verteilen. Sie kann anderseits aber auch den Zusammenhalt in der Familie erschweren, weil die Gelegenheiten, gemeinsam Zeit miteinander zu verbringen, eingeschränkt werden, so daß auch innerhalb der Familien die Isolation zunimmt, bis hin zu sogenannter Wohlstandsverwahrlosung. Der Sonntag als allen Familienmitgliedern *gemeinsam* zur Verfügung stehende Freizeit bildet ein wichtiges Gegengewicht gegen die negativen Folgen neuer Individualisierungsschübe.[35]

Was die religiöse Bedeutung des Sonntags betrifft, so erschöpft sich diese gewiß nicht in dem, was in der säkularen Gesellschaft zu seinen Gunsten angeführt werden kann. Doch die soeben nochmals zusammengetragenen Argumente lassen sich durchaus schöpfungstheologisch interpretieren, nämlich als Hinweis auf den Segen, welcher vom Erlösungsgeschehen ausgeht und ein Vorschein jener eschatologischen Vollendung der Schöpfung ist, auf welche der christliche Glaube hofft. An diesem Segen partizipieren auch jene, welche den christlichen Glauben nicht zu teilen vermögen. Daß es sich hierbei nicht um einen Zwang, schon gar nicht um ein den Kirchen zugestandenes Privileg, sondern um eine allen Mitgliedern der Gesellschaft zuteil werdende *Wohltat* handelt, wird hoffentlich auch jenen aufgehen, welche sich innerlich von der Kirche entfernt haben oder einer anderen Religion angehören. Insofern haben die Kirchen allen Grund, offensiv für den Erhalt des Sonntags und der Sonntagsruhe einzutreten.

7. Literatur

Altermatt, A.M./Schnitker, Th.A. (Hg.): Der Sonntag. Anspruch – Wirklichkeit – Gestalt, Freiburg/Würzburg 1986

Althaler, K.S. (Hg.): Primat der Ökonomie? Über Handlungsspielräume sozialer Politik im Zeichen der Globalisierung, Marburg 1997

Benz, E.: Das Recht auf Faulheit oder Die friedliche Beendigung des Klassenkampfes, Frankfurt a.M./Berlin/Wien 1983

Büttner, H./Hampe, P. (Hg.): Die Globalisierung der Finanzmärkte. Auswirkungen auf den Standort Deutschland (Tutzinger Schriften zur Politik 4), Mainz 1997

---

[35] Vgl. auch *H. Przybylski/J.P. Rinderspacher* (Hg.), Das Ende gemeinsamer Zeit? Risiken neuer Arbeitszeitgestaltung und Öffnungszeiten, Bochum 1988.

Claußen, U. (Hg.): Die im Dunkeln sieht man nicht. Massen- und Langzeitarbeitslosigkeit, die neue soziale Frage, Bochum 1985

Cohen, D.: Fehldiagnose Globalisierung. Die Neuverteilung des Wohlstandes nach der dritten industriellen Revolution, Frankfurt a.M. 1998

Dammeyer, M./Koellreuter, Chr.: Die Globalisierung der Wirtschaft als Herausforderung für die Regionen Europas (Baseler Schriften zur europ. Integration 26), Basel 1997

Dohnanyi, K. v.: Im Joch des Profits. Eine deutsche Antwort auf die Globalisierung, Stuttgart 1997

Fahlbusch, W./Przybylski, H./Schröter, W.: Arbeit ist nicht alles. Versuch zu einer Ethik der Zukunft, Bochum 1987

Flecker, J./Schienstock, G.: Globalisierung, Konzernstrukturen und Konvergenz der Arbeitsorganisation, Wien 1997

Franz, W.: Arbeitsmarktökonomik, Berlin u.a. [2]1991

Giarini, O./Liedtke, M.: Wie wir arbeiten werden. Der neue Bericht an den Club of Rome, 1998

Gremmels, Chr.: Art. Freizeit, TRE 11, Berlin/New York 1983, S. 572–578.

Heckmann, F.: Arbeitszeit und Sonntagsruhe. Stellungnahmen zur Sonntagsarbeit als Beitrag kirchlicher Sozialkritik im 19. Jahrhundert, Essen 1987

Hertz, A.: Perspektiven christlicher Ethik zur Freizeitproblematik und zu Fragen der Muße, in: ders. u.a. (Hg.), Handbuch der christlichen Ethik, Bd. 2, Freiburg/Gütersloh 1978, S. 382–396

Hertzsch, E.: Art. Sonntag, RGG[3] VI, Tübingen 1962, Sp. 140–142

Jahoda, M.: Wieviel Arbeit braucht der Mensch? Arbeit und Arbeitslosigkeit im 20. Jahrhundert, Weinheim/Basel 1983

Mieth, D.: Arbeit und Menschenwürde, Freiburg/Basel/Wien 1985

Moltmann, J. (Hg.), Recht auf Arbeit – Sinn der Arbeit, München 1979

Preuß, H.D./Brocke, M./Schelkle, K.H./Gülzow, H./LeGoff, J./ZurMühlen, K.-H./Honecker, M./Brakelmann, G.: Art. Arbeit I-VIII, TRE 3, Berlin/New York 1978, S. 613–669

Przybylski, H./Rinderspacher, J.P. (Hg.): Das Ende gemeinsamer Zeit? Risiken neuer Arbeitszeitgestaltung und Öffnungszeiten, Bochum 1988

Rat der EKD/Kath. Deutsche Bischofskonferenz: Unsere Verantwortung für den Sonntag. Gemeinsame Erklärung, Bonn 1988.

Rifkin, J.: Das Ende der Arbeit und ihre Zukunft, Frankfurt a.M./New York 1995

Rordorf, W.: Der Sonntag. Geschichte des Ruhe- und Gottesdiensttages im älteren Christentum, Zürich 1962

–: Sabbat und Sonntag in der alten Kirche, Zürich 1972

Siebert, H.: Geht den Deutschen die Arbeit aus? Wege zu mehr Beschäftigung, München 1994

Steger, U. (Hg.): Globalisierung der Wirtschaft. Konsequenzen für Arbeit, Technik und Umwelt, Berlin 1996

Surkau, H.W.: Art. Sonntagsruhe, RGG³ VI, Tübingen 1962, Sp. 142–144
Weizsäcker, E.U. v.: Erdpolitik. Ökologische Realpolitik als Antwort auf die
    Globalisierung, Darmstadt ⁵1997
Wenke, K.E. (Hg.): Ökonomie und Ethik. Die Herausforderung der Arbeits-
    losigkeit (SWI-Studienhefte 4), Frankfurt a.M. 1984
Wilke, J. (Hg.): Mehr als ein Weekend? Der Sonntag in der Diskussion, Pader-
    born 1989

Glossar

ARISTOTELES (384–322 v. Chr.): Unter dem Namen des A. sind drei Ethiken
bekannt: die von ihm selbst verfaßte *Nikomachische Ethik*, die von seinem
Freund Eudemos verfaßte *Eudemische Ethik* sowie die einen Auszug aus
beiden darstellende *Magna Moralia*. Die Ethik ist der klassische Entwurf
einer Strebens- bzw. → Tugendethik, deren Ziel das gute Leben bzw. die
Glückseligkeit (εὐδαιμονία) ist. Die aristotelische Ethik hat auch die Geschichte der christlichen Ethik, vor allem in ihrer Interpretation durch Thomas v. Aquin (1225–1274), nachhaltig beeinflußt.

AUTONOMIE: Wörtlich „Selbstgesetzgebung, Selbstbestimmung". I. → Kant
hat die A. des Willens definiert als „die Beschaffenheit des Willens, dadurch
derselbe ihm selbst (unabhängig von aller Beschaffenheit der Gegenstände
des Wollens) ein Gesetz ist." A. im kantischen Sinne ist einerseits von *Heteronomie* als Fremdbestimmung, andererseits aber als sittlich begründete und
gebundene Selbstbestimmung von bloßer Willkür unterschieden. In dieser
Verwendung ist der Begriff der A. auch von demjenigen der → Eigengesetzlichkeit abzugrenzen. In der Theologie wird seit Kant darüber diskutiert,
inwiefern eine autonome Begründung von Moral mit einer religiösen vereinbar ist. K. → Barth und Paul Tillich versuchen eine Synthese über den
Begriff der *Theonomie* herzustellen, in welchem der Gegensatz von A. und
Heteronomie aufgehoben sein soll. Auch in der neueren römisch-katholischen Moraltheologie wird der Ansatz einer theonom begründeten „autonomen Moral im christlichen Kontext" diskutiert (Alfons Auer, Autonome
Moral und christlicher Glaube, 1971).

BARTH, KARL (1886–1968): Im Unterschied zur protestantischen Tradition
seit Ph. → Melanchthon wendet sich B. entschieden gegen die Trennung
von Dogmatik und Ethik und behandelt sowohl die prinzipielle als auch die
materiale Ethik innerhalb seines Hauptwerkes, der „Kirchlichen Dogmatik"
(1932ff). Siehe KD II/2, S.564–875 (8. Kapitel); KD III/4; KD IV/4
(Fragment). „Dogmatik als Ethik" (KD I/2, S.875–890) ist bei B. Lehre von
Gottes Gebot (→ Gebotsethik), d.h. aber zunächst Lehre von *Gottes* mit
seinem Wort identischem Handeln. Das menschliche Handeln wird nur insofern thematisch, als es zum Handeln Gottes durch Gott selbst im Geschehen des Glaubens in Entsprechung gebracht wird. Die zugrunde liegende
Denkfigur der *analogia fidei* verwendet Barth auch in seinem sozialethischen Modell der → Königsherrschaft Christi, das er als Alternative zur
abgelehnten neulutherischen → Zwei-Reiche-Lehre entwirft.

BONHOEFFER, DIETRICH (1906–1945): B. hat die Grundgedanken der Wort-

Gottes-Theologie K. → Barths mit dem lutherischen Erbe zu verbinden versucht. Dabei wendet er sich kritisch gegen die neulutherische → Zwei-Reiche-Lehre und ihre Übernahme des modernen Begriffs der → Eigengesetzlichkeit. Den in diesem Zusammenhang kritisierten Gedanken der → Schöpfungsordnungen sucht B. unter Rückgriff auf den Begriff des Gebotes Gottes (→ Gebotsethik) in Form einer Lehre von den göttlichen Mandaten zu erneuern. Auch sucht B. den Anschluß an die von Barth heftig kritisierte Tradition des →Naturrechts. B.s Ethik ist unvollendet geblieben und liegt nur in Gestalt von Fragmenten vor, die unterschiedliche Ansätze bieten. Hervorzuheben ist B.s Entwurf einer christologisch begründeten → Verantwortungsethik, die als Gegenstück zu der dezidiert areligiös ausgerichteten Verantwortungsethik M. → Webers gelesen werden kann.

CALVIN, JOHANNES (1509–1564): Die Ethik Calvins findet sich in Buch III seiner „Institutio religionis Christianae" (^{3}1559) in Form einer Auslegung des Dekalogs. Kennzeichnend ist die Betonung des Zusammenhangs von Rechtfertigung und Heiligung. Der Glaube hat sich in einer dem Evangelium entsprechenden Lebensweise zu bewähren. Dafür bietet das göttliche → Gesetz eine Anleitung (tertius usus bzw. usus praecipuus legis).

DISKURSETHIK: Auch *kommunikative Ethik* genannt. Als D. lassen sich verschiedene konkurrierende Modelle bezeichnen, welche die Absicht verfolgen, das Erbe der klassischen deutschen Philosophie (→ Kant, deutscher Idealismus) zu bewahren und mit den neueren Erkenntnissen von Hermeneutik, sprachanalytischer Philosophie und Wissenschaftstheorie zu verbinden. Die Verbindlichkeit ethischer Normen soll sich im intersubjektiven, herrschaftsfreien Diskurs erweisen. Auch die ethische Urteilsbildung soll nach dem Modell der diskursiven Konsenssuche erfolgen. Hauptvertreter einer D. sind Karl-Otto Apel und Jürgen Habermas.

EIGENGESETZLICHKEIT: Im Unterschied zum Begriff der → Autonomie, der die Selbstbestimmung des moralischen Subjektes bezeichnet, bezieht sich der Begriff der E. auf die Sachanforderungen, Gesetzmäßigkeiten und Funktionsweisen von gesellschaftlichen → Institutionen oder Systemen (→ Systemtheorie). Der Begriff stammt aus der Sozialwissenschaft und wurde vermutlich von M. → Weber geprägt.

ETHIK: E. ist die Theorie der Moral, d.h. die Reflexion, welche menschliches Handeln anhand der Beurteilungsalternative von Gut und Böse bzw. Gut und Schlecht auf seine Sittlichkeit hin überprüft. Begriff und Disziplin der E. gehen auf → Aristoteles zurück (ἠθικής θεωρία). Seinem Begriff der E. entspricht die von Cicero geprägte Bezeichnung „philosophia moralis". Die philosophische Disziplin der E. wird auch als „praktische Philosophie" bezeichnet. In der Theologie sind die Bezeichnungen „theologische Ethik" (evangelisch) und „Moraltheologie" (katholisch) üblich. Die theoretischen Voraussetzung der E. werden in der sog. Metaethik behandelt.

ETHOS: Von ἦθος = gewohnter Ort des Wohnens, Gewohnheit, Sitte, Brauch. Vgl. im Lateinischen „mos, mores". Daneben siehe ἔθος = Gewohnheit,

Gewöhnung. Als E. wird eine moralische Grundhaltung, Lebenshaltung oder ein bestimmter Typus von Sittlichkeit bezeichnet, der auch an eine bestimmte Gruppenzugehörigkeit gebunden sein kann (Berufsethos, Standesethos).

GEBOTSETHIK: Als biblische Grundlage theologischer Ethik gilt das göttliche Gesetz (→ Gesetz und Evangelium), wie es in Gestalt von Geboten (v. a. Dekalog Ex 20; Dtn 5; Bergpredigt Mt 5–7; Lk 6,20–49) oder Paränesen (z.B. Röm 12–13) und sog. Haustafeln (Kol 3,18–4,1; Eph 5,22–6,9; I Tim 6,1f; I Petr 2,18–25) begegnet. Die Katechismustradition entfaltet die christliche Ethik in Form einer Auslegung des Dekalogs. Im 20. Jahrhundert ist der Begriff des Gebotes von K. → Barth, D. → Bonhoeffer u.a. streng singularisch gefaßt und als Gestalt des gegenwärtigen Wortes Gottes vom überlieferten Textbestand der Bibel unterschieden worden. Gottes Gebot meint dann sein aktuelles Gebieten, das in der Verkündigung oder auch in der Anrede des Gewissens vernommen wird. In Verbindung mit dem Begriff der Theonomie soll die Kategorie des Gebotes zwischen autonomer Moral (→ Autonomie) und theologischer Ethik vermitteln. Sie weist auch gewisse Affinitäten zum Ansatz einer → Situationsethik auf.

GERECHTIGKEIT: G. ist – abgesehen von seinen theologischen Konnotationen (→ Rechtfertigungslehre) ein Grundbegriff der Sozialethik. Im Anschluß an → Aristoteles unterscheidet man zwischen der G. bei der Verteilung von Gütern (*iustitia distributiva*) und der G. beim Austausch von Waren und Leistungen (*iustitia commutativa*). Thomas v. Aquin (STh II–II, 58ff) beschreibt als dritte Form der G. die Gemeinwohlgerechtigkeit (*iustitia legalis*). Für die neuzeitliche Entwicklung ist das Auseinandertreten von Recht und Moral kennzeichnend. Beide sucht J. Rawls in seiner Theorie der G. wider stärker aneinander zu binden. Unter Aufnahme der Idee des Gesellschaftsvertrages definiert Rawls G. als *Fairness*. Sie impliziert einerseits gleiche Rechte und Pflichten für alle, andererseits die Zulassung von Ungleichheiten nur zum Wohle aller, besonders der Schlechtergestellten und Benachteiligten.

GESELLSCHAFT: Im modernen Sinne wird der Begriff erstmals von Adam Ferguson (1767) verwendet, um die sog. *bürgerliche* G. zu bezeichnen, d.h. die zwischen Staat und Individuum sich neu konstituierende soziale Lebens- und Wirtschaftsform. Georg Wilhelm Friedrich Hegel (1770–1831) definiert die G. als „System der Bedürfnisse". Ferdinand Tönnies (1912) unterscheidet zwischen der auf dem anonymen Warentauschprozeß basierenden *Gesellschaft* und der ursprünglicheren, auf personalen Beziehungen beruhenden *Gemeinschaft*. Karl Marx (1818–1883) und der Marxismus fassen die Gesellschaft als *Klassengesellschaft* und ihre Geschichte als Geschichte von Klassenkämpfen auf. Die funktionale → *Systemtheorie* betrachtet die G. als komplexes Zusammenspiel sozialer Systeme, die sich jeweils über eine spezifische Funktion definieren.

GESETZ UND EVANGELIUM: Die Unterscheidung von Gesetz und Evangelium ist für die reformatorische, insbesondere lutherische Theologie und Ethik grundlegend. Man unterscheidet drei Funktionen des (von Gott gegebenen) Gesetzes: *usus politicus* (Gesetz als Norm moralischen und politischen Handelns), *usus elenchthicus* (Gesetz als Sündenspiegel), *usus in renatis* (auch *usus praecipuus* oder *tertius usus legis* (Gesetz als Lebensregel für die im Glauben Wiedergeborenen). Maßgebliche biblische Texte, in denen das Gesetz zu finden ist, sind der Dekalog (Ex 20,1–17; Dtn 5,6–21) und die Bergpredigt (Mt 5–7; Lk 6,20–49).

GOLDENE REGEL: Die Goldene Regel ist eine moralische Grundregel, die sich seit alter Zeit in allen Kulturen (z.B. schon bei Konfuzius) und auch in der Bibel (Tobias 4,16; Mt 7,12) findet. Es handelt sich um eine Klugheitsregel, welche auf Einfühlung in den Mitmenschen, → Autonomie und Gegenseitigkeit beruht. Positiv formuliert lautet sie: „Alles was ihr wollt, daß es euch die Menschen tun sollen, das sollt ihr auch ihnen tun." Negativ formuliert besagt sie: „Was du nicht willst, das man dir tu', das füg' auch keinem anderen zu."

GÜTERLEHRE: Im Anschluß an F.D.E. → Schleiermacher läßt sich innerhalb der Ethik zwischen G., → Tugendlehre und → Pflichtenlehre unterscheiden. Die traditionelle G. reicht auf Platon und → Aristoteles zurück. Sie ist einerseits am Begriff des guten Lebens, andererseits an der Idee des höchsten Gutes orientiert und stellt eine Hierarchie von erstrebenswerten Gütern auf. Der Ansatz einer G. kann als strebensethisch oder teleologisch bezeichnet werden. Der Begriff des Gutes korreliert einerseits demjenigen des Wertes, andererseits demjenigen des Bedürfnisses bzw. des Mangels. Die Vorstellung metaphysisch begründeter Güter und Werte ist im 19. Jahrhundert einer radikalen Kritik unterzogen worden. Friedrich Nietzsche (1844–1900) propagierte die Umwertung aller Werte. Den Versuch einer Erneuerung der G. stellt die materiale → Wertethik dar. Im → Utilitarismus wird der Begriff des Gutes durch denjenigen des Interesses definiert. Im Fall eines ethischen Konfliktes besteht die Notwendigkeit einer Güterabwägung (→ Kompromiß).

HANDLUNG: Im Unterschied zu einem Ereignis, einem Vorgang oder einem unreflektierten Verhalten bezeichnet man als H. einen Wahlakt, der eine objektive Wahlmöglichkeit und subjektive Wahlfähigkeit zur Voraussetzung hat. Als Wahlakte haben H.en einen intentionalen (sinnhaften) Charakter und sind einem Subjekt zurechenbar, in dessen Biographie sie ein irreversibles Geschehen darstellen. Im Anschluß an J. Habermas lassen sich vier Formen des Handelns unterscheiden: teleologisches, normenreguliertes, dramaturgisches und kommunikatives Handeln. In ethischer Hinsicht sind Handlungen nicht nur nach ihren Absichten, sondern auch nach der Wahl der Mittel und nach den Folgen zu beurteilen. Letzteres ist das Hauptaugenmerk einer sogenannten → Verantwortungsethik. Begriff und Typen des Handelns sind Gegenstand der sog. Handlungstheorie.

INDIVIDUALETHIK: Häufig werden die Begriffe Individualethik und Personalethik synonym verwendet. Mit Arthur Rich lassen sich jedoch vier einander überschneidende Bereiche der Ethik unterscheiden: I., → Personalethik, → Sozialethik und → Umweltethik. Im Unterschied zur Personalethik hat die I. das Selbstverhältnis des moralischen Subjektes zum Thema. Ihr Gegenstand sind also sämtliche Fragen der individuellen Lebensführung. Ein besonderes Problem stellt die Frage dar, ob es so etwas wie Pflichten gegenüber sich selbst gibt (→ Pflichtenlehre). Diese z.B. von I. → Kant vertretene Ansicht wird in der neueren ethischen Diskussion kontrovers beurteilt.

INSTITUTION/INSTITUTIONALITÄT: Unter I. können wir die Verstetigung vergesellschafteten Handelns verstehen. Die evangelische Sozialethik nach 1945 sucht durch den Begriff der I. zwischen Schöpfungstheologie und modernen Sozialwissenschaften theoretisch zu vermitteln. Im Unterschied zur im 19. Jahrhundert entwickelten Lehre von den → Schöpfungsordnungen wird der Institutionenbegriff in der neueren Sozialethik mit dem Ansatz einer → Verantwortungsethik verbunden. Ernst Wolf wehrt die kurzschlüssige Gleichsetzung konkreter gesellschaftlicher Strukturen mit göttlichen Stiftungen ab, indem er zwischen bestehenden Institutionen und Institutionalität als Grundstruktur menschlichen Daseins unterscheidet.

INTEGRATIVE ETHIK: Das Konzept einer i. E. wird von dem Philosophen Hans Krämer vertreten. Krämer unterscheidet zwei Grundtypen philosophischer Ethik, nämlich eine vor allem mit dem Namen → Kants verbundene Sollensethik und eine Strebensethik, wie sie klassisch → Aristoteles vertreten hat und Konzepten einer → Güterlehre, → Tugendlehre oder Klugheitsethik (→ Goldene Regel) zugrunde liegt. Nach Krämer verhalten sich sollens- und strebensethische Ansätze komplementär, d.h. sie lassen sich nicht auf einen der beiden zurückführen oder in einem dritten synthetisch vereinigen. Für ethische Diskurse und Urteilsbildungen bedeutet dies, daß sie mehrdimensional angelegt werden müssen.

KANT, IMMANUEL (1724–1804): Die Ethik K.s beruht auf der Idee der Freiheit bzw. der autonomen Vernunft (→ Autonomie). Das autonome Subjekt weiß sich mit einem unbedingten Sollen konfrontiert, das es in Freiheit als das Gesetz der allgemeinen Vernunft akzepiert, die sich in ihm selbst realisiert. Gewußt wird das unbedingte Sollen als Pflicht (→ Pflichtenlehre). Die Sittlichkeit der Moral wird von K. nicht material, d.h. in Form einer metaphysisch begründeten Güterlehre, sondern formal bestimmt. Moralität bemißt sich an der Verallgemeinerungsfähigkeit der das Handeln leitenden Maximen. In seiner allgemeinsten Form ist das Sittengesetz gleichbedeutend mit dem → kategorischen Imperativ.

KATEGORISCHER IMPERATIV: I. → Kant unterscheidet zwischen hypothetischen und kategorischen Sollenssätzen. Während hypothetische Imperative nur eine eingeschränkte Geltung haben – ein Standes- oder Berufsethos gilt nur für die Angehörigen einer bestimmten Gruppe –, formuliert der k. I. ein allgemeines Sittengesetz, das für jeden Menschen zu allen Zeiten und überall Geltung beansprucht. Der k. I. hat mehrere Fassungen. 1.: „Handle nur nach derjenigen Maxime, durch die du zugleich wollen kannst, daß sie ein allgemeines Gesetz werde." 2.: „Handle so, als ob die Maxime deiner Handlung durch deinen Willen zum allgemeinen Naturgesetz werden sollte." 3.: „Handle so, daß du die Menschheit, sowohl in deiner Person, als in der Person eines jeden andern, jederzeit zugleich als Zweck, niemals bloß als Mittel brauchest." (Grundlegung zur Metaphysik der Sitten, 1785, ²1786).

KIRCHE: Als soziale Gestalt des Glaubens ist auch die K. Gegenstand der Sozialethik und als Subjekt ethischer Verantwortung zu begreifen. Im Anschluß an katholischen Sprachgebrauch hat H. Dombois zwischen Universalkirche, Partikularkirche, Einzelgemeinde und Orden unterschieden. Universalität und Partikularität sind freilich keine besonderen Sozialgestalten, sondern Grundbestimmungen jeder Sozialgestalt von K. W. Huber unterscheidet daher kirchensoziologisch zwischen Ortsgemeinde, Initiativgruppe, Regionalkirche und Föderation. Die theologische Theorie- und Urteilsbildung auf dem Gebiet der Sozialethik vollzieht sich einerseits im binnenkirchlichen Raum, andererseits im Gespräch zwischen K. und übriger Gesellschaft. Das Verhältnis der K. zur gesellschaftlichen Umwelt wird von der evangelischen Theologie in zwei konkurrierenden Grundmodellen beschrieben, im Modell der → Zwei-Reiche-Lehre und in demjenigen der → Königsherrschaft Christi.

KÖNIGSHERRSCHAFT CHRISTI: Im Anschluß an K. → Barth ist das Modell der K. Christi u.a. von H. Diem und E. Wolf vertreten worden, mit dessen Hilfe die Unterscheidung und Zuordnung von Kirche und Gesellschaft bzw. Kirche und Staat bestimmt werden soll. Die Formel von der K. Christi entstand im Kirchenkampf als Einspruch gegen den totalitären Herrschaftsanspruch des nationalsozialistischen Staates. In Auseinandersetzung mit der neulutherischen → Zwei-Reiche-Lehre und einer durch den Gedanken der → Schöpfungsordnungen begründeten Staatsauffassung sollen Recht, Staat und Wirtschaft nach dem Modell der K. Christi ausschließlich christologisch begriffen werden und in der Christologie auch Maßstab zu ihrer Beurteilung finden. Nach dem Modell konzentrischer Kreise ist Christus als Zentrum der Christengemeinde gedacht, um die herum sich der Kreis der Bürgergemeinde legt. Die gesellschaftliche Existenz der Kirche wird nach diesem Ansatz als prophetische Existenz gedeutet und damit der Kirche vor allem ein kritisches Wächteramt gegenüber Staat und Gesellschaft zugesprochen.

KOMMUNITARISMUS: Als K. wird eine philosophische Richtung bezeichnet, welche die Zugehörigkeit zu einer bestimmten Gemeinschaft und die Identifikation mit ihrer Geschichte und ihren Werten nicht nur für menschliches Leben und Handeln, sondern auch für die ethische Theorie- und Urteilsbildung für grundlegend hält (Michael Sandel, Alasdair MacIntyre, Charles Taylor). Während in der Tradition I. → Kants die Moralität des Handelns durch die Verallgemeinerungsfähigkeit seiner Regeln gewährleistet ist (→ kategorischer Imperativ), so daß der Begriff des Gerechten (→

Gerechtigkeit) den Primat gegenüber dem Guten hat (→ Güterlehre), ist
die Rangfolge nach Ansicht der Kommunitaristen genau umgekehrt zu bestimmen. Eine kirchliche Variante des K. stellt das Programm einer „kirchlichen Ethik" dar (G. Lindbeck, J. Milbank, S. Hauerwas, R. Hütter), wobei der kommunitaristische Gemeinschaftsbegriff auf die → Kirche
übertragen wird.

KOMPROMISS: Konflikt und K. markieren den eschatologischen Vorbehalt, unter dem jede Ethik steht. Ethische Konflikte können in der Kollission von
Normen und Pflichten (→ Pflichtenlehre) oder auch von Interessen und
Gütern bestehen. Im Anschluß an N. Menzel läßt sich zwischen intraperso-
nalen und interpersonalen Konflikten unterscheiden. In ihnen bleibt oftmals der K. als einziger Ausweg, bei dem eine Güterabwägung vorzuneh-
men ist (→ Güterlehre). Er bedeutet einen teilweisen Verzicht auf eigene
Interessen oder die Durchsetzung einer ethischen Norm. Das eigentliche
Feld von K.en ist nicht die Ethik, sondern die Politik. Hier entspricht er
dem Klugheitsgebot der → goldenen Regel. In ethischer Hinsicht stellt der
K. keine Lösung, sondern das Eingeständnis des Scheiterns dar. Er muß
allerdings nicht die Suspendierung der Ethik, sondern kann ihre Transzen-
dierung im Vertrauen auf die Vergebung von Schuld bedeuten. Insofern läßt
sich der ethische K. als Konsequenz der → Rechtfertigungslehre verständlich machen.

KULTUR: Unterscheiden lassen sich ein engerer und ein weiterer Kulturbegriff.
Im engeren Wortsinn wird K. als ein gesellschaftliches Subsystem bezeichnet, nämlich das Gebiet der Musik, der Künste, der Festgebräuche, des Kultischen, der Religion und, sofern davon nicht inzwischen abgekoppelt und
stärker mit der Wirtschaft verknüpft, das Gebiet der Wissenschaft. Im weiteren Sinne ist K. gleichbedeutend mit Zivilisation und meint eine Gesamtgestalt sozialen Lebens einschließlich eines einer Gesellschaft gemeinsamen
Ethos. In diesem Sinne spricht man z.B. von der K. der Ägypter oder der K.
des Mittelalters. Im Unterschied zur Natur ist alle K. das Ergebnis menschlicher Tätigkeit und Weltgestaltung. Im Anschluß an H. Rickert (1899)
wird dementsprechend zwischen Kulturwissenschaften (Kulturphilosophie,
Kultursoziologie, Kulturanthropologie, Kulturpsychologie) und Naturwissenschaften unterschieden.

LIEBESGEBOT: Das sog. Doppelgebot der Liebe findet sich in Mt 22,37–40 und
Lk 10,27. Es ist zusammengesetzt aus Dtn 6,5 (Schᵉma Israel) und Lev
19,18 (vgl. auch Röm 13,8–10; Joh 13,34; I Joh 2,7–11). In der lukani-
schen Fassung lautet es: „Du sollst den Herrn, deinen Gott, lieben von ganzem Herzen, von ganzer Seele, von allen Kräften und von ganzem Gemüt,
und deinen Nächsten wie dich selbst." Vgl. auch Joh 13,9–17; I Joh 4,7–21.
Augustin (354–430) hat das Liebesgebot auf die Formel: „Dilige, et quod
vis fac (Liebe und tu, was du willst)!" gebracht (Tr. In ep. Ioh. 7,8 [MPL
35,2533]). In diesem Sinne kann → Luther die in der Rechtfertigung begründete Freiheit des Christenmenschen interpretieren. Im 20. Jahrhundert

ist Augustins Satz häufig zitiert worden, um den Ansatz einer → Situationsethik zu begründen. Augustin setzt freilich voraus, daß die Liebe nicht in
Gegensatz zu göttlichen Normen steht, die in der geschaffenen Lebenswirklichkeit vorgegeben sind (→ Tugendlehre). Das Liebesgebot verweist auf
den Grund aller Ethik, deren Forderungen durch die Liebe transzendiert
werden. Paul Tillich hat hierfür den Begriff des Transmoralischen geprägt.

LUTHER, MARTIN (1483–1546): L.s Ethik hat ihren Ansatz in der → Rechtfertigungslehre und seiner in ihr entfalteten Auffassung von der Freiheit eines
Christenmenschen. Entsprechend der Unterscheidung von → Gesetz und
Evangelium unterscheidet Luther zwischen Person und Werk. Die Werke
begründen nicht das Existenzrecht der Person. Die Freiheit des Glaubens ist
aber in äußeren Werken zu bewähren. Entscheidende Norm der Ethik ist
das Liebesgebot, das als Anleitung zum rechten Gebrauch der praktischen
Vernunft interpretiert wird. Für die Sozialethik L.s ist seine Unterscheidung
der zwei Regimenter bzw. zwei Reiche Gottes (→ Zwei-Reiche-Lehre)
grundlegend. Siehe v. a. M. Luther, Von der Freiheit eines Christenmenschen (1520), WA 7, 20–38; Von den guten Werken (1520), WA 6,202–
276; Von weltlicher Obrigkeit, wie weit man ihr Gehorsam schuldig sei
(1523), WA 9, 245–280.

MELANCHTHON, PHILIPP: Anknüpfend an die katholische Moraltheologie vertritt M. eine evangelische Ethik auf naturrechtlicher Basis (→ Naturrecht).
Die Disziplin der Ethik trennt er von der Dogmatik gemäß der Unterscheidung von *credenda* und *agenda* ab. Gegen diese Trennung wendet sich im
20. Jahrhundert v.a. K. → Barth. Ethische Hauptwerke: Epitome philosophiae moralis (1538), CR 1, S.21ff, Ethicae doctrinae elementa (1550), CR
16, S.165ff.

MENSCHENRECHTE: Die M. formulieren ein vorstaatliches Recht, das im Sinne
des → Naturrechts unterschiedslos allen Menschen zusteht. Die *Allgemeine
Erklärung der Menschenrechte* (1948) stellt in Art. 1 fest: „Alle Menschen
sind frei und gleich an Würde und Rechten geboren. Sie sind mit Vernunft
und Gewissen begabt und sollen einander im Geiste der Brüderlichkeit begegnen." Ethisch betrachtet sind die M. gleichermaßen begründungsoffen
wie multikulturell und -religiös begründungsbedürftig. Man unterscheidet
zwischen bürgerlichen und politischen M. (individuellen Freiheits- und Abwehrrechten) sowie wirtschaftlichen, sozialen und kulturellen M. (Teilhaberechte). Grundsätzlich handelt es sich bei den Menschenrechten um Individualrechte. Umstritten ist die Vorstellung kollektiver M. (z.B. Recht auf
Entwicklung), deren Subjekt eine Gemeinschaft oder Kultur sein soll.

MORAL: Der Begriff stammt vom lat. *mos, mores* ab und bedeutet „Sitte, Gewohnheit" (→ Ethos). Als M. wird im heutigen Sprachgebrauch die Gesamtheit akzeptierter und durch Tradition stabilisierter Verhaltensnormen
einer Gruppe oder einer Gesellschaft bezeichnet. Ihr grundlegender Code
ist die Unterscheidung „gut/böse" bzw. „gut/schlecht".

NATURALISTISCHER FEHLSCHLUSS: Als naturalistischen Fehlschluß hat George

Edward Moore (1873–1958) die ethischen Argumentationsweisen für unzulässig erklärt, die von einem Sein auf ein Sollen („from is to ought") schließen. Als Beispiel dient ihm die äquivoke Verwendung des Prädikates „gut" einerseits für „funktionstüchtig" (Seinsaussage) und andererseits für „sittlich wertvoll" (Sollensaussage).

NATURRECHT: Die Naturrechtsidee reicht in die Antike zurück. Ihr zufolge sollen alle Gesetze menschlichen Handelns in Einklang mit den Gesetzen der Natur stehen. Schon bei den Griechen stehen sich ein konservatives und ein revolutionäres N. gegenüber. Im Gegensatz zu den ionischen Naturphilosophen (z.B. Heraklit) unterscheiden die Sophisten zwischen Verbindlichkeiten, die von Natur gelten, und solchen, die auf Übereinkunft und menschlicher Satzung beruhen. Stärker als durch → Aristoteles ist die Naturrechtstradition des christlichen Abendlandes durch die Stoa beeinflußt worden. Aus ihrer Tradition stammen die maßgeblichen Formulierungen naturrechtlicher Prinzipien: niemandem Schaden zufügen; jedem das Seine; ein achtbares Leben führen; Gott lieben und ehren; Verträge einhalten. Das christliche N. verbindet stoisches Gedankengut mit der → Goldenen Regel und beruft sich auf Paulus (Röm 1f; vgl. Act 17). Seine klassische Gestalt hat das christliche Naturrechtsdenken bei Thomas v. Aquin gefunden (STh I–II, 10–108; II–II, 57). Seit der Aufklärung wird die Idee eines profanen Natur- und Völkerrechtes vertreten, die eine wesentliche Voraussetzung der modernen → Menschenrechte darstellt. Philosophisch wie theologisch ist der dem Naturrechtsgedanken zugrunde liegende Naturbegriff problematisch. Als regulative Idee aber hält er die „naturale Unbeliebigkeit der normativen Vernunft" fest (Wilhelm Korff, Franz Böckle). Von einem christologischen Ansatz aus hat D. → Bonhoeffer den Naturrechtsgedanken kritisch aufgenommen und im Sinne der Wort-Gottes-Theologie K. → Barths neu interpretiert.

NORMEN UND WERTE: In der theologischen Ethik haben sich der Norm- und der Wertbegriff (→ Wertethik) sowie die Wortverbindung „Normen und Werte" erst in den letzten Jahrzehnten eingebürgert. Klassische Begriffe sind dagegen „Gesetz" und „Gebot" (→ Gesetz und Evangelium → Gebotsethik) bzw. „Güter" und „Tugenden" (→ Tugendlehre). Die Verwendung der neuen Begrifflichkeit hängt mit dem Vordringen einer teleologischen (→ Güterlehre) gegenüber einer deontologischen Argumentationsweise (→ Pflichtenlehre) zusammen, wie sie auch für die → Verantwortungsethik kennzeichnend ist.

PERSONALETHIK: Im Unterschied zur → Individualethik thematisiert die P. Ich-Du-Beziehungen (z.B. Eltern – Kinder, Ehepartner, Freundschaft) und die Verantwortung, die das moralische Subjekt gegenüber anderen und für andere hat.

PFLICHTENLEHRE: Der Begriff der Pflicht (τὸ καθῆκον = das Gebührende, Geziemende) stammt aus der stoischen Ethik und hat über Cicero Eingang in die christliche Ethik gefunden. Theologisch ist er im Sinne der göttlichen

Forderung, d.h. der göttlichen Gebote (→ Gebotsethik) interpretiert worden. Ein zentraler Begriff neuzeitlicher Ethik ist „Pflicht" im Sinne von Verpflichtung (lat. obligatio) seit der Aufklärung. I. → Kant und Johann Gottlieb Fichte (1762–1814) verwenden den Pflichtbegriff im Singular und bezeichnen mit ihm das Wesen der Sittlichkeit als solches bzw. den Geltungsanspruch unbedingten Sollens (→ kategorischer Imperativ), der nicht heteronom, sondern autonom begründet wird (→ Autonomie). Kant hält die Pflicht im Rahmen seiner strikt deontologischen Argumentation für eine hinreichende Begründung moralischen Handelns. Motive wie Neigung oder Mitleid werden abgelehnt. Im Unterschied zu Kant kennt die ältere Tradition eine Vielzahl von bedingt geltenden Pflichten, zwischen denen es im Einzelfall zu Kollisionen kommen kann (→ Kompromiß) und die eine Güterabwägung erforderlich machen (→ Güterlehre). Sich kritisch von Kant abgrenzend, hat F. → Schleiermacher die Pflichtenlehre in ein Schema integriert, das neben dieser eine → Tugendlehre und eine Güterlehre umfaßt.

RECHTFERTIGUNGSLEHRE: Im Anschluß an Paulus und Augustin haben die Reformatoren des 16. Jahrhunderts die Rechtfertigung des Sünders allein aus Gnaden durch den Glauben zum Fundament des Christentums erklärt (*articulus stantis et cadentis ecclesiae*). Die klassische Formulierung der reformatorischen R. findet sich in der Confessio Augustana von 1530 (CA IV). Der Sache nach ist die R. als christliche Freiheitslehre (→ Luther) bzw. als theologische Theorie von der Konstitution des Subjektes und der Unverfügbarkeit seiner Würde zu verstehen. Für die Ethik ist die R. auch insofern bedeutsam, als sie grundlegend zwischen Person und Werk unterscheidet.

REICH GOTTES: Biblisches Symbol (βασιλεία τοῦ θεοῦ, z.B. Mk 1,15) für die gesamte Schöpfung = gesamte Erlösungshoffnung des christlichen Glaubens. Es bezeichnet im theologischen Sinne die Zukunftsdimension von → Verantwortungsethik und → Sozialethik. Die als R. G. bezeichnete Zukunft ist als absolute Zukunft (adventus) von der relativen Zukunft (futurum), die Gegenstand menschlichen Planens ist, zu unterscheiden.

ROTHE, RICHARD (1799–1867): R.s Hauptwerk, seine „Theologische Ethik" (5 Bde., ²1867–1871) war das Standardwerk evangelischer Ethik in der 2. Hälfte des 19. Jahrhunderts. Schleiermachers Einteilung in → Güterlehre, → Tugendlehre und → Pflichtenlehre folgend, hat R. spekulativ eine Theorie der christlichen Kultur entworfen. Seine These, wonach die Kirche im christlich geprägten Kulturstaat aufgehen und das Christentum aus seinem kirchlichen in sein ethisches Zeitalter eintrete, wirkt in heutigen Entwürfen einer sog. ethischen Theologie nach (z.B. bei T. Rendtorff).

SCHLEIERMACHER, FRIEDRICH DANIEL ERNST (1768–1834): S., der „Kirchenvater der 19. Jahrhunderts", ist auf ethischem Gebiet gleichermaßen mit philosophischen wie theologischen Arbeiten hervorgetreten. → Kants einseitig deontologische Ethik kritisierend, entwirft S. im Anschluß an Platon eine in → Güterlehre, → Tugendlehre und → Pflichtenlehre unterteilte philosophische Ethik (Grundlinien einer Kritik der bisherigen Sittenlehre, 1803). Auch seine (postum veröffentlichte) theologische Ethik (Die christliche Sitte nach den Grundsätzen der evangelischen Kirche im Zusammenhange dargestellt, 1843) orientiert sich an dieser Dreiteilung. Gegenüber einer Ethik des Gebotes (→ Gebotsethik) oder des Gesetzes (→ Gesetz und Evangelium) betont Schleiermacher den indikativen, deskriptiven Charakter einer am Evangelium orientierten christlichen Ethik. Wirksam wurde auch S.s Einbeziehung der Ethik in die Dogmatik bzw. Glaubenslehre, die eine Abkehr von der durch → Melanchthon vorgenommenen Trennung bedeutete, sowie seine Verbindung von Ethik und Ekklesiologie (→ Kirche).

SCHÖPFUNGSORDNUNGEN: Der Begriff geht auf G. Chr. Adolph v. Harleß (1806–1893) zurück, der von *Schöpfer*ordnungen gesprochen hat. Die (neu)lutherische, auch von reformierten Theologen vertretene Lehre von der Schöpfungsordnung stellt eine Neufassung der vorneuzeitlichen Dreiständelehre dar (ordo politicus, ordo oeconomicus, ordo ecclesiasticus). Unter S. werden die gesellschaftlichen → Institutionen von Ehe und Familie, Arbeit, Eigentum und Beruf, Staat und Kirche verstanden. Sie gelten als Stiftungen Gottes, d.h. als zwar geschichtlich wandelbare, jedoch als solche nicht zur Disposition stehende Grundformen der von Gott geordneten menschlichen Gemeinschaft. P. Tillich hat die Vorstellung von zeitlosen, unveränderlichen sozialen Ordnungen als „Ursprungsmythos" kritisiert. D. → Bonhoeffer hat die Lehre von den S. von der Christologie aus in Form einer Lehre von den göttlichen Mandaten zu erneuern versucht.

SITUATIONSETHIK: Als S. wird ein ethischer Ansatz bezeichnet, der die Kontingenz, Einmaligkeit und Unverfügbarkeit ethischer Entscheidungslagen und zwischenmenschlicher Begegnung (Martin Buber) betont und daher kritisch gegenüber der Annahme ist, sie ließen sich unter allgemeinen Normen subsumieren, dies es lediglich auf den Einzelfall kasuistisch zu übertragen gälte. Die Kritik der S. richtet sich insbesondere gegen Ansätze einer Ordnungsethik, die vom → Naturrecht oder von → Schöpfungsordnungen aus argumentieren. Vertreter einer S. sind z.B. Joseph Fletcher und John A.T. Robinson, aber auch Rudolf Bultmann und Knud E. Løgstrup. Theologisch wird die S. entweder unter Berufung auf Augustin mit dem → Liebesgebot oder auch mit der Unverfügbarkeit von Gottes Handeln und dem Ereignischarakter seines jeweils konkreten Gebotes (→ Gebotsethik: K. → Barth, D. → Bonhoeffer, Paul L. Lehmann) begründet.

SOZIALETHIK: Wie die → Personalethik thematisiert auch die S. die Verantwortung für andere und gegenüber anderen. Im Unterschied zur Personal- und zur → Individualethik reflektiert die S. jedoch die gesellschaftlichen Bedingungen der persönlichen Lebensführung und personaler Beziehungen. Sozialethik thematisiert das vergesellschaftete Handeln (→ Handlung) und seine Verstetigung in Form von → Institutionen bzw. sozialen Systemen (→ Systemtheorie). Als ethische Theorie der vergesellschafteten Form menschlicher Bedürfnisbefriedigung und Zukunftsvorsorge ist sie einerseits als → Güterlehre andererseits als → Verantwortungsethik zu entfalten. Ihre Hauptgebiete sind heute Staat und Recht, Ehe, Familie und Sexualität, Wirtschaft, Kultur und Wissenschaft, Medizinische Ethik und Umweltethik. Theologische S. behandelt außerdem das Verhältnis von Kirche und Gesellschaft.

SOZIALLEHRE: Gegenüber dem Begriff der Sozialethik, der erst im 20. Jahrhundert gebräuchlich geworden ist, handelt es sich bei S. um eine ältere Bezeichnung. Eine S., welche die Stellung der Christen bzw. der Kirche zu Arbeit, Eigentum, Ehe und Staat erörtert, haben die verschiedenen christlichen Kirchen und Gruppen seit den Anfängen des Christentums entwickelt. Eine klassische Darstellung ihrer Entwicklungsgeschichte bietet E. → Troeltsch. Die römisch-katholische Theologie unterscheidet üblicherweise zwischen christlicher Sozialphilosophie oder Sozialethik und der kirchlichen, d.h. lehramtlichen bzw. päpstlichen S.

SYSTEMTHEORIE: Der Begriff der → Institution wird in der funktionalen S. des Soziologen Niklas Luhmann (1927–1998) durch denjenigen des sozialen Systems ersetzt. Unter Beibehaltung von Begriffen wird „Mensch", „Individuum" und „Person" wird zugleich der Begriff des Subjektes als Aktzentrum gesellschaftlicher Vorgänge aufgegeben. Luhmann setzt voraus, daß es Systeme gibt, die nicht statisch als eine aus Teilen zusammengesetzte Einheit, sondern funktional als Form der Selbstorganisation zu deuten sind. Luhmann unterscheidet zwischen Maschinen, Organismen, sozialen und psychischen Systemen. Unter sozialen Systemen versteht er Interaktionen, Organisationen und Gesellschaften. Die Funktionsweise von Systemen wird u.a. mittels der grundlegenden Unterscheidung von System und Umwelt beschrieben. Systeme betrachten sich wechselseitig als Umwelt, auf welche das System zu reagieren hat, ohne sie integrieren zu können. Nach Luhmann gehören auch Personen zur Umwelt sozialer Systeme und sind nicht etwa deren Handlungssubjekte. Innerhalb sozialer Systeme treten Menschen vielmehr ausschließlich als Funktionsträger in Erscheinung.

TROELTSCH, ERNST (1865–1923): Systematischer Theologe und Philosoph. T. gilt als Dogmatiker der sog. religionsgeschichtlichen Schule. Seine konsequent historisierende Betrachtungsweise des Christentums brachte ihm das Urteil R. Bultmanns ein, der „Aporetiker der liberalen Theologie" schlechthin zu sein. Schon 1902 bezeichnete T. die Ethik als übergeordnete und prinzipiellste Wissenschaft. Allgemeine Ethik und praktische Sittenlehre verhalten sich nach T. zueinander wie wissenschaftliche Religionsphilosophie und praktische Glaubenslehre. Die abendländische Ethik speist sich seiner Ansicht nach aus einer über → Kant zu Stoa und Bergpredigt zurückreichenden Gewissensmoral sowie aus einer von der Antike über → Schleiermacher und R. → Rothe in die Moderne führenden Ethik der Kulturwerte. In 1908–1912 entstandenen umfangreichen Studien erforschte T. die „Soziallehren der christlichen Kirchen und Gruppen" und schuf damit eine wichtige historische Grundlage für die Sozialethik. Einflußreich wurde auch T.s kirchensoziologische Unterscheidung von → Kirche als sakramentaler Gnadenanstalt, Sekte als willentlichen Zusammenschluß einzelner Gläubiger und Mystik als Form des religiösen Individualismus.

TUGENDLEHRE: Klassische Entwürfe einer T. finden sich bei Platon und → Aristoteles. Während die → Pflichtenlehre die Gegebenheit moralischer Forderungen und die → Güterlehre die Ziele moralisch begründeten Handelns behandelt, erörtert die T. die subjektiven Voraussetzungen sittlichen Handelns. Tugend (ἀρετή, lat. virtus = Tüchtigkeit) ist eine ἕξις (lat. habitus), d.h. eine durch moralische Erziehung erworbene und zu schulende Eigenschaft oder Verhaltensweise. Aristoteles definiert sie als vernunftbestimmte Mitte zwischen zwei negativen Extremen, dem Übermaß und dem Mangel. Augustin verband die antike Lehre von sog. Kardinaltugenden mit dem neutestamentlichen → Liebesgebot, indem er die Tugenden als Formen der Liebe interpretierte. Zugleich trat bei ihm als Korrektur der antiken Tradition an die Stelle des guten Lebens Gott als höchstes Gut. Nach Thomas v. Aquin werden die natürlichen Tugenden der Gerechtigkeit, der Tapferkeit, der Mäßigkeit und der Besonnenheit durch die übernatürlichen oder theologischen Tugenden Glaube, Hoffnung und Liebe ergänzt und vervollkommnet. Die Reformatoren haben an der thomistischen Tugendlehre vor allem kritisiert, daß sie auch den Glauben als Tugend auffaßt und somit nicht klar von den Werken unterscheidet (→ Rechtfertigungslehre). In der ethischen Gegenwartsdiskussion spielt der Tugendbegriff vor allem im → Kommunitarismus eine wichtige Rolle.

UTILITARISMUS: Der Begriff ist abgeleitet vom lateinischen *utilitas* (= Nützlichkeit, Vorteil, Wohl, Glück) und bezeichnet eine vor allem innerhalb der angelsächsischen Philosophie einflußreiche Denkrichtung. Als U. werden ethische Ansätze bezeichnet, welche den Selbsterhaltungstrieb bzw. Eigennutz als entscheidende Triebfeder allen Handelns betrachten und die Rücksichtnahme auf andere, Menschen wie leidensfähige Tiere, im wohlverstandenen Eigeninteresse des moralischen Subjektes sehen. Die regulative Idee des klassischen U. ist das größtmögliche Glück der größtmöglichen Zahl. Ihr entspricht das sog. Schädigungsprinzip, wonach Eingriff in die Interessen und Rechte anderer nur dann erlaubt sind, wenn sie dazu dienen, die Schädigung dritter zu verhüten. Nach utilitaristischer Ansicht gibt es keine moralisch bedeutsamen Werte, die sich unabhängig vom Wohl bzw. von Lust, Nutzen und Glück begründen ließen. Hauptvertreter des klassischen U. sind Jeremy Bentham (1748–1832), John Stuart Mill (1806–1873) und Henry Sidgwick (1828–1900). Inzwischen werden zahlreiche Varianten von U. vertreten (z.B. Handlungsutilitarismus, Regelutilitarismus, Präferenzutilitarismus).

UMWELTETHIK: Entsprechend der von A. Rich vorgenommenen Einteilung der Ethik (→ Individualethik) behandelt die U. den Umgang des Menschen und der Gesellschaft mit der außermenschlichen Natur. Da das individuelle und soziale Leben stets eine natürliche Basis hat, spielen umweltethische Fragen heute auch in der Wirtschaftsethik eine wichtige Rolle. Ein besonderes Feld der U. ist die sog. Tierethik, welche nicht nur klassische Fragen des Tierschutzes, sondern auch sog. Tierrechte behandelt. Unterscheiden lassen sich anthropozentrische, pathozentrische und biozentrische Ansätze einer U. Während anthropozentrische Ansätze dem Menschen zumindest erkenntnistheoretisch einen Vorrang gegenüber der übrigen Natur einräumen, plädieren pathozentrische Ansätze für eine prinzipielle Gleichrangigkeit von Menschen und empfindungs- bzw. leidensfähigen Tieren (→ Utilitarismus). Biozentrische Ansätze vertreten die Auffassung, daß alles Leben in gleicher Weise achtens- und schützenswert ist.

Verantwortungsethik: Der Begriff geht auf M. → Weber zurück, der zwischen V. und Gesinnungsethik unterschieden hat (1919). Während eine *Gesinnungsethik* mit einer Neigung zum Rigorismus Handlungen in erster Linie nach ihren Motiven und Maximen beurteilt, reflektiert eine V. nach Weber vor allem auf die tatsächlichen Folgen einer Handlung. Im Unterschied zu traditionellen Typen der Ethik sucht der Ansatz einer V. den permanenten Umbrüchen und Krisen der modernen Welt Rechnung zu tragen. Auf die Folgen des Handelns bedacht, orientiert sie sich an der Zeitdimension der Zukunft (Hans Jonas) und an der Sozialdimension der Gesellschaft (→ Sozialethik). Im Begriff der Verantwortung lassen sich die Aspekte einer → Pflichtenlehre, einer → Güterlehre und einer → Tugendlehre integrieren. Neben dezidiert untheologischen oder areligiösen Ansätzen (z.B. M. Weber) finden sich erklärtermaßen theologische Ansätze einer V. (z.B. D. → Bonhoeffer, Robert Spaemann), welche die Verantwortlichkeit des Menschen in seiner Gottesrelation begründet sehen. Theologisch betrachtet besteht ein unmittelbarer Zusammenhang zwischen Verantwortung und Rechtfertigung (Georg Picht, 1969 → Rechtfertigungslehre). Infolge der durch H. Jonas ausgelösten Debatte haben verantwortungsethische Argumente auch in Konzepte → utilitaristischer Ethik (D. Birnbacher) oder einer → Diskursethik (K.O. Apel) Eingang gefunden.

Versöhnungslehre: Der Begriff der Versöhnung (καταλλαγή, lat. *reconciliatio*) begegnet in der Bibel v.a. bei Paulus (Röm 5,11; II Kor 5,18f), gilt aber in Geschichte und Gegenwart als Grundbegriff christlicher Dogmatik, der zugleich ein wichtiges Grundmotiv christlicher Ethik bezeichnet. Unterscheiden lassen sich eine kultische, eine juridische und eine soziale Bedeutungsebene. In der Neuzeit läßt sich gegenüber der biblischen Tradition wie auch gegenüber der traditionellen christlichen V. eine Bedeutungsverschiebung von der Dogmatik zur (Sozial)ethik beobachten. Die Frage, wie sich das als Versöhnungsgeschehen beschreibbare Heilshandeln Gottes und Vorgänge zwischenmenschlicher Versöhnung einerseits klar unterscheiden, andererseits aufeinander beziehen lassen, gehört zu den Hauptproblemen gegenwärtiger ökumenischer Ethik. Vom Neuen Testament her müssen Frieden, Gerechtigkeit und Bewahrung der Schöpfung – die Leitbegriffe des sog. Konziliaren Prozesses – als Näherbestimmung von Versöhnung begriffen werden. Auf diese Weise wird auch die reformatorische → Rechtfertigungslehre vor einer individualistischen Verengung geschützt.

WEBER, MAX (1864–1920): Sozialökonom, Wirtschaftshistoriker und Soziologe, einer der Begründer der deutschen Soziologie. Im Mittelpunkt seines wissenschaftlichen Werkes stehen Studien zum Verhältnis von Religion, Wirtschaft und Gesellschaft. Sein Hauptwerk „Wirtschaft und Gesellschaft" (1921 postum erschienen) beschreibt die Entwicklungsgeschichte der modernen Industriegesellschaft als fortschreitende „Entzauberung der Welt", d.h. als Prozeß der Säkularisierung. Einlußreich sind bis heute auch seine mentalitätsgeschichtlichen Untersuchungen zum Einfluß des protestantischem Arbeitsethos auf die Entstehung des modernen Kapitalismus. Ethisch bedeutsam wurde sein Konzept einer → Verantwortungsethik (1919), deren Begriff er auch geprägt hat.

WERTETHIK: Die W. kann als Erneuerung einer → Güterlehre vor dem Hintergrund der Krise metaphysischen Denkens in der Moderne charakterisiert werden. In methodologischer Hinsicht ist sie am ehesten der Phänomenologie zuzuordnen, auch wenn nicht alle ihre Vertreter Phänomenologen sind. Ihre Näherbestimmung als *materiale* W. markiert ihre Abgrenzung gegenüber der als formal(istisch) kritisierten Ethik → Kants und ihrem → kategorischen Imperativ. Siehe v.a. das Hauptwerk Max Schelers (1874–1928) „Der Formalismus in der Ethik und die materiale Wertethik" (1913/16). Die Vertreter der materialen W. – neben Scheler v.a. Franz Brentano (1838–1917) und Nicolai Hartmann (1882–1950) – sind der Ansicht, daß allen Wertbegriffen, die bei oberflächlicher Betrachtung nur der Sprache gesellschaftlicher und historisch bedingter Konventionen zugehören, in Wahrheit auf elementare und unverwechselbare „Wert-Erfahrungen" verweisen, in denen Werte für das subjektive Erleben unmittelbar gegeben sind. Den Wertgehalten wird daher in der ethischen Theoriebildung der Status eines Apriori zugesprochen.

ZWEI-REICHE-LEHRE: Der Begriff bezeichnet die Gesellschaftstheorie und Soziallehre des konfessionellen Luthertums, ist aber erst 1922 von K. → Barth als polemischer Begriff in dessen Auseinandersetzung mit der Sozialethik des Lutheraners Paul Althaus geprägt worden. Begriff und Sache haben nach 1933 im Kirchenkampf bei der Verhältnisbestimmung von Kirche und Staat, Glaube und Politik eine zentrale Rolle gespielt. Die Sozialethik des älteren Luthertums war freilich eine Standes- und Berufsethik. Bei → Luther selbst hat die Rede von zwei Reichen bzw. zwei Regimentern Gottes – nämlich seinem Weltregiment durch das Wort in der Kirche, durch das Schwert der Obrigkeit in der Welt – eine fundamentaltheologische Funktion. Sie sucht grundlegend das Verhältnis von christlichem Glauben und weltlicher Wirklichkeit zu beschreiben. Eine Zwei-Reiche-Lehre in dem Sinne, wie sie im 20. Jahrhundert kontrovers diskutiert wird, war im 19. Jahrhundert weitgehend unbekannt. Ihre erste programmatische Darstellung stammt von Harald Diem (Luthers Lehre von den zwei Reichen, untersucht von seinem Verständnis der Bergpredigt aus, Göttingen 1938). Vor dem Hintergrund der politischen Auseinandersetzungen in der Zeit des Nationalsozialismus haben Barth und andere Vertreter der Wort-Gottes-Theologie das christologisch begründete Modell der → Königsherrschaft Christi entwickelt.

Register

1. Namen

Abdullah M.S. *189*
Adorno Th.W. 25, *81*, 96
Ahlheim Chr. *266*
Albert H. 25
Albertz R. *133*
Altermatt A.M. *313*, 324
Althaler K.S. *311*, 324
Althaus P. 26, 50, 170
Altner G. *101*, 273
Amelung E. 230, 265
Anders G. *85*, 96, *186*, 196
Anselm v. Canterbury 121, 129
Antes P. 96
Antoncich R. 62
Anzenbacher A. 62
Apel K.-O. 25, *65*, 78, *108*,
Appel B. 231
Arendt H. 60, 172, 237, *303*
Arens E. *58ff.*
Aristoteles 33
Arruda M. 299
Attfield R. 273
Auer A. 273
Auer A. 29
Augustin 181, 305
Aulén G. 120f., 137
Baadte G. 62
Bader G. 60, *128*
Bainton R. 250
Bammel F. *189*, 196
Barbour I.G. *101*
Barth K. 19, 26, 50, *58*, 87, 155,
    162, *211*, 250, *304*

Baumann-Hölzle R. 231
Bäumler Chr. *187*, 196
Baur J. 173
Bayer O. *21*, 26, *101*, *195*, *240*,
    250, *307, 321*
Bayertz K. *21*, *65f.*, 78, 273
Beasley R.C. 251
Beauchamp T.L. 230
Beck U. *66*, *70*, *103*, *235*, 250, *304*
Becker J. *117*, *128*
Beck-Gernsheim E. *103*, *235*, 250
Beckley H. 61
Bedford-Strohm H. *43*, 299
Beintker M. 113, 250
Bellah R. 37
Benz E. *318*, 324
Berger B. 250
Berger P.L. 250
Berner U. 112
Bernstein A.C. *239*
Bertazzoni U. 231
Bielefeldt H. *152*, *169*, *172f.*, 277,
    284, *296*, *298*
Bien G. 59
Binswanger H.-Chr. *292*, 298
Birch Ch. 231
Birkner H.-J. *18*
Birnbacher D. 78, 273
Blank J. *121*
Bloch E. 48
Blome-Drees F. 300
Blum R. *290*, *294*
Blumenberg H. *151*

Ruckenbauer P. 275
Ruether R.R. *124*
Ruh H. *260, 262*, 275, *289*
Saladin P. 78, *152*
Samuelson P.A. 287, 299
Sandel M.J. *289*
Sanders J.T. 112
Santmire P.H. *101*
Sass H.-M. *204, 225*, 230, 232
Sauter G. *112f., 118, 120*, 137
Scannone J.-C. *43*
Schaefer H. 230
Schäffter O. 302
Scheler M. 26
Schelkle K.H. 112, 325
Schell Th. v. 275
Schelling F.W.J. 122
Schellong D. *235*, 251
Schelsky H. 52f, *235*, 251
Scheuner U. *149*
Schienstock G. *311*, 325
Schlatter A. 28
Schleiermacher F.D.E. 18, *20*, 28, 121, *265*
Schlink E. *128*
Schlitt M. *101*, 275
Schmauch W. *162*
Schmid A. 298
Schmid H. *180*
Schmid Th. 301
Schmidt H. 170f., 174
Schmidt U. *304*
Schmidt W.H. 112
Schmidt-Didczuhn A. *256*
Schmitz Ph. 232, 275
Schnackenburg R. 112
Schneider B. *50*, 63
Schneider Th. 61
Schnitker Th.A. *313*, 324
Schnur R. *146*, 174
Schoberth W. *101*
Schockenhoff E. 29, 230, 275
Schottroff L. *124*
Schrage W. *20*, 112

Schrey H.-H. *49*, 61
Schröter W. *321*, 325
Schüepp G. *132*
Schuller A. 232
Schüller B. 29
Schultheis F. *239*
Schulz S. 112
Schulz W. *65*, 69, 78, 81f., 97
Schulze G. 302
Schulze H. 61
Schumann O. *168*
Schwager R. *126*
Schwantes M. *49*
Schwartländer J. 78
Schwarzwäller K. *65*, 79
Schweitzer A. 28, 72f., 79, 89, 92, 97, 105, 275
Schweitzer W. 28, *43, 142*
Schwerdtfeger J. *178*, 197
Schwertner S. 22
Seeberg R. 28
Seiger B. *119*
Sessar K. *133*
Shaull R. *49*
Sherman H.J. 298
Sherman M.I. *141*, 173
Siebert H. 299, *308*, 325
Šik O. *288*, 299
Sill B. 275
Singer P. 26, 207, *214*, 232, 275
Smend R. 112
Søe N.H. 28
Soete A. 113
Sölle D. 28, 49, 63, *124*
Solms F. *187*, 197
Spaemann R. 26, *146*
Spengler O. 297
Spiegel Y. 61
Sporken P. 230
Starbatty J. 299
Starke E. *146, 262*
Steger U. *310*, 325
Stegmann J. 62
Steigleder K. 231

2. Sachen

3. Bibelstellen